Wilfried Loth:
Stalins ungeliebtes Kind

Warum Moskau die DDR nicht wol[...]

Deutscher
Taschenbuch
Verlag

dtv

Von Wilfried Loth ist im Deutschen Taschenbuch Verlag erschienen:
Die Teilung der Welt. Geschichte des Kalten Krieges 1941–1955 (dtv 4012)
Ost-West-Konflikt und deutsche Frage (dtv 11074)

Januar 1996
Deutscher Taschenbuch Verlag GmbH & Co. KG, München

Umschlaggestaltung: Dieter Brumshagen
Umschlagfoto: Stalins 70. Geburtstag am 21. Dezember 1949 im Kreml
(Bilderdienst Süddeutscher Verlag)
Satz: Clausen & Bosse, Leck
Druck und Bindung: C. H. Beck'sche Buchdruckerei, Nördlingen
Printed in Germany · ISBN 3-423-04678-3

Das Buch

Nach der Öffnung der SED-Archive und der erleichterten Zugänglichkeit sowjetischer Quellen können die Fragen um die Hintergründe der deutschen Teilung neu diskutiert werden. Wilfried Loth hat eine Fülle von Material ausgewertet und kommt zu überraschenden Ergebnissen. Danach stellt sich die Entstehungsgeschichte der DDR als Geschichte des fortgesetzten Gegensatzes zwischen der SED-Führung und Stalin dar, der bis zu seinem Tod 1953 an einer gesamtdeutschen Option festhielt. «Stalin wollte keine DDR. Er wollte weder einen Separatstaat auf dem Boden der sowjetischen Besatzungszone noch überhaupt einen sozialistischen Staat in Deutschland. Statt dessen strebte er eine parlamentarische Demokratie für ganz Deutschland an, die dem Faschismus die gesellschaftlichen Grundlagen entzog und der Sowjetunion den Zugang zu den Ressourcen des Ruhrgebietes eröffnete. Erreicht werden sollte sie in gemeinsamer Verantwortung der Siegermächte. Der sozialistische Separatstaat DDR ist in erster Linie ein Produkt des revolutionären Eifers von Walter Ulbricht, der sich vor dem Hintergrund westlicher Abschottungspraxis entfalten konnte.» Mit diesen provozierend neuen Erkenntnissen wird nicht nur die offizielle Selbstdarstellung der ehemaligen DDR hinfällig, sondern auch die westliche Auffassung in Frage gestellt, daß es zu Adenauers Politik der Westintegration keine Alternative gegeben habe. Auf die Kritik an diesen Erkenntnissen antwortet der Autor in seinem Nachwort für diese Taschenbuchausgabe.

Der Autor

Wilfried Loth, geboren 1948, lehrte Politikwissenschaft in Berlin und Münster und ist seit 1986 Professor für Neuere Geschichte an der Universität Essen. Zahlreiche Veröffentlichungen zur Geschichte des 19. und 20. Jahrhunderts, u.a. ‹Die Teilung der Welt. Geschichte des Kalten Krieges 1941–1955› (1980; 8. Aufl. 1990; dtv 4012); ‹Geschichte Frankreichs im 20. Jahrhundert› (1987; 3. Aufl. 1995); ‹Ost-West-Konflikt und deutsche Frage› (1989; dtv 11074).

Inhalt

Einleitung

Wie die DDR entstanden ist, glaubt man in der Regel zu wissen. Da gab es, so lautet die gängige Version, eine sowjetische Siegermacht, deren Truppen am Ende des Zweiten Weltkrieges auf deutschem Boden standen und die diese Präsenz dazu nutzte, das sowjetische Gesellschaftsmodell zu exportieren. Die sowjetischen Sieger und die deutschen Kommunisten, die ihnen zuarbeiteten, versteckten ihre wahren Ziele zwar zunächst hinter einer «antifaschistischen» Fassade, arbeiteten aber insgeheim an der Etablierung des kommunistischen Machtmonopols; als sie es erreicht hatten, proklamierten sie den ersten «Arbeiter- und Bauernstaat» der deutschen Geschichte. Etwas undeutlich bleibt in dieser Sichtweise, ob das sowjetische Modell für ganz Deutschland gelten sollte oder ob Stalin in realistischer Einschätzung der Gesamtsituation schon bald auf eine separate Organisation der Sowjetzone zusteuerte. Hier gibt es unterschiedliche Auffassungen, die aber darin übereinstimmen, daß letztlich der Systemgegensatz zwischen Ost und West für die Teilung Deutschlands verantwortlich war.

Die DDR-eigene Geschichtsschreibung verkündete mit anderen Wertungen eine ganz ähnliche Botschaft: Antifaschistisch-demokratische Umwälzung, so hieß es da, und Verwirklichung der historischen Mission der Arbeiterklasse waren zwei Seiten derselben Medaille. Folglich schuf die revolutionäre Vorhut der deutschen Arbeiterklasse, von den sowjetischen «Freunden» unterstützt, ein breites Bündnis aller antifaschistisch-demokratischen Kräfte unter ihrer Führung, mit dem sie sowohl eine demokratische Republik anstrebte als auch dem Sozialismus den Weg bahnte. Die Vertreter der deutschen Monopolbourgeoisie stellten sich dem entgegen; und da sie sich mit Unterstützung der amerikanischen Imperialisten in Westdeutschland behaupten konnten, blieb der Sieg der Arbeiterklasse – vorerst – auf die Sowjetzone beschränkt.

Dem eingängigen Bild von der Ost-West-Teilung Deutschlands infolge des Ost-West-Konflikts standen freilich immer einige sperrige Fakten im Weg. Hat Stalin nicht 1952 die Wiedervereinigung unter «bürgerlichen» Vorzeichen angeboten, unter der Voraussetzung, daß sich das vereinte Deutschland auf Neutralität im Ost-West-Konflikt verpflichtete? Und gibt es nicht Nachrichten darüber, daß man in Moskau immer wieder eine solche Lösung erwog und im Frühjahr 1953 sogar damit anfing, sie in die Tat umzusetzen? Diese Nachrichten paßten so wenig zu dem allgemeinen Eindruck von der sowjetischen Politik, daß viele erklärten, das sowjetische Wiedervereinigungsangebot könne nicht ernst gemeint gewesen sein. Dies nachzuweisen, erwies sich allerdings als schwierig; entsprechende Demonstrationen fanden zwar stets großen Anklang, bei näherem Hinsehen stellten sich aber immer Zweifel ein.

Auseinandersetzungen über die Ziele sowjetischer Deutschlandpolitik provozierten mitunter den Hinweis, Genaueres werde man erst sagen können, wenn eines fernen Tages die östlichen Archive für die historische Forschung zugänglich würden – das aber konnte sich kaum jemand vorstellen. Unterdessen ist der Fall eingetreten: Seit dem Zusammenbruch der DDR steht das Parteiarchiv der SED der Forschung zur Verfügung, Zeitzeugen der Stalinschen Deutschlandpolitik haben im Zeichen von Glasnost zu reden begonnen, und nach und nach, wenn auch durch viele praktische Schwierigkeiten verzögert, werden auch die Archive der ehemaligen Sowjetmacht zugänglich. Auf der Grundlage dieses Materials ist es möglich und notwendig, die Geschichte der Entstehung der DDR neu zu schreiben.

In diesem Buch werden die neuen Quellen zum erstenmal umfassend ausgewertet. Seine wichtigste Grundlage bilden Aufzeichnungen, die Wilhelm Pieck, der KPD- und SED-Vorsitzende und erste Staatspräsident der DDR, von den Gesprächen der KPD/SED-Führung mit Stalin sowie mit den führenden Repräsentanten der Sowjetischen Militär-Administration in Deutschland (SMAD) beziehungsweise der Sowjetischen Kontrollkommission (SKK) angefertigt hat. Sie rekapitulieren den Gesprächsverlauf zwischen der sowjetischen Besatzungsmacht und den Spitzenfunktionären der SED zwar bruchstückhaft und ungleichmäßig, aber doch unverstellt und kontinuierlich über nahezu acht Jahre – vom Beginn der Besatzungsherrschaft im Frühsommer 1945 bis zum Tode Stalins im Frühjahr 1953. Ergänzt werden diese Zeugnisse von außerordentlicher Authentizität und Dichte durch einzelne Gesprächsaufzeichnungen anderer SED-Führer, Rededispositionen und Protokolle aus dem SED-Archiv, Aktenstücke aus dem vormaligen sowjetischen Außenministerium, Zeugnisse und Erinnerungen von sowjetischen und deutschen Funktionären und einzelne Quellenstücke aus osteuropäischen und westlichen Archiven.

Von den neuen Quellen fällt auch neues Licht auf Zeugnisse, die schon früher zugänglich waren; sie wurden daher für diese Darstellung noch einmal neu befragt. Als besonders aufschlußreich erwies sich dabei der Bericht, den Erich W. Gniffke über seine Zeit im SPD-Zentralausschuß und SED-Zentralsekretariat gab. Obwohl bereits 1966 veröffentlicht, wurden die zahlreichen Hinweise, die Gniffkes Buch enthält, bislang erstaunlich wenig beachtet.[1] Neue Aspekte konnten auch dem bekannten Bericht Wolfgang Leonhards über seine Tätigkeit als kommunistischer Funktionär abgewonnen werden[2], ebenso manchen Zeugnissen aus dem Kontext des 17. Juni 1953. Kennt man die internen Diskussionen, so bieten schließlich auch die öffentlichen Äußerungen sowjetischer und deutscher Funktionäre vielfach Neues.

Überhaupt gilt für die vielfältigen Zeugnisse zur sowjetischen Deutschlandpolitik und zur Entstehung der DDR, die jetzt zur Verfügung stehen, daß sich ihr voller Gehalt erst erschließt, wenn man sie im Zusammenhang sieht. Einzelne Zitate, die häufig auch nur bruchstückhaft überliefert sind, sagen ohne Kenntnis des Kontextes wenig über die tatsächlichen Absichten der Akteure aus und so gut wie nichts über Konstanz oder Wandel ihrer Einstellungen. Umgekehrt vermögen Bestätigungen in Paralleltexten Zweifel an der Bedeutung einzelner Äußerungen auszuräumen; viele Vorgänge und Zusammenhänge erschließen sich überhaupt erst aus dem Vergleich unterschiedlicher Quellen. So ergibt sich aus einem Vergleich der internen Diskussionen mit den öffentlichen Verlautbarungen, daß die kommunistischen Funktionäre kaum anders dachten, als sie öffentlich redeten, und daß sie davon überzeugt waren, mit dem Wort die Menschen überzeugen zu können. Die Beobachtung der

Zeugnisse über mehrere Jahre hinweg läßt vor allem auch eine große Konsistenz im Denken Stalins erkennen; zugleich wird sichtbar, daß andere Akteure durchaus eigenständige Konzeptionen verfolgten.

Generell führt die vergleichende Analyse der neuen Quellen zu einem Befund, der viele überraschen wird: Stalin wollte keine DDR. Er wollte weder einen Separatstaat auf dem Boden der sowjetischen Besatzungszone noch überhaupt einen sozialistischen Staat in Deutschland. Statt dessen strebte er eine parlamentarische Demokratie für ganz Deutschland an, die dem Faschismus die gesellschaftlichen Grundlagen entzog und der Sowjetunion den Zugang zu den Ressourcen des Ruhrgebiets eröffnete. Erreicht werden sollte sie in gemeinsamer Verantwortung der Siegermächte. Der sozialistische Separatstaat DDR ist in erster Linie ein Produkt des revolutionären Eifers von Walter Ulbricht, der sich vor dem Hintergrund westlicher Abschottungspraxis entfalten konnte.

Dieser Befund, der an einige differenziertere, wenn auch vorläufig formulierte Analysen in der älteren Literatur anknüpfen kann, paßt natürlich gar nicht zum offiziellen Selbstverständnis der DDR. Deren Geschichtswissenschaft hatte für die historische Legitimation der SED-Herrschaft im Sinne der Sowjetideologie zu sorgen, nicht für eine Aufarbeitung vergangener Erfahrungen. Erstaunlicher ist, daß die Ergebnisse der Quellenanalyse auch deutlich von jener Vorstellung abweichen, die sich in freier Diskussion im Westen herausgebildet hat. Bei näherem Hinsehen wird aber auch diese Diskrepanz verständlich: Die Interpretationen Stalinscher Deutschlandpolitik konnten sich bislang nur auf eine ganz schmale Quellengrundlage stützen; Entscheidungsprozesse im sowjetischen Machtbereich blieben hinter dem Schleier systembedingter Geheimniskrämerei verborgen. Da konnte es leicht geschehen, daß böse Erfahrungen mit kommunistischem Klassenkampfdenken und unterschwellige Ängste vor einer bolschewistischen Revolution, die gerade in Deutschland eine lange Tradition hatten, in unzulässiger Weise in die Analyse einflossen. Wo genaue Informationen fehlten, waren Verallgemeinerungen rasch zur Hand; und nicht selten führte auch hier das politische Vorurteil die Feder.

Es ist daher kein Zufall, daß die vorherrschende westliche Auffassung von der Entstehung der DDR im Kern mit der offiziellen DDR-Version übereinstimmt, auch wenn sie sich in Terminologie und Bewertung fundamental von ihr unterscheidet. Beide Interpretationen spiegeln unsere Herkunft aus dem Kalten Krieg wider, aus einer Zeit, in der die Menschen lernten, daß sich Ost und West existentiell bedrohten. Daß die Wirklichkeit komplizierter war und daß der Ost-West-Konflikt keineswegs zu der Zuspitzung hätte führen müssen, die wir erlebt haben, wird erst einsichtig, wenn wir uns von diesen Prägungen lösen.

Die neuen Quellen werden relativ ausführlich zitiert, und es wird auch jeweils deutlich gemacht, wie sie zur Erhellung der Vorgänge beitragen. Wo weiterhin nur Vermutungen möglich sind, wird auch das gesagt. In den Anmerkungen wird angegeben, wo man die zitierten Quellen nachlesen kann und welche Fakten anderswo ausführlicher belegt werden. Die Aufzeichnungen von Wilhelm Pieck, die aufgrund ihres fragmentarischen Charakters nicht leicht zu interpretieren sind, werden vollständig in einer wissenschaftlichen Edition publiziert, die parallel zu dieser Darstellung im Akademie-Verlag erscheint; damit kann die Interpretation, die hier geboten wird, ohne großen Aufwand nachgeprüft werden.[3]

Die Darstellung konzentriert sich auf die Herausarbeitung der großen Linien und die Rekonstruktion zentraler Entscheidungsmomente. Operative Details werden bewußt vernachlässigt. Ebenso wird, um den Zusammenhang der Darstellung sowjetischer und sowjetzonaler Politik nicht zu stören, der westliche Part in dem Entscheidungsprozeß, der zur dauerhaften Etablierung der DDR führte, nur pauschal angedeutet. Wer deswegen gelegentlich in Orientierungsschwierigkeiten gerät, sei auf die Zeittafel am Ende des Buches verwiesen, die die zeitliche Struktur des Prozesses noch einmal in gestraffter Form abbildet. Hinweise auf die Funktionen der handelnden Personen finden sich in der Regel bei ihrer erstmaligen Nennung im Text; sie können über das Register leicht erschlossen werden. Ins einzelne gehende Auseinandersetzungen mit der bisherigen Literatur werden ebenfalls nicht vorgenommen. Sie ließen sich unschwer führen, sorgten doch die dürftige Quellenlage einerseits und die politischen Implikationen des Ost-West-Konflikts andererseits für ein außergewöhnlich hohes Maß an methodischen Fehlleistungen. Selbst jüngste Veröffentlichungen, die erste Quellenstücke aus den östlichen Archiven zitieren, sind davon nicht frei.[4]

Eine persönliche Anmerkung im Zusammenhang mit der Literatur scheint mir angebracht: Nachdem ein selbsternannter Zensor der wissenschaftlichen Beschäftigung mit der deutschen Frage jüngst apodiktisch kundgetan hat, daß meine Deutung des Ost-West-Konflikts, die er für «im Ansatz verfehlt» hält, «einer dringenden Korrektur» bedürfe[5], muß der Hinweis erlaubt sein, daß ich die Auffassungen zur sowjetischen Nachkriegspolitik, die ich in einer früheren Studie auf ungleich schmälerer Quellengrundlage entwickelt habe[6], durch die neuen Quellen mehr als bestätigt sehe. Revisionen erwarte ich folglich eher von anderer Seite. Für den Stil, in dem wissenschaftliche oder auch nur scheinbar wissenschaftliche Auseinandersetzungen gepflegt werden, ist freilich jeder selbst verantwortlich.

Danken möchte ich in erster Linie Rolf Badstübner für die kollegiale Zusammenarbeit bei der Erschließung der Pieck-Aufzeichnungen. Für vielfältige Unterstützung danke ich den Mitarbeiterinnen und Mitarbeitern meines Essener Lehrstuhls: Frank Bärenbrinker, Ralf Bettges, Claudia Hiepel, Dr. Gerd Krüger, Margret Löbbert-Urhahn. In Thomas Karlauf habe ich einen Lektor gefunden, der sich des Vorhabens mit großem Engagement, ebensoviel Einfühlungsvermögen und Sachkunde angenommen hat. Auch dafür möchte ich mich herzlich bedanken.

Essen, im November 1993 Wilfried Loth

1 Ein Programm für Deutschland

Was wollte die Sowjetunion 1945 in Deutschland? Die Entschlossenheit, mit der die sowjetischen Besatzer vom Frühsommer 1945 an zu Werke gingen, und die Undurchsichtigkeit der sowjetischen Entscheidungsprozesse für außenstehende Beobachter dürfen nicht darüber hinwegtäuschen, daß Josef W. Stalin, nach dem Sieg im «Großen Vaterländischen Krieg» mehr denn je letzte Instanz bei allen deutschlandpolitischen Entscheidungen, selbst lange Zeit nicht genau wußte, wie er mit dem besiegten Deutschen Reich umgehen sollte. Diejenigen, die auf seine Entscheidungen Einfluß hatten, waren oft geteilter Meinung; Entscheidungen brauchten Zeit, und häufig wurden auch mehrere Konzepte nebeneinander verfolgt, die im Grunde unvereinbar waren – ganz wie bei den westlichen Besatzungsmächten.

Komplexe Notwendigkeiten

Gewiß gab es einige Essentials, die die sowjetische Deutschlandpolitik in jedem Fall zu beachten hatte. Da war zunächst das Ziel der Sicherheit vor Deutschland – nach der nur mit äußerster Anstrengung abgewehrten deutschen Aggression eigentlich eine Selbstverständlichkeit, die aber bei Mutmaßungen über die sowjetischen Ziele in Deutschland häufig übersehen wurde. Tiefverwurzelte Bolschewismusfurcht und Abscheu vor den menschenverachtenden Praktiken stalinistischer Repression, auch die bei den Deutschen verbreitete Neigung zur Flucht vor der eigenen Verantwortung, ließen aus dem Blick geraten, daß die Sowjetunion Opfer eines deutschen Angriffskriegs geworden war und die Wehrmacht diesen Krieg mit dem Ziel der vollständigen Vernichtung des bolschewistischen Gegners geführt hatte.[1] Nach den neuesten Schätzungen waren mindestens 27 Millionen Sowjetbürger Opfer dieses Krieges geworden, etwa 14 Prozent der Vorkriegsbevölkerung.[2] Der Sowjetstaat war an den Rand des Zusammenbruchs geraten, Stalins Herrschaftssystem war schwer erschüttert, der westliche Teil des Landes, der in der Hand der Deutschen gewesen war, weitgehend verwüstet. Jede sowjetische Regierung mußte in dieser Situation versuchen, den militärischen Sieg in erster Linie dazu zu nutzen, Vorkehrungen gegen eine abermalige deutsche Aggression zu treffen. In diesem Ziel wurde Stalin auch von all denjenigen unterstützt, die darauf spekulierten, daß ein sowjetischer Sieg eine Lokkerung des Zwangssystems im Innern mit sich bringen werde.

Für Stalin stand es außer Frage, daß das deutsche Problem mit einem militärischen Sieg, und sei er auch noch so vollkommen, noch nicht erledigt sein würde. Sein grundsätzliches Mißtrauen gegenüber kapitalistischen Mächten und sein großer Respekt vor industrieller Potenz ließen ihn sogar fest mit einer abermaligen Bedrohung durch die Deutschen rechnen. «Die Deutschen werden wieder hochkommen», äußerte er etwa im August 1944 gegenüber dem polnischen Premierminister Mikolajczyk. «Sie sind ein starkes Volk. Nach Bismarcks Triumph im Jahre 1871 haben sie 40 Jahre gebraucht, um eine neue Aggression zu unternehmen. Als diese fehlgeschlagen war, genügte eine Erholungspause von 20 oder 25 Jahren, bis sie es einmal mehr versuchen konnten – diesmal fast erfolgreich. Und wer weiß jetzt, ob sie nach 20 oder 25 Jahren nicht wieder zum Kampf bereit sein werden? Ja, Deutschland ist ein starkes Land, obwohl Hitler dabei ist, es zu schwächen. Wir sind davon überzeugt, daß sich die Gefahr von seiten Deutschlands wiederholen wird. Aus diesem Grund sind die Gespräche, die gegenwärtig in Washington über die kollektive Sicherheit geführt werden, so dringend. Ich selbst bin für jede mögliche und unmögliche Unterdrükkungsmaßnahme gegenüber Deutschland.»[3] Im Gespräch mit der jugoslawischen Regierungsdelegation, die ihn im April 1945 zur Unterzeichnung des jugoslawisch-sowjetischen Beistandspakts besuchte, bemaß er die Frist für den deutschen Wiederaufstieg sogar noch knapper: «Sie werden sich wieder erholen, und zwar sehr rasch. Sie sind eine hoch entwickelte Industrienation mit einer äußerst qualifizierten und zahlreichen Arbeiterklasse und einer technischen Intelligentsia. Gebt ihnen zwölf oder fünfzehn Jahre Zeit, und sie werden wieder auf den Beinen stehen.»[4]

Fast ebenso wichtig wie Maßnahmen zur Sicherung vor einer neuen deutschen Aggression waren deutsche Reparationen als Beitrag zum sowjetischen Wiederaufbau. Nach den ersten Schätzungen, die Vizepremier Nikolai Wosnessenski Stalin Ende 1945 vorlegte, beliefen sich die sowjetischen Kriegsschäden auf etwa 700 Milliarden Rubel oder 30 Prozent des Nationaleinkommens.[5] Den Westmächten gegenüber nannten die sowjetischen Vertreter 1947 dann 128 Milliarden Dollar – in etwa die gleiche Summe zum offiziellen Wechselkurs von 5,3 : 1, der den Rubel allerdings stark unterbewertete. Spätere Ermittlungen von Wirtschaftshistorikern bewegen sich in der gleichen Größenordnung. So gab der sowjetische Ökonom Michail Tamarchenko 1967 an, daß der Zweite Weltkrieg die Sowjetunion zwei Fünfjahrespläne gekostet habe.[6] Die amerikanische Historikerin Susan Linz kam 1983 aufgrund eigener Berechnungen zu dem Ergebnis, daß, die Unterstützung durch amerikanische Lend-lease-Lieferungen, UNRRA-Hilfe und Reparationen schon eingerechnet, 30 Prozent des Kapitalstocks und acht bis zehn Jahresverdienste der Bevölkerung von 1945 verlorengegangen sind. Zählt man den Produktionsausfall infolge des Bevölkerungsverlusts hinzu, so kommt man auf Gesamtkosten im Wert von 18 bis 25 Jahresverdiensten.[7] Auf Reparationen aus dem besetzten Deutschland war die Sowjetunion darum weit mehr angewiesen als jede andere Siegermacht. Gemessen an den tatsächlichen Verlusten war die Summe von 10 Milliarden Dollar, die Stalin erstmals auf der Konferenz von Jalta Anfang Februar 1945 für die Sowjetunion reklamierte, sogar recht bescheiden.

Ein drittes Ziel sowjetischer Deutschlandpolitik liegt ebenfalls auf der Hand, obwohl es von westlichen Beobachtern kaum wahrgenommen wurde: Die sowjetische Führung mußte verhindern, daß das deutsche Potential ganz oder überwiegend in die Hand der Westmächte fiel. Diese Gefahr war in sowjetischer Sicht größer, als es mit Blick auf die militärischen Ergebnisse des Krieges zunächst zu vermuten ist. Die sowjetischen Verantwortlichen wußten aus Analysen, die Ökonomen der Akademie der Wissenschaften unter der Leitung von Eugen Varga angefertigt hatten, daß die europäischen

Länder aus diesem Krieg verarmt hervorgehen würden, während die USA eine gewaltige Produktionsausweitung verzeichnen konnten. Varga, der von Stalin regelmäßig als Berater herangezogen wurde, prophezeite eine amerikanische Überproduktion bei der Umstellung von der Kriegs- auf die Friedenswirtschaft und, daraus resultierend, einen Vorstoß der amerikanischen Wirtschaft in das verarmte Europa, wo neue Absatz- und Investitionsmärkte zu erschließen waren.[8] Welche politischen Folgen diese ökonomische Expansion der USA haben würde, war nicht leicht vorauszusehen. Bei der großen Bedeutung, die ökonomischen Faktoren im marxistischen Denken zugemessen wurden, und dem abgrundtiefen Mißtrauen, mit dem Stalin allen kapitalistischen Mächten begegnete, lag die Vermutung nahe, daß der Sowjetunion hier ein neuer gefährlicher Gegner erwuchs. Geradezu apokalyptische Ängste mußte die Vorstellung von einer Allianz des amerikanischen mit dem deutschen Kapital auslösen.

Wieweit solche Vorstellungen in Moskau verbreitet waren, läßt sich nicht genau ermitteln. Nach dem Zeugnis von Jean-Richard Bloch, der den Generalsekretär der französischen Kommunisten Maurice Thorez ins Moskauer Exil begleitet hatte, betrachtete ein einflußreicher Teil der sowjetischen Führungskräfte die «verschärfte Unterwerfung» Frankreichs unter seine «angelsächsischen Beschützer» bereits 1944 als unausweichlich; Stalin sei dann durch Thorez für die Vorstellung gewonnen worden, «daß man den angelsächsischen Einfluß wenn schon nicht verhindern, so doch begrenzen könne, indem man Frankreich helfe, eine unabhängige Politik zu führen».[9] Ähnliche Überlegungen dürften, wenn man die loyale Mitarbeit der kommunistischen Parteien am nationalen Wiederaufbau betrachtet, auch für die übrigen westeuropäischen Länder gegolten haben.[10]

Für die Länder im Machtbereich der Roten Armee läßt sich zeigen, daß sich die sowjetischen Führer selbst hier ihrer Möglichkeiten keineswegs sicher waren. Den tschechoslowakischen Kommunistenführern wurde vor ihrer Rückkehr aus Moskau Ende 1944 eingeschärft: «Die Frage der Sowjetisierung ist nicht zu stellen. [...] Das ist nicht eine so leichte Sache wie manche denken.»[11] Und der bulgarische Generalsekretär Traitschko Kostoff erklärte im März

1945 vor seinem Zentralkomitee, daß ein «Versuch der Errichtung der Sowjetmacht» beim Einmarsch der Roten Armee in Bulgarien im Herbst 1944 «für uns und für die Sowjetunion große Schwierigkeiten geschaffen hätte» und «vom Kommando der Roten Armee nicht gebilligt worden wäre».[12] Offenkundig ist demnach auf jeden Fall, daß in sowjetischer Sicht nicht allein militärische Faktoren entscheidend waren und daß sich die Sowjetführer ökonomisch in der Defensive fühlten.

Aus den drei Imperativen sowjetischer Deutschlandpolitik ergaben sich jedoch keine klaren Handlungsanweisungen. Konnte man den Westmächten soweit trauen, daß eine gemeinsame Kontrolle des besiegten Deutschland möglich erschien? War es aussichtsreich oder gefährlich, die Deutschen gegen die Gefahr einer amerikanischen Hegemonie zu mobilisieren? Welche Kombination von Zwang und Entgegenkommen war angebracht, wenn man die Deutschen vom imperialistischen Kurs abbringen wollte? Wie war das Interesse an Reparationen mit der Notwendigkeit eines dauerhaften Arrangements mit den Deutschen in Einklang zu bringen? Alle diese Fragen – die sich den Westmächten zum Teil ganz ähnlich stellten – konnten unterschiedlich beantwortet werden, und man kann sicher sein, daß es Stalin nicht leichtfiel, sich zu entscheiden.

Unsicheres Abtasten

Solange die westlichen Verbündeten dazu neigten, das deutsche Problem dadurch zu lösen, daß man das Reich in mehrere, voneinander unabhängige Einzelstaaten aufteilte, hat Stalin seine Bereitschaft signalisiert, eine solche Lösung mitzutragen. Für ihn war die Zerstückelung freilich keine Ideallösung. Wichtiger als das Prinzip der Aufteilung war ihm, daß überhaupt eine Verständigung der Anti-Hitler-Koalition über die künftige Behandlung Deutschlands zustande kam. Das wird deutlich, wenn man sich vor Augen führt, daß die Initiative für den ersten Teilungsplan, den Stalin im Dezember 1941 mit dem britischen Außenminister Eden diskutierte, keineswegs von sowjetischer Seite ausging (wie in der westlichen Literatur meistens behauptet wird), sondern von Churchill. Dieser hatte Stalin im Vorfeld von Edens Besuch mitteilen lassen, daß er die «völlige Entwaffnung Deutschlands für wenigstens eine ganze Generation und die Zerstückelung Deutschlands in einzelne Teile, vor allem die Abtrennung Preußens von den restlichen Teilen Deutschlands», für notwendig erachte.[13]

Stalin reagierte darauf mit dem Vorschlag einer Separierung des Rheinlandes und einer Abtretung Ostpreußens und weiterer deutscher Gebiete an Polen; außerdem regte er an, «eventuell» die Bildung eines selbständigen Bayerns vorzusehen.[14] Vorstöße zur Präzisierung dieser Teilungspläne hat er jedoch nie unternommen. In Teheran stimmte er Roosevelts extremem Teilungsplan zwar auf der Stelle zu, doch warnte er im gleichen Atemzug auch vor einem unvermeidlichen Wiedervereinigungsstreben der Deutschen. Als die Briten in Ausführung der Teheran-Gespräche im Januar 1944 ein Dismemberment Committee einsetzen wollten, torpedierte der sowjetische Vertreter in der European Advisory Commission (EAC), Fjodor Gusew, jede Präzisierung mit dem Argument, daß die sowjetische Delegation nicht über genügend Material oder Experten zur Prüfung der Materie verfüge.[15] In Jalta suchte Stalin dann seine Verbündeten zwar auf den Grundsatz der Aufteilung zu verpflichten, fügte aber hinzu, daß detaillierte Festlegungen im Augenblick nicht erforderlich seien. Im Entwurf für die Kapitulationsurkunde gab er sich sehr rasch mit einer Formulierung zufrieden, die zumindest Zweifel an der tatsächlichen Aufteilungsabsicht der Alliierten zuließ.[16]

Als die britische Delegation im Dismemberment Committee, das in Jalta gebildet wurde, einen Richtlinienentwurf vorlegte, der die Aufteilung nur noch als eine Möglichkeit unter anderen bezeichnete, die ergriffen werden sollte, «falls nötig», stimmte Gusew dieser Formulierung nach Rücksprache mit Moskau am 28. März 1945 zu. Zur Begründung führte er aus: «Die sowjetische Regierung versteht den Beschluß der Krim-Konferenz in der Frage der Aufteilung Deutschlands nicht als eine unbedingte Verpflichtung, sondern nur als eine Möglichkeit, um auf Deutschland Druck auszuüben, falls sich andere Mittel nicht als wirksam genug erweisen, dieses Land unschädlich zu machen.»[17] Das ist von der westlichen Seite als eine spektakuläre Korrektur der sowjetischen Position verstanden worden und führte dazu, daß die von den Briten schon seit längerem für problematisch gehaltene Aufteilung auf die lange Bank geschoben wurde. In Wahrheit war nur offenbar geworden, wie wenig sich Stalin tatsächlich mit den Teilungsplänen identifiziert hatte.

Der britische Kurswechsel in der Aufteilungsfrage genügte, um auch ihn zu bewegen, das Projekt nicht weiterzuverfolgen. Er wurde dabei nicht, wie im Westen bald gemutmaßt wurde, von Hoffnungen getrieben, dank der günstigen militärischen Entwicklung bald die Kontrolle über das ganze Reichsgebiet erringen zu können, sondern paßte sich nur dem Stand der Diskussion bei den Verbündeten an. Diese Anpassung zeigt, daß er noch immer um einen grundsätzlichen Konsens der Alliierten hinsichtlich der Behandlung Deutschlands bemüht war, gleichzeitig aber gegenüber den Westmächten nicht ins Hintertreffen geraten wollte: Wenn diese vom Zerstückelungsprinzip abzurücken geneigt waren, dann schien es im Hinblick auf den eigenen Einfluß bei den Deutschen höchst unklug, selbst an ihm festzuhalten.

Wie pessimistisch die sowjetischen Verantwortlichen ihre Möglichkeiten in Deutschland zum Zeitpunkt der Jalta-Konferenz tatsächlich einschätzten, geht aus dem Bericht hervor, den der sowjetische Reparations-Administrator Wladimir Rudolph nach seinem Übertritt auf die westliche Seite Anfang der fünfziger Jahre vorlegte. Nach seinen Informationen hatte das Politbüro Ende 1944/Anfang 1945 «kein Vertrauen in die Möglichkeit [...], selbst jene Teile Deutschlands erfolgreich zu sowjetisieren, die von sowjetischen Truppen besetzt wurden. Es wurde als wahrscheinlich erachtet, daß die USA und Großbritannien auf Friedensbestimmungen bestehen würden, unter denen eine Sowjetisierung Deutschlands unmöglich wäre. Manche Regierungsmitglieder fürchteten eine Wiederholung des raschen wirtschaftlichen Wiederaufstiegs Deutschlands wie nach dem Ersten Weltkrieg. Dementsprechend wurde die Idee einer ‹wirtschaftlichen Entwaffnung Deutschlands› entwickelt, d. h. einer Demontage der deutschen Wirtschaft bis zu einem Grad, der Deutschland für Jahre, wenn nicht für immer außerstande setzen würde, seine Rückkehr als machtvoller Staat und potentieller Feind zu inszenieren.» [18]

Rudolphs Angaben, die sehr präzise und detailliert sind und

darum in der Grundtendenz durchaus Glaubwürdigkeit beanspruchen dürfen, werden durch die sowjetische Reparationspraxis bestätigt. In Jalta legte der stellvertretende sowjetische Außenminister Maiskij einen Reparationsplan vor, der eine Verminderung der deutschen Schwerindustrie um 80 Prozent vorsah[19]; und das «Spezialkomitee des Rats der Volksbeauftragten» unter Vizepremier Malenkow requirierte vom Mai 1945 an mit bald 70000 Mitarbeitern im sowjetischen Besatzungsgebiet Industriegüter und Anlagen aller Art – in großer Eile und ziemlich planlos.[20] Das belegt, daß man in Moskau tatsächlich eine wirtschaftliche Entwaffnung Deutschlands für vordringlich hielt und wenig Zutrauen in die Stabilität der Allianz der Siegermächte hatte. Sollte diese zerbrechen, blieb nur noch die rasche Ausbeutung des besiegten Kriegsgegners. Der Abtransport der Industrieanlagen mußte erfolgen, solange die Präsenz der Roten Armee dies erlaubte. «Raubt soviel ihr könnt», gab Stalin im März 1945 als Direktive aus.[21]

Die Einheit als Ziel

Mit dem Vordringen der Roten Armee nach Mitteldeutschland ist die Sorge, überhaupt keinen Einfluß auf die künftige Gestaltung Deutschlands nehmen zu können, wohl geschwunden. Statt dessen breitete sich die Vorstellung aus, es könne künftig zwei deutsche Staaten geben, einen westlichen und einen unter sowjetischem Einfluß. Darauf deutet schon die bekannte Äußerung Stalins, die Milovan Djilas vom Empfang der jugoslawischen Staats- und Parteidelegation Anfang April 1945 berichtet: «Dieser Krieg ist nicht wie in der Vergangenheit; wer immer ein Gebiet besetzt, erlegt ihm auch sein eigenes gesellschaftliches System auf. Jeder führt sein eigenes System ein, so weit seine Armee vordringen kann. Es kann gar nicht anders sein.»[22] In die gleiche Richtung weisen Warnungen, die die deutschen KPD-Emigranten im Moskauer Exil zu hören bekamen. So sprach der KPD-Vorsitzende Wilhelm Pieck im März 1945 von der Gefahr, daß «in der englischen und amerikanischen Zone Bestrebungen Vorschub geleistet wird, ein Gegengewicht gegen den wachsenden Einfluß der Sowjetunion zu schaffen und dort reformistischen Führern der Sozialdemokratie und der Gewerkschaften Gelegenheit zu geben, sich wieder Einfluß in der Arbeiterschaft zu verschaffen gegenüber den Kommunisten». Generell ging er davon aus, daß das Regime der Siegermächte «in den drei Besatzungszonen ziemlich unterschiedlich sein wird».[23] Wolfgang Leonhard hörte im Schulungskurs für die deutschen Emigranten, daß «die Nazis zweifellos versuchen [würden], die Einheit der drei Großmächte zu unterminieren und zwischen ihnen Mißtrauen zu säen».[24] Unmißverständlich war dann, was Pieck und vermutlich auch andere KPD-Spitzenfunktionäre zu hören bekamen, als sie am 4. Juni mit Stalin, Molotow und Shdanow über das künftige deutschlandpolitische Konzept sprachen: «Perspektive – es wird zwei Deutschlands geben – trotz aller Einheit der Verbündeten.»[25]

Die Perspektive, es mit zwei deutschen Staaten zu tun zu haben, war für die sowjetische Führung aber ähnlich beunruhigend wie die düstere Vision des Winters 1944/45. Da der industrielle Schwerpunkt Deutschlands im Westen lag, dort, wo jetzt die amerikanischen Truppen mit ihren Verbündeten einzogen, drohte unvermindert die Gefahr einer Allianz des amerikanischen mit dem deutschen Kapital, und auch hinsichtlich der dringend benötigten Reparationen sah es nach wie vor nicht gut aus. Die Ost-West-Teilung Deutschlands war darum in ihrer Perspektive nichts, was man leichtfertig hinnehmen konnte, schon gar nicht ein Etappenziel auf dem Weg zum Sozialismus, sondern eine Gefahr, der man mit allen Mitteln begegnen mußte. Das ergibt sich schon aus der Logik der Situation, und es wird durch die überlieferten Anweisungen eindrucksvoll bestätigt. Den Kommunisten im Moskauer Exil wurde aufgetragen, gemeinsam mit den übrigen «antifaschistisch-demokratischen Kräfte[n] [...] die Tätigkeit der Besatzungsmächte im Kampf für die Vernichtung des Nazismus und Militarismus, für die Umerziehung des deutschen Volkes und für die Durchführung demokratischer Reformen zu unterstützen». Gegen die zu erwartenden Versuche, einen Keil zwischen Angelsachsen und Russen zu treiben, «müßte rücksichtslos vorgegangen werden».[26] Noch weiter gehend wurde in der Unterredung am 4. Juni als strategisches Ziel bestimmt: «Einheit Deutschlands sichern.»[27]

Hätte Stalin im Frühjahr 1945 tatsächlich die Konstituierung eines Separatstaates auf dem Boden der eigenen Besatzungszone betrieben, dann hätte er gewiß die Konsequenzen der – im Grundsatz seit 1941 angestrebten und von den westlichen Alliierten abgesegneten – Westverschiebung Polens bis zur westlichen Neiße bedenken müssen. Indem er den polnischen Ansprüchen auf ganz Schlesien nachgab, stärkte er zwar die Position der von ihm eingesetzten «Provisorischen Regierung» in Polen und kompensierte die Westverschiebung der polnisch-sowjetischen Grenze; gleichzeitig schwächte er mit dem Transfer des oberschlesischen Industriegebiets an Polen aber auch die Überlebenschancen eines Ostzonenstaates entscheidend. Die hemmungslose Ausplünderung der Zone, die gleich nach dem Ende der Kampfhandlungen einsetzte, entzog diesem Staat fortwährend weitere Ressourcen. Solange sie andauerte, konnte allenfalls eine Minderheit in Moskau den Ostzonenstaat als zweitbeste Lösung betrachten. Für die offizielle Politik war die Besatzungszone nur ein Faustpfand, das ein Mitspracherecht bei der künftigen Gestaltung Deutschlands wahrscheinlicher machte; eine eigene Perspektive wurde für sie nicht enwickelt.

Offensichtlich konzentrierte Stalin seine Hoffnungen nach dem Ausbleiben eines Umsturzes in Deutschland ganz auf die Allianz der Siegermächte. Nur wenn sie über den Sieg hinaus erhalten blieb, war das Gespenst einer deutsch-amerikanischen Allianz zu bannen, konnte die deutsche Gesellschaft so umgestaltet werden, daß von Deutschland keine Gefahr mehr drohte, und bestand Aussicht auf Reparationslieferungen aus dem schwerindustriellen Zentrum des Reiches an der Ruhr. Stalins Forderungen, «die spezifischen Verhältnisse in Deutschland mit seinem Junkertum und seinen großen Rüstungskonzernen [...] zu ändern», auf der Konferenz von Teheran erstmals vorgetragen [28], waren bei den westlichen Verbündeten grundsätzlich auf positive Resonanz gestoßen, und die «progressistischen» Kräfte in den USA entwickelten weitreichende Pläne für eine solche Umgestaltung Deutschlands. Dies bestärkte Stalin in seiner Hoffnung auf ein gemeinsames antifaschistisches Programm. Bis zu einem gewissen Grad ließ er sich auch von der Behauptung Vargas beeindrucken, daß die im Kriege entwickelten Formen staatsinterventionistischer Eingriffe in das Wirtschaftsleben überall in Europa den Übergang zu einer «Demokratie neuen Typs» begünstigten, zu gesellschaftlichen Verhältnissen, «unter denen die feudalen Überbleibsel, der Großgrundbesitz, liquidiert werden, Privateigentum an Produktionsmitteln existiert, aber große Unternehmen der Industrie, das Transport- und Kreditwesen verstaatlicht werden, und der Staat selbst und sein Apparat nicht den Interessen der Monopolbourgeoisie dienen».[29] Ganz sicher war er sich, wie seine besorgte Warnung vor den «zwei Deutschlands» zeigt, freilich nicht.

Gerade weil die Aussichten auf eine Zusammenarbeit der Siegermächte bei der Umgestaltung Deutschlands keineswegs ungetrübt waren (und von dem ewig mißtrauischen Stalin vermutlich noch skeptischer beurteilt wurden als von anderen), mußte alle Energie darauf verwandt werden, sie zu stärken. Daher die Mahnung, alles zur Unterstützung der einvernehmlichen Arbeit der Alliierten zu tun; daher aber auch die Warnung, die antifaschistische Umwälzung in Deutschland nicht mit der sozialistischen Revolution zu verwechseln. «Die politische Aufgabe», wurde den KPD-Kadern in Moskau vor ihrer Abreise nach Deutschland gesagt, «bestehe nicht darin, in Deutschland den Sozialismus zu verwirklichen oder eine sozialistische Entwicklung herbeiführen zu wollen. Dies müsse im Gegenteil als schädliche Tendenz verurteilt und bekämpft werden. Deutschland stehe vor einer bürgerlich-demokratischen Umgestaltung, die ihrem Inhalt und Wesen nach eine Vollendung der bürgerlich-demokratischen Revolution von 1848 sei. Es komme darauf an, aktiv für diese Vollendung einzutreten, sich aber jeglichen sozialistischen Losungen zu widersetzen, da diese unter den gegenwärtigen Bedingungen reinste Demagogie seien; unter solchen Umständen würde die Idee des Sozialismus nur diskreditiert.»

Besondere Anstrengungen wurden in den Moskauer Schulungen darauf verwandt, sich für die Auseinandersetzung mit Genossen in Deutschland zu wappnen, «die nun endlich den Sozialismus einführen» wollten. Die Verantwortung für die «bürgerlich-demokratische Umgestaltung» liege eindeutig bei den verbündeten Siegermächten: «Die Besatzungsmächte kämen nach Deutschland, um den Faschismus und Militarismus auszurotten und die notwendigen Maßnahmen für eine demokratische Wiedergeburt des deutschen Volkes zu treffen. Die zuständigen Maßnahmen der Besatzungsmächte seien im einzelnen noch nicht bekannt, aber man könne mit Sicherheit annehmen, daß neben der Aburteilung der Kriegsverbrecher auch Maßnahmen gegen den Monopolkapitalismus und eine Boden- und Schulreform geplant seien. Es käme darauf an, unter peinlichster Beachtung der alliierten Vorschriften bei diesen Reformen aktiv mitzuarbeiten und für ihre konsequente Durchführung zu sorgen.» [30]

Die Instruktionen vom Frühjahr wurden in den Spitzengesprächen mit Stalin Anfang Juni noch einmal bestätigt. Pieck notierte unter der Rubrik «Charakter des antifaschistischen Kampfes»: «Vollendung der bürgerlich-demokratischen Revolution / bürgerlich-demokratische Regierung / Macht der Rittergutsbesitzer brechen / Reste des Feudalismus beseitigen.» [31] Das zeigt, daß die entsprechenden Passagen des KPD-Aufrufs vom 11. Juni, noch in Moskau von Anton Ackermann redigiert und mit Georgi Dimitroff abgesprochen [32], nicht etwa Ausdruck plumper Bauernfängerei waren, sondern tatsächlich wiedergaben, was die Moskauer Führung in bezug auf Gesamtdeutschland dachte. Darüber hinaus wird deutlich, daß die Kommunisten tatsächlich eine Demokratie westlichen Typs im Blick hatten, wenn sie von der «Aufrichtung eines antifaschistischen, demokratischen Regimes, einer parlamentarisch-demokratischen Republik» sprachen. [33] Entgegen der üblichen pauschalen Zuordnung des Aufrufs vom 11. Juni zur Volksfront-Programmatik [34] muß betont werden, daß seine Autoren durchaus die konkrete Situation des besetzten Deutschlands vor Augen hatten und darum ein Programm anboten, von dem sie hofften, daß es auch von den westlichen Besatzungsmächten mitgetragen werden konnte. Das aber konnte nur ein Programm der Beseitigung der autoritären Wurzeln des Nationalsozialismus sein. Entsprechend fehlte auch in allen internen Anweisungen und Diskussionen, im Unterschied zu früheren Erörterungen, jede Perspektive auf den Übergang zum Sozialismus. «Man muß dem Volk die Wahrheit sagen», erklärte Ulbricht am 12. Juni. «Sie besteht darin, daß das antifaschistische Deutschland noch ein kapitalistisches Land ist.» [35]

Das heißt natürlich nicht, daß die kommunistischen Führer ihre revolutionären Ziele für Deutschland aufgegeben hätten. Sie mußten nur, ähnlich wie in den westeuropäischen Ländern[36], hinter den strategischen Notwendigkeiten der Sicherung der Sowjetmacht zurückstehen und rückten damit in eine ungewisse Zukunft. Varga schätzte, daß die Nachkriegskonsolidierungsphase des Kapitalismus zehn oder mehr Jahre dauern werde und danach dann die allgemein erwartete große Überproduktionskrise eintreten könnte; nähere Angaben zu deren Bedingungen und Verlauf wagte er freilich nicht.[37] Sozialismus in Deutschland – das war unter den gegebenen Umständen wirklich cura posterior. Es war für den Sowjetstaat – und damit, nach dem Verständnis der kommunistischen Führer, für die kommunistische Weltbewegung – schon viel gewonnen, wenn die deutsche Gefahr beseitigt und gleichzeitig die amerikanische Gefahr eingedämmt werden konnte. Dazu war die parlamentarische Demokratie mit antimonopolistischer Komponente strategisch (und nicht nur taktisch) willkommen, auch wenn sie vorerst nichts zur Überwindung des Kapitalismus in Deutschland beitrug. Wenn man auf die Zusammenarbeit mit den Westmächten angewiesen war – und das war nach Lage der Dinge Voraussetzung eines einigermaßen erträglichen Friedens –, dann war eine solche Demokratie eine gute Basis. Bei einigermaßen nüchterner Betrachtung der Verhältnisse im besetzten Deutschland konnte es gar kein anderes Programm geben.

Es kann auch keine Rede davon sein, daß Stalin spekuliert haben könnte, nach einem baldigen Abzug der amerikanischen Truppen freie Bahn in ganz Deutschland zu haben. In allen internen Lageanalysen erscheint die Präsenz der Westmächte in Deutschland als feste Größe; nie wird auf Roosevelts Bemerkung auf der Konferenz von Jalta Bezug genommen, die öffentliche Meinung in den USA werde es ihm wohl kaum erlauben, die amerikanischen Truppen länger als zwei Jahre in Europa zu halten.[38] Aus dem Sommer 1949 findet sich sogar ein Dokument, das belegt, daß die Sowjetführung durchaus mit längeren Präsenzzeiten der westlichen Alliierten rechnete: Pieck notierte nach einem Gespräch mit Wladimir Semjonow, dem seit 1946 amtierenden Politischen Berater des Chefs der SMAD, unter dem Stichwort «Dauer der Besatzung» als amerikanische Angabe vom 10. Februar 1945, mithin aus der Schlußphase der Jalta-Konferenz, «10–100 Jahre», für 1946 werden dann

Äußerungen von Acheson («mindestens 25») und Eisenhower («lange Zeit») aufgeführt.[39] Stalin muß es bei seinem großen Respekt vor den Westmächten als völlig irreal empfunden haben, die sowjetischen Truppen länger auf deutschem Boden halten zu können als die amerikanischen. Im Januar 1947 klagte er, daß die Sowjetarmee wegen der Verzögerung des Friedensvertrags «länger in Deutschland bleiben» müsse, «als uns selbst lieb ist».[40] Das zeigt, daß er die Präsenz der Besatzungstruppen als zeitlich befristet verstand, begründet allein mit der Notwendigkeit der demokratischen Umgestaltung und auf die Zeit dieser Umgestaltung beschränkt.

Mehr noch: Es läßt sich zeigen, daß Stalin besorgt war, die gemeinsame Besatzung werde nicht lange genug dauern, um die erforderliche Umgestaltung Deutschlands zu Ende zu führen. Der amerikanische Außenminister Byrnes erinnerte seinen sowjetischen Kollegen Molotow auf der ersten Konferenz des Alliierten Außenministerrats in London im September 1945 daran, daß Stalin in Jalta von der «Gefahr» gesprochen hatte, «daß die Vereinigten Staaten wie nach dem letzten Krieg nach Hause zurückkehren und sich von den europäischen Angelegenheiten abwenden könnten» und daß «dann die Gefahr eines Wiederaufbrechens der deutschen Aggression akut werden könnte». In den veröffentlichten Jalta-Protokollen ist eine solche Äußerung zwar nicht festgehalten, doch hat Molotow weder widersprochen noch Anzeichen von Überraschung erkennen lassen; statt dessen begrüßte er den Vorschlag eines Vier-Mächte-Pakts zur Entwaffnung Deutschlands, mit dem Byrnes den Sorgen Stalins begegnen wollte, sogleich als «sehr interessante Idee».[41] Ein Jahr später warnte der sowjetische Botschafter in Washington Nikolai Nowikow in einer Lageanalyse für die Moskauer Zentrale vor amerikanischen Überlegungen, «die alliierte Besatzung des deutschen Territoriums zu beenden, bevor die Hauptaufgaben der Besatzung – die Entmilitarisierung und Demokratisierung Deutschlands – vollendet» seien. Dies würde, fügte er erläuternd hinzu, «die Vorbedingungen für das Wiederaufleben eines deutschen Imperialismus schaffen, den die Vereinigten Staaten in einem künftigen Krieg auf ihrer Seite zu nutzen planen. Es ist offensichtlich, daß eine solche Politik [des vorzeitigen Besatzungsendes!] eine deutlich ausgeprägte antisowjetische Spitze hat und eine ernsthafte Gefahr für die Sache des Friedens darstellt.»[42]

Gleich welche Rolle dieses Dokument im innersowjetischen Entscheidungsprozeß spielte, sein Autor mußte davon ausgehen, daß das Argument, ein vorzeitiges Ende der amerikanischen Besatzung gefährde den Frieden, für Stalin plausibel war. Das belegt zum weiterenmal, daß dem sowjetischen Diktator amerikanische Besatzungstruppen als Instrument der Umgestaltung durchaus willkommen waren. Bei seinem großen Respekt vor der Leistungsfähigkeit der Deutschen und angesichts der eigenen Schwäche ist es sogar wahrscheinlich, daß er davon überzeugt war, zur Bannung der deutschen Gefahr auf die Unterstützung der westlichen Alliierten angewiesen zu sein.

Vom Militärregime zum Parteienstaat

Zunächst also setzte Stalin ganz auf die Zusammenarbeit der Alliierten. Die Deutschen wurden vorwiegend als Objekte der Umerziehung gesehen, denen erst nach einer längeren Phase der Umgestaltung wieder politische Verantwortung überlassen werden konnte. Den deutschen Kommunisten in Moskau wurde im März 1945 gesagt, daß «auf den Sieg [...] voraussichtlich eine lange Periode der Besetzung folgen» werde. «Es könne unter Umständen sogar Jahre dauern, bis wieder deutsche politische Parteien zugelassen würden. Die Aufgabe der antifaschistisch-demokratischen Kräfte sei es daher, in den örtlichen deutschen Verwaltungen, die dann auf Weisungen der Alliierten ihre Tätigkeit ausübten, aktiv mitzuarbeiten.» Eine kommunistische Partei war danach zunächst nicht vorgesehen; statt dessen sollten die Kommunisten daran mitwirken, «sobald deutsche Organisationen zugelassen würden, [...] eine breite antifaschistisch-demokratische Massenorganisation unter dem Namen ‹Block der kämpferischen Demokratie› zu schaffen». Zur Begründung für diese eingeschränkte Form deutscher Beteiligung wurde ausdrücklich darauf verwiesen, daß Deutschland keine nennenswerte Widerstandsbewegung hervorgebracht habe und die

«Einheit der Anti-Hitler-Koalition» daher Unterpfand des Sieges sei.[43]

Eine solche Konzeption war mit den Plänen zur Aufteilung Deutschlands in mehrere Einzelstaaten durchaus vereinbar, auch wenn diese gegenüber den deutschen Kommunisten mit keinem Wort erwähnt wurden. Für sehr wahrscheinlich hielt Stalin diese Aufteilung allerdings wohl nicht mehr, seit in Jalta das Zögern der westlichen Verbündeten offenkundig geworden war; grundsätzlich war er weiterhin bereit, den westlichen Vorgaben in dieser Frage zu folgen. In der Praxis ließ die Rote Armee die unterschiedlichen antifaschistischen Ausschüsse und Komitees, die sich im Augenblick des Zusammenbruchs vielerorts bildeten, zunächst ohne jede Einschränkung gewähren[44]; deren ebenso spontane wie dezentralisierte Tätigkeit paßte hervorragend zu der Vorstellung, daß die Umgestaltung in erster Linie von den Alliierten gemeinsam getragen wurde.

Nach der deutschen Kapitulation wurde diese Konzeption dann aber in zwei Schritten modifiziert. Zunächst entschied sich Stalin dafür, den Deutschen unmißverständlich die nationale Einheit zu offerieren. Ohne länger auf abweichende Meinungen im Kreis der Westmächte Rücksicht zu nehmen, erklärte er in seiner Siegesansprache vom 9. Mai öffentlich, die Sowjetunion feiere den Sieg, «auch wenn sie sich nicht anschickt, Deutschland zu zerstückeln oder zu vernichten».[45] Damit war das Zerstückelungskonzept endgültig ad acta gelegt. Den Deutschen wurde im Moment der Niederlage eine weitaus attraktivere Zukunft in Aussicht gestellt, als sie die Anti-Hitler-Koalition in ihrer Forderung nach «bedingungsloser Kapitulation» bis in die letzten Kriegsmonate hinein angestrebt hatte.

Knapp vier Wochen später versprach Stalin den Deutschen auch baldige Mitbestimmung. Anfang Juni wurden Walter Ulbricht, Anton Ackermann und Gustav Sobottka, die Leiter der drei Kadergruppen, die die Rote Armee bei der Übernahme der Verwaltung unterstützten, nach Moskau zurückbeordert. Dort präsentierte sich ihnen Stalin zunächst erneut in sehr großzügigem Umgang mit der Wahrheit als Anwalt der nationalen Einheit. Pieck notierte: «Plan der Zerstückelung Deutschlands bestand bei Engl.-Amerikan. [...]

Stalin war dagegen.» Dann erfuhren sie, daß nach einer «Anweisung vom 26. 5. [...] Parteien und Gewerkschaft», die es doch auf Jahre hin nicht geben sollte, nunmehr «erlaubt sind» (Pieck fügte erläuternd hinzu: «also SPD, Zentrum; nicht von uns fördern»). Daraus folgte auch: «ZK soll offen auftreten – mit Kurs auf Schaffung Partei der Werktätigen.» Diese Partei sollte bei der Abwehr der Ost-West-Spaltungstendenzen eine Schlüsselrolle einnehmen: «Einheit Deutschlands sichern durch einheitliche KPD / einheitliches ZK / einheitliche Partei der Werktätigen / im Mittelpunkt einheitliche Partei.» Mittelfristig wurde die Bildung einer «bürgerlich-demokratische[n] Regierung» angestrebt.[46]

Was Stalin bewogen hat, die Deutschen jetzt doch viel stärker in das Umgestaltungsprogramm einzubeziehen als zunächst geplant, kann man nur vermuten. Möglicherweise hat die Fülle der Antifa-Aktivitäten das pessimistische Bild von der Haltung der Deutschen korrigiert, das er nach dem Scheitern der Verschwörung vom 20. Juli 1944 gewonnen hatte. Möglicherweise erkannte er die Notwendigkeit, die Deutschen für ihre nationale Einheit zu mobilisieren, nachdem durch Roosevelts Tod am 12. April und die damit verbundene Schwächung des «progressistischen» Flügels in der amerikanischen Politik die Gefahr eines Scheiterns der Vier-Mächte-Verwaltung gewachsen war. Vielleicht sah er aber auch nur, daß die Parteigänger der Zerstückelungspolitik im amerikanischen Entscheidungsprozeß an Boden verloren[47]; wenn er, Stalin, sich als erster zu einer ohnehin in der Luft liegenden Lösung bekannte, konnte ihm das in Deutschland zweifellos einen beachtlichen Vorsprung sichern. Nicht auszuschließen ist auch, daß Bemühungen deutscher Kommunisten eine Rolle spielten, der KPD im Zusammenspiel mit Moskau eine aktivere Rolle zuzuschanzen. Von Ulbricht wird jedenfalls berichtet, daß er «schon in der zweiten Maihälfte die neuen Direktiven aus Moskau erhalten» hatte, «eine Neugründung der Kommunistischen Partei Deutschlands vorzubereiten», und dann rigoros die Auflösung der Antifa-Ausschüsse betrieb.[48] Wieweit er damit einer Entscheidung Stalins vorgriff, muß allerdings offenbleiben.

Jedenfalls hat Stalin den Umstand, daß die westlichen Truppen Sachsen, Thüringen und Mecklenburg, nicht aber Berlin erreicht hatten, geschickt dazu genutzt, die modifizierte Umgestaltungskonzeption zu lancieren. Bevor die Verbündeten Anfang Juli die Westsektoren Berlins wie vorgesehen beziehen konnten, wurde am 10. Juni die Zulassung «antifaschistisch-demokratischer Parteien» bekanntgegeben, konstituierten sich KPD, SPD, CDU und schließlich (am 5. Juli) auch die LDPD, und verständigten sich Sozialdemokraten und Kommunisten am 19. Juni auf die Bildung gemeinsamer «Arbeitsausschüsse». Dieses Vorpreschen ohne Abstimmung mit den Westmächten zielte offenkundig darauf, von der alten Reichshauptstadt aus für das gesamte Besatzungsgebiet Weichen in Richtung antifaschistisch-demokratischer Umgestaltung zu stellen. Dabei wurde den Politikern, die jetzt als Parteigründer auftraten, nachdrücklich versichert, daß sie für einen demokratischen Neuanfang gebraucht würden. Marschall Shukow erklärte den Mitgliedern des SPD-Zentralausschusses: «Meine Herren, ich bin hier mit dem Auftrag nach Berlin und in das Okkupationsgebiet geschickt worden, und habe den Auftrag aus Moskau, hier ein demokratisches Staatsleben zu entwickeln. Ich weiß genau, daß ich mich dabei in erster Linie nicht auf die Kommunistische Partei stützen kann, sondern daß ich auf Sie angewiesen bin, denn ich weiß, daß Sie die Massen hinter sich haben.» [49] Ulbricht ließ sie bei der ersten Begegnung mit dem KPD-Zentralkomitee gleich wissen, daß die sozialistischen Programmpunkte, die die SPD in ihrem Aufruf vom 15. Juni aufgeführt hatte, nicht aktuell seien: «Nicht der Sozialismus steht auf der Tagesordnung, sondern die Demokratie.» [50]

Bei der Durchsetzung dieser Konzeption in den Reihen der im Lande verbliebenen Kommunisten wurden die dahinter stehenden strategischen Notwendigkeiten zum Teil recht offen angesprochen. So erklärte der Leipziger KPD-Führer Fritz Selbmann nach einer Rededisposition vom Juli 1945, daß «Deutschland heute in Besatzungszonen gespalten [ist] und die Politik der KPD [...] niemals nur für einen dieser Besatzungssektoren» gültig sein dürfe. Weiter begründete er die Zurückstellung aller Sowjetisierungspläne zugunsten des «strategischen Ziel[s] Demokratie» damit, daß man «auf den Trümmern Deutschlands [...] keinen Sozialismus» aufbauen könne und daß «das deutsche Volk [...] ideologisch unreif für eine Sowjetisierung» sei.[51] Gleichwohl hatten die Moskau-Heimkehrer große Schwierigkeiten, den Altgenossen eine strategische Generallinie begreiflich zu machen, die die «völlig ungehinderte Entfaltung des freien Handels und der privaten Unternehmerinitiative auf der Grundlage des Privateigentums» implizierte[52] und die Frage nach der Zukunft des sozialistischen Programms offenließ. Der Widerstand gegen diese Linie, die so gar nicht zu den Hoffnungen paßte, die die Kommunisten in der Regel an den Zusammenbruch des Nationalsozialismus und den Einmarsch der Sowjetarmee geknüpft hatten, konnte erst durch die materielle Unterstützung des Zentralkomitees durch die SMAD und die Aufnahme zahlreicher neuer Parteimitglieder gebrochen werden.[53] Das macht indirekt noch einmal deutlich, daß hier nicht nur ein Bruch mit der bis 1933 verbindlichen Parteilinie vorlag, sondern auch eine wesentliche Einschränkung der Generallinie des VII. Weltkongresses von 1935.

Demokratischer Sozialismus

Vom Sozialismus war erst wieder die Rede, als im Zuge der Kampagne für die Vereinigung der beiden Arbeiterparteien mit den Sozialdemokraten über eine gemeinsame programmatische Grundlage verhandelt werden mußte. Am 19. Dezember 1945 übermittelte das KPD-Zentralkomitee dem SPD-Zentralausschuß einen Resolutionsentwurf für die bevorstehende «Sechziger-Konferenz» über die Vereinigungsfrage, in dem der Sozialismus in Anlehnung an Lenins Zwei-Revolutionen-Theorie von 1905[54] als das umfassendere politische Ziel *nach* der Errichtung der parlamentarischen Demokratie bezeichnet wurde: «Das Programm dieser [vereinigten] Partei soll im *Minimum* die Vollendung der demokratischen Erneuerung Deutschlands im Sinne des Aufbaus einer antifaschistisch-demokratischen Republik parlamentarischen Typs [...] sein; im *Maximum* soll das Programm die Verwirklichung des Sozialismus auf dem Wege der Ausübung der politischen Herrschaft der Arbeiterklasse im Sinne der Lehren des konsequenten Marxismus sein.» Darüber hinaus wurde zum erstenmal formuliert, daß die besonderen Verhältnisse in Deutschland nicht nur in der aktuellen Situation, sondern auch bei einem künftigen Übergang zum Sozialismus zu berücksichtigen seien: «Sowohl bei der Verwirklichung des Programm-Minimums wie des Programm-Maximums soll sie [die Einheitspartei], von den Besonderheiten der Entwicklung unseres Volkes ausgehend, einen besonderen Weg einschlagen. Die restlose Zerschlagung des alten staatlichen Machtapparates und die konsequente Weitertreibung der demokratischen Erneuerung Deutschlands kann auch besondere Formen des Übergangs zur politischen Herrschaft der Arbeiterklasse und zum Sozialismus schaffen.»[55] Konkreter waren die Aussichten auf den Sozialismus aber auch damit nicht geworden. Mit der Andeutung eines Zusammenhangs zwischen aktuellem Demokratisierungsprogramm und künftigem Übergang zum Sozialismus wurde sozialdemokratischen Fragen nach dem Weg zum Sozialismus Rechnung getragen, ohne die Konzentration auf die «Tagesaufgabe» preiszugeben.

Stalin ging einen bemerkenswerten Schritt weiter. Als ihn Ulbricht bei seinem nächsten Besuch Anfang Februar 1946[56] auf die Programmfrage ansprach, bestätigte er nicht nur die Unterscheidung zwischen Minimalprogramm («Einheit Deutschlands») und sozialistischem Maximalprogramm, sondern legte sich auch in der «Übergangsfrage» unzweideutig auf den demokratischen Weg fest. Pieck notierte unmittelbar nach Ulbrichts Rückkehr: «Lage ganz anders / in Rußland kürzester Weg / Herrschaft der Arbeiterklasse [...] / im Westen parl. Traditionen / auf Demokrat. Weg zur Arbeitermacht / nicht Diktatur.» An Elementen des demokratischen Weges hielt er darüber hinaus als Stalins Äußerungen fest: «Säuberung des Staatsapparates, Komunalisierung [sic] der Betriebe, Enteignung der Großgrundbesitzer / Sozialismus.»[57]

Diese Relativierung des sowjetischen Weges war nicht etwa eine programmatische Finte, mit der die Sozialdemokraten auf den Pfad der Einheitspartei gelockt werden sollten, und auch nicht nur eine augenblickliche Eingebung des sowjetischen Diktators. Bereits im Gespräch mit Tito im April 1945 hatte er von der Möglichkeit eines parlamentarisch-demokratischen Weges zum Sozialismus gesprochen: «Heute ist der Sozialismus sogar unter der englischen Monarchie möglich. Eine Revolution ist nicht mehr überall nötig. Erst vor kurzem war eine Delegation von britischen Labourleuten hier, und wir haben gerade darüber gesprochen.»[58] Im August 1946, als die «Labourleute» schon über ein Jahr Großbritannien allein regierten, äußerte er sich gegenüber einer Delegation von Labour-Führern erneut im gleichen Sinne: Er erwähnte, wie Harold Laski berichtet, «die Möglichkeit, daß Großbritannien ein sozialistisches Land werden könne, ohne daß es die Etappe der Diktatur des Proletariats, der gewaltsamen Revolution und der Unterdrückung der bourgeoisen Klasse durchmachen müßte. Stalin sprach die Überzeugung aus, daß, wenn die Labour Party ihr Programm der Nationalisierung der Industrie, des Verkehrs, der Finanzwirtschaft usw. verwirklichen und eine folgerichtige sozialistische Außen- und Innenpolitik durchführen werde, sie dieselbe Stufe der sozialistischen Entwicklung wie die Sowjetunion, wenn nicht eine höhere erreichen könne. Dies wird naturgemäß länger dauern und wird eine größere Geduld gegenüber der kapitalistischen Klasse erfordern, aber dennoch ist es möglich, den Sozialismus mit demokratisch-sozialistischen Methoden zu erreichen.»[59]

Stalin folgte auch hier Varga, der in der Schwächung der Monopolbourgeoisie in den «Demokratien neuen Typs» mit ihrem wachsenden Staatsanteil am Wirtschaftsleben zugleich eine Stärkung des Proletariats sah und damit implizit die Möglichkeit eines evolutionären Weges zum Sozialismus. Nach dem Sieg der Labour Party in Großbritannien und der Bildung linker Koalitionsregierungen in Frankreich, Italien und Belgien folgerte er, daß ganz Europa auf dem Weg zum Sozialismus sei. «Heute», schrieb er in einer Betrachtung zum 30. Jahrestag der Oktoberrevolution, «wird der Kampf in Europa in seiner historischen Entwicklung mehr und mehr zu einem Kampf um das Tempo und die Formen des Übergangs vom Kapitalismus zum Sozialismus. Obwohl der russische Weg, das Sowjetsystem, zweifellos die beste und schnellste Methode des Übergangs vom Kapitalismus zum Sozialismus darstellt, zeigt die historische Entwicklung, wie Lenin vorausgesagt hat, daß es auch andere Wege gibt, dieses Ziel zu erreichen.»[60]

Man muß sich natürlich fragen, wie ernst es Stalin mit diesen Spekulationen um einen nichtsowjetischen Sozialismus im Westen war. Angesichts der andernorts geäußerten Befürchtungen kann es sich bestenfalls um vage Zukunftshoffnungen gehandelt haben. Was er sich in diesem Zusammenhang letztlich unter «Sozialismus» überhaupt vorgestellt hat, ist schwer nachvollziehbar. Die innere Konsistenz seiner Äußerungen zum demokratischen Weg über einen längeren Zeitraum und gegenüber ganz unterschiedlichen Gesprächspartnern – darunter kommunistischen Führern wie Tito und Ulbricht – belegt aber, daß er trotz allem paranoiden Verfolgungswahn[61] ideologisch keineswegs auf das leninistische Revolutionsmodell festgelegt war.[62] Sein Sozialismus-Begriff war relativ offen und orientierte sich an dem, was er im Interesse des Sowjetstaates für notwendig hielt. Die realpolitischen Notwendigkeiten, die er bei Kriegsende sah, bestimmten nicht nur sein Programm, sondern griffen auch auf seine Vorstellungen von der Zukunft des Sozialismus über. Der demokratische Sozialismus wurde für ihn zu einer Möglichkeit, in bezug auf Deutschland sogar zur einzig denkbaren. Wenn er im Frühjahr 1946 wirklich zu jugoslawischen und bulgarischen Parteiführern meinte, «ganz Deutschland müsse unser werden» – Djilas berichtet etwas ungenau von Äußerungen «Stalins und der Sowjetführer» und zitiert auch nur aus zweiter Hand[63] –, dann hatte er dabei keineswegs das sowjetische Sozialismusmodell im Blick.

Die KPD-Führung hat Stalins These vom demokratischen Weg nicht in vollem Umfang übernommen. In dem später vielzitierten Artikel über den «besonderen deutschen Weg zum Sozialismus», den Ackermann nach Ulbrichts Rückkehr aus Moskau schrieb, wurde zwar die Eigenständigkeit noch deutlicher betont als im Entschließungsentwurf vom 19. Dezember; ob es sich um einen demokratischen Weg handeln werde, wurde jedoch ganz offen davon abhängig gemacht, daß die demokratische Umwälzung bis dahin gelang: «Niemand wünscht sehnlicher als wir, daß neue offene Kämpfe, ein neues Blutvergießen vermieden werden kann»; auszuschließen sei es freilich nicht.[64] Entsprechend hieß es in den gleichzeitig beratenen «Grundsätzen und Zielen» der Einheitspartei: «Die Sozialistische Einheitspartei Deutschlands erstrebt den demokratischen Weg zum Sozialismus; sie wird aber zu revolutionären Mitteln greifen, wenn die kapitalistische Klasse den Boden der Demokratie verläßt.»[65] Diese Einschränkung ergab sich offensichtlich aus dem Rekurs auf Marx und Lenin, der für eine theoretische Begründung des besonderen Weges, wie sie Ackermann zu liefern hatte, nun einmal unabdingbar war. Aus den Klassikern ließ sich nur herauslesen, daß «unter besonderen Umständen», wie Ackermann schrieb, «auch ohne Zerschlagung der bürgerlichen Staatsmaschinerie auszukommen» war, nämlich «unter der Voraussetzung, daß sich das bürgerlich-demokratische Regime nicht auf Militarismus und reaktionäre Bürokratie stützen kann». Folglich konnte und mußte die «Vollendung der bürgerlich-demokratischen Umwälzung» als Voraussetzung für den demokratischen Weg zum Sozialismus gerechtfertigt werden. «Wird diese Aufgabe gelöst», schrieb Ulbricht im zweiten Heft der «Einheit», «dann ist der demokratische Weg gesichert.»[66]

Ein substantieller Dissens zu Stalins Vorstellungen kann aus dem Hinweis auf die «revolutionäre» Alternative nicht herausgelesen werden. Vielmehr illustriert er erneut die Schwierigkeiten, die die deutschen Genossen bei der Implementierung eines Programmes hatten, das eine begründete Perspektive auf den Sozialismus in Deutschland vermissen ließ. Gleichzeitig unterstreicht er noch einmal, daß es den Kommunisten bei der Programmdiskussion nicht um ein Übertölpeln leichtgläubiger Sozialdemokraten ging. Im übrigen macht das Beharren auf einer erfolgreichen bürgerlich-demokratischen Umwälzung als Voraussetzung des Sozialismus in Verbindung mit der Versicherung, daß man den friedlichen Weg natürlich vorziehe, indirekt deutlich, daß sich die Anstrengungen der deutschen Kommunisten nach wie vor auf das demokratische Programm konzentrierten. Der Übergang zum Sozialismus war ein theoretisches Problem, auf das sich bei der Diskrepanz zwischen marxistisch-leninistischem Aktionsmodell und aktueller Aufgabenstellung nur schwer überzeugende Antworten finden ließen.

Erste Erfolge

Die sowjetische Führung konnte rasch wichtige Anfangserfolge verzeichnen. Mit mehr oder weniger deutlichen Hinweisen, daß die Zusammenarbeit der antifaschistischen Parteien Voraussetzung zur Lizenzerteilung sei, brachte man die Führer der beiden «bürgerlichen» Parteien CDU und LDPD dazu, der Bildung eines «Blocks der antifaschistischen-demokratischen Parteien» zuzustimmen, wie er im KPD-Aufruf vom 11. Juni vorgeschlagen worden war. Die Sozialdemokraten waren ohnehin sogleich für den Gedanken einer organisierten Zusammenarbeit zu haben; sie bestanden allerdings darauf, daß Beschlüsse nur «auf dem Wege der Vereinbarung» zustande kamen. In dieser Form wurde die «Einheitsfront» (die Bezeichnung war eine Konzession an die bürgerlichen Parteien) am 14. Juli konstituiert. Sie garantierte zunächst allen Parteien, daß sie nicht durch gegen sie gerichtete Koalitionsbildungen majorisiert werden konnten, und eröffnete damit auch den Kommunisten die Aussicht, an der künftigen Regierungsverantwortung teilzuhaben – zumindest dort, wo sich die von Berlin inszenierte Parteienstruktur durchsetzen konnte.[67]

Damit war zugleich ein Schritt in Richtung auf eine «antifaschistische» Parteienstruktur in allen vier Besatzungszonen getan; dies schien sich auf der nächsten Zusammenkunft der «Großen Drei», die am 17. Juli in Potsdam begann, zumindest anzudeuten. Die Amerikaner brachten einen Entwurf von Direktiven für die künftige Behandlung Deutschlands mit, der nicht nur eine strenge Entnazifizierung und den schrittweisen Wiederaufbau des politischen Lebens unter Einbeziehung demokratischer Parteien vorsah, sondern auch eine «Vernichtung der bestehenden übermäßigen Konzentration der Wirtschaftskraft, dargestellt insbesondere durch Kartelle, Syndikate, Trusts und andere Monopolvereinigungen».[68] Molotow brauchte nur noch ergänzend die «Organisation einer deutschen Zentralverwaltung» vorzuschlagen, und schon war ein gemeinsames deutschlandpolitisches Programm zusammengekommen, das den sowjetischen Vorstellungen im Grundsatz entsprach. Die endgültigen Formulierungen im Potsdamer Kommuniqué ließen die Perspektive einer künftigen gesamtdeutschen Regierung zwar nicht so deutlich erkennen wie der sowjetische Entwurf. Die westlichen Verbündeten waren nur bereit, sich auf die Bildung «einiger wichtiger zentraler deutscher Verwaltungsabteilungen» festlegen zu lassen, nicht aber auch die Koordinierung der Tätigkeit der Provinzialverwaltungen und die zentrale Wahrnehmung von «Funktionen, die mit der Lösung von Fragen gesamtdeutschen Charakters im Zusammenhang stehen».[69] Dennoch konnte damit als gemeinsame Linie alliierter Deutschlandpolitik ausgegeben werden, was bislang nur eine Hoffnung der sowjetischen Seite gewesen war.

Demgegenüber war es in sowjetischer Sicht weniger wichtig, daß die Westmächte die Sowjetunion in Potsdam darauf verwiesen hatten, ihre Reparationsbedürfnisse zunächst durch Entnahmen aus der eigenen Besatzungszone zu befriedigen, und ihnen 25 Prozent der «für die deutsche Friedenswirtschaft nicht erforderlichen» Industriegüter der Westzonen in Aussicht gestellt hatten (15 Prozent gegen entsprechende Nahrungsmittel- und Rohstofflieferungen, 10 Prozent ohne Gegenleistung), ohne das Niveau der künftigen Friedensproduktion zu fixieren. Ebensowenig wurde die Zurückstellung der sowjetischen Forderung nach Errichtung einer Vier-Mächte-Verwaltung des Industriegebiets an der Ruhr, die die Nutzung der Erträge der Ruhrindustrie für Reparationszwecke sicherstellen sollte, als gravierende Niederlage empfunden. Was nicht war, konnte ja noch werden; und da Byrnes Molotow wiederholt versicherte, daß die Zweiteilung in Fragen der Reparationen nichts an der amerikanischen Absicht ändere, die vier Zonen als wirtschaftliche Einheit zu behandeln[70], war man weiterhin voller Hoffnung. Stalin lobte jedenfalls Byrnes zum Schluß der Konferenz ausdrücklich für seine Bemühungen um produktive Ergebnisse, und die «Prawda» sprach am 3. August von einem «erfolgreichen Abschluß», der «die Verbindungen zwischen den Verbündeten gefestigt habe».[71] Nach Griegori Klimow, einem SMAD-Offizier in der Berliner Stadtkommandantur, betrachtete man die Potsdamer Ergebnisse in Moskau als den «größten Sieg der Sowjetdiplomatie».[72]

Noch bevor die Potsdamer Konferenz am 30. und 31. Juli über die Zentralverwaltungsfrage befand, begann die SMAD mit dem Aufbau «Deutscher Zentralverwaltungen» in ihrer Zone. Am 20. Juli wurde Grotewohl aufgefordert, sozialdemokratische Kandidaten für die Leitung dieser Verwaltungen zu benennen; am 27. Juli erging ein offizieller «Befehl», sie zu errichten. Das war, wie Arkadij Sobolev, politischer Berater von Marschall Shukow, seinem britischen Kollegen Christopher Steel Anfang September erläuterte, zunächst eine Maßnahme zur effektiveren Kontrolle und Koordination der Länder- und Provinzverwaltungen der Sowjetzone durch die SMAD, zugleich aber auch schon ein Schritt in Richtung gesamtdeutscher Verwaltungen.[73] Generalleutnant Bokow erklärte Grotewohl, «es sei möglich, daß sich diese Vereinigung von Wirtschaftlern einmal später zu einer politischen Instanz wandeln könne. Zur Zeit komme es jedoch lediglich darauf an, ausgesprochene Fachleute aus dem Wirtschaftsleben zu bestimmen, die gleichzeitig möglichst so populär sein sollten, daß ihre Namen überall, auch im westlichen Reichsgebiet bekannt seien und bereits ein gewisses Programm für sich darstellen.»[74] Den Präsidenten der Zentralverwaltungen wurde dann zu verstehen gegeben, daß sie sich Hoffnungen auf leitende Positionen in den gesamtdeutschen Verwaltungen machen dürften, wenn sie nur effektiv genug arbeiteten.[75] Offensichtlich war die sowjetische Führung entschlossen, nach der Sanktionierung des gesamtdeutschen Programms durch die Potsdamer Konferenz auch seine Umsetzung zügig voranzubringen und dazu die personellen Ressourcen, die in Berlin zur Verfügung standen, in vollem Umfang zu nutzen.

2 Erste Niederlagen

Warum folgten auf diese frühen Siege später nur noch Niederlagen – mit dem Ergebnis, daß Stalin am Ende gerade das bekam, was er zu verhindern trachtete: die Integration der westlichen Zonen Deutschlands in einen amerikanisch dominierten Machtblock, verbunden mit der Konstituierung eines zweiten deutschen Staates, für den dann praktisch nur noch die Ausrichtung nach sowjetischem Vorbild blieb?

Ein erster Grund für das Scheitern der gesamtdeutsch-demokratischen Konzeption sowjetischer Deutschlandpolitik ist gewiß darin zu sehen, daß sie auf der westlichen Seite kaum wahrgenommen wurde. Von Anfang an gab es im Kreis der westlichen Besatzungsmächte wie auch unter den Deutschen Stimmen, die die sowjetische Besatzungszone als verloren betrachteten und darum einer separaten Organisation der westlichen Zonen im Verbund mit dem westlichen Europa das Wort redeten. George F. Kennan, damals noch amerikanischer Botschaftsrat in Moskau, hatte sich schon Anfang 1945, also noch vor jeder konkreten Erfahrung mit der sowjetischen Besatzungspraxis, in dieser Richtung festgelegt. Kurt Schumacher bemühte sich vom Sommer 1945 an um eine separate Organisation der SPD in den Westzonen, weil er sozialdemokratische Politik unter sowjetischer Besatzungsherrschaft für unmöglich hielt und in gesamtdeutschen Strukturen nur Mittel sowjetischer Expansionspolitik sah. Konrad Adenauer ventilierte ebenfalls seit dem Sommer 1945 aus ähnlichen Gründen allerlei Pläne zur staatlichen Neuorganisation des deutschen Westens. Solche Stimmen stießen zwar anfangs vielfach auf Skepsis, doch gelang es auf der anderen Seite nicht, ein gewisses Grundmißtrauen gegenüber den sowjetischen Intentionen in Deutschland auszuräumen; in Entscheidungssituationen war den Politikern «das Hemd näher als der Rock», wie es westdeutsche Sozialdemokraten bei der Ablehnung einer reichsweiten Parteiorganisation ganz offenherzig formulierten.[1]

Von gar nicht zu überschätzender strategischer Bedeutung war sodann das französische Veto gegen die Errichtung deutscher Zentralverwaltungen, wie sie in Potsdam beschlossen worden waren. Die französische Regierung lehnte diesen Beschluß gleich am 7. August 1945 in einem Schreiben an die drei Verbündeten mit der Begründung ab, er präjudiziere sowohl die Grenzen wie den staatlichen Aufbau des künftigen Deutschlands. Bevor eine Verwaltungsregelung für ganz Deutschland in Kraft trat, wollte Frankreich die Abtrennung des Ruhrgebiets und des Rheinlands vom deutschen Staatsverband sichergestellt wissen; außerdem schwebte Paris ein weit größeres Maß an Dezentralisierung und direkter Kontrolle durch die Besatzungsmächte vor, als mit dem Konzept deutscher Zentralverwaltungen vereinbar war. Entsprechend verzögerten die französischen Vertreter im Alliierten Kontrollrat die Planungen für die Errichtung von Zentralverwaltungen, und am 1. Oktober 1945 erklärte Militärgouverneur Koenig kategorisch, daß keine Beschlüsse über Zentralverwaltungen gefaßt werden könnten, solange die Ruhr- und Rheinfrage noch nicht geregelt sei.[2] Das französische Beharren hatte zur Folge, daß die Umsetzung der Potsdamer Grundsatzbeschlüsse zur Umgestaltung Deutschlands in jeder Zone separat vorgenommen wurde, wobei die unterschiedlichen Ansätze der Besatzungsmächte voll durchschlugen.

Alltäglicher Stalinismus

Als mindestens ebenso hemmend wie westliche Abschottungstendenzen erwies sich die Unfähigkeit des sowjetischen Apparats, das Stalinsche Konzept konsequent in die Praxis umzusetzen. Die Besatzungsarmee unterstand zwar einer straffen Disziplin; sie war aber auf die Aufgabe, einen demokratischen Neuanfang zu organisieren, denkbar schlecht vorbereitet. Ihre Angehörigen kamen vielfach aus Verhältnissen jenseits der europäischen Zivilisation; sie waren nach über zwei Jahrzehnten permanenter Mobilisierung und systematischen Terrors im Sowjetregime mit rechtsstaatlichen Traditionen absolut nicht vertraut, und es fehlte ihnen jede Erfahrung mit einer pluralistisch-demokratischen Staatsordnung. Ebensowenig kannten sie das Land, in dem sie jetzt tätig wurden. Unter den 50000 Mitarbeitern der SMAD gab es kaum Deutschland-Spezialisten; auch von den Führungskräften des Stabes war kaum jemand auf seine Aufgaben vorbereitet worden. Die notorische Reserviertheit der sowjetischen Vertreter in der European Advisory Commission und anderen alliierten Gremien verrät neben Unsicherheit auch einen – mitunter eingestandenen – Mangel an Planungskompetenz.[3] Systematische Schulungen, die die SMAD für ihre Führungskräfte in Berlin organisierte[4], konnten die Defizite an Kenntnissen und Erfahrung nur ungenügend wettmachen.

Der Mangel an Erfahrung war um so gravierender, als die kommunistische Ideologie und die stalinistische Praxis die Besatzer und ihre deutschen Helfer prädestinierten, die demokratischen Spielregeln, die sie einführen sollten, selbst fortlaufend zu mißachten. Das Bewußtsein, in einem welthistorischen Klassenkampf Führer der Emanzipation der Arbeiterklasse zu sein, erfüllte sie mit Argwohn gegen jeden, der nicht bereit war, sich dem Befehlssystem des «demokratischen Zentralismus» unterzuordnen, und rechtfertigte zugleich ausnahmslos alle Mittel, die zur Stärkung ihrer Position dienen konnten. Entsprechend neigten die Besatzer dazu, hinter jedem Widerspruch deutscher Politiker gegen ihre Vorstellungen gleich den Einfluß des Klassenfeindes zu sehen, der ausgeschaltet werden mußte, und sich vorzugsweise auf diejenigen unter den deutschen Parteigenossen zu verlassen, die der Moskauer Führung bedingungslos ergeben waren. Diese konnten sich eine Demokratisierung Deutschlands zumeist nur als eine Demokratisierung unter ihrer Kontrolle vorstellen und griffen darum ganz selbstverständlich auf die Mittel der Infiltration, der konspirativen Intrigen, der demagogischen Manipulation und der verpflichtenden Einbindung zurück, die ihnen vertraut waren. Daß das neue Programm nicht nur taktische Anpassung, sondern einen radikalen Bruch mit den bisherigen Methoden verlangte, war den wenigsten bewußt; und noch weniger waren in der Lage, den Erfordernissen einer pluralistischen Ordnung in der politischen Praxis durchgehend Rechnung zu tragen.

Gewiß blieben nicht alle sowjetischen und deutschen Verantwortlichen dem alten Denken gleichermaßen verhaftet. So machte sich Anton Ackermann nach dem Eindruck seines sozialdemokratischen Vorstandskollegen Erich Gniffke das Ziel einer «politischen Einheit Deutschlands auf der Grundlage der parlamentarischen Demokratie» durchaus zu eigen.[5] Nach anderen Zeugnissen galt das auch für Paul Merker, Wilhelm Zaisser und Franz Dahlem; selbst Pieck ließ eine gewisse Distanz zur Sowjetmacht erkennen.[6] Dagegen verfuhr Walter Ulbricht stets konsequent nach der Devise, die er im Mai 1945 bei einer Einsatzbesprechung seiner «Initiativgruppe» ausgab: «Es muß demokratisch aussehen, aber wir müssen alles in der Hand haben.»[7] Wladimir Semjonow war sich, wie seine Vertraulichkeiten gegenüber den Sozialdemokraten in der SED-Führung[8] und seine vielfältigen Avancen gegenüber bürgerlichen Politikern zeigen, der Bedingungen für ein Gelingen des gesamtdeutschen Konzepts weit stärker bewußt als der ziemlich unbewegliche, dogmenverhaftete Sergej Tulpanow, der Chef der Verwaltung Information und Leiter des Parteiaktivs der SMAD. Aber selbst diejenigen, die sich aus praktischer Vernunft, antifaschistischer Solidarität oder nationalem Empfinden grundsätzlich um die Verwirklichung demokratischer Prinzipien bemühten, erkannten oft nicht, was dies erforderte; und wenn, dann mangelte es ihnen an Gelegenheiten, ihre Bedenken zur Sprache zu bringen oder gar für Abhilfe zu sorgen. Wichtige Entscheidungen konnten im «demokratischen Zentralismus» in letzter Instanz nur von Stalin selbst getroffen werden. Dieser aber war mit den vielfältigen Steuerungsproblemen seines Imperiums hoffnungslos überlastet, häufig schlecht informiert und selbst ohne Gespür für die Erfordernisse, die sich aus dem Demokratisierungsprogramm ergaben. Entsprechend groß blieb der Spielraum für die Eigendynamik des Apparats.

Schon im Sommer 1945 machten sich Tendenzen bemerkbar, die auf eine exklusive Kontrolle des sowjetischen Zonengebiets durch linientreue kommunistische Funktionäre hinausliefen. Die Auflösung der Antifaschistischen Ausschüsse war ein erster Schritt in diese Richtung, ebenso die Ablehnung der ersten Appelle zur Wiederherstellung der «organisatorischen Einheit der deutschen Arbeiterklasse»[9], die der Zentralausschuß der SPD im Mai und Juni 1945 an die kommunistischen Führer richtete. Statt den antifaschistischen Impulsen möglichst ungehindert freien Lauf zu lassen, suchten die Moskau-Heimkehrer zunächst mit Hilfe der SMAD die versprengten Reste der alten KPD unter ihre Kontrolle zu bringen und dann die durch zahlreiche Neuzugänge beträchtlich ausgeweitete Partei ideologisch und organisatorisch zu formieren. Parallel dazu verschaffte die SMAD der derart rekonstituierten KPD häufig Schlüsselstellungen, auf jeden Fall aber überproportionalen Einfluß in den neu zu besetzenden Verwaltungen, und in der Konkurrenz mit den übrigen Parteien unterstützte sie sie mit vielfältigen materiellen und organisatorischen Privilegien. Auf diese Weise entstand in der sowjetischen Zone eine Situation, die dem pluralistisch-gesamtdeutschen Ansatz entgegenwirkte: Nur hier stützte sich die Besatzungsmacht vorzugsweise auf eine deutsche Hilfstruppe eigener Prägung, und nur hier gab es eine Partei, die sich mit Hilfe der Besatzungsmacht Positionsvorteile verschaffen konnte.

Die Sonderentwicklung der Sowjetzone wurde noch dadurch akzentuiert, daß sich unter der Herrschaft der SMAD eine fundamentale Rechtsunsicherheit ausbreitete. Die Plünderungen, Vergewaltigungen und sonstigen Übergriffe auf die Zivilbevölkerung, die sich Angehörige der Roten Armee seit ihrem Einmarsch leisteten, konnten trotz entsprechender Interventionen sowohl der KPD- als auch der SPD-Führung bei Shukow[10] nur allmählich eingedämmt werden. Ziemlich willkürliche Verhaftungen durch den NKGB/MGB, die allen rechtsstaatlichen Prinzipien Hohn sprachen und für Zehntausende Unschuldige Schinderei und oftmals auch Tod in der Welt der Lager bedeuteten, blieben noch lange an der Tagesordnung.[11] Das schuf ein Klima latenter Furcht, das es der SMAD zwar leichtmachte, ihren Willen in der östlichen Besatzungszone durchzusetzen, zugleich aber die Glaubwürdigkeit des demokratisch-gesamtdeutschen Programms im Westen weiter erschütterte.

Erste Benachteiligungen nichtkommunistischer Kräfte gab es schon in der Konstituierungsphase des Sommers 1945. Zwar halfen die SMAD und ihre deutschen Helfer vielfach selbst nach, ein pluralistisches Parteienspektrum zu organisieren. Mancherorts ging die Förderung sogar so weit, daß, wie Wolfgang Leonhard aus einem brandenburgischen Bezirk berichtet, der sowjetische Kommandant

Sozialdemokraten, die in die KPD eingetreten waren, den Austritt und die Gründung einer SPD-Organisation befahl.[12] Häufig konnten die sowjetischen Kommandanten jedoch ihr Mißtrauen gegenüber Sozialdemokraten und «bürgerlichen» Politikern nicht verbergen. Die führenden Kommunisten genossen außerordentliche Privilegien: Sie wurden bevorzugt bei der Zuteilung von Papier und Druckmaschinen, bei der Zuweisung von Gebäuden, bei der Benzinvergabe und nicht zuletzt bei der Lebensmittelversorgung. Bei der Besetzung der Verwaltungsstellen gerieten bewährte Antifaschisten sozialdemokratischer oder «bürgerlicher» Herkunft nicht selten gegenüber KPD-Angehörigen ins Hintertreffen, darunter auch solchen, die gerade erst, nicht ohne einen Schuß Opportunismus, ihr Herz für die kommunistische Sache entdeckt hatten.[13]

Die Durchsetzung der SED

Die anfängliche Begeisterung vieler Sozialdemokraten für die Wiederherstellung der «Einheit der Arbeiterklasse», die zu den ersten Einigungsofferten von sozialdemokratischer Seite geführt hatte, machte denn auch bald wachsender «Verbitterung»[14] und Ernüchterung Platz. Daß ihre Partei trotz der Benachteiligungen deutlich stärker wuchs als die KPD, die SPD ihre Positionen trotz der Benachteiligungen konsolidieren konnte, erfüllte sie gleichzeitig mit Genugtuung – und führte den SPD-Zentralausschuß dazu, bei der politischen Umgestaltung in Deutschland für die eigene Partei die Führung zu beanspruchen. Am 26. August 1945 erklärte Otto Grotewohl im Kreis Leipziger Parteifunktionäre, die SPD müsse sich möglichst umgehend reichsweit konstituieren, auf die baldige Abhaltung von Wahlen im gesamten Reichsgebiet drängen und dafür sorgen, «daß diese Wahlen unter scharfer Trennung der Parteien durchgeführt werden».[15] Die Einheitsfront der antifaschistischen Parteien war damit in ihrer Verbindlichkeit reduziert, das Projekt einer Vereinigung der beiden Arbeiterparteien de facto auf die lange Bank geschoben. Drei Wochen später, am 14. September, meldete er den Führungsanspruch der Sozialdemokraten auch öffentlich an. Vor viertausend SPD-Funktionären bezeichnete er die SPD als «zuerst dazu berufen, diesen neuen Staat zu errichten»; er erklärte die Schaffung einer reichsweiten sozialdemokratischen Partei zur Tagesaufgabe und verschob die Vereinigung der beiden Arbeiterparteien in eine unbestimmte Zukunft, in der die gegenwärtig noch vorhandenen Gräben überwunden sein würden.[16]

Das energische Zusteuern Grotewohls auf einen gesamtdeutschen Pluralismus versetzte die Kommunisten in Alarm. Statt die Chancen für die Verwirklichung ihres gesamtdeutschen Konzeptes zu sehen, die ihnen der Grotewohlsche Ansatz bot, witterten sie einen «Verrat» durch die «rechten Führer» der Sozialdemokratie. Wilhelm Pieck, der an der SPD-Kundgebung vom 14. September als Gast teilnahm, rief spontan dazu auf, «eine einheitliche Partei zu schaffen, um die begonnenen Aufgaben zu Ende zu führen»[17]; dann verließ er, durch einen Tumult am Weitersprechen gehindert, die Versammlung «zornbebend» und «mit gerötetem Kopf».[18] Fünf Tage später sprach er öffentlich von der Notwendigkeit einer «möglichst baldige[n] Vereinigung» der beiden Arbeiterparteien unter Heranziehung «zuverlässiger» Kräfte statt der alten Führer.[19] Das Zentralkomitee der KPD beschloß sogleich, die Veröffentlichung der Grotewohl-Rede zu verhindern. Tatsächlich konnte die Broschüre mit der Rede nur in Leipzig erscheinen[20]; bei der Veröffentlichung im SPD-Zentralorgan mußten die Passagen über die Vertreibung aus den Ostgebieten, die Behandlung der Kriegsgefangenen und die künftigen Ostgrenzen gestrichen werden.[21]

Die Wende in der kommunistischen Haltung zur Frage der Vereinigung der beiden Arbeiterparteien, die sich hier anbahnte, lag durchaus auf der Linie des Stalinschen Deutschlandkonzepts. Bereits bei den Besprechungen Anfang Juni in Moskau war sorgsam registriert worden, daß die «Mehrheit der Mitglieder [der SPD] für Einheit» der Arbeiterklasse sei. Bei der Entwicklung der Strategie zur Sicherung der Einheit Deutschlands war die Bildung einer «einheitliche[n] Partei der Werktätigen» anvisiert worden; nach Pieck sollte diese Partei sogar «im Mittelpunkt» der Einheitsstrategie stehen.[22] General Bokow, der Chef des Stabes der SMAD, hatte den SPD-Führern gleich bei der ersten Unterredung gesagt: «Man muß die Spaltung überwinden und eine neue verhindern.»[23] Die anfänglichen Einigungsofferten der Sozialdemokraten hatten die kommunistischen Führer nur deshalb zurückgewiesen, weil sie zunächst die organisatorische und ideologische Kontrolle der KPD sicherstellen wollten.

Daß auf die Konsolidierung der KPD nun nicht mehr länger Rücksicht genommen werden sollte, war in erster Linie eine Folge der Furcht vor dem verhängnisvollen Wirken der sozialdemokratischen «Reformisten». Die Grotewohl-Strategie zielte erkennbar auf einen raschen Zusammenschluß mit den anderen Besatzungszonen; dort aber verfuhr man, wie auf einer Besprechung der KPD-Führer mit Bokow am 25. September geklagt wurde, mit der Demokratisierung nicht so «konsequent» wie in der sowjetischen Zone. Überall, so die Klagen weiter, häuften sich die «Schwierigkeiten»: «Gegner werden mobil / gesteigerte Attacken / [...] Gefahr von Provokationen». Sozialdemokraten «suchen Autorität der K[ommunisten] herabzusetzen» und wollen die Einheit der Gewerkschaften – für den Augenblick als «schärfste Frage neben der Bodenreform» betrachtet – «verhindern».[24] Um dem vermeintlich drohenden Verrat der sozialdemokratischen Führer zuvorzukommen, sollte die Vereinigung der beiden Parteien nun bald vollzogen werden. Dabei setzten die sowjetischen Verantwortlichen offensichtlich auf die Einheitsstimmung an der sozialdemokratischen Basis, die sie nach wie vor als beträchtlich einstuften: «Spießer verstehen / Hitler zur Macht wegen Spaltung / Soziald. / Schuld / Arbeiter u. Werktätige verstehen, daß Hitler zur Katastrophe / aber auch, daß SU / starkes Wachstum und Perspektiven für D[eutschland]».[25]

Wie es scheint, war die Wende zur raschen Vereinigung unter den kommunistischen Führern nicht unumstritten. Von der entscheidenden Sitzung des Politbüros «Ende September – Anfang Oktober» berichtet Anton Ackermann nur, daß dort «erwogen» worden sei, dem Zentralausschuß der SPD über die Aktionseinheit hinaus den Zusammenschluß vorzuschlagen.[26] Die systematische Einheitskampagne der KPD begann erst nach dem 11. November, nachdem der Zentralausschuß der SPD eine gemeinsame Kundgebung von KPD und SPD zum Jahrestag der Novemberrevolution abgelehnt hatte und Grotewohl auf der SPD-Kundgebung gegen eine bloß «zonenmäßige Vereinigung» aufgetreten war.[27] Ulbricht vermied bis Anfang November öffentliche Bekenntnisse zur Vereinigung und erklärte noch Anfang Dezember, daß «die Einheit der Arbeiterklassen nur möglich ist, wenn die KP den sozialdemokratischen Genossen die marxistisch-leninistische Theorie vermittelt und sie davon überzeugt».[28] Ganz offensichtlich sorgte er sich in besonderem Maße um die Kohärenz der KPD und bremste den Zug zur Vereinigung daher zunächst einmal ab.

Die sowjetischen Verantwortlichen setzten die Prioritäten freilich anders. Schließlich ging es ihnen nicht um die Schaffung einer lupenreinen marxistisch-leninistischen Partei, sondern um ein Instrument zur Durchsetzung ihres gesamtdeutschen Demokratisierungsprogramms. Unter dieser Prämisse erschienen die sozialdemokratischen Vorbehalte gegen eine rasche Vereinigung als Beleg dafür, daß man mit der Vorbereitung der Einheitspartei schon zu lange gezögert und auf die Belange der KPD-Führer zuviel Rücksicht genommen hatte. Das galt um so mehr, als die Bestätigung des Kurses von Kurt Schumacher auf der SPD-Parteiführerkonferenz in Wennigsen am 5. und 6. Oktober erkennen ließ, daß die SPD-Führer in den Westzonen noch viel weniger zur Vereinigung bereit waren als der Zentralausschuß. Erst recht mußte das Zuwarten aus sowjetischer Sicht als taktischer Fehler erscheinen, wenn man die überdeutlichen Wahlniederlagen der Kommunisten in Ungarn (4. November) und Österreich (25. November) in die Betrachtung einbezog: Sie zeigten, daß der sowjetische Sieg, anders als man vielleicht gehofft hatte, grundsätzlich nichts an der notorischen Schwäche kommunistischer Parteien in Mitteleuropa geändert hatte. Von den bevorstehenden Wahlen in Deutschland – zunächst in den Zonen und dann auf gesamtdeutscher Ebene – waren danach eine Marginalisierung der KPD und, damit verbunden, die Durchsetzung des Führungsanspruchs der SPD zu erwarten.

Wenn man die Abkehr der SPD vom Projekt der Einheitspartei als ein Paktieren mit dem Klassenfeind verstand, war dies in der Tat eine alarmierende Perspektive. Es drohte, wie Ackermann in seinem Versuch einer theoretischen Einordnung der Situation schrieb, «die demokratische Republik von neuem Gewaltinstrument in den Händen reaktionärer Kräfte» zu werden, und das bedeutete: ein Scheitern der sowjetischen Deutschlandpolitik auf der ganzen Linie. Ackermann bezeichnete die Situation in seinem Anfang Februar 1946 geschriebenen Artikel zwar noch als offen: «Gegenwärtig ist in Deutschland noch alles im Werden, alles im Fluß und weniges ist vorläufig endgültig, nichts völlig endgültig entschieden.» Er fügte aber warnend hinzu: «Lange kann und wird dieser Zustand nicht anhalten.» Sorgsam notierte er Anzeichen, die in seiner Sicht für eine Gefährdung der demokratischen Umgestaltung sprachen: Die «Erneuerung des Verwaltungsapparates» lasse «zu wünschen übrig», den «reaktionären und imperialistischen Kräften» sei noch nicht überall «die ökonomische Basis entzogen» worden, das «Mitbestimmungsrecht der Arbeiter in Betrieb und Wirtschaft» könne noch «nicht überall als gesichert betrachtet» werden, «geradezu alarmierend» sei es, «daß die Kräfte der Restauration des reaktionären, imperialistischen Deutschlands bereits wieder aus den Mauselöchern hervorkriechen, hier und dort einen frechen Angriff wagen und offensichtlich bestrebt sind, sich auch wieder legale Instrumente ihrer Politik zu schaffen, vor allem eine Presse und Organisation der Konterrevolution». Und geradezu beschwörend deutete er auf eine Entscheidung in allernächster Zeit hin: «Ob die Arbeiterklasse vom gegenwärtigen Ausgangspunkt auf friedlichem Wege und unter Beschränkung auf rein gesetzliche Mittel in den Besitz der ganzen Macht kommen kann» – also auf dem Weg der demokratischen Umgestaltung –, «darüber entscheiden die nächsten Wochen und Monate.» [29]

Hinter solchen Konstruktionen lugen die realen Sorgen der kommunistischen Führer deutlich hervor. Konkret wurde Ackermann auch im Hinblick auf die Bedeutung der Vereinigung der beiden Arbeiterparteien: «Auf welchem Wege und in welchem Tempo Deutschland künftig zum Sozialismus schreiten wird, das hängt ausschließlich davon ab, in welchem Tempo jetzt die Einheitspartei verwirklicht wird!» [30] Nicht für den Aufbau des Sozialismus also war die rasche Vereinigung nötig, sondern zur Sicherung des demokratischen Weges. Die demokratische Umgestaltung in Deutschland bezeichnete Ackermann im gleichen Zusammenhang als «Minimalprogramm» der Einheitspartei. In der Tat blieb, wenn man die «Gefahr Österreich» – so die Formulierung in einem Gespräch Ulbrichts mit Bokow, Tulpanow und Wolkow am 22. Dezember [31] – bannen wollte, gar nichts anderes übrig, als den Vereinigungsprozeß zu forcieren. Nur dann konnte man der Absetzbewegung der sozialdemokratischen Führer den Boden entziehen, und nur dann war die sich abzeichnende Katastrophe in den bevorstehenden Wahlen zu vermeiden. Wenn man den sozialdemokratischen Führungsanspruch gleichsetzte mit einem Verrat der Klasseninteressen, war dies auch der einzige Weg, um das Projekt der demokratischen Umgestaltung zu retten.

Entsprechend suchte General Bokow schon am 27. September, zwei Tage nach der pessimistischen Lageanalyse im Kreis der KPD-Führer, Gniffke von der Notwendigkeit zu überzeugen, sich von den «rechten» SPD-Führern zu trennen und die Vereinigung der Arbeiterparteien trotz ihres Widerstands zu vollziehen: «Die rechten Sozialdemokraten befinden sich im Schlepptau der Bourgeoisie, sie ignorieren den Fortschritt, der eintritt, wenn die Klassen und damit auch die Parteien verschwinden. Dieser Fortschritt ist nur als Einheit der Arbeiterklasse im Kampf gegen die Bourgeoisie und die rechten Sozialdemokraten zu erreichen.» Die Zersplitterung der Arbeiterklasse «sei schuld daran, daß Hitler an die Macht gekommen sei. Das müsse der Arbeiterschaft begreiflich gemacht werden, besonders im Westen.»[32] Im gleichen Sinne äußerten sich vereinzelt auch deutsche Kommunisten gegenüber ihren sozialdemokratischen Genossen[33]. Im November setzte dann auf breiter Font die Vereinigungskampagne ein. Rücksichtnahmen auf die Konsolidierung der KPD waren jetzt offensichtlich nicht mehr zulässig, der Klärungsprozeß, der in der KPD-Führung notwendig gewesen war, war abgeschlossen.

Bei dem Versuch, die Sozialdemokraten doch noch zur Vereinigung zu bewegen, machten die Kommunisten – was meist übersehen wird – bemerkenswerte ideologische Zugeständnisse: Statt weiter auf der leninistischen Grundlage zu beharren, wie Ulbricht es verlangt hatte, wurden Schriften von August Bebel, Wilhelm Liebknecht, Karl Kautsky und Rudolf Hilferding zur ideologischen Schulung herangezogen; an die Stelle des Organisationsprinzips des «demokratischen Zentralismus» trat (erstmals im Beschluß der «Sechziger-Konferenz» beider Parteien am 20. und 21. Dezember) das Prinzip des «demokratischen Bestimmungsrechts der Mitglieder»; der kommunistische Führungsanspruch verschwand hinter der Zusicherung einer paritätischen Besetzung der Führungsgremien aller Ebenen durch Kommunisten und Sozialdemokraten.[34] Wie die These vom «besonderen deutschen Weg zum Sozialismus» waren auch diese Abweichungen vom bisherigen Parteikurs nicht nur taktisch gemeint. Zu einer verbindlichen Verpflichtung auf den demokratischen Weg, die geeignet gewesen wäre, zögernde Sozialdemokraten für das Einigungsprojekt zu gewinnen, waren die kommunistischen Unterhändler gerade nicht bereit.[35] Den sowjetischen Verantwortlichen – und den deutschen Kommunisten, soweit sie in der Lage waren, deren Überlegungen nachzuvollziehen – ging es vielmehr tatsächlich um die Schaffung einer «neuen» Partei, deren erste Aufgabe die «Vollendung der demokratischen Erneuerung Deutschlands» war (so die Formulierung im kommunistischen Resolutionsentwurf für die «Sechziger-Konferenz»). Die Verwirklichung des Sozialismus kam deutlich später, und der Weg dahin war unbestimmt.

Infolgedessen hatte Marschall Shukow auch keine Schwierigkeiten, Grotewohl bei einer Vieraugenunterredung Ende Januar den Rückzug Ulbrichts anzubieten, der sich in den vergangenen Wochen als besonders hartnäckiger Verfechter des kommunistischen Führungsanspruchs profiliert hatte. Ihm selbst, Grotewohl, stellte er damit die eigentliche Führung der Einheitspartei in Aussicht, und dann sagte er ihm auch noch die Unterstützung seiner Kandidatur für das Amts des ersten Nachkriegs-Reichskanzlers durch die sowjetische Regierung zu.[36] Weil Grotewohl den richtigen Zeitpunkt für einen solchen Deal verpaßte (nämlich vor dem Wegbrechen der eigenen Parteibasis) und auch sonst nicht sehr geschickt agierte[37], war später von einem solchen Angebot nicht mehr die Rede. Das belegt aber noch nicht, daß es nicht ernst gemeint war: Tatsächlich deckte es sich gut mit der strategischen Zielsetzung der demokratischen Umgestaltung in ganz Deutschland.

Als die Kommunisten bei den Sozialdemokraten auf Widerstand gegen das Vereinigungsbegehren stießen, griffen sie freilich gleich wieder auf die Machtmittel zurück, die ihnen in der sowjetischen Zone zur Verfügung standen. Nicht nur, daß deutsche Kommunisten und sowjetische Kommandanten entsprechend der These vom «Verrat» der sozialdemokratischen Führer untere und mittlere

SPD-Gliederungen gegen den Vertagungskurs des Zentralausschusses zu mobilisieren versuchten, es gab auch vielfältige Formen der Behinderung sozialdemokratischer Politik wie Eingriffe in das Parteileben, Bestechungen, psychischen und physischen Druck auf Vereinigungsgegner. Dabei entwickelte sich vom Dezember an ein Circulus vitiosus der Zwangsmaßnahmen: Je offenkundiger die Kommunisten gegen demokratische Prinzipien verstießen, desto mehr wuchsen in den Reihen der Sozialdemokraten die Bedenken; und je stärker der Widerstand gegen die Vereinigung wurde, desto stärker wurde auch der Druck. Anfang Februar klagte Grotewohl dem Leiter der politischen Abteilung der britischen Militärregierung, Christopher Steel, die Sozialdemokraten «würden von russischen Bajonetten gekitzelt, ihre Organisation in den Ländern sei vollkommen unterwandert. Männer, die ihm noch vor vier Tagen versichert hatten, sie seien entschlossen, Widerstand zu leisten, flehten ihn nun an, die Sache hinter sich zu bringen.» [38] 1961 berichtete der SPD-Vorsitzende Erich Ollenhauer, daß «nach ganz vorsichtigen Schätzungen in der Zeit vom Dezember 1945 bis zum April 1946 mindestens 20000 Sozialdemokraten gemaßregelt, für kürzere oder auch sehr lange Zeit inhaftiert, ja sogar getötet» worden seien.[39]

Bedenken, daß man mit solchen Methoden nicht gerade die Einheit Deutschlands sicherte, sondern im Gegenteil seine Spaltung vorantrieb, kamen den sowjetischen Verantwortlichen zunächst offensichtlich nicht. Statt die abstoßende Wirkung ihres Vorgehens auf die Sozialdemokraten in den westlichen Besatzungszonen zu sehen, setzten sie auf den Signalcharakter eines Vereinigungsbeschlusses in der Sowjetzone; Sozialdemokraten, die vor einer Ost-West-Spaltung der Arbeiterbewegung warnten, beschieden sie mit dem Hinweis auf die Stimmung an der Parteibasis, die in allen vier Zonen die Einheit wolle. «Die Russen», berichtet ein Sekretär des SPD-Bezirks Magdeburg, «waren, wenn man mit ihnen diskutierte über die Zustände damals in den drei westlichen Besatzungszonen und über den Charakter unserer Partei, von einer erstaunlich großen Ignoranz. [...] Die kannten das einfach nicht und glaubten, daß sie auch in den Westzonen eine Vereinigung durchsetzen könnten.» [40]

Kurz vor dem Jahreswechsel kam dann aus Moskau eine Anweisung, das Tempo der Vereinigungskampagne zu drosseln. Pieck notierte: «In 4 Mon. zu früh / nicht zuviel Lärm / wegen Alliierten.» Gleichzeitig wurde den KPD-Führern mitgeteilt: «Marschall wünscht Besuch.»[41] Offensichtlich machte sich Stalin nun doch Gedanken, ob der im September eingeschlagene Kurs richtig war. Er hatte ihn zweifellos grundsätzlich gebilligt, dann aber möglicherweise während eines dreimonatigen Kuraufenthalts in Sochi am Schwarzen Meer[42] nicht im Detail verfolgt. Jetzt befürchtete er offenbar, daß ein allzu drastisches Vorgehen gegen die sozialdemokratischen Führer den Unmut der westlichen Verbündeten hervorrufen könnte. Vielleicht waren ihm auch Zweifel gekommen, ob die deutschen Arbeiter wirklich so vereinigungsbereit waren, wie seit Kriegsende behauptet wurde. Jedenfalls wollte er erst einmal den Bericht der deutschen Genossen hören, ehe er in der Vereinigungsfrage definitiv entschied.

Einen Monat später entschloß er sich dann aber doch ohne vorherige Konsultation der KPD-Führer, die Vereinigung so bald wie möglich zum Abschluß zu bringen. Den deutschen Genossen wurde am 23. Januar mitgeteilt, sie sollten sich bei der «Vereinigung der beiden Arbeiterparteien beeilen»; diese sei «zweckmäßig noch vor den Wahlen Ende Mai» durchzuführen. Eine solche Terminierung, so Bokows Bericht an die KPD-Führer weiter, habe zudem den Vorteil, daß man künftig den «1. Mai als Feiertag der Vereinigung» begehen könne.[43] Die sowjetischen Kommandanten wurden angewiesen, «auf ortsgruppenmäßige Vereinigung» der beiden Parteien einzuwirken[44], was sie dann auch geradezu generalstabsmäßig taten. Von den Informationsabteilungen der Kommandanturen gingen jetzt, wie Tulpanow nicht ohne Stolz berichtet, «allabendlich um 22 Uhr Angaben darüber ein, wie es um den Vereinigungsprozeß stand, welche Schwierigkeiten die Verfechter der Einheit hatten, welcher Widerstand zu verzeichnen war [...], welche neuen Argumente neben den alten [...] die Gegner der Einheit vorbrachten, welche aussagekräftigen und bedeutsamen Fakten in der Zeitung zu bringen waren und dergleichen mehr».[45] Als Ulbricht Stalin am 2. Februar in Moskau gegenübersaß, ging es im wesentlichen nur noch um die Fixierung des Programms der Einheitspartei; in der Vereinigungsfrage selbst bestätigte Stalin nur noch einmal, was er schon zuvor entschieden hatte: «Vereinigung einverstanden – Linie richtig.» Für den 21. und 22. April – Ostern – wurden Zusammenschlüsse auf Länderebene ins Auge gefaßt, für das darauffolgende Wochenende dann die weiteren Schritte bis zur «Vereinigung – zum 1. Mai».[46]

Was Stalin letztlich bewog, trotz der offenkundig gewordenen Schwierigkeiten an der Forcierung der Vereinigungskampagne festzuhalten, kann wiederum nur annäherungsweise beschrieben werden. Setzte er auf die Zugkraft der neuen Partei, die ja nach seinem Verständnis gerade keine Fortsetzung der KPD mit anderen Mitteln darstellen sollte? Glaubte er, von willfährigen Untergebenen schlecht informiert, die sozialdemokratische Basis in den Westzonen durch energisches Vorpreschen doch noch mitziehen zu können? Flüchtete er sich, die Gefahr einer Marginalisierung der KPD vor Augen, in das Argument, die Vereinigung in der sowjetischen Zone werde die Arbeiter in den Westzonen schon umstimmen? Hoffte er, die Eingriffe der SMAD vor westlichen Augen verborgen halten zu können? Sicher ist in jedem Fall, daß er die Gefahr einer Ost-West-Spaltung Deutschlands verdrängte und das Vereinigungsprojekt weiterhin als zentrales Element seiner gesamtdeutschen Strategie begriff. In der gleichen Unterredung mit Ulbricht, in der er den Kurs in der Vereinigungsfrage als «richtig» bestätigte, bezeichnete er die «Einheit Deutschlands» als das erste Ziel der Einheitspartei und präsentierte sich erneut als Anwalt dieser Einheit unter den Alliierten. «Deutschland kann ohne Ruhrgebiet nicht leben»; daher habe er der von den Franzosen geforderten Abtrennung seine «Zustimmung nicht gegeben». Von einer Separatentwicklung der sowjetischen Zone war mit keinem Wort die Rede; statt dessen wurde für die Westzonen festgehalten, daß die KPD dort ihren Namen «in Sozialist. Einh. Partei verwandeln» und die Bodenreform mit «Volksbegehren» vorangebracht werden solle.[47]

In der Tat war die Vereinigung der beiden Arbeiterparteien nur im Rahmen einer gesamtdeutschen Strategie sinnvoll, bei der die Kommunisten damit zu rechnen hatten, sich freien Wahlen stellen zu müssen. Wenn es, wie häufig unterstellt wird, um die Vorbereitung eines exklusiven Zugriffs auf die eigene Besatzungszone gegangen wäre, wäre eine solche Maßnahme nicht nur unnötig, sondern sogar kontraproduktiv gewesen: Im Rahmen der Sowjetzone stand es jederzeit im Belieben der Besatzungsmacht, freie Wahlen zu verhindern oder den Einfluß der gewählten Organe zu beschränken; und um in einer solchen Konstellation die Hegemonie im Parteienblock zu erringen, war eine schlagkräftige kommunistische Kaderpartei besser geeignet als eine Massenpartei der Arbeiterklasse, die zunächst einmal erhebliche innere Integrationsprobleme zu lösen hatte. Insofern stellte die Entscheidung gegen die von Ulbricht favorisierte Konsolidierung der KPD eher eine Bekräftigung als eine Einschränkung des Parteienpluralismus dar. Piecks Versicherung, mit der SED wolle man keineswegs zu einem «Einparteiensystem kommen»[48], hatte im Frühjahr 1946 durchaus einen seriösen Hintergrund. Nicht von ungefähr verfolgten die beiden anderen Parteien der Einheitsfront die Vereinigungskampagne mit ziemlicher Gelassenheit. Der Kreis um Jakob Kaiser witterte sogar Chancen, die CDU könne die SPD nach dem Zusammenschluß als Hauptpartei der kleinen Leute beerben.[49]

In der Praxis entschied sich freilich sehr schnell, daß die Vereinigung auf die sowjetische Zone beschränkt blieb. Am 11. Februar stimmte der Zentralausschuß unter dem ultimativen Druck einigungswilliger Landesvorsitzender und mit vagen Hoffnungen auf die Stärke der Sozialdemokraten im künftigen Gesamtdeutschland nach entnervenden Debatten mit acht zu drei Stimmen der Einberufung eines Nationalkongresses auf Zonenebene zu, der über die Fusion entscheiden sollte. Damit hatten die Sozialdemokraten vor dem sowjetischen Druck kapituliert – freilich nur in der Sowjetzone. In Berlin beschloß eine Funktionärskonferenz am 1. März, eine Urabstimmung über die Frage der Vereinigung durchzuführen; diese brachte am 31. März in den Westsektoren – Wahllokale im sowjetischen Sektor wurden vom Besatzungsmilitär sogleich wieder geschlossen – eine überwältigende Mehrheit von 82 Prozent der Abstimmenden gegen eine sofortige Vereinigung. Aktionsausschüsse von KPD und SPD in den Westzonen verloren rasch jede Bedeutung: Die Faszination für die Idee der Arbeitereinheit wich dem Erschrecken über die kommunistischen Methoden. Die lautstark bekundete Erwartung Wilhelm Piecks, daß «diese große Tat [die Vereinigung in der Sowjetzone] unsere Freunde im Westen anspornen wird, sich ebenfalls bald zu vereinigen»[50], entbehrte jeder Grundlage. De facto besiegelten die Verantwortlichen mit der Vereinigung auf Zonenebene, die wie vorgesehen am 21./22. April offiziell vollzogen wurde, nicht nur die Spaltung der deutschen Sozialdemokratie; sie zerstörten damit auch eine für die gesamtdeutsche Zielsetzung wichtige Integrationsklammer und gaben all denen im Westen Auftrieb, die eine Kooperation mit der Sowjetunion immer schon als unmöglich bezeichnet hatten.

Separationstendenzen

Die kontraproduktive Wirkung der sowjetischen Pressionen in der Vereinigungsfrage war um so stärker, als die SMAD auch bei der Umsetzung des antifaschistischen Reformprogramms keine Bedenken hatte, ihre Macht im Sinne eines wenig demokratischen «corriger la fortune» einzusetzen. Als die Führer der beiden bürgerlichen Parteien Anstalten trafen, sich der Bodenreform – in sowjetischer Sicht der Schlüssel zur Entmachtung der Junker und damit zur Vollendung der bürgerlichen Revolution – zu widersetzen oder sie doch zumindest in ihren Auswirkungen auf die Besitzverhältnisse stark abzumildern, wurde ihnen von Shukow Anfang September 1945 bedeutet, die Besatzungsmacht könne Parteien, die «nicht gefielen», auch wieder verbieten.[51] Der LDPD-Vorsitzende Waldemar Koch, der sich durch diese Drohung nicht von seiner Opposition gegen eine entschädigungslose Enteignung der Grundbesitzer abhalten ließ, wurde indirekt unter Druck gesetzt, indem man seinen Parteifreunden im November die Lizenzerteilung für eine Reihe von Parteizeitungen als Gegenleistung für seinen Rückzug offerierte; das trug mit dazu bei, daß sich Koch nach einem letzten Disput im zentralen Blockausschuß am 29. November zum Rücktritt entschloß.[52] Gegen die CDU-Vorsitzenden Andreas Hermes und Walther Schreiber, die sich ebenso wie Koch weigerten, die entschädigungslose Enteignung wenigstens nachträglich zu billigen, mobilisierte die SMAD den Unmut an der Parteibasis; und nachdem auf diese Weise eine Rücktrittsaufforderung des Hauptausschusses zustande gekommen war, befahl ihnen Tulpanow in einer von ihm geleiteten Vorstandssitzung am Abend des 19. Dezember den Rücktritt.[53] In beiden Fällen stärkte die sowjetische «Nachhilfe» die Position der reformwilligen Kräfte auf Kosten der demokratischen Legitimation.

Problematisch war auch, daß die antifaschistische Umgestaltung die Grenzen der «Vollendung der bürgerlichen Revolution» bald überschritt. Zwar widersetzten sich KPD und SMAD der Forderung vieler Arbeiter nach Inbesitznahme ihrer Betriebe ausdrücklich mit dem Argument, daß die Zeit für den Übergang zum Sozialismus noch nicht gekommen sei. Aber dann erließ die SMAD am 30. Oktober 1945 einen Beschlagnahmebefehl gegen «Nazi-Aktivisten und Kriegsgewinnler», der so weit gefaßt war, daß unter diesem Deckmantel verschiedentlich auch die Enteignung wenig oder gar nicht belasteter Unternehmer betrieben werden konnte. Da zudem viele Eigentümer und Betriebsleiter bei Kriegsende in Erwartung sowjetischer Sanktionen geflohen waren und auch deren Betriebe in die öffentliche Hand übergingen, setzte ein gewaltiger Verstaatlichungsschub ein, der nahezu alle Großbetriebe und Konzerne erfaßte und bis Anfang 1948 den staatlichen Anteil an der Industrieproduktion der sowjetischen Zone auf etwa 40 Prozent steigerte.[54] Auch wenn diese Aktion – anders als westliche Beobachter und spätere DDR-Propagandisten häufig gleichermaßen behaupteten – nach der Absicht ihrer Initiatoren keineswegs auf die Grundlegung einer sozialistischen Eigentumsordnung zielte, führte sie doch zu einer Transformation, die mit der angestrebten Einheit nur noch schwer in Einklang zu bringen war. Die Verantwortlichen beharrten zwar weiter darauf, daß «alle Maßnahmen, die wir gegenwärtig im demokratischen Aufbau und in der Demokratisierung der Wirtschaft durchführen, so erfolgen [müßten], daß sie in allen Teilen Deutschlands verwirklicht werden könnten» (so Ulbricht im Juli 1946)[55]; sie hatten aber den Maßstab für die Wahrung dieses Prinzips verloren.

Mit der Zeit erhielt die antifaschistische Parole sowohl in der öffentlichen Diktion als auch im Bewußtsein vieler Beteiligter zumindest unterschwellig einen antikapitalistischen Anstrich. Das ergab sich schon daraus, daß bei Durchführung entsprechender Maßnahmen häufig Sozialdemokraten und Kommunisten gemeinsam in vorderster Front standen und dabei gegen den anhaltenden Widerstand bürgerlicher Kreise zu kämpfen hatten. Verstärkt wurde die Gleichsetzung von antifaschistisch und antikapitalistisch durch die Aktivierung des Klassenkampfgedankens, die mit der Vereinigungskampagne notwendigerweise einherging und zu einer eigentümlichen Verschränkung von nationaler und klassenkämpferischer Aufgabenstellung in der SED-Programmatik führte. Schließlich wirkte auch die Sanktionierung der Enteignungen durch Volksentscheide in die gleiche Richtung: Von Stalin Anfang Februar 1946 angeordnet, um das antifaschistische Bewußtsein in der Bevölkerung zu stärken[56], wurden sie wiederum in erster Linie von der SED propagiert und erschienen damit unterderhand zuvörderst als eine Angelegenheit der Arbeiterklasse.

Die Auseinanderentwicklung der Besatzungszonen, die sich damit abzeichnete, wurde noch dadurch beschleunigt, daß die sowjetische Diplomatie wenig tat, um die Blockierung einer zonenübergreifenden politischen Organisation des Reiches durch Frankreich zu überwinden. Gewiß: Marschall Shukow und sein Stellvertreter Wassilij D. Sokolowski beklagten sich im Alliierten Kontrollrat wiederholt über die französische Blockadepolitik und mahnten, zunehmend ungehaltener, die Verwirklichung der Potsdamer Beschlüsse über Zentralverwaltungen und Wirtschaftseinheit an. Ende März 1946, nachdem die französischen Vertreter im Kontrollrat auch die Möglichkeit eines Zusammenschlusses von Parteien zu gesamtdeutschen Organisationen abgelehnt hatten, sprach Sokolowski im Vieraugengespräch mit seinem britischen Kollegen Brian Robertson sogar von «wachsender Erbitterung» der Sowjetunion über den französischen Widerstand und deutete in dunklen Worten «unangenehme Konsequenzen» für die nahe Zukunft an.[57] Generell bestätigen die Kontrollratsakten auch den Eindruck, den General Lucius D. Clay, der stellvertretende amerikanische Militärgouverneur in Berlin, dem State Department Anfang April 1946 übermittelte: «Den Sowjets kann nicht vorgeworfen werden, die Potsdamer Vereinbarungen zu verletzen [...]. In Wirklichkeit waren sie in ihrer Durchführung äußerst genau.» Sie ließen überdies «den aufrichtigen Wunsch nach Freundschaft mit uns und ebenso einen gewissen Respekt für die USA» erkennen.[58]

Als aber General Clay, vom französischen Veto gegen nahezu alle Planungsarbeiten im Kontrollrat entnervt, seinen britischen und sowjetischen Kollegen Mitte Oktober 1945 die Bildung gemeinsamer Verwaltungen ohne Frankreich vorschlug, da erhielt er zunächst nur hinhaltende Antworten; und als er in einer Sitzung des Koordinationskomitees am 23. November insistierte, lehnte Sokolowski solche trizonalen Zusammenschlüsse unter Hinweis auf die in Potsdam vereinbarten Regelungen für alle vier Zonen ab.[59] Darin zeigte sich zunächst einmal ein Mangel an taktischem Geschick, wie er auch sonst für die wenig erfahrene und durch die hierarchische Entscheidungsstruktur unflexible sowjetische Diplomatie charakteristisch war. Möglicherweise stand hinter der sowjetischen Absage an trizonale Vereinbarungen aber auch eine Fehlkalkulation: Am 22. Oktober ließ die sowjetische Kommandantur die KPD-Führer wissen, daß «sofort Vorschläge» für die Besetzung der «Reichsverwaltung[en] für Industrie, Finanzen, Transport, Verbindung [und] Außenhandel» zu entwickeln seien.[60] Das deutet darauf hin, daß sie zu diesem Zeitpunkt mit einer baldigen Überwindung des französischen Vetos rechnete. Vermutlich setzte sie auf eine Umorientierung der französischen Politik nach den Wahlen vom 21. Oktober, die die Position de Gaulles erheblich geschwächt und die Kommunisten zur stärksten Partei in der Pariser Nationalversammlung befördert hatten. Ein Umweg über Clays Trizonen-Projekt erschien da nicht mehr notwendig und mit Blick auf die erkennbaren britischen Rücksichtnahmen auf de Gaulle auch nicht sehr erfolgversprechend.

Die sowjetischen Vertreter blieben freilich auch dann noch bei ihrer Ablehnung von Drei-Zonen-Verwaltungen, als deutlich wurde, daß weder die Schwächung der Position de Gaulles noch sein Rücktritt am 20. Januar 1946 zu einer Umorientierung der französischen Deutschlandpolitik führten. Von Moskau erging keine Anweisung an die französischen Kommunisten, sich auf die Seite der sozialistischen Opposition gegen de Gaulles Kurs zu schlagen und damit das Veto möglicherweise zu Fall zu bringen; und es wurde auch sonst kein Vorschlag entwickelt, wie man das Veto anders aus der Welt schaffen könnte als mit der vorläufigen Vernachlässigung der französischen Zone. Im Verwaltungsausschuß des Wirtschaftsdirektorats plädierte der sowjetische Vertreter für eine lediglich schrittweise Übertragung von Kompetenzen an eine gesamtdeutsche Industrieverwaltung; auf ein präzises Datum, von dem an die zonalen Militärregierungen nicht mehr das Recht zum Einspruch gegen Verfügungen der Zentralverwaltung haben sollten, wollte er sich nicht festlegen.[61]

Das legt die Vermutung nahe, daß es den sowjetischen Verantwortlichen unterdessen ganz recht war, daß es mit der Verwirklichung der Zentralverwaltungen noch etwas dauerte, ließen sich doch auf diese Weise wenigstens unliebsame Einmischungen des Kontrollrats in die ohnehin nur gegen viele Widerstände durchsetzbaren Reformprojekte in der sowjetischen Zone verhindern. Zumindest Ulbricht gab indirekt zu erkennen, daß ihm solche Überlegungen nicht fremd waren: Anfang April mahnte er vor dem erweiterten Bundesvorstand des FDGB, die anstehenden Verstaatlichungen «möglichst rasch» durchzuführen, «noch ehe sich eine deutsche Zentralverwaltung in Angelegenheiten unserer Zone einmischen kann».[62] Daraus läßt sich zwar nicht ableiten (wie es zur Entlastung der französischen Seite häufig geschieht), daß die Abschirmung der eigenen Zone unterdessen Priorität in der sowjetischen Deutschlandpolitik erlangt hätte; es darf aber begründet angenommen werden, daß das Interesse an einer solchen Abschirmung und die Konzentration auf den Umgestaltungsprozeß in der Sowjetzone mit dazu beitrugen, daß sowjetische Initiativen zur Überwindung des französischen Vetos ausblieben.

Ende April ordnete Stalin dann offiziell eine Verzögerung der Zentralverwaltungen an. «Vom Standpunkt der Sowjetunion aus», hieß es in einer Anweisung an «alle wichtigen Repräsentanten in Deutschland und alle sowjetischen Agenten innerhalb der KPD», die Kennan vor der Ablösung Shukows in Berlin zu sehen bekam (und die daher auch nur in der verzerrt-pointierten Diktion des amerikanischen Geschäftsträgers in Moskau zitiert werden kann), «sei die Zeit noch nicht reif, um mit der Errichtung zentraler Instanzen sowie generell einer Politik der Zentralisierung in Deutschland fortzufahren. Das erste Ziel, die Organisation der sowjetischen Besatzungszone unter effektiver sowjetischer Kontrolle, habe man mehr oder weniger erreicht. Jetzt sei daher der Moment gekommen, in die West-Zonen hinüberzugreifen. Das Instrument dazu sei die vereinigte sozialistisch-kommunistische Partei. Es werde allerdings noch einige Zeit verstreichen, bis diese Partei allein in Groß-Berlin ordentlich organisiert sei, und noch länger werde dieser Prozeß in den westlichen Zonen dauern. Erst dann, wenn die sowjetische Rechnung auch im westlichen Deutschland aufgegangen sei und die Einheitspartei sich in den Westzonen etabliert habe, sei die Zeit gekommen, die Frage nach zentralen Verwaltungen und einer wirksamen sowjetischen Unterstützung der Zentralisierungspolitik in Deutschland erneut zu stellen.»[63]

Das Motiv für das bewußte Verzögern der Zentralverwaltungen erschließt sich, wenn man sich die sowjetische Reaktion auf den Entwurf für einen Vertrag zur Entmilitarisierung Deutschlands ansieht, den der amerikanische Außenminister Byrnes zu der am 25. April beginnenden Pariser Tagung des Außenministerrats vorlegte. In sowjetischer Sicht signalisierte diese Initiative keineswegs, wie es Byrnes erhofft hatte, die amerikanische Bereitschaft, diesmal auf Dauer an der Eindämmung der deutschen Gefahr mitzuwirken. Weil der Entwurf die Zeit nach der Beendigung der alliierten Besatzung Deutschlands ansprach und als einziges Instrument zur dauerhaften Sicherung der Entmilitarisierung die Einrichtung einer alliierten Kontrollkommission nannte, schöpften die sowjetischen Verantwortlichen vielmehr Verdacht, die amerikanische Politik ziele auf ein rasches Ende des Besatzungsregimes ohne vorherige Verwirklichung der in Potsdam vereinbarten Garantien gegen den Wiederaufstieg eines aggressiven Deutschlands. Gegenüber der SED-Führung sprachen sie – in einer Unterredung am 26. Juli – von der «Möglichkeit, daß [die] Besatzungszeit sehr schnell zu Ende» gehen könnte, und zwar aufgrund des «Druck[s] der Amerikaner u. Engländer wegen finanzieller Belastung». Beide, so notierte Pieck weiter, «nehmen Initiative auf neue Staatsordnung» – offensichtlich ohne sich sonderlich um die Umgestaltungsbestimmungen von Potsdam zu kümmern.[64] Nikolai Nowikow, der sowjetische Botschafter in Washington, interpretierte die vermeintliche Abkehr vom Besatzungsregime sogar als Teil einer Strategie, die darauf zielte, «Deutschland [...] in einem Krieg gegen die Sowjetunion zu nutzen».[65]

Molotow verlangte in Paris denn auch gleich, die in Potsdam beschlossenen Entmilitarisierungsbestimmungen auszuführen und erst danach über die Modalitäten zu verhandeln, mit denen der entmilitarisierte Status Deutschlands auf Dauer gesichert werden sollte.[66] In einer Grundsatzerklärung zu Beginn der zweiten deutschlandpolitischen Verhandlungsrunde am 9. Juli präzisierte er, die Sowjetunion halte «die Anwesenheit von Besatzungstruppen in Deutschland und die Beibehaltung von Besatzungszonen» so lange für «absolut notwendig», bis die Demokratisierungsbestimmungen durchgeführt und die Reparationsleistungen verläßlich organisiert seien. Ein Friedensvertrag mit Deutschland, fügte er in einer weiteren Erklärung am 10. Juli hinzu, dürfe erst dann abgeschlossen werden, wenn eine «einheitliche deutsche Regierung» gebildet sei, «die demokratisch genug ist, um alle Überreste des Faschismus in Deutschland auszurotten, und verantwortlich genug, um allen ihren Verpflichtungen den Verbündeten gegenüber nachzukommen, darunter inbesondere auch den Reparationslieferungen an die Verbünden. [...] Doch selbst dann, wenn eine deutsche Regierung gebildet wird, dürfte eine Reihe von Jahren erforderlich sein, um zu prüfen, was die neue Regierung vorstellt und ob sie vertrauenswürdig ist.»[67] Weit davon entfernt, die Vertragsidee abzulehnen und den Deutschen demagogische Avancen zu machen – beides wird immer wieder behauptet –, mahnte Molotow im Gegenteil an, sie durch Fortführung des Besatzungsregimes mit Substanz zu füllen.

Da die Sowjetführung freilich keineswegs sicher sein konnte, mit dieser Forderung durchzukommen, gewann die Einheitspartei für sie zusätzlich an strategischem Gewicht: Wenn die Besatzungstruppen wegfielen, blieb nur noch die Einheitspartei als einigermaßen verläßliches Instrument, um eine Durchführung der Demokratisierungs- wie der Reparationsbestimmungen zu gewährleisten. Um so fataler erschien nun, daß es nicht gelungen war, die Einheitspartei im ersten Anlauf in allen vier Besatzungszonen durchzusetzen. Nur wenn die SED auch in den Westzonen eine politische Schlüsselstellung erringen konnte, würden gesamtdeutsche Strukturen der Durchsetzung des Demokratisierungsprogramms dienen, statt umgekehrt die in der Sowjetzone bereits vollzogenen Umwälzungen wieder in Frage zu stellen. Nach dem Abschluß der Pariser Tagung wurde der SED-Führung daher eingeschärft, daß es jetzt ganz entscheidend auf sie ankam. Pieck notierte: «Perspektive: SED große Kraft, leitende Rolle, große Verantwortung / [...] Schlagkraft der Partei verstärken / muß staatliche Kraft werden.» Als Tagesaufgabe wurde ihr zugewiesen, im Ringen um die künftige staatliche Ordnung in Deutschland die Initiative zurückzugewinnen. Dazu sollte sie «einheitl. deutsche Regierung [und] Reichsverfassung beschleunigt fordern» und auch «Richtlinien für [die] künftige Staatsordnung [einer] demokratische[n] Republik» vorlegen. Auf diese Weise sollte erreicht werden, daß «für [die] Friedenskonferenz» – wenn sie denn früher oder später unvermeidlich werden würde – auf jeden Fall eine «entspr[echende] Regierung» zur Verfügung stand[68], also eine Regierung, die den von Molotow genannten Anforderungen entsprach.

Möglicherweise machte sich die taktisch bedingte Zurückhaltung der Sowjetunion in der Zentralisierungsfrage schon in den Verhandlungen über ein Parteiengesetz des Alliierten Kontrollrats bemerkbar. Als der britische Vertreter im Koordinierungsausschuß Ende April 1946 mit Rücksicht auf Frankreich eine Kompromißformulierung vorlegte, die hinsichtlich der Zulassung von Parteien nur die Zuständigkeit der Zonenbefehlshaber festhielt, stimmte sein sowjetischer Kollege Michail J. Dratwin zunächst zu, so daß eine Einigung über das Parteiengesetz in greifbare Nähe rückte. Der sowjetische Vertreter im Rechtsdirektorium verlangte jedoch sogleich Präzisierungen; drei Tage später, am 6. Mai, erbat Dratwin Bedenkzeit; und am 13. Mai bestand er darauf, den Hinweis auf die Zonenbefehlshaber zu streichen. Das wiederum war für die französischen Vertreter, die vorerst nichts von überzonalen Zusammenschlüssen der Parteien wissen wollten, nicht akzeptabel, und so gerieten die Verhandlungen in eine Sackgasse.[69] Zwar war Dratwins Argument, die Formulierung sei unterschiedlich interpretierbar und könne daher zu Schwierigkeiten bei der Verschmelzung von Parteien auf gesamtdeutscher Ebene führen, nicht ganz von der Hand zu weisen. Grundsätzlich galt auch, daß das ganze Unternehmen keinen Sinn ergab, wenn es nicht wirklich die Aussicht auf überzonale Parteienzusammenschlüsse eröffnete; das scheiterte immer wieder am französischen Einspruch.[70] Ganz offenkundig praktizierte Molotow in Paris aber die in der Instruktion vom April angeführte Verzögerungstaktik. Nicht nur, daß er Beratungen über den amerikanischen Entmilitarisierungsentwurf davon abhängig machte, daß die Umsetzung der Potsdamer Entmilitarisierungsbeschlüsse überprüft wurde. Er lehnte auch die von Byrnes vorgeschlagene Einsetzung von Stellvertretern der Außenminister ab, die innerhalb eines halben Jahres einen Entwurf für eine Friedensregelung mit Deutschland erarbeiten sollten – zunächst ohne jede Begründung und in der zweiten Verhandlungsrunde mit der aufschlußreichen Bemerkung, man solle der deutschen Frage «während des nächsten Jahres mehr Zeit geben und den deutschen Angelegenheiten dann zu einem späteren Termin eine Sondersitzung des Rats der Außenminister widmen».[71] Und als sich der französische Außenminister Georges Bidault in der Schlußphase der Konferenz endlich in der Zentralverwaltungsfrage bewegte – vom amerikanischen Angebot einer Zonenfusion aufgeschreckt, gestand er am 12. Juli die Schaffung «alliierter Büros» auf Vier-Zonen-Ebene zu, insofern sich ihr Zuständigkeitsbereich nur nicht auf das Saarland erstreckte –, da richtete sich die Sowjetführung wohl intern auf eine solche Lösung ein. Die SED-Führung wurde angewiesen, hinsichtlich des Ruhrgebiets «Alarm [zu] schlagen», aber «nicht über [die] Saar [zu] sprechen»[72], am Konferenztisch erbat sich Molotow aber zunächst nur Bedenkzeit «zum Studium dieser bedeutenden Frage».[73]

Die Sowjetführung zeigte auch keine besondere Eile, den Stand der Entmilitarisierung, wie Molotow verlangt hatte, tatsächlich zu überprüfen. Als Ende Mai eine entsprechende Sonderkommission des Kontrollrats gebildet wurde, weigerte sich Dratwin, ihr neben einer Überprüfung der Auflösung der militärischen Verbände auch das Recht zur Inspizierung der für die Kriegsgüterproduktion wichtigen Industrieanlagen einzuräumen. Daß er damit einen Streit um die Kompetenzen der Kommission auslöste, der die konkrete Arbeitsaufnahme zunächst einmal erheblich verzögerte, veranlaßte ihn keineswegs zu einer Modifizierung seiner Position.[74] Desgleichen spielten die sowjetischen Vertreter jetzt auch in den Planungsarbeiten für die Zentralverwaltungen ganz offen auf Zeit. Sitzungstermine wurden wiederholt nicht wahrgenommen, angekündigte Kompromißpapiere blieben mehr als einmal aus. Als der amerikanische Vertreter im Wirtschaftsdirektorat Mitte Juni auf die Verabschiedung des Entwurfs für eine gesamtdeutsche Industrieverwaltung drängte, bezeichnete der sowjetische Vertreter deren Verwirklichung unter Hinweis auf den Stopp von Reparationslieferungen aus der US-Zone als «verfrüht»; als Clay im Koordinierungsausschuß Anfang August gleichwohl darauf bestand, wenigstens eine amerikanisch-britisch-sowjetische Übereinkunft in dieser Frage zu erzielen, blockierte Dratwins Nachfolger Kurochkin dieses Ansinnen wieder mit dem Hinweis auf die Vier-Mächte-Zuständigkeit. Clays Bemühungen, einer Abkehr Washingtons vom Zentralverwaltungsprinzip zuvorzukommen, liefen damit ins Leere.[75]

De facto provozierte die Sowjetführung mit der Verzögerung der Zentralverwaltungen die Durchsetzung der Bizone. Weder Byrnes noch Bevin waren zum Zeitpunkt der Pariser Konferenz davon überzeugt, daß die Zusammenlegung der britischen und der amerikanischen Zone eine tragfähige Alternative zum Zentralverwaltungsprinzip darstelle. Byrnes drängte Molotow zum Schluß der zweiten Verhandlungsrunde die Entscheidung zwischen einem substantiellen Beitrag zur Einigung in der Zentralverwaltungsfrage und der Fusion einzelner Zonen förmlich auf, wobei er keinen Zweifel daran ließ, daß ihm die erste Alternative lieber war: Als Bidault die Schaffung «alliierter Büros» zugestand, interpretierte er das gleich großzügig als französischen Anschluß an das Zentralverwaltungskonzept und forderte seine Kollegen auf, nunmehr unverzüglich einen Beschluß zur Errichtung der Zentralverwaltungen zu fassen.[76] Indem Molotow daraufhin erst einmal Klärungsbedarf hinsichtlich der Saar anmeldete, ersparte er Bidault eine Offenlegung seiner tatsächlichen Absichten; er ließ aber auch die Chancen zur Verhinderung der Bizone ungenutzt verstreichen.[77]

Möglicherweise überblickte Molotow dabei die Konferenzsituation nicht ganz; und vielleicht hinderte ihn auch die systembedingte Schwerfälligkeit der Sowjetdiplomatie, gleich das nötige Entgegenkommen in der Saarfrage zu zeigen. Ganz sicher blieb der sowjetischen Führung aber auch die strategische Bedeutung der Bizonen-Gründung verborgen: Als der britische Vertreter im Kontrollrat am

30. Juli die Zustimmung seiner Regierung zu dem amerikanischen Fusionsangebot bekanntgab, begnügte sich Marschall Solokowski mit einer Bekundung des sowjetischen Interesses an Zentralverwaltungen[78]; substantielle sowjetische Schritte zu ihrer Verwirklichung – etwa ein Eingehen auf die französische Saar-Forderung – blieben auch weiterhin aus. Daß zunehmend einflußreichere Kräfte in der Londoner wie in der Washingtoner Administration eine separate Organisation der drei Westzonen befürworteten, bekam man in Moskau offensichtlich nicht mit; in den internen Lageanalysen wurde nur die Gefahr einer Abkehr vom Potsdamer Umgestaltungsprogramm beschworen[79], und auch die öffentliche Propaganda kaprizierte sich einzig und allein auf die Defizite an Demokratisierung in den Westzonen.[80] Folglich unterschätzte man die Spaltungsgefahr, die von der Bizonen-Gründung ausging, und trug, ohne es zu wissen, an entscheidender Stelle zum Durchbruch des Zwei-Staaten-Konzepts bei. Nach dem Insistieren auf der Einheitspartei war dies die zweite fundamentale strategische Fehlentscheidung, die der sowjetischen Deutschlandpolitik unterlief.

Reparationspolitische Weichenstellungen

Eine dritte Weichenstellung in Richtung auf die Ost-West-Teilung ergab sich eher implizit – aus der Logik der Situation beziehungsweise aus den Vorgaben, die die Westmächte in der Frage deutscher Reparationen machten. Nach dem Potsdamer Teilungskompromiß, der nur zu deutlich den Unwillen der Briten und Amerikaner erkennen ließ, substantielle Reparationslieferungen aus laufender deutscher Produktion zuzulassen, setzte die Sowjetunion zunächst ihren Demontagekurs fort. Angesichts des amerikanischen Drängens auf eine Beschränkung der deutschen Produktion schien nur noch der Transfer von Industrieanlagen in die Sowjetunion möglich zu sein. Folglich konnten die Anhänger einer «wirtschaftlichen Entwaffnung» Deutschlands um Vizepremier Malenkow ihre Vorstellungen auch nach der Entscheidung für das Demokratisierungsprogramm noch für längere Zeit weitgehend durchsetzen, obwohl der Abbau der Produktionskapazitäten natürlich in einem latenten Widerspruch zu dem Bemühen stand, sich der Loyalität der Deutschen zu versichern, und die SMAD unter dem Eindruck entsprechender Argumente der KPD-Führung bald für eine Beschränkung der Demontagen eintrat.[81] In den Verhandlungen um den Industrieplan für Deutschland steuerten die sowjetischen Vertreter ein möglichst niedriges Produktionsniveau an, um gemäß den Potsdamer Regelungen möglichst viel Demontagegüter aus den Westzonen zu bekommen. Nur schrittweise ließen sie sich dafür gewinnen, eine jährliche Stahlproduktionsquote von 5,8 Millionen Tonnen statt der ursprünglich verlangten 4,6 Millionen zu akzeptieren und außerdem einer Festlegung der Produktionskapazität (d. h. der Obergrenze für die Demontagen) auf 7,5 Millionen zuzustimmen.[82]

Darüber hinaus zog die Sowjetführung aus den Potsdamer Reparationsvereinbarungen die Konsequenz, die Verwirklichung der Wirtschaftseinheit von westlichen Zusagen hinsichtlich der Reparationen aus laufender Produktion abhängig zu machen und bis dahin Güter aus der eigenen Zone zu entnehmen, ohne sich um die Konsequenzen für die gesamtwirtschaftliche Situation zu kümmern. Die Verwirklichung des Erstbelastungsprinzips (d. h. der Herstellung einer ausgeglichenen Handelsbilanz Deutschlands vor der Entnahme von Reparationen), wie es Briten und Amerikaner propagierten, lehnte sie ab, da dies Reparationslieferungen aus laufender Produktion ganz in das Belieben der handelspolitisch dominierenden Westmächte stellte und ihr zudem den in Potsdam zugestandenen Zugriff auf die Ressourcen der eigenen Zone zu entziehen drohte. Angesichts der besseren Versorgung der Sowjetzone mit Lebensmitteln und der frühen Erfolge der SMAD beim Wiederaufbau war vorübergehend sogar eine Subventionierung der Westzonen durch das sowjetische Reparationsgebiet zu erwarten. Da umgekehrt die Vertreter der beiden Westmächte auf dem Erstbelastungsprinzip bestanden – zum Teil, weil ihnen der Unterschied zwischen exportierbaren und für Reparationszwecke geeigneten Gütern nicht geläufig war, zum Teil, weil sie definitiv keine Reparationen aus laufender Produktion zulassen wollten –, ergab sich eine Blockierung der Verhandlungen über die Wirtschaftseinheit, die dazu führte, daß die in Potsdam vorgenommene

Unterscheidung zweier unterschiedlicher Reparationsgebiete immer mehr den Charakter einer innerdeutschen Wirtschaftsgrenze annahm.[83]

Wichtiger noch für die künftige Entwicklung wurde, daß Clay, um in der Zentralverwaltungsfrage endlich den Durchbruch zu schaffen, am 3. Mai 1946 einen vorläufigen Stopp der Lieferungen von Demontagegütern an die Sowjetunion ankündigte, die nach der Unterzeichnung des Industrieplans am 28. März gerade erst begonnen hatten, und auch Briten und Franzosen alsbald ihre Lieferungen gemäß den Potsdamer Vereinbarungen einstellten. In Moskau zog man daraus den Schluß, daß Demontagelieferungen aus den Westzonen definitiv nicht mehr zu erwarten waren und man infolgedessen doch besser daran tat, ein hohes Produktionsniveau anzustreben, das Reparationslieferungen aus der laufenden Produktion erlaubte. Lieferungen aus der Produktion der sowjetischen Zone ließen sich einigermaßen organisieren; folglich traten sie in der sowjetischen Planung jetzt an die Stelle der ursprünglich erhofften Demontagegüter aus dem Westen.

Befürworter hatte eine solche Reparationskonzeption in der sowjetischen Führung schon seit längerem gehabt: Außenhandelsminister Anastas Mikojan, der die Praxis der Demontagen für wirtschaftlich ruinös hielt, der mächtige Parteisekretär Andrej Shdanow, der die Skepsis der Befürworter einer «wirtschaftlichen Entwaffnung» hinsichtlich einer längeren sowjetischen Präsenz in Deutschland nicht teilte, die Vertreter der SMAD, die den Auftrag, ein demokratisches Deutschland zu schaffen, ernst nahmen. Gosplan-Chef Nikolai Wosnessenski, ein alter Bekannter Shdanows aus Leningrad, hatte wohl schon im Spätsommer 1945 in dieser Frage die Fronten gewechselt und damit die Position Mikojans deutlich gestärkt[84]; im Januar 1946 hatte Stalin die KPD-Führung wissen lassen, daß die Demontagen «bis Ende Februar» beendet würden.[85] Tatsächlich waren die Demontagen weitergegangen; ihr Umfang hatte sich zwar seit Jahresbeginn deutlich vermindert, aber noch schwebte die Demontagedrohung über allen verbliebenen Betrieben.

Den Durchbruch schafften die Gegner der «wirtschaftlichen Entwaffnung» erst nach dem Stopp der Demontagelieferungen aus den

Westzonen. Malenkow verlor unter dem Einfluß Shdanows seinen Posten als ZK-Sekretär[86], und am 21. Mai kündigte Sokolowski öffentlich die Einstellung der Demontagen an. Am 5. Juni wurde die Umwandlung von 213 beschlagnahmten deutschen Betrieben, zwischen 20 und 30 Prozent der verbliebenen Kapazitäten mit einem deutlichen Schwerpunkt in den Schlüsselsektoren, in Sowjetische Aktiengesellschaften (SAG) angeordnet, die zu 51 Prozent der Sowjetunion gehörten und deren Produktion überwiegend als Reparationsleistung an die Besatzungsmacht ging. Am 10. Juli schließlich machte Molotow den Kurswechsel komplett, indem er auf der Pariser Außenministerratstagung für eine rasche Steigerung des deutschen Produktionsniveaus eintrat: «Damit die Entwicklung der Friedensindustrie in Deutschland auch anderen Völkern zugute komme, die deutsche Kohle, Metall und Fertigwaren benötigen, muß man Deutschland das Aus- und Einfuhrrecht zugestehen, und im Fall der Realisierung dieses Außenhandelsrechts dürfen wir der gesteigerten Erzeugung von Stahl, Kohle und Waren der Friedensindustrie in Deutschland keine Hindernisse in den Weg legen – natürlich bis zu einer gewissen Grenze und bei unbedingter Errichtung einer interalliierten Kontrolle über die deutsche und insbesondere die Ruhrindustrie.» Auch wenn das im Industrieplan fixierte Produktionsniveau gegenwärtig «bei weitem» noch nicht erreicht sei, müsse man doch «schon heute zugeben, daß der deutschen Friedensindustrie die Möglichkeit einer breiteren Entwicklung geboten werden muß».[87]

Bei der Entscheidung für die Forcierung der Reparationen aus laufender Produktion spielte gewiß auch eine Rolle, daß die Demontagelieferungen nicht einmal die Hälfte der im ersten sowjetischen Reparationsplan formulierten Erwartungen erfüllt hatten.[88] Ebenso ist zu erkennen, daß die Möglichkeiten eines dauerhaften Einflusses auf die deutschen Verhältnisse nach der SED-Gründung nicht mehr so pessimistisch beurteilt wurden wie noch ein Jahr zuvor. Ausschlaggebend war freilich, wie aus dem zeitlichen Zusammenhang hervorgeht, das Schwinden der Hoffnungen auf Demontagegüter aus dem Westen. Indirekt war die Umorientierung der sowjetischen Reparationspolitik damit auch eine Folge des Zögerns in der Zentralverwaltungsfrage: Weil dieses Clay zu seinem Lieferstopp trieb, wurde jene unausweichlich. Weil Begehrlichkeiten einzelner sowjetischer Ressorts nicht ganz zu unterdrücken waren, wurde zwar entgegen Sokolowskis Ankündigung hie und da noch bis Mitte 1948 weiterdemontiert. Der Akzent lag nunmehr aber ganz eindeutig auf den Reparationen aus laufender Produktion und auf der Steigerung der Produktion, und die Mitarbeiter des Demontage-Komitees hatten fortan unter der Aufsicht der SMAD zu arbeiten.[89]

Daß die Sowjetführung dabei auch auf das Mittel der gemischten Gesellschaften zurückgriff, resultierte aus der Furcht vor einem baldigen Ende der Besatzungszeit. Mit Hilfe der SAGs hoffte sie, sich einen gewissen Anteil an Reparationslieferungen auch dann sichern zu können, wenn die militärische Präsenz nicht mehr gegeben war und das Drängen auf Reparationsvereinbarungen im Kreis der Alliierten ergebnislos blieb. Darüber hinaus sollten die SAGs ebenso wie die SED auch dazu dienen, der Sowjetunion in einem nach wie vor kapitalistisch verfaßten Deutschland einen gewissen Einfluß zu verschaffen. Mikojan schärfte den sowjetischen Betriebsleitern vor ihrer Entsendung nach Deutschland ein, «daß die Wirtschaft die Politik bestimmt. Metaphorisch gesprochen seid ihr sowjetische Kolonisten. Wenn unsere Regierung entscheiden sollte, ihre Truppen aus Deutschland zurückzuziehen, dann werdet ihr alleine dort zurückbleiben und einen harten Kampf mit kapitalistischen Wettbewerbern zu bestehen haben. Denkt daran, daß die Zahlungsfähigkeit des Unternehmens und seine Profite das Wichtigste sind!»[90]

Die Erwartungen der sowjetischen Verantwortlichen richteten sich also nach wie vor auf Gesamtdeutschland. Das ergibt sich nicht nur aus der Mission, mit der man die SAGs betraute; es zeigt sich auch an der Intensität, mit der Molotow erneut Reparationslieferungen im Gesamtwert von 10 Milliarden Dollar einforderte und die Vier-Mächte-Kontrolle der Ruhrindustrie ansprach. Gleichwohl war mit der Umorientierung der Reparationspolitik eine weitere deutschlandpolitische Akzentverschiebung verbunden: Die sowjetische Zone gewann nun, viel stärker noch als in Potsdam, einen Eigenwert als langfristige Reparationsressource. Die Herstellung der Wirtschaftseinheit wurde damit in noch viel größerem Maße von substantiellen Reparationszusagen der Westmächte abhängig und damit nach Lage der Dinge immer unwahrscheinlicher; die separate Organisation der Sowjetzone löste die «wirtschaftliche Entwaffnung» als Ersatzlösung ab. Ohne Zusagen in der Reparationsfrage konnte die Sowjetführung das amerikanische Angebot zur Zonenverschmelzung nicht mehr ernsthaft in Betracht ziehen – obwohl es doch grundsätzlich auf der Linie ihrer Deutschlandpolitik lag und sie alles daransetzte, eine separate Organisation der Westzonen zu verhindern.

Die westliche Reparationsverweigerung ließ alles in allem einen Zielkonflikt zwischen dem Interesse an Reparationsleistungen und dem Streben nach Demokratisierung aller vier Besatzungszonen entstehen. Da die Sowjetführung nicht bereit und wohl auch gar nicht in der Lage war, ihr Reparationsziel aufzugeben, ergab sich daraus eine zunehmende Einengung ihres deutschlandpolitischen Instrumentariums; und je unwahrscheinlicher Reparationen aus den Westzonen wurden, desto mehr verlor auch das Zielbild eines gemeinsam kontrollierten Vier-Zonen-Deutschlands an Attraktivität. Noch freilich nahmen die Verantwortlichen diesen Zielkonflikt kaum wahr, waren ihnen die Implikationen ihrer reparationspolitischen Entscheidungen nicht bewußt. Schon gar nicht waren sie bereit, von sich aus auf ihre maximalen Ziele in ganz Deutschland zu verzichten.

3 Von Paris nach London

Allen Manipulationen zum Trotz blieb die politische Praxis in der sowjetischen Besatzungszone im Grundsatz auf ein demokratisches Vier-Mächte-Deutschland orientiert. Erich Gniffke berichtet, daß im Zentralsekretariat der neugeschaffenen SED zunächst «Einigkeit» darüber bestanden habe, «daß in Deutschland, schon im Hinblick auf die Besatzung, auf Jahre hinaus nicht eine Situation des offenen, zu revolutionären Entscheidungen drängenden Klassenkampfes eintreten würde. [...] Der Sozialismus kann nur auf einem parlamentarisch-demokratischen Weg verwirklicht, die Voraussetzungen hierfür können nur durch eine organisierte, kampfentschlossene Arbeiterklasse in einer sozialen Massenbewegung geschaffen werden. Aufgabe der SED mußte es darum sein, politische Aktivität und Initiative in Gang zu bringen. Das Nahziel muß ein wiedervereinigtes, parlamentarisch-demokratisches Deutschland sein.» [1]

Pluralistische Praxis

Daß dieses Programm eine grundlegende Revision der bisherigen kommunistischen Politik erforderte, machte insbesondere Anton Ackermann immer wieder deutlich. «Wir Kommunisten», hatte er schon am 2. März 1946 erklärt, «haben den Fehler gemacht, bei ganz anderen Voraussetzungen die Politik der Bolschewiken einfach zu kopieren. Es handelt sich bei der Überwindung des Dogmatismus, des Sektierertums, der Mißachtung der nationalen Frage keinesfalls um eine vorübergehende, kurzlebige Erscheinung, sondern um eine tiefgründige innere Wandlung. Wir sind politisch und ideologisch reifer geworden und haben die Kinderkrankheiten des Radikalismus endlich überwunden. – Die SED soll sowohl die opportunistische Politik der alten SPD als auch den Dogmatismus der alten KPD überwinden.» In der Parteivorstandssitzung vom 17. Juli 1946 ging er noch einen entscheidenden Schritt weiter, indem er, so Gniffke, «ohne bei seinen Kollegen auf Widerspruch zu stoßen, das traditionelle demokratische Grundelement der deutschen Sozialdemokratie als vorbildlich» anerkannte und den Marxismus auf eine Erkenntnisquelle unter anderen reduzierte: «Wir in Deutschland können nicht von einem ‹besonderen deutschen Weg zum Sozialismus› reden, wenn wir papageienhaft Aussprüche von Lenin und Stalin übernehmen und zitieren. Wir müssen aus den Gegebenheiten der deutschen Situation heraus notfalls auch den Mut zu neuen Erkenntnissen haben, die mit einer althergebrachten, zum Dogma erstarrten Theorie nicht – auch nicht durch falsch verstandene oder an einer falschen Stelle angewandte Zitate – in Einklang gebracht werden können. Wir müssen zurück zum Ur-Marxismus, der kein Dogma sein wollte, sondern nur eine Anleitung zum Handeln.» [2]

Nicht nur ehemalige Sozialdemokraten, sondern auch die Mehrheit der Kommunisten in der Parteiführung waren von der Notwendigkeit einer solchen Revision überzeugt. «Man weiß von Wolfgang Leonhard», berichtet der sozialdemokratische ZK-Sekretär S. F., «daß er daran geglaubt hat, an diesen deutschen Weg des Sozialismus, und da gab es noch ein paar andere Leute, Paul Merker hat daran geglaubt [...], auch Wilhelm Zaisser, Franz Dahlem, Grotewohl und andere haben garantiert daran geglaubt». Auch Pieck, der sich 1934/35 bei der Durchsetzung der Volksfrontkonzeption in der KPD exponiert hatte, scheint überzeugt gewesen zu sein: «Pieck hatte meines Erachtens und nach meinen Erfahrungen und Beobachtungen durchaus Vorbehalte gegen die Russen, die hatte er auf jeden Fall, und ich bin überzeugt, es ist zwar nie klar herausgekommen, aber damals jedenfalls habe ich es geglaubt, daß er Anton Ackermann in seinen Bemühungen, den ‹Deutschen Weg zum Sozialismus› zu formulieren und organisatorisch vorzubereiten, unterstützt hat, weil er sich damit wohl ein Absetzen von der sowjetischen Bevormundung und eine eigenständige unabhängige Position zu erringen versprach.» Pieck und Grotewohl verstanden sich darum «glänzend», ebenso Dahlem und Gniffke.[3] Ulbricht, der sich stets als oberster Erfüllungsgehilfe der Moskauer Parteiführung präsentierte, «wurde von allen gemieden».[4]

Daß an der Parteibasis vielfach ähnlich gedacht wurde, läßt sich etwa daran ablesen, daß «die Beschwerdebriefe unserer [d. h. der ehemals sozialdemokratischen] Funktionäre» nach Gniffkes Bericht «von Monat zu Monat weniger» wurden.[5] Dabei spielte gewiß eine Rolle, daß die engagiertesten Verfechter sozialdemokratischer Autonomie unterdessen mundtot gemacht worden waren und resigniert hatten und diejenigen, die die Vereinigung schließlich mittrugen, jetzt unter Erfolgszwang standen. Verhaftungen und sonstige Eingriffe der Besatzungsmacht trafen freilich auch Kommunisten, die sich pragmatisch um eine Verbesserung der Verhältnisse vor Ort bemüht hatten und darüber in einen Gegensatz zu Besatzungsoffizieren geraten waren; und die Bereitschaft, sich auf das neue, im Kern nicht mehr leninistische Programm einzulassen, war auch in ihren Reihen zu finden. Erst recht gilt das für die große Zahl der neuen Mitglieder, die nach der Vereinigung in die Partei strömten: Unter den über 700 000 Neumitgliedern, die bis Mitte 1948 zu den 600 000 bisherigen Kommunisten und 680 000 Sozialdemokraten stießen[6], waren wohl manche Opportunisten, die die Parteimitgliedschaft in erster Linie unter dem Aspekt des gesellschaftlichen Aufstiegs im Zeichen der antifaschistischen Umwälzung sahen. Es kann jedoch kein Zweifel daran sein, daß die überwiegende Mehrheit das Parteiprogramm ernst nahm. Nicht wenige begeisterten sich geradezu für das Ziel eines antifaschistischen «Neuen Deutschlands», wie es die Parteizeitung mit ihrem Titel täglich ansprach.

Der Elan, der von dem Willen zur Neugestaltung ausging, machte sich auch im kulturellen Bereich bemerkbar. Die SMAD verfügte über Kultur- und Bildungsoffiziere, die sich in der deutschen Geistesgeschichte auskannten; sie sorgten dafür, daß nicht nur die marxistischen Klassiker einer breiten Öffentlichkeit zugänglich gemacht wurden, sondern auch die Klassiker der Literatur und zahlreiche Autoren des Exils. Wissenschaftler, Intellektuelle und Künstler von Rang nutzten die neuen Arbeitsmöglichkeiten; nicht wenige engagierten sich im «Kulturbund zur demokratischen

Erneuerung Deutschlands», mit dem Johannes R. Becher die «Kulturschaffenden» zur Mitwirkung an der antifaschistischen Umgestaltung heranziehen wollte. Angehörige der jüngeren Generation nahmen die Anregungen begierig auf, ebenso die Möglichkeiten, die sich aus der Demokratisierung des Schul- und Hochschulwesens ergaben. In Berlin, Leipzig und Dresden entstanden intellektuelle und künstlerische Zirkel, die weithin ausstrahlten. An der Diskussion über die Ursachen des Faschismus beteiligten sich durchaus unterschiedliche Stimmen; über künstlerische und kulturpolitische Konzepte wurde höchst kontrovers diskutiert.

Pluralistisch, wenngleich dem Druck zur Vereinheitlichung ausgesetzt, war auch die Betriebsrätebewegung, die sich seit der «herrenlosen» Zeit nach der Flucht vieler Unternehmer und Betriebsleiter im Sommer 1945 entwickelt hatte. Geleitet von pragmatischen Überlebensstrategien und sozialistischen Umgestaltungshoffnungen sorgte sie vielfach für Enteignungen noch vor dem Erlaß entsprechender SMAD-Verfügungen oder deutscher Gesetze und erzwang nach dem Betriebsrätegesetz des Kontrollrats vom April 1946 für etwa 70 Prozent der Arbeiter und Angestellten der sowjetischen Zone Betriebsvereinbarungen, die weitreichende Mitbestimmungsrechte sowohl bei der betrieblichen Planung als auch bei der Preis- und Personalpolitik garantierten.[7] Unter dem Druck der Bewegung machte sich das Zentralkomitee der SED in seinen «Sozialpolitischen Richtlinien» vom 30. Dezember 1946 die Forderungen nach «gleichberechtigter Mitbestimmung der Belegschaftsvertretung in allen Betriebs- und Produktionsfragen» und überbetrieblicher Mitbestimmung durch Gesamtbetriebsräte und Belegschaftsvertreter in den Aufsichtsräten zu eigen – Forderungen, die ursprünglich zum sozialdemokratischen Programm der «Wirtschaftsdemokratie» gehört hatten.[8]

Unter Hinweis auf die Stimmung in der Bevölkerung konnten die sozialdemokratischen SED-Führer sogar durchsetzen, daß sich die Partei in der Frage der deutschen Ostgrenze offen gegen die sowjetische Besatzungsmacht stellte. Entsprechende Forderungen der Sozialdemokraten waren in den Vereinigungsverhandlungen zunächst zurückgewiesen worden; die KPD hatte im Gegenteil auf eine Hinnahme des Verlusts der Ostgebiete gedrängt: «Deutschland wird beträchtliche Gebiete im Osten verlieren – mit dieser Tatsache müssen wir uns abfinden.»[9] Als aber die Gemeinderatswahlen in Sachsen-Anhalt und Thüringen am 8. September 1946 ungünstiger ausgefallen waren als erwartet, konnten die sozialdemokratischen Vorstandsmitglieder mit Blick auf weitere Wahlen ihren Revisionsanspruch offen anmelden. Am Vorabend der Gemeindewahlen in Mecklenburg, wo das Grenzproblem infolge der großen Zahl der hier angesiedelten Ostflüchtlinge besonders akut war, veröffentlichte das «Neue Deutschland» in großer Aufmachung eine Erklärung Max Fechners, in der angekündigt wurde, «daß die SED sich jeder Verkleinerung deutschen Gebietes entgegenstellen wird». Den kommunistischen Vorstandsmitgliedern ging eine solche Festlegung zu weit; nach einigem Hin und Her wurde in der Vorstandssitzung vom 19. September eine Entschließung verabschiedet, in der die SED versicherte, sie werde «alles tun, damit auch in den Fragen der zukünftigen Grenzen des neuen Deutschlands die Stimme des deutschen Volkes auf der Friedenskonferenz Gehör findet».[10]

Im übrigen befanden sich die Parteien tatsächlich in einer relativ offenen Konkurrenz um die Gestaltung der künftigen Gesellschaftsordnung. Bei der Neuordnung des Schulwesens traten die Liberaldemokraten mindestens ebenso vehement für eine strikte Trennung von Kirche und Staat ein wie Kommunisten und Sozialdemokraten, so daß die CDU mit ihrer Forderung nach einer christlichen Bekenntnisschule völlig in die Isolation geriet. In der Frage der Enteignungen suchten dagegen beide bürgerlichen Parteien zu bremsen (wobei die CDU von vorneherein eine mittlere Linie steuerte, während Tendenzen zur Fundamentalopposition in der LDPD nicht die erforderliche innerparteiliche Mehrheit fanden); das trug mit dazu bei, daß vor dem Volksentscheid in Sachsen knapp zweitausend gewerbliche Unternehmen an ihre Eigentümer zurückgegeben wurden[11] und die Verstaatlichung des Bergbaus und der Bodenschätze in Thüringen und Sachsen-Anhalt erst 1947/48 durchgesetzt werden konnte. Umgekehrt erzwangen Streiks und Proteste gegen wiedereingesetzte Unternehmer verschiedentlich die Rücknahme von Rückgabebeschlüssen.

Die ersten Wahlen zu den Gemeindeparlamenten, Kreistagen und Landtagen im Herbst 1946 entsprachen weitgehend demokratischen Grundsätzen. Gewiß bemühte sich die SMAD auch hierbei um eine diskrete Förderung «ihrer» Partei: Die bürgerlichen Parteien wurden bei der Zuteilung von Papier, Versammlungsräumen, Kraftfahrzeugen und dergleichen benachteiligt; die Anträge auf Registrierung ihrer Ortsgruppen wurden oft ungebührlich verschleppt; und bei der Überprüfung der Kandidaten auf eine mögliche nationalsozialistische Vergangenheit wurde mit zweierlei Maß gemessen. Bei der Gestaltung des Terminkalenders achtete man sorgsam darauf, mit der Arbeiterhochburg Sachsen zu beginnen (Gemeindewahl am 1. September) und die Wahlen in Berlin, wo man mit der Konkurrenz der SPD in den Westsektoren zu rechnen hatte, an den Schluß zu setzen (20. Oktober, zusammen mit den Kreis- und Landtagswahlen). Als Ulbricht vorschlug, auch Vertreter der «Massenorganisationen» als Kandidaten aufzustellen, stieß er damit jedoch schon im ZK der SED auf Widerstand, so daß schließlich neben den Parteien schließlich nur die «Vereinigung der gegenseitigen Bauernhilfe» zu den Wahlen zugelassen wurde, in Sachsen außerdem der Kulturbund und der Frauenausschuß. Heftiger Protest Jakob Kaisers gegen die Benachteiligungen führte zu Erleichterungen beim Ein- und Nachreichen von Wahllisten.[12] Die Wahlen selbst konnten ohne Behinderungen durchgeführt werden, und ihre Resultate wurden auch nicht gefälscht.

Das Ergebnis des Kräftemessens – in der Summe der Landtagswahlen 47,5 Prozent für die SED, 27,4 Prozent für die CDU und 21,6 Prozent für die LDPD – stärkte das ohnehin recht ausgeprägte Selbstbewußtsein in den Führungsgremien der beiden nichtsozialistischen Parteien. Sowohl Jakob Kaiser als auch Wilhelm Külz intensivierten in der Folge ihre Bemühungen um eine reichsweite Organisation ihrer Parteien, die ihnen zugleich größere Eigenständigkeit in der sowjetischen Zone sichern sollte. Von der Besatzungsmacht unbehelligt, konnte die LDPD-Führung den widerstrebenden liberalen Parteien in den Westzonen die Bildung der «Demokratischen Partei Deutschlands» (DPD) abringen, die sich am 17. März 1947 in Rothenburg mit Theodor Heuss und Wilhelm Külz als gleichberechtigten Vorsitzenden konstituierte. Kaiser brachte wegen des ungleich größeren Widerstands Konrad Adenauers lediglich eine «Arbeitsgemeinschaft» von Zonen- und Landesverbänden der CDU/CSU zustande (konstituiert am 5./6. Februar 1947 in Königstein im Taunus), deren Vorstand sich dann aber immerhin die Forderung nach einer «Nationalen Repräsentation» der Deutschen zu eigen machte.[13]

Die SED-Führung, die insgeheim befürchtet hatte, in noch stärkerem Maße für die Versorgungsengpässe und die Übergriffe der Besatzungsmacht verantwortlich gemacht zu werden[14], konzentrierte sich nun, ohne ihren Kurs grundsätzlich zu korrigieren, auf eine bessere Schulung ihrer Mitglieder[15] und eine verstärkte Propaganda für den demokratischen Gesamtstaat. Nachdem sie schon im Wahlkampf einen Katalog von «Grundrechten des deutschen Volkes» vorgelegt hatte, präsentierte sie am 15. November 1946 einen darauf basierenden Entwurf für die Verfassung der «Deutschen Demokratischen Republik». Beide unmittelbar im Anschluß an die Strategiebesprechung nach der Pariser Außenministerratstagung ausgearbeitet[16], sollten sie nicht nur die SED als nationale und demokratische Partei profilieren, sondern auch eine breite Diskussion auf gesamtdeutscher Ebene entfachen, mit der die sowjetische Seite die Initiative zurückzugewinnen hoffte. Im Parteivorstand begründete Grotewohl die Notwendigkeit einer raschen Verabschiedung des vom Zentralsekretariat vorgelegten Verfassungsentwurfs mit der Aussicht, daß er möglicherweise als «Grundlage für die Erörterungen der vier Außenminister» dienen könne.[17]

Inhaltlich knüpfte der Verfassungsentwurf, wie Semjonow und andere Vertreter der SMAD empfohlen hatten[18], an die Weimarer Reichsverfassung an. Er hob allerdings, zeitgenössischem marxistischem Verfassungsdenken entsprechend, das Prinzip der Gewaltenteilung auf und gab der Bodenreform, der Nazi-Enteignung und dem Monopolverbot als Kernelementen des sowjetischen Demokratisierungsprogramms den Rang von Verfassungsgeboten.[19] Ob er damit noch konsensfähig war, darüber machten sich offensichtlich weder die SED-Führung noch die SMAD-Verantwortlichen, die an seiner Ausarbeitung mitgewirkt hatten, Gedanken. Mit staatsrechtlichen Fragen wenig vertraut, bauten sie auf die Überzeugungskraft ihrer Argumente, aber auch darauf, daß eine Mobilisierung großer Teile der deutschen Öffentlichkeit bei den westlichen Alliierten Eindruck machen werde. Ein «großer Kongreß aller Parteien aus allen Zonen in Berlin» (so Grotewohl in der Oktobersitzung des Parteivorstands)[20] sollte den Höhepunkt der durch den Entwurf ausgelösten Diskussion bilden. Als der zentrale Blockausschuß im Mai 1947 über die Vorbereitung einer «nationalen Repräsentation» diskutierte, bezeichnete Grotewohl den SED-Entwurf ausdrücklich als «Diskussionsgrundlage», dem durchaus ein «Gegenentwurf» der anderen Parteien entgegengestellt werden sollte. «Von uns aus», ergänzte Pieck, könne man auch «die Weimarer Verfassung als Diskussionsgrundlage nehmen».[21] Bei den Beratungen der Landesverfassungen im Winter 1946/47 konnten die Landtagsabgeordneten von CDU und LDP eine ganze Reihe wesentlicher Verfassungsbestimmungen gegen die SED durchsetzen.

Neben der Mobilisierung für die Ideale des Antifaschismus setzten die Verantwortlichen in SED und SMAD seit der Wende der Sowjetführung in der Produktionspolitik auch auf die wirtschaftliche Attraktivität ihrer Zone. Grotewohl stellte fest, daß «Deutschland bereits [...] in eine Ost- und eine Westhälfte geteilt» sei – er machte nicht ganz unzutreffend die Angst der Westmächte vor dem «wachsenden Einfluß [...] unserer Bewegung in der sowjetischen Zone» dafür verantwortlich –, und sprach in der Parteivorstandssitzung vom 18. Juni die Erwartung aus, daß «der Westen Gegenstand eines politischen und wirtschaftlichen Druckes und der Spannung wird, die von uns ausgehen». Nicht zuletzt werde die bessere Ernährungslage in der Ostzone ihre Wirkung tun. «Die politische und wirtschaftliche Entwicklung in der östlichen Zone wird eines Tages auch auf die übrigen deutschen Länder wirken.»[22] Separierungstendenzen im Westen, wie sie die SED-Spitze hinter den verschiedenen föderalistischen Projekten vermutete, und auch das Bizonen-Projekt schienen ihr aus wirtschaftlichen Gründen zum Scheitern verurteilt. «Zwizonen ist Quatsch», hielt Pieck bei einer Besprechung in Karlshorst am 23. Dezember 1946 fest. «Lage gestattet ihn nicht durchzuführen.»[23]

Der zweite Anlauf

Daß das Trommeln für das antifaschistische Ideal allein nicht genügte, um die Gefahr der sich abzeichnenden Ost-West-Spaltung zu bannen, wurde den sowjetischen Verantwortlichen erst allmählich bewußt. Im Oktober 1946 rangen sie sich dazu durch, wirtschaftliche und politische Einheit wieder aktiv zu fördern, ohne auf die Etablierung der SED in den Westzonen zu warten. In bilateralen Verhandlungen am Rande des Kontrollrats, die sie mit der Ankündigung «weitgehender Zugeständnisse» auf den Weg brachten, gestanden die Sowjets den Amerikanern als Gegenleistung für Reparationslieferungen aus der laufenden Produktion nicht nur eine entsprechende Versorgung der Westzonen mit Rohstoffen und einen ausgeglichenen Export-Import-Plan auf der Grundlage einer Verdoppelung der Produktionsquoten zu, sondern auch die sofortige wirtschaftliche Vereinigung der vier Zonen und die Errichtung gesamtdeutscher Verwaltungsbehörden. Mit ihrer Hilfe sollte alsbald eine Währungsreform durchgeführt und die gemeinsame Nutzung der vorhandenen Rohstoffe und Hilfsquellen in Angriff genommen werden. Da Clay unterdessen, um die Einheit Deutschlands zu retten, zu Zugeständnissen in der Reparationsfrage in Verbindung mit einer Erhöhung des Produktionsniveaus bereit war, konnte auf dieser Grundlage bis Ende des Monats der Entwurf eines Kompromisses erarbeitet werden, mit dem die Verwirklichung der Potsdamer Einheitsbeschlüsse mit einemmal in greifbare Nähe rückte.[24]

Als Byrnes auf der New Yorker Außenministerratstagung (die sich von Anfang November bis Mitte Dezember mit den Friedensverträgen mit den ehemaligen Verbündeten des Deutschen Reiches befaßte) vorschlug, alsbald wieder zu der ausstehenden Sondersitzung des Rates zur Deutschlandfrage zusammenzutreten, stimmte Molotow sogleich zu. Ebenso akzeptierte er jetzt den Vorschlag, Stellvertreter der Außenminister mit der Vorbereitung der Konferenz zu beauftragen; und er war auch damit einverstanden, daß der Kontrollrat beauftragt wurde, dem Rat einen Bericht über den Stand der Umsetzung der Potsdamer Beschlüsse vorzulegen.[25]

Vom Dezember 1946 an erwogen die sowjetischen Führer zudem, die SPD in ihrer Besatzungszone wieder zuzulassen. Damit sollte einerseits der Widerstand Kurt Schumachers gegen gesamtdeutsche Repräsentationen jeder Art unterlaufen werden; zum anderen sollten die westlichen Besatzungsmächte dazu gebracht werden, im Gegenzug die SED als zusätzliche Partei in ihren Zonen zuzulassen. Wenn es schon nicht möglich war, die Vereinigung der Arbeiterparteien in den Westzonen durchzusetzen, sollte auf diese Weise doch wenigstens eine Spaltung der Schumacher-Partei erreicht und das ärgste Hindernis auf dem Weg zu einer gesamtdeutschen Verständigung beseitigt werden. Bei der SED-Führung stieß dieser Plan, der erstmals am 23. Dezember bei einer Besprechung in Karlshorst erörtert wurde[26], nicht auf Begeisterung, drohte damit doch mangels Zuspruchs in allen vier Zonen eine Rückverwandlung der SED in die KPD.[27] Stalin war freilich davon überzeugt, daß es möglich sein würde, mit «linke[n] Elemente[n] in der SPD» sogenannte «Einheitsfront-Komitees» und «Ausschüsse gegen Reaktion im Westen» zu schaffen. Folglich wies er die SED-Führer beim ersten Arbeitsbesuch der neuen Parteiführung in Moskau – neben Pieck und Ulbricht reisten jetzt paritätisch Grotewohl und Fechner, dazu Fred Oelßner als Dolmetscher – am 31. Januar 1947 an, die KPD in den Westzonen programmatisch auf SED-Linie auszurichten («KPD im Westen belastet mit altem Programm der KPD: Angst vor Diktatur – Revolution») und sich im übrigen auf eine Konkurrenz mit der SPD auch in der Ostzone einzustellen («Ob SED Angst hat vor SPD – man muß sie politisch schlagen»).[28]

Nach ihrer Rückkehr aus Moskau riefen die Spitzengenossen – gegen fortdauerndes Unbehagen im Parteivorstand[29] – am 14. Februar eine «Sozialistische Arbeitsgemeinschaft» der SED mit den Vertretern der KPD in den Westzonen ins Leben; über diese Arbeitsgemeinschaft veranlaßten sie dann die KPD-Landesverbände, in sukzessiven Parteitagen von Anfang März bis Anfang Juni jeweils Programm und Statuten der SED für sich zu übernehmen. Gleichzeitig drängte Molotow auf der Moskauer Außenministerratstagung, endlich ein Parteiengesetz zu verabschieden, das es allen Parteien erlaubte, «sich im gesamtdeutschen Rahmen zu vereinigen».[30] Anfang April eröffnete Tulpanow Gniffke, daß ihm die Aufgabe «zufallen könnte», für die Wiederzulassung der SPD zu sorgen: «Vielleicht war die Vereinigung von KPD und SPD verfrüht, vielleicht war sie in ihrer Totalität in der sowjetisch besetzten Zone ein Fehler. Gemachte Fehler sollte man korrigieren.»[31] Danach ging der Parteivorstand davon aus, daß er nach der Verabschiedung des alliierten Parteiengesetzes mit einer sozialdemokratischen Konkurrenz in der sowjetischen Zone zu rechnen hatte.[32] Mit den Landesvorständen wurde vorsorglich erörtert, was zu geschehen habe, «wenn die SPD [...] zugelassen wird bzw. eine freie Presse erscheint».[33] Um Vorwürfen vorzubeugen, man beachte nicht hinreichend das Paritätsprinzip, ordnete Sokolowski sogar an, daß der thüringische Volksbildungsminister Walter Wolf, ein verdienter Kommunist, einem ehemaligen Sozialdemokraten Platz machen müsse.[34]

Mit der Wiederzulassung der SPD hoffte Stalin wohl auch die Zustimmung der Parteien aller vier Zonen zur Durchführung eines «Volksentscheides über die Bildung des Einheitsstaates mit demokratischer Selbstverwaltung der Länder und Gemeinden» zu gewinnen, wie ihn die SED seit dem 1. März 1947 propagierte.[35] Grotewohl, der bei den Moskauer Beratungen auf Stalins Wunsch («ihn will man näher kennenlernen»[36]) den einleitenden Bericht gab, schätzte, daß bei einer solchen Abstimmung «30 Mill. von 50 Mill.» deutscher Wahlbürger das Konzept eines antifaschistischen Einheitsstaates unterstützen würden; Stalin erwartete sogar «noch [eine] größere Mehrheit».[37] Auf jeden Fall glaubte man, auf diese Weise die Gefahr einer Teilung bannen zu können.

Weitere Maßnahmen zur Unterstützung des Einheitsprojekts, die in Moskau diskutiert, aber noch nicht abschließend entschieden wurden, waren die Zusammenfassung der «ehrlichen patriotischen Elemente» unter den «nazistischen Kräfte[n]» in einer eigenen Partei, «die zum Block gehört» (eine Idee Stalins), die Entlassung von Kriegsgefangenen aus sowjetischen Lagern und ein zeitweiliges Aussetzen der Reparationslieferungen: «Wenn Reparationen Aufstieg behindern, so können sie hinausgeschoben werden.» In der Frage der deutschen Ostgebiete, die Grotewohl ebenfalls zur Sprache brachte, machte Stalin dagegen die Grenzen seines Entgegenkommens deutlich: «Ostgrenze [in Frage] stellen heißt auch andere Grenzen [in Frage] stellen – heißt Krieg.»[38] Die SED-Führung hütete sich von da an, Hoffnungen auf eine Revision der Potsdamer

Grenzbeschlüsse weiter zu nähren; am 2. April 1947 erklärte Franz Dahlem in ihrem Auftrag im «Neuen Deutschland», der «Verlust der Ostgebiete» treffe «das deutsche Volk schwer. Aber das Leben muß weitergehen.» [39]

Insbesondere der produktionspolitische Kurswechsel vom Frühjahr 1946 erlaubte es Stalin, im Kampf gegen die in seiner Sicht destruktiven Tendenzen in der westlichen Politik weiterhin auf die Deutschen zu setzen. Den SED-Führern erklärte er, daß die Sowjetunion für den Wiederaufstieg Deutschlands sei, weil man damit amerikanischem Monopolstreben begegnen könne («so Preise niedriger u. Waren besser – ist für Menschheit Gewinn») und auch deutschem Revanchismus vorbeugen müsse: «70 Mill. Deutsche können nicht ständig im Stadium der Verelendung, nicht als Bettler leben [...] Unterjochung u. Abschnürung nährt Revanchegedanken, d. h. neuen Krieg.» Die Westmächte zielten demgegenüber auf die Niederhaltung Deutschlands, weil sie die deutsche «Konkurrenz auf den internat. Märkten» fürchteten: «Amerika will Weltmarkt unter seiner Herrschaft, will Monopolpreise.» Mit ihren föderalistischen Neuordnungsvorschlägen arbeiteten sie in Wahrheit auf eine «Schwächung Deutschlands» hin; umgekehrt gelte: «Je rascher Einheit Deutschlands u. dtsch. Regierung, desto mehr erleichtern wir den Aufstieg.» [40]

Gegen alle Warnungen Shdanows und anderer, «daß der Dollar-Imperialismus dabei sei, den Sieg über den deutschen Faschismus und den japanischen Imperialismus zu gefährden» [41], gab Stalin sich überzeugt, daß die Übereinstimmung deutscher und sowjetischer Interessen letztlich zum Tragen kommen werde: Die Amerikaner lebten in «der Illusion, daß [sie] allein fertig werden mit [dem] Weltmarkt»; «70 Mill. Deutsche» könnten aber «nicht ausgestrichen werden aus der Weltgeschichte». [42] Einzuräumen sei lediglich, daß der Kampf um das demokratische Deutschland schwieriger werde und länger dauere als ursprünglich erhofft: «In der Frage der Einheit Deutschlands müssen wir schrittweise weiterkommen. Wir müssen weiterkommen, allen Widerständen zum Trotz. Nur dürfen wir uns nicht der Illusion hingeben, daß der Kampf, der um diese Einheit zu führen ist, schnell gewonnen sein wird. Er kann 5, 6 oder gar 7 Jahre dauern.» [43]

Die Sorge vor dem überstürzten Ende der Besatzungszeit plagte ihn nun offensichtlich nicht mehr. Er rechnete aber auch nicht mehr mit einem raschen Erfolg hinsichtlich der Bildung einer deutschen Regierung: «Dtsche. Regierung wird bei Widerstand der Amerik. schwer zustande kommen.» Eher zu erreichen schien ihm die Bildung einer «deutschen Zentralverwaltung», die über die Potsdamer Beschlüsse hinaus «für alle Gebiete» außer Verteidigung und Staatssicherheit zuständig sein sollte: «Wird etwas leichter sein.» Die Bildung einer solchen Zentralverwaltung als «Etappe für Regierung» wurde als operatives Nahziel angestrebt.[44]

Möglicherweise rechnete Stalin in dieser Frage schon auf der bevorstehenden Moskauer Außenministerratstagung mit einem Durchbruch. Jedenfalls stellte er die Schaffung eines «Deutschen Amtes für Wirtschaftsplanung» zur Koordinierung der Zentralverwaltungen der Sowjetzone, die schon im Oktober 1946 diskutiert worden war, erst einmal zurück. Das «Zonenorgan» – nach SMAD-Wirtschaftschef Kowal «schon [eine] Art Regierung»[45] – sollte erst gebildet werden, «wenn [eine] Zentralverwaltung nicht zustande» kommt.[46] In einem Interview mit Elliot Roosevelt, das die «Prawda» am 23. Januar veröffentlichte, bezeichnete Stalin nicht nur die «Gefahr eines neuen Krieges» als «nicht real», sondern meinte auch, daß die Defizite westlicher Entnazifizierungspolitik, die die sowjetische Propaganda seit Monaten kritisierte, «keinen Anlaß zu ernster Besorgnis» gäben.[47]

Die Moskauer Außenministerratstagung

Auf der Moskauer Ratstagung, die am 10. März 1947 begann, demonstrierte die Sowjetführung von vorneherein großes Interesse an einem erfolgreichen Abschluß. Der neue amerikanische Botschafter Bedell Smith registrierte anerkennend die sowjetischen Anstrengungen, den Gästen einen komfortablen Aufenthalt zu ermöglichen.[48] Trumans Kongreßrede vom 12. März, in der er zur Unterstützung der Freiheit der Völker gegen die Gefahr totalitärer Unterdrückung aufrief (die sogenannte «Truman-Doktrin»), wurde von der sowjetischen Seite demonstrativ ignoriert. Ohne auf die darin enthaltenen Vorwürfe einzugehen, bezeichnete Stalin in einem sorgfältig vorbereiteten Interview mit dem republikanischen Präsidentschaftsaspiranten Harold Stassen am 9. April die Zusammenarbeit zwischen der Sowjetunion und den USA trotz der unterschiedlichen Gesellschaftsordnungen erneut als möglich und «wünschenswert»; er bestand lediglich darauf, daß jede Seite «die vom Volk gebilligten Systeme achtet».[49]

In den Verhandlungen steuerte Molotow zielstrebig auf die Etablierung der Zentralverwaltungen zu. In seiner ersten größeren programmatischen Rede am 17. März nannte er sie den ersten Schritt auf dem Weg zur Wirtschaftseinheit Deutschlands. Zwei Tage später verlangte er bei einer Aussprache über die unterschiedlichen Grundsatz-Statements, daß Zentralverwaltungen ohne weitere Verzögerung in Angriff genommen werden sollten. Bei der Diskussion der Verfassungsvorstellungen am 22. März präzisierte er, daß die politische Einheit vor der wirtschaftlichen Einheit gesichert werden sollte; und zu Beginn der Detailverhandlungen über die politische Struktur des künftigen Deutschlands am 2. April präsentierte er die Forderung nach Bildung der Zentralverwaltungen in Form eines Grundsatzantrags.[50]

Der neue amerikanische Außenminister George C. Marshall und sein britischer Kollege Bevin stimmten diesem Grundsatz gleich zu.[51] Dagegen vermied es der französische Außenminister Bidault nach wie vor, sich in der Frage des Geltungsbereichs der Zentralverwaltungen festzulegen. Zudem verlangte er, daß an ihrer Spitze Vollzugsausschüsse aus Vertretern der 17 Länder stehen sollten, in denen mit Stimmenmehrheit entschieden werde – eine extrem schwache Zentralgewalt, bei der zugleich eine ständige Majorisierung der Ostzonen-Länder drohte. Als Bevin dem Ländermodell beipflichtete und der französischen Seite auch die Ausgrenzung des Saarlandes aus dem Geltungsbereich der Zentralverwaltungen zugestand – er war unterdessen von der Notwendigkeit überzeugt, keine Beeinträchtigung der Bizone durch die Berücksichtigung sowjetischer Belange mehr zuzulassen[52] –, rückte die fast schon greifbare Einigung in weite Ferne. Marshall schloß sich der britischen Position an; Molotow, in die Isolierung geraten, beharrte nach einigem Zögern auf der in Potsdam vereinbarten Ernennung von

Staatssekretären als Behördenleiter. In der Saarfrage sicherte er immerhin die Bereitschaft zur Überprüfung zu; doch sorgte Bevin dafür, daß die sowjetische Konzessionsbereitschaft in diesem Punkt nicht weiter getestet wurde.[53]

Indem die Frage der Zentralverwaltungen erneut vertagt wurde, blieb auch ein Hindernis bestehen, das die sowjetische Seite selbst geschaffen hatte: Im Koordinierungsausschuß der Konferenz, der den Außenministern zuarbeiten sollte, hatte Molotows Stellvertreter Wyschinski darauf bestanden, daß die Zonenkommandeure das Recht haben sollten, die Anwendung von Richtlinien der Zentralverwaltungen zu verhindern, wenn diese im Widerspruch zu ihren eigenen Anordnungen standen.[54] Diese Forderung entsprang sichtlich der Angst vor einer Majorisierung durch die westlichen Besatzungsmächte und der daraus folgenden Revision jener Umwälzungen, die in der sowjetischen Zone bereits stattgefunden hatten. Sie war mit dem Ziel einer einheitlichen Verwaltung Deutschlands nur schwer in Einklang zu bringen, vor allem dann nicht, wenn man sie als Vorstufe zur Bildung einer gesamtdeutschen Regierung betrachtete.

Man wird jedoch nicht behaupten können, daß die Vertreter der Sowjetmacht auf dieser Forderung beharrt hätten, wenn ihnen auf andere Weise garantiert worden wäre, daß sie um ihr Mitspracherecht in den deutschen Angelegenheiten nicht fürchten mußten. Hinsichtlich der verfassungsrechtlichen Vorgaben für den künftigen deutschen Staat kam Molotow den Westmächten in Moskau nämlich bemerkenswert weit entgegen: Nicht nur, daß er mit der Orientierung an der Weimarer Verfassung (unter Beschränkung der Stellung des Staatspräsidenten) einem Verfassungsmodell das Wort redete, das weitgehend den britischen Vorstellungen entsprach und unter Abstrichen auch mit den amerikanischen Vorstellungen in Einklang gebracht werden konnte; er erklärte sich auch bereit, eine noch stärkere Dezentralisierung zu akzeptieren, wenn sie denn – was allerdings unwahrscheinlich war – von der deutschen Bevölkerung in einem Referendum gutgeheißen würde; und er drängte darauf, endlich die Frage des Reich-Länder-Verhältnisses zu klären. Als sich herausstellte, daß die westlichen Verbündeten die Erarbeitung einer provisorischen Verfassung nicht, wie er vorgeschlagen hatte, dem Kontrollrat, sondern einem deutschen Konsultativrat überantworten wollten, akzeptierte er auch dies; und schließlich verzichtete er darauf, die Verpflichtung der künftigen deutschen Regierung auf Durchführung der Entmilitarisierungs-, Entnazifizierungs- und Reparationsbestimmungen explizit in die Verfassung hineinschreiben zu lassen.[55] Stalin, der den britischen Konferenzteilnehmern bei einem Empfang im Kreml am 24. März die sowjetischen Verfassungsvorstellungen noch einmal erläuterte, gab sich zuversichtlich, daß es möglich sein müßte, die noch vorhandenen Differenzen zu überwinden.[56] Auch in diesem Punkt gelang es Bevin mit Hilfe Bidaults, jede substantielle Erörterung zu verhindern.

Die sowjetische Seite kam den westlichen Bedenken sogar in der Reparationsfrage noch einmal ein wesentliches Stück entgegen. Über die Garantie eines ausgeglichenen Export-Import-Plans hinaus, die Sokolowski Clay im Oktober 1946 zugestanden hatte, offerierte Molotow jetzt eine Streckung der Reparationszahlungen von zehn auf zwanzig Jahre, mithin eine Halbierung der aktuellen Belastung der deutschen Volkswirtschaft. Darüber hinaus kündigte er zum Juli das Ende einseitiger Entnahmen aus der Produktion der sowjetischen Zone an; und nachdem er einleitend die Ergebnisse der sowjetischen Berechnungen zu den Kriegsschäden seines Landes mitgeteilt hatte, die auf ein Vielfaches der Reparationsforderungen hinausliefen, legte er auch noch erste Zahlen zu den bisherigen Entnahmen aus der Sowjetzone vor. Den Westmächten wollte er ein weiteres Jahr für separate Entnahmen zugestehen. Im übrigen versicherte Molotow, alle Entnahmen «bis zur letzten Kopeke» abrechnen zu wollen.[57]

Molotows Werben, das einen britischen Konferenzteilnehmer an eine «gurrende Taube» erinnerte[58], führte nicht zu dem erhofften Erfolg. Bevin lehnte nicht nur jede Entnahme von Reparationen aus der laufenden Produktion ab, solange in einer Zone noch ein Defizit bestand; er verlangte auch, das bisherige Defizit der britischen Zone mit den sowjetischen Entnahmen zu verrechnen und die Sowjetischen Aktiengesellschaften aufzulösen. Marshall fand sich nach einigem Zögern immerhin bereit, Reparationen aus laufender Produktion grundsätzlich in Erwägung zu ziehen, freilich nur anstelle von Demontagen im Rahmen der Potsdamer Vereinbarungen und bei ausgeglichener Handelsbilanz. Nachdem Präsident Truman gegen diese Idee (mehr war es noch nicht) telegrafisch Widerspruch eingelegt hatte, erklärte Marshall, daß eine Erhöhung der in Potsdam zugestandenen Reparationsleistungen nicht in Frage kam. Clay, der in der amerikanischen Konferenzdelegation vergeblich darum gekämpft hatte, den Sowjets in der Reparationsfrage substantiell entgegenzukommen, kehrte Anfang April resigniert nach Berlin zurück. Seine Berichte über den Kompromiß, den er mit Sokolowski erzielt hatte, waren ohne Antwort aus Washington geblieben.[59]

Am 2. April gelang es Bevin, die Verwirklichung etwaiger Beschlüsse über die politische Einheit von einer vorherigen Verständigung über die Wirtschaftseinheit abhängig zu machen. Der Gefahr einer Verständigung aufgrund zu weitgehender Kompromißbereitschaft der sowjetischen Seite war damit ein weiterer Riegel vorgeschoben, und die nachfolgenden Detailverhandlungen über Fragen der politischen Struktur hatten vorerst nur theoretischen Charakter. Molotow leistete gegen das britische Junktim von Wirtschaftseinheit und politischer Einheit keinen großen Widerstand, weil ihm die Klärung von Wirtschaftsfragen im Hinblick auf die erstrebten Reparationen ebenfalls wichtig war. De facto opferte er damit zum weiterenmal das Ziel der politischen Einheit dem Interesse an Reparationen, das, wenn mehr nicht zu erreichen war, immer noch aus der eigenen Besatzungszone befriedigt werden konnte. Molotow mußte andererseits davon ausgehen, daß eine politische Einheit ohne jede Aussicht auf Reparationen für die Sowjetunion nicht akzeptabel war, und konnte sich zudem sagen, daß eine Verständigung über die politische Struktur des künftigen deutschen Staates den ausstehenden Kompromiß in der Reparationsfrage begünstigen werde.

Seine Bemühungen um eine Klärung der politischen Fragen liefen indessen alle ins Leere. Selbst als er sich am 15. April dazu durchrang, den Byrnesschen Entmilitarisierungsvertragsentwurf explizit als Verhandlungsgrundlage für den Friedensvertrag anzuerkennen[60], gelang es ihm nicht, wenigstens eine Diskussion seiner Ergänzungsforderungen in einem Sonderausschuß zu erreichen. Die

Stellvertretenden Außenminister wurden zum Schluß der Konferenz lediglich allgemein beauftragt, sich der Klärung der prozeduralen Fragen bei der Vorbereitung eines Friedensvertrags anzunehmen; Bevin verhinderte, daß sie sich auch mit den Wirtschaftsfragen beschäftigten, deren Klärung nun Voraussetzung für ein Inkrafttreten der politischen Regelungen war.[61]

Möglicherweise hätten noch größere Flexibilität und geschickteres Taktieren Molotows die Einheitsbemühungen voranbringen können. Marshall war in Moskau sichtlich noch um präzise Orientierung bemüht; und die öffentliche Meinung im westlichen Europa war zum Zeitpunkt der Konferenz in ihrer überwiegenden Mehrheit noch keineswegs zum Bruch mit der Sowjetunion bereit. Ein zeitweiliges Zurückstellen der sowjetischen Reparationsansprüche hätte durchaus Bevin wider Willen zum Einlenken zwingen können, vor allem, wenn es mit einer publikumswirksamen Präsentation der Übereinstimmungen in politischen Fragen verbunden worden wäre. Einem sowjetischen Angebot, unter bestimmten Garantien hinsichtlich des künftigen Friedensvertrags der Bizone beizutreten, hätte sich selbst Bidault nicht entziehen können.

Freilich erschien, was Bevin und Bidault als erfolgreiches Scheitern betrachteten und der Öffentlichkeit dann als Bruch präsentierten – so findet es sich auch in den meisten westlichen Darstellungen wieder –, in sowjetischer Sicht als ein halber Erfolg: Die Gefahr einer vorzeitigen Beendigung des Besatzungsregimes war endgültig vom Tisch, und in den Fragen der künftigen politischen Ordnung war man sich, sah man von dem ewigen Störenfried Frankreich ab, ziemlich nahe gekommen. In einem abschließenden Gespräch mit Marshall am 15. April äußerte sich Stalin darum abermals optimistisch: «Schwierigkeiten hat es auch schon in anderen Fragen gegeben, und gewöhnlich sieht man ja, wenn man sich im Disput erst einmal erschöpft hat, die Notwendigkeit von Kompromissen ein.»[62] Intern glaubte man, wie Pieck seinem Parteivorstand Ende Mai berichtete, an «eine Art Übergangszeit bis zur November-Konferenz der Außenminister, von der angenommen werden kann, daß sie zur Herstellung der wirtschaftlichen und politischen Einheit Deutschlands kommt».[63]

Schnelles Scheitern

Sehr schnell und ohne daß die Verantwortlichen in Moskau und Ost-Berlin die Tragweite der Entscheidungen recht begriffen, entwickelten sich die Dinge jedoch in die entgegengesetzte Richtung. Das Projekt des Volksentscheids stieß nach der Moskauer Konferenz auf den entschiedenen Widerstand der westlichen Alliierten; Bevin erklärte unter Hinweis auf die jüngste Vergangenheit, er sei «nicht gewillt, die Sicherheit des von mir vertretenen Landes einer Volksabstimmung durch die Deutschen auszusetzen».[64] Die «Sozialistische Arbeitsgemeinschaft» von KPD und SED wurde weder in der britischen noch in der französischen Zone zugelassen; als die Landesparteitage der KPD daraufhin beschlossen, Programm und Statut der SED zu übernehmen, schritt auch die amerikanische Besatzungsmacht ein: Der Anschluß der KPD an die SED wurde mit dem Argument verboten, daß damit eine Verschmelzung von KPD und SPD vorgetäuscht werde, die in den Westzonen in Wirklichkeit nicht stattgefunden hatte.[65] Am 29. Mai 1947 vereinbarten der britische und der amerikanische Militärgouverneur, einer geheimen Verabredung Bevins und Marshalls am Rande der Moskauer Ratstagung entsprechend, die Bildung eines «Wirtschaftsrats» der Bizone, der mit seinen legislativen und exekutiven Funktionen bereits Grundzüge eines parlamentarischen Regimes für das westliche Deutschland aufwies.

Versuche, gegen die kaum noch verhüllte Weststaatsorientierung der britischen und amerikanischen Besatzungsmacht den Einheitswillen der Deutschen zu mobilisieren, scheiterten bereits am Rigorismus Kurt Schumachers. Dieser machte die Beteiligung der SPD an einer «nationalen Repräsentation» der deutschen Parteien, wie sie insbesondere Jakob Kaiser betrieb, nicht nur von der Wiederzulassung der SPD in der Ostzone abhängig, sondern de facto auch noch von der Aufhebung des Blockprinzips. Als der bayerische Ministerpräsident Hans Ehard am 7. Mai zu einer Konferenz aller deutschen Ministerpräsidenten nach München einlud, schwor der SPD-Vorsitzende die Ministerpräsidenten seiner Partei darauf ein, ihren Ostzonenkollegen keine Gelegenheit zur Erörterung ihrer deutschlandpolitischen Vorstellungen zu geben.

Die SMAD-Spitze, die trotz einiger Sorgen vor der möglichen Bekräftigung der föderalistischen Tendenzen zunächst grundsätzliche Zustimmung zur Münchener Konferenz signalisiert hatte – «Es ist auf jeden Fall wichtig, daß Sie Ihren Standpunkt darlegen», so Sokolowski am 10. Mai zu den Ostzonen-Ministerpräsidenten [66], betrieb daraufhin ihr Scheitern. Ulbricht agierte im Zentralsekretariat der SED unter Hinweis auf einen entsprechenden «Rat» der «sowjetischen Freunde» für eine Ablehnung der Einladung [67], und Sokolowski erklärte dem LDPD-Ministerpräsidenten von Sachsen-Anhalt, Erhard Hübener, am 2. Juni, daß er «die Mitwirkung an der Münchener Konferenz als eine im amerikanischen Interesse liegende Handlung ansehen würde»; die vier anderen Ministerpräsidenten der Ostzone, die der SED angehörten, würden «nicht nach München fahren». [68]

Der Bruch war damit allerdings noch nicht vollzogen. Nachdem sich das SED-Zentralsekretariat am 3. Juni mehrheitlich gegen Ulbricht entschieden hatte – neben Gniffke und Fechner setzten sich auch Anton Ackermann, Paul Merker und Elli Schmidt nachdrücklich für eine Teilnahme an der Münchener Konferenz ein [69] – und Hübener Sokolowski seinen Rücktritt vom Amt des Ministerpräsidenten androhte, genehmigte die SMAD im letzten Moment (am Abend des 4. Juni) die Reise der Ministerpräsidenten ihrer Zone nach München. Die SED-Ministerpräsidenten nahmen lediglich den auf einen Antrag Ulbrichts zurückgehenden Auftrag des Zentralsekretariats mit, «einen Antrag auf Erweiterung der Tagesordnung [zu] stellen, wenn die vorliegende unserem Standpunkt in bezug auf die Wiederherstellung der Einheit Deutschlands nicht genügend Rechnung tragen sollte». [70]

Erst nachdem es die westdeutschen Ministerpräsidenten in einer Vorbesprechung am Abend des 5. Juni abgelehnt hatten, einen ersten Punkt «Bildung einer deutschen Zentralverwaltung durch Verständigung der demokratischen Parteien und Gewerkschaften» aufzunehmen, scheiterte der Versuch, auf diesem Wege deutsche Gemeinsamkeit zu demonstrieren, definitiv: Der thüringische Ministerpräsident Rudolf Paul, der sich schon im Zentralsekretariat für die Teilnahme ausgesprochen hatte, konnte seine ostzonalen Kollegen zwar noch dazu bewegen, zu bleiben, falls ihnen die Möglichkeit eingeräumt wurde, eine Erklärung «entsprechend dem Antrag» zu verlesen. Als ihnen aber auch das verwehrt wurde, reisten der mecklenburgische Ministerpräsident Wilhelm Höcker und der stellvertretende sächsische Ministerpräsident Kurt Fischer, ein Intimus Ulbrichts, auf der Stelle ab. Paul, Hübener und ihr brandenburgischer Kollege Karl Steinhoff blieben noch bis zum Mittag des 6. Juni. Als sich auf der westdeutschen Seite nichts bewegte, sahen auch sie keine andere Möglichkeit, als ebenfalls zurückzufahren.[71]

Nach dem Debakel von München – «nicht gelungen», befand Tulpanow zu Beginn eines Berichts über die innerparteiliche Lage am 11. Juli[72] – begann man auf der sowjetischen Seite zu überlegen, «ob Föderalismus besser als Spaltung in 2 Teile»[73], das heißt, ob man nicht den amerikanischen Vorstellungen von einem auf Länderebene ansetzenden schrittweisen Aufbau des neuen Deutschlands stärker entgegenkommen sollte, um die Einheit des Landes zu retten. Entsprechend formulierte Max Fechner auf der 12. Sitzung des SED-Parteivorstands vom 1. bis 3. Juli ein Zugeständnis, das deutlich über die Position hinausging, die Molotow in Moskau vertreten hatte: «Wir müssen nunmehr alles daransetzen», erklärte er, «um die Vertreter der großen Parteien, der Gewerkschaften, der anderen Massenorganisationen und, wie ich hinzufügen möchte, wenn es sein muß, auch die Ministerpräsidenten und Landtagspräsidenten aller deutschen Länder zu einer gesamtdeutschen Beratung an einen Tisch zu bringen.»[74] In dem Antrag auf Genehmigung einer solchen Beratung, den die Ministerpräsidenten der Ostzone am 4. Juli an den Alliierten Kontrollrat richteten, wurden «die Vertreter der großen Städte und die Landtags- und Ministerpräsidenten der Länder» ohne Einschränkung als Teilnehmer der angestrebten Zusammenkunft genannt.[75]

Der Wille zur stärkeren Berücksichtigung des föderalen Elements, der sich hier dokumentierte, konnte die Entwicklung freilich nicht noch einmal umkehren. Unterdessen waren mit dem amerikanischen Entschluß zu einem integrierten Wiederaufbauprogramm für Europa, angekündigt mit Marshalls Rede vom 5. Juni, und der sowjetischen Absage an diesen «Marshall-Plan» am 2. Juli Entscheidungen gefallen, durch die das Deutschlandproblem definitiv in den Sog der Ost-West-Auseinandersetzungen geriet. Gegen diesen

Sog kam die neuerliche Konzessionsbereitschaft der SED und der sowjetischen Führung nicht mehr an; dazu war sie nicht spektakulär genug.

Stalin hatte sich mit der Absage an den Marshall-Plan offensichtlich schwergetan. Dokumente des sowjetischen Außenministeriums bestätigen jetzt, was aus der Beteiligung einer großen sowjetischen Expertendelegation an der britisch-französisch-sowjetischen Vorkonferenz vom 25. Juni bis 2. Juli in Paris bislang nur geschlossen werden konnte: daß man in Moskau eine sowjetische Beteiligung an dem Wiederaufbauprogramm ernsthaft in Erwägung zog und die sowjetische Diplomatie sich detailliert auf die Verhandlungen über die Modalitäten des Plans vorbereitete. Mit der Zeit häuften sich aber die negativen Stellungnahmen: Experten wiesen darauf hin, «daß die Annahme des Plans die Gefahr einer Lostrennung der osteuropäischen Länder von der Sowjetunion in sich berge»; andere führten aus, «daß die Wirtschaft der USA kurz vor der nächsten Krise stehe und eine sowjetische Beteiligung an dem Plan den Amerikanern neue Absatzmärkte schaffen und ihnen so helfen würde, die Krisenerscheinungen in der Wirtschaft zu überwinden».[76]

Den Ausschlag für Stalins Entscheidung gegen den Marshall-Plan gab wohl das Verhalten Bevins und Bidaults, die auf der Pariser Konferenz «von Anfang an darauf hinarbeiteten», wie Bevin seinem Kabinett anschließend nicht ohne Stolz berichtete, «die grundsätzlichen Differenzen zwischen uns herauszustellen und es darüber zum Bruch kommen zu lassen».[77] Jedenfalls erhielt Molotow, nachdem die beiden westlichen Außenminister mehrere Tage lang minimale Auffassungsunterschiede zu Grundsatzdifferenzen aufgebauscht hatten, am 1. Juli ein Telegramm von Stalin, «nach dessen Lektüre er für den Rest des Tages kein Wort mehr sagte»; am folgenden Tag lehnte er die britisch-französischen Vorschläge als «mit der Wahrung der nationalen Souveränität unvereinbar» ab und verließ die Konferenz.[78]

Was die Absage an den Marshall-Plan für die Regelung der deutschen Frage bedeutet, wurde den Verantwortlichen in Moskau und Ost-Berlin erst allmählich klar. Ende Juli registrierten die Kontrolloffiziere der SMAD, «daß die Vorbereitungen zum 2. Parteitag in den Organisationen [der SED] schlecht gehen. In den Diskussionen auf den Mitgliederversammlungen beschäftigt man sich noch immer nicht mit der Entschließung des Parteivorstandes [die die Herbeiführung der gesamtdeutschen Beratung in den Mittelpunkt stellte], oder, soweit es geschieht, bespricht man nicht die durch die Entschließung aufgeworfenen politischen Probleme, sondern beschäftigt sich vorwiegend weiter mit den Fragen der Ernährung, der Lebenslage usw.» [79] Die Parteiversammlungen wurden schlecht besucht – «30–50 %, in manchen Orten sogar niedriger» –, und man zeigte allgemein wenig Verständnis für den gesamtdeutschen Kurs der Parteiführung, dafür um so mehr Unmut über die Praktiken der sowjetischen Besatzungsmacht.[80]

An vielen Orten machten sich «Unverständnis für die Blockpolitik» («Man ist gezwungen, den bürgerlichen Parteien viele Zugeständnisse gegen die Grundsätze unserer Partei zu machen») und «eine bauernfeindliche Stimmung» bemerkbar. «Es gab viele Reden darüber, daß es jetzt einen Sinn hätte, aus der sowjetischen Besatzungszone eine Sowjetrepublik zu bilden, infolgedessen eine Steigerung des Lebensstandards der Bevölkerung der Zone zu erreichen wäre.» Andere Diskussionsredner beklagten, «daß die KPD und SPD sich zu früh vereinigt habe und keinen Einfluß auf die Westzonen ausüben könne», lehnten weitere Reparationslieferungen aus der sowjetischen Zone ab oder forderten gar, die Partei müsse ihre «Unabhängigkeit gegenüber den Besatzungsmächten erklären». Es gab, wie in einer Auswertung der Kreisparteikonferenz vom 16./17. August vermerkt wurde, «keine scharfe Kritik der Schumacherideologie». Vor allem aber «fehlte die Atmosphäre der Unversöhnlichkeit gegenüber dem Marshall-Plan».[81]

Daß die Aussicht der Westzonen auf Beteiligung am Marshall-Plan die Reparationsleistungen der Sowjetzone zunehmend als unerträglich erscheinen ließ und darüber hinaus dem gesamtdeutschen Auftrag der SED gewaltige neue Hindernisse in den Weg legte, formulierte die Parteiführung im Anschluß an die Parteivorstandssitzung vom 20. August in einem Brief an Stalin. «In den werktätigen Massen», hieß es da, «wirkt die versprochene Dollarhilfe sehr stark, mit der die Hoffnung verbunden wird, der täglichen Not der Massen ein Ende zu bereiten. Demgegenüber versucht die

Reaktion alles, die Massen mit der Behauptung gegen die Sowjetunion und die sowjetische Besatzungsmacht aufzuhetzen, daß die Entnahme von Reparationen aus der laufenden Produktion und Demontagen dazu beitragen, die Lage des Volkes immer mehr zu verschlechtern.» Die Lage der Partei sahen die SED-Führer folglich als «außerordentlich ernst» an. «Das schlimmste ist», schrieben sie an Stalin, «daß in den westlichen Besatzungszonen die Sozialistische Einheitspartei noch nicht besteht und die Kommunistische Partei noch zu schwach ist, um einen breiten Einfluß auf die Massen auszuüben.» [82]

Die Lage schien ihnen so verzweifelt und perspektivlos, daß sie sich zu einem regelrechten Hilferuf an Stalin entschlossen und ihrem Schreiben auch gleich ein Protokoll der letzten Vorstandssitzung beilegten, in der Anton Ackermann, eine Fülle deprimierender Berichte zusammenfassend, von der «gefährlichen Entwicklungstendenz eines mangelnden und zurückgehenden Vertrauens zur SED» gesprochen hatte.[83] Die SED-Führer erhofften sich davon allgemein eine Kurskorrektur, die den Parteiauftrag wieder stärker mit den Realitäten in Einklang brachte oder umgekehrt die Rahmenbedingungen für den Parteiauftrag verbesserte. Insbesondere drängten sie auf ein Entgegenkommen im wirtschaftlichen Bereich, sprich: auf eine Einstellung der Demontagen, die entgegen den wiederholten Ankündigungen Sokolowskis immer noch weitergingen, und vielleicht auch auf eine Wirtschaftshilfe, die den Verheißungen des Marshall-Plans entgegengesetzt werden konnte: «Wir hätten gern mit Ihnen noch vor dem Parteitag eine Aussprache über die wichtigsten Fragen, insbesondere über die Wirtschaftsfragen, über Rohstoffversorgung, Verbesserung des Wirtschaftsplanes und Schaffung eines Verteilungsplanes für den zivilen Sektor gehabt, aber das wird sich bei der Kürze der Zeit nicht mehr realisieren lassen. Es ist deshalb unser Wunsch, daß Sie einen oder zwei Genossen zu uns senden, mit denen wir noch vor dem Parteitag diese Fragen besprechen können.» [84]

«Rat und Hilfe», die die SED-Führer dringend erhofften, blieben freilich aus. Es ist noch nicht einmal dokumentiert, daß sie das Schreiben, das sie mit Sokolowski, Makarow und Tulpanow besprachen[85], überhaupt abschicken konnten. Als Antwort mußten sie sich jedenfalls eine langatmige Belehrung Tulpanows darüber anhören, daß «die Erfüllung der Reparationslieferungen [...] die wichtigste Voraussetzung für die Demokratisierung Deutschlands» sei und im übrigen der Marshall-Plan von selbst scheitern werde: «Die Pläne, wie der Marshalls, sind schon oft aufgestellt worden, und der Lärm um die USA fand auch nach dem ersten Weltkrieg statt. Alle diese Pläne sind durchgefallen. Sie werden auch dieses Mal durchfallen.» Zur Begründung dieser leichtfertigen Prognose zitierte er aus Lenins letzten Worten zu Stalin 1923: «Sie [die imperialistischen Mächte] sind habgierig und hassen einander tief. Sie werden sich schlagen. Wir brauchen uns nicht zu beeilen.» [86]

Bei solch ideologisch begründetem Optimismus, den Tulpanow bei einer anderen Gelegenheit auch gegenüber Jakob Kaiser zum besten gab («Je größer das Geschrei, desto näher die Verständigung») [87], bedurfte es keiner Korrekturen der sowjetischen Politik, um die aktuellen Schwierigkeiten in Deutschland zu überwinden. Es genügte, so meinte man offensichtlich in Moskau, den gegenwärtigen Kurs besser zu erklären, und schon würden sich all die Schwierigkeiten, über die die deutschen Genossen klagten, verflüchtigen. «Die Politik der Sowjetunion in Deutschland», führte Tulpanow ex cathedra aus, «richtet sich im allgemeinen auf die Vertretung der Interessen der deutschen Werktätigen. Wir wollen keine Spaltung Deutschlands, keine Schwächung Deutschlands als wirtschaftliche Macht in Europa. Wir sind wesentlich interessiert an der wirklichen Demokratisierung dieses Landes und helfen den Werktätigen, den Kampf gegen die Reaktion zu führen. [...] Die Engländer und Amerikaner aber versuchen Deutschland zu versklaven, es zu spalten, ihm den freien Handel auf dem Weltmarkt zu nehmen und den deutschen Staat zu liquidieren. Sie unterstützen die Reaktion und sind gegen die Interessen der Werktätigen Deutschlands. Dies alles erklären wir unseren Genossen aus den Reihen der deutschen Antifaschisten nicht gut und nicht überzeugend genug. Wenn wir dieses aber richtig machen würden, so würde sich das unbedingt auf die allgemeine politische Lage in der Zone auswirken.» [88]

Gegen solcherart idealistischen Voluntarismus hatten die SED-Führer, den Realitäten in diesem Fall näher und zugleich stärker materialistisch denkend, in ihrem Schreiben an Stalin argumentiert, daß durch die «politischen Fortschritte» in der Ostzone «das Anwachsen der wirtschaftlichen Not der Massen nicht ausgeglichen» werde.[89] Es konnte sie darum eigentlich nicht überraschen, daß sie in ihrem strategischen Hauptziel, den Widerstand Schumachers, ihres «Hauptgegners»[90], gegen gesamtdeutsche Beratungen und eine Verschmelzung der Arbeiterparteien im Westen zu brechen, keinen Millimeter mehr vorankamen. Der Vorsitzende der West-SPD konnte seine Taktik der Isolierung der SED jetzt so weit treiben, daß er Paul Löbe, den ehemaligen Reichstagspräsidenten, nach seiner Teilnahme an einer «privaten» gesamtdeutschen Beratung von Persönlichkeiten «ohne Parteiauftrag», die der Berliner CDU-Bürgermeister Ferdinand Friedensburg am 9. November zustande gebracht hatte, aus dem außenpolitischen Ausschuß der SPD ausschließen ließ – nur weil an der Versammlung auch zwei SED-Mitglieder (Brandenburgs Ministerpräsident Steinhoff und Kulturbund-Präsident Johannes R. Becher) teilgenommen hatten. Friedensburgs Initiative wurde vom SPD-Vorstand als sowjetgesteuertes Manöver denunziert.[91]

Schon seit Juli drängte die SED deshalb im zentralen Blockausschuß darauf, die westdeutschen Parteien mit einer gemeinsamen Erklärung des Blocks der Ostparteien zu gesamtdeutschen Gesprächen einzuladen. Das lief bei der voraussehbaren negativen Reaktion Schumachers auf eine gesamtdeutsche Beratung ohne Beteiligung der SPD hinaus, günstigstenfalls auf eine Spaltung der westdeutschen Sozialdemokratie. Nach Westen hin warb die SED mit der Versicherung, ihre Vorschläge an den Alliierten Kontrollrat seien als Diskussionsgrundlage gedacht und in allen Punkten verhandelbar; im übrigen werde man jeden «brauchbaren Vorschlag» zur Schaffung einer gesamtdeutschen Vertretung unterstützen.[92] Mitte November erklärte sich Grotewohl bereit, auch dann an einer «überparteilichen Besprechung» teilzunehmen, wenn die Einladung dazu «aus dem Westen» käme.[93]

Eine solche Einladung blieb jedoch aus – nicht zuletzt, weil Grotewohl bei der gleichen Gelegenheit darauf hinwies, daß die Bekundung des Einheitswillens der Deutschen den Marshall-Plan zum Scheitern bringen sollte. «Die Aufrechterhaltung der Forderung nach der deutschen Einheit», erklärte er in schöner Offenheit und bemerkenswerter Verkennung der Stimmungslage in den Westzonen, «macht die Durchführung des Marshall-Plans unmöglich.» [94] Gegen eine gemeinsame Willensbekundung allein der Blockparteien der Ostzone als ersten Schritt machte Jakob Kaiser geltend, daß sie das gegenwärtige «Bild deutscher Zerrissenheit [...] nur noch deutlicher hervortreten lassen würde».[95] In der Tat war eine positive Resonanz der Westparteien auf eine solche Manifestation nicht zu erwarten; statt dessen drohten Kaisers Bemühungen um eine gesamtdeutsche Orientierung der westdeutschen CDU einen weiteren Rückschlag zu erleiden. Kaiser blieb darum auch dann noch bei seinem Nein, als ihn Tulpanow am 19. November heftig bedrängte.[96]

Nachdem auch der Weg über eine Erklärung der Blockparteien versperrt war – definitiv nach der Sitzung des zentralen Blockausschusses vom 24. November –, lud die SED-Führung notgedrungen alleine zu einer gesamtdeutschen Manifestation ein – zu einem «Deutschen Volkskongreß für Einheit und gerechten Frieden», wie es Grotewohl auf einer rasch einberufenen außerordentlichen Sitzung des Parteivorstands am 26. November formulierte. Diese Initiative erfolgte improvisiert und unter dem Druck der SMAD, die zu der eben beginnenden Londoner Außenministerratstagung unbedingt noch eine Bekundung deutschen Einheitswillens zustande bringen wollte. Pieck, dem nach dem Eindruck Kaisers «bei der ganzen Sache selbst nicht ganz wohl» war[97], äußerte gegenüber dem CDU-Vorstandsmitglied Otto Nuschke: «Die Russen verlangen es ja von mir, sie haben uns nur den Auftrag zur Durchführung gegeben, da wir den großen Apparat haben.» [98] An einen wirklichen Erfolg glaubte er wohl selbst nicht recht; indessen blieb ihm angesichts der sowjetischen Erwartung und nachdem alle anderen Möglichkeiten gescheitert waren, keine andere Wahl, als sich mit dem Mut der Verzweiflung in die Agitation für eine direkte Mobilisierung der gesellschaftlichen Kräfte zu stürzen.

Der Erfolg der Kampagne war denn auch mehr als bescheiden: Zwar kam von den 2215 Delegierten des «Volkskongresses», der am 6. und 7. Dezember in der Deutschen Staatsoper zu Berlin tagte, den offiziellen Angaben zufolge ein knappes Drittel aus den Westzonen. Diese rekrutierten sich jedoch ganz überwiegend aus der KPD und aus den KPD-Hochburgen im Ruhrgebiet; die Sozialdemokraten waren nur mit einer Minderheit und die bürgerlichen Parteien des Westens so gut wie überhaupt nicht vertreten.[99] Die Ost-CDU beteiligte sich offiziell nicht, respektierte aber, daß Mandatsträger der Partei, sei es aus Sorge um ihre Position in der Zone, sei es in der Hoffnung auf einen überparteilichen und damit überzonalen Charakter des Unternehmens, an dem Kongreß teilnahmen. Bei der LDPD setzte Wilhelm Külz eine offizielle Teilnahme durch, bezahlte dafür aber mit dem Auseinanderbrechen der überzonalen DPD und dem Austritt ihres Berliner Landesverbandes. Unter diesen Umständen fiel es der britischen Regierung leicht, der achtzehnköpfigen Delegation, die den in London versammelten Außenministern die «Botschaft» des Volkskongresses übermitteln sollte, die Einreise zu verweigern. Als Molotow auf der Konferenz den Antrag stellte, die Abordnung des Volkskongresses anzuhören, wurde er mit dem Argument abgewiesen, dieser sei für die politische Meinung in Deutschland nicht repräsentativ.[100]

In London bestand nach alledem keinerlei Chance zu einer Einigung mehr. «Fast verzweifelt», wie Marshall das gegenüber seinem Stellvertreter Lovett charakterisierte[101], versuchte Molotow einen Beschluß über die baldige Errichtung einer deutschen Zentralregierung herbeizuführen. Die westlichen Außenminister, die unterdessen über die Konditionen der Beteiligung der westlichen Besatzungszonen am Marshall-Plan verhandelten und sich im Grundsatz auch schon über einen Anschluß der französischen Besatzungszone an die Bizone verständigt hatten, sahen darin nur noch einen Versuch, dem gesamten Deutschland das sowjetische Ordnungsmodell aufzuzwingen, und brachten folglich alle Anläufe ihres sowjetischen Kollegen unter Hinweis auf die Tagesordnung oder die erforderliche «Gesamtlösung» aller Streitfragen zum Scheitern. Molotow konnte mit neuen Zugeständnissen in der Reparationsfrage (Reparationsregelung nicht mehr als Vorbedingung für die Herstellung der Wirtschaftseinheit, Anerkennung der First-charge-Klausel) noch eben verhindern, daß die West-Minister einen Punkt fanden, «bei dem wir so sehr im Recht und die Russen so sehr im Unrecht sind, daß ein Bruch vor der Weltöffentlichkeit klar gerechtfertigt werden kann».[102] Als Marshall am 15. Dezember mit der Forderung nach einer Gesamtlösung eine Vertagung der Konferenz auf unbestimmte Zeit herbeiführte, war Molotow endgültig ins Abseits manövriert.

Die Konferenz endete für die sowjetische Führung, wie sie selbst zugab, «mit einem Fiasko».[103] «An der Zerreißung Deutschlands in zwei Zonen kann nicht mehr gezweifelt werden», stellte Grotewohl in der Parteivorstandssitzung vom 14./15. Januar 1948 fest.[104] Und Stalin beschwor gegenüber Vertretern der jugoslawischen und bulgarischen Parteiführung im Februar 1948 wiederholt die düstere Vision, die daraus zu folgen drohte: «Der Westen wird sich Westdeutschland zu eigen machen, und wir werden aus Ostdeutschland unseren eigenen Staat machen.»[105] Sein großer Plan vom Frühjahr 1945, der ebendies hatte verhindern sollen, war offenkundig gescheitert.

4 Die Kominform-Linie

An dem katastrophalen Ausgang der Londoner Außenministerratstagung war die sowjetische Seite nicht ganz unschuldig. Nicht nur, daß sich Stalin mit der Entscheidung gegen den Marshall-Plan in einen Gegensatz zur amerikanischen Deutschlandpolitik gebracht hatte, der nur schwer wieder zu überbrücken war. Die sowjetischen Administratoren reagierten auf die zunehmenden Schwierigkeiten bei der Verwirklichung ihres deutschlandpolitischen Projekts verstärkt auch mit klassenkämpferischen Mitteln, die diesem Projekt fundamental zuwiderliefen. Statt auf dem Weg der Kompromisse beharrlich und mutig weiterzugehen – indem sie etwa freie Wahlen unmißverständlich anboten oder die Wiederzulassung der SPD in der sowjetischen Zone auch ohne entsprechenden Antrag Schumachers öffentlich anboten –, verbissen sie sich in einen Kampf gegen tatsächliche und vermeintliche Gegner ihres Einheitsprojekts, der sie mehr und mehr als Eroberer erscheinen ließ, die für die Einheit den Preis der Unterwerfung verlangten.

Kampfgeist und Geschlossenheit

Die SED sollte vom Sommer 1947 an mehr «Kampfgeist» (so Tulpanow) [1], ideologische Geschlossenheit und ein deutlicheres Bekenntnis zur Sowjetunion an den Tag legen. Johannes R. Becher, der auf der 1. Bundeskonferenz des Kulturbundes am 21. Mai 1947 davor gewarnt hatte, «die Staats- und Lebensformen anderer Völker, seien es die des russischen, amerikanischen, englischen oder französischen Volkes, den deutschen, geschichtlich ganz anders gelagerten Verhältnissen aufzuzwingen» [2], wurde intern des «bürgerl[ichen] Nationalismus» bezichtigt.[3] Offensive Bekenntnisse zum demokratischen Weg (in der Diktion der Parteioffiziere: «Verneinung der geschichtlichen Bedeutung der Erfahrungen beim Aufbau des Sozialismus in der Sowjetunion, Orientierung auf die Westdemokratie, Wiedergeburt des Nationalismus usw.») wurden als Ausdruck von «Schumacher-Ideologie» kritisiert.[4] «Im engsten Kreise» äußerte Tulpanow, «daß man mit der Theorie vom besonderen deutschen Weg bald Schluß machen sollte». Markus Wolf, damals fünfundzwanzigjähriger Rundfunkkontrolleur mit guten Beziehungen zur «Verwaltung für Propaganda», teilte dies Wolfgang Leonhard mit und gab ihm den vertraulichen Rat, er solle «nicht mehr allzuviel davon sprechen und schreiben, die zukünftige Umstellung wird dir dann leichterfallen».[5]

Entsprechend galten Klagen über kommunistische Überrumpelungsmanöver und andere negative Aspekte der sowjetischen Politik, die auf den Parteiversammlungen zur Vorbereitung des 2. Parteitags in erstaunlichem Umfang geäußert wurden, als Produkt einer feindlichen «Schumacher-Agentur innerhalb der Partei».[6] Um deren Manöver ins Leere laufen zu lassen, wurden nicht nur die Resolutionen der – peinlich überwachten – Bezirksparteikonferenzen «mit Hilfe der Informationsoffiziere [...] entsprechend verbessert».[7] Es gab auch wieder vermehrt Verhaftungen, Diffamierungen und Einschüchterungen kritischer Sozialdemokraten und eigenständiger Kommunisten. In den Bezirksvorstandswahlen, soweit sie geheim vorgenommen wurden, fielen daraufhin «in einer ganzen Reihe von Fällen leitende Funktionäre aus der früheren Sozialdemokratie» durch.[8] Bedrückt registrierte Gniffke bei der Durchsicht der Delegiertenlisten des 2. Parteitags, der vom 20. bis 24. September 1947 in Berlin tagte, daß «viele Namen von ehemaligen Sozialdemokraten [...] nicht mehr dabei» waren.[9]

Die Forderungen nach mehr Kampfkraft und Geschlossenheit zeigten auch sonst Wirkung. Die SED-Führer verlangten jetzt die Einbeziehung der «Massenorganisationen» in den Parteienblock und identifizierten ihren Einsatz für das demokratische Deutschland zunehmend mit einem Kampf für den «Fortschritt» und gegen die «Reaktion», in dem die vereinte Arbeiterpartei naturgemäß an der Spitze des Fortschritts stand, während ihre Gegner per definitionem reaktionäre Absichten hegten. Die Grenze zwischen demokratischer Tagesaufgabe und sozialistischem Zukunftsprojekt wurde damit verwischt, und in Ansätzen schien hinter der Schlüsselrolle, die die SED bei der Verwirklichung der Einheit spielen sollte, wieder der alte Hegemonialanspruch der Klassenkampfpartei auf. In der offiziellen «Diskussionsgrundlage zur Vorbereitung des 2. Parteitages» wurde die «geeinte Arbeiterschaft» offensiv als «das entscheidende Kraftzentrum» des «antifaschistisch-demokratischen Blocks» bezeichnet und als «Folge» der Blockpolitik angekündigt, «daß die fortschrittlichen Kräfte innerhalb der bürgerlichen Parteien gestärkt werden und der reaktionäre Flügel zurückgedrängt wird».[10]

Auch die internationale Situation sahen die SED-Führer immer ausschließlicher unter den Vorzeichen einer zweigeteilten Welt. Auf dem Parteitag setzte sich Grotewohl von Jakob Kaisers Programm einer deutschen «Brücke» zwischen Ost und West mit dem Argument ab, daß die Sowjetunion «an der Seite aller» stehe, «die ihre Freiheit und Unabhängigkeit gegen das internationale Monopolkapital verteidigen». Sodann betonte er, eine seit Januar 1947 verfolgte Argumentationslinie fortsetzend[11], die Gemeinsamkeiten zwischen der sowjetischen Besatzungszone und den osteuropäischen Ländern und die Bedeutung der Sowjetunion für die Umgestaltung, die sich in beiden Bereichen vollzog: «Die Stärke der neuen demokratischen Ordnung, die in Ost- und Südosteuropa und auch in der sowjetischen Besatzungszone entstanden ist, beruht auch darauf, daß sie die Unterstützung der Sowjetunion genießt.»[12] In der Parteitagsentschließung zur politischen Lage wurde dementsprechend der «grundlegende Unterschied» zwischen der antifaschistisch-demokratischen Ordnung in der Sowjetzone und den alten gesellschaftlichen Verhältnissen in den Westzonen betont.[13]

Wilhelm Pieck machte sich intern – auf der Parteivorstandstagung vom 16./17. Oktober 1947 – sogar die pessimistischste Interpretation der westlichen Politik zu eigen, die unterdessen in Moskau im Umlauf war: «Die Entwicklung in den drei westlichen Besatzungszonen birgt große Gefahren für den Frieden in sich und ist geeignet, den Bestrebungen Vorschub zu leisten, die immer offener auf die Organisierung eines neuen Krieges abzielen. Sie richten sich gegen die Sowjetunion und jene Maßnahmen, die die sowjetische Besatzungsmacht in Deutschland ergriffen hat, um die Potsdamer

Beschlüsse durchzuführen. Natürlich sollen damit auch die Maßnahmen rückgängig gemacht werden, die von den demokratischen Organen des deutschen Volkes in der sowjetischen Besatzungszone zur Entmachtung der Reaktion, zur Entfaltung der Demokratie und des demokratischen Aufbaus der Wirtschaft zur Durchführung gelangt sind.» Geradezu beschwörend fügte er hinzu: «Die Lage für Deutschland ist besonders ernst, weil ein neuer Krieg hauptsächlich auf seinem Boden ausgetragen und auch noch der Rest dessen zerstört würde, was der Hitlerkrieg übriggelassen hat.»[14]

Es war danach nur konsequent, daß Jakob Kaiser, der den Marshall-Plan befürwortete, den Führungsanspruch der SED im Block strikt zurückwies und auf dem CDU-Parteitag Anfang September 1947 auch noch demonstrativ für eine Revision der Ostgrenze eintrat, in einen Konflikt mit der SED-Führung und der sowjetischen Besatzungsmacht geriet. Und es entsprach der unterdessen erreichten Belagerungsmentalität, daß die SMAD-Spitze auch diesmal wieder zum Mittel der Einschüchterung griff, um sich dieses Konflikts zu entledigen. Nachdem Kaiser in der CDU-Vorstandssitzung vom 2. Dezember durchgesetzt hatte, daß sich die Partei offiziell nicht am Volkskongreß beteiligte, wurde er zweimal aufgefordert, den Parteivorsitz niederzulegen, da er das Vertrauen der Besatzungsmacht verloren habe. Als er sich weigerte, setzte Tulpanow den herbeizitierten Landesvorsitzenden der CDU am 19. Dezember auseinander, daß sie gut daran täten, sich von Kaiser zu trennen. Diese gaben, ohnehin von der Notwendigkeit einer Beteiligung der Partei an der Volkskongreßbewegung überzeugt, dem Druck nach; damit verlor Kaiser de facto seine Position. Am nächsten Tag entzog die SMAD Kaisers Parteigänger Wilhelm Gries die Lizenz als Chefredakteur der Parteizeitung «Neue Zeit»; den Volkskongreßteilnehmern Nuschke und Dertinger wurde mitgeteilt, daß bis auf weiteres die Landesvorsitzenden sowie der 3. und 4. Vorsitzende die Leitung der Partei übernehmen sollten.»[15]

All dies bedeutete – entgegen dem Anschein – keine bewußte Abkehr von dem Ziel, im Verein mit den westlichen Besatzungsmächten die bürgerliche Revolution zu vollenden. Tulpanow nannte in seiner Kritik an der mangelnden ideologischen Geschlossenheit der SED ausdrücklich das «vollständige» Fehlen jeder Auseinandersetzung mit den «früheren Fehlern der Politik der KPD». Unter diesen Fehlern der Weimarer Zeit führte er an: die «Unterschätzung des demokrat[ischen] Parlamentarismus in der Zeit, als [die] revolut[ionäre] Situation vorbei [war]», sowie die «schematische Begeisterung für alte rev[olutionäre] Losungen».[16] In einem Gespräch mit Jakob Kaiser in der zweiten Augusthälfte 1947 erklärte er, die gesamtdeutsche Perspektive vor Augen: «Wir wissen, daß die CDU die stärkste Partei ist und wahrscheinlich auch in einer künftigen deutschen Regierung einen sehr starken Einfluß haben wird, stärker als die SED. Wir wollen mit der CDU wirklich arbeiten, nicht nur spielen.»[17] Mit dem LDPD-Vorsitzenden Wilhelm Külz erörterte Tulpanow noch Ende November 1947 die Frage einer Beteiligung an einer gesamtdeutschen Regierung. «Er wiederholte öfter», notierte Külz in sein Tagebuch, «daß er glaube, ich sei auch für die anderen Besatzungsmächte durchaus tragbar.»[18] Semjonow insistierte gegenüber Grotewohl wiederholt auf einer gesamtdeutschen Vertretung: «Einmal zur Abwehr der geplanten bizonalen Verflechtung und zum anderen zur Herstellung der wirtschaftlichen Einheit als Vorstufe einer gesamtdeutschen Regierung.»[19]

Entsprechend wurde die SED auch nicht an der Gründung des Kominform beteiligt. Mit der Sicherung der deutschen Einheit beauftragt, war sie in sowjetischer Sicht keine kommunistische Partei und hatte darum auf der Konferenz zur Koordinierung der Aktivitäten der kommunistischen Parteien, die vom 22. bis zum 27. September 1947 im schlesischen Szklarska Poreba (Schreiberhau) tagte, auch nichts zu suchen. Die SED-Führer wußten noch nicht einmal, daß diese Konferenz stattfand; als am 5. Oktober die Gründung des «Informationsbüros der Kommunistischen Arbeiterparteien» bekanntgegeben wurde, waren sie vollkommen überrascht: «Kein Hinweis», so Gniffke, «keine Andeutung hatte uns [...] auf dieses Ereignis vorbereitet.»[20] Von Journalisten mit dem Kominform-Auftrag zur Ausarbeitung eines «gemeinsamen Aktionsprogramms [...] gegen die Hauptkräfte des imperialistischen Lagers»[21] konfrontiert, gaben sie eine von Ackermann vorbereitete Erklärung heraus, in der denkbar vage versichert wurde, «bisher sei die SED mit den verschiedenen Bestrebungen zur Gründung neuer internationaler Organisationen nicht befaßt worden. Sie werde aber jeder

Entwicklung, die einer Stärkung des Friedens dient, ihre Zustimmung und ihre Mitwirkung geben.»[22]

Das zunehmende Freund-Feind-Denken hinderte die Sowjet-Administratoren und die SED-Führer, die sich von ihnen beeindrucken ließen, aber daran, die Notwendigkeit von Kompromissen im Verkehr mit dem Westen im vollen Umfang zu erkennen, und führte gleichzeitig zu übersteigerten Bedrohungsvorstellungen. Das ließ sie abermals zu repressiven Maßnahmen gegen demokratische Politiker greifen, die sich den sowjetischen Vorstellungen von der Verwirklichung des «demokratischen» Auftrags nicht umstandslos fügten, und verleitete sie zugleich zu wohlfeilen Appellen an imaginäre «Massen» unterhalb der demokratisch legitimierten Repräsentanten. Mit beidem trieben sie die Entwicklung der Verhältnisse in der Sowjetzone in eine Richtung, die sich immer weniger mit dem angestrebten demokratischen Ideal in Einklang bringen ließ; zugleich untergruben sie damit immer mehr die Glaubwürdigkeit ihres gesamtdeutschen Programms.

Weil sie aber nicht wußten und auch kaum wissen konnten, was sie taten, konnten sie auch die Gegenwehr der demokratischen Kräfte gegen ihre vermeintlichen Hegemonieansprüche nur als Angriff auf die demokratische Ordnung schlechthin wahrnehmen. Der Zwang zum Rückgriff auf Repression und Agitation wurde folglich immer stärker empfunden, und die daraus resultierende Praxis heizte die Furcht der Demokraten nur noch weiter an. Gleichzeitig wuchs der Einfluß derjenigen, die – bewußt oder unbewußt – tatsächlich auf Hegemonie aus waren. So entstand ein Teufelskreis, aus dem es so schnell keinen Ausstieg mehr geben sollte.

Gniffke, der die strategische Bedeutung der Ausbootung von Jakob Kaiser sogleich erkannte, suchte im letzten Moment zu retten, was zu retten war. «Es muß verhindert werden», legte er Grotewohl in einem vertraulichen Zweiergespräch am vierten Adventssonntag nahe, «daß Nuschke oder Steidle [die beiden Hauptwortführer einer CDU-Beteiligung am Volkskongreß] CDU-Vorsitzende werden. CDU-Vorsitzende sollten nur solche Persönlichkeiten sein, die als Gesprächspartner in Westdeutschland anerkannt werden und trotz einiger Gegensätze mit den westdeutschen Politikern im Gespräch bleiben.» Dies sei, setzte er am zweiten Weihnachtstag

Ernst Lemmer auseinander, um so notwendiger, als die SED mit ihrer «überbetonten, einseitigen Ost-Orientierung» bereits die Chance verspielt habe, als glaubwürdiger Anwalt der deutschen Einheit mit den Politikern der Westzonen zu verhandeln. Entsprechend suchte er Lemmer dafür zu gewinnen, sich um die Nachfolge Kaisers zu bemühen, und Grotewohl rang er die Zusage ab, sich bei der Besatzungsmacht für eine solche Lösung der Führungskrise der Ost-CDU stark zu machen.[23] Indessen zeigte sich bald, daß die Anwälte einer «bequemen» Lösung mit Otto Nuschke als neuem CDU-Vorsitzenden schneller waren.

Ein neuer Kurs?

Die Verstärkung der klassenkämpferischen Attitüde in Ost-Berlin ging einher mit einer zunehmend pessimistischeren Beurteilung der internationalen Lage in Moskau. Molotow hatte schon in seiner Wahlrede vom 6. Februar 1946 vor Imperialisten in den kapitalistischen Ländern gewarnt, die von einem «Dritten Weltkrieg» sprachen. Nach den frustrierenden Erfahrungen mit den Westmächten auf der Pariser Außenministerratstagung im Frühjahr und Sommer 1946 bestellte er beim sowjetischen Botschafter in den USA, Nikolai Nowikow, eine Expertise, die den USA «Streben nach Weltherrschaft» unterstellte und die Entfesselung eines Krieges gegen die Sowjetunion als logischen Endpunkt dieser Politik beschrieb. Die USA, hieß es in dem am 27. September 1946 fertiggestellten und zuvor mit Molotow besprochenen Text, hätten die Demokratisierung Deutschlands aufgegeben und seien bestrebt, die osteuropäischen Länder zu durchdringen; sie übten Druck auf die Sowjetunion aus und suchten durch die Entfachung einer Kriegspsychose ein hohes Rüstungsniveau sicherzustellen. «Alle diese Maßnahmen sind kein Selbstzweck. Sie sind allein darauf gerichtet, die Bedingungen dafür zu schaffen, in einem neuen Krieg die Weltherrschaft zu gewinnen.» Natürlich könne zum gegenwärtigen Zeitpunkt niemand sagen, wann dieser Krieg stattfinden werde; die «kriegerischsten Kreise des amerikanischen Imperialismus» arbeiteten aber auf ihn hin.[24]

Wie es scheint, war diese Interpretation der Weltlage in den Moskauer Führungsetagen nicht unumstritten, sie fand erst allmählich Anklang. Shdanow, der in seiner Februar-Wahlrede im Gegensatz zu Molotow und auch Malenkow noch ausdrücklich vom Beginn einer «Periode friedlicher Entwicklung» gesprochen und dementsprechend einem Ausbau der Konsumgüterproduktion das Wort geredet hatte[25], wies in der Hauptrede zum 29. Jahrestag der Oktoberrevolution, die er am 6. November 1946 in Abwesenheit Stalins halten durfte, auf die atomare Gefahr und die Kriegsdrohungen imperialistischer Politiker hin.[26] Ende Januar 1947 warnte er beim Empfang der SED-Delegation durch Stalin, «daß der Dollar-Imperialismus dabei sei, den Sieg über den deutschen Faschismus und den japanischen Imperialismus zu gefährden».[27]

Im Mai 1947 geriet Eugen Varga unter Beschuß. In drei gemeinsamen Sitzungen des Instituts für Wirtschaft und der Politökonomischen Abteilung der Moskauer Staatsuniversität kritisierten leninistische Dogmatiker, daß er in seinem Buch über die «Veränderungen der kapitalistischen Wirtschaft im Gefolge des Zweiten Weltkrieges» den westlichen Regierungen vom Monopolkapital weitgehend unabhängige Planungskapazitäten attestiert hatte – was der Annahme eines gleichsam «staatskapitalistischen» und damit nichtrevolutionären Übergangs der bislang kapitalistischen Länder zum Sozialismus gleichkam. Varga konnte sich in den Debatten und dem anschließenden publizistischen Schlagabtausch allerdings recht gut behaupten[28]; in einem Beitrag zum 30. Jahrestag der Oktoberrevolution im Herbst 1947 bezeichnete er die Nationalisierungen und die planwirtschaftlichen Elemente in den westlichen Staaten sogar offensiv als Indizien für «andere Wege» zum Sozialismus.[29]

Stalin mochte den Warnungen vor einem Durchbruch der imperialistischen Tendenzen bei seinem Hauptverbündeten zunächst keinen Glauben schenken. In nicht weniger als vier ausführlichen Interviews mit westlichen Gesprächspartnern vom September 1946 bis zum April 1947 betonte er in direktem Gegensatz zu den Analysen Nowikows, daß keine Kriegsgefahr drohe und der Ausbau der Kooperation mit den Westmächten nicht nur wünschenswert, sondern auch möglich sei.[30] Ähnlich optimistisch hinsichtlich der Zukunft der Anti-Hitler-Koalition gab er sich in den Gesprächen mit Bevin und Marshall am Rande der Moskauer Außenministerratstagung. Bei den Beratungen mit der SED-Führung Ende Januar 1947 strahlte er eine im Kern geradezu unerschütterliche Zuversicht aus.[31]

Gleichzeitig suchte er ganz offenkundig nach Argumenten, mit denen die Kassandra-Rufe in seinem diplomatischen Apparat widerlegt werden konnten. Beim Besuch der SED-Delegation im Januar 1947 mußte Grotewohl zunächst eine ausführliche Darlegung der Situation in Deutschland geben, dann wurde er auf «positive» Antworten hin befragt. Nachdem Stalin lange Zeit «aufmerksam zugehört» hatte und dann «eine Zeitlang auf und ab geschritten» war, beendete er die Sitzung mit einem Fazit, das die von Shdanow und anderen angesprochenen «Schwierigkeiten» in eine zuversichtliche Gesamtperspektive einband.[32] Als Harold Stassen ihn Anfang April 1947 zu einem Interview aufsuchte, erkundigte sich Stalin eindringlich, ob die USA in der Lage seien, ihre Wirtschaft zu regulieren und so, wie Varga es behauptet hatte, eine Überproduktionskrise zu vermeiden: «Was ist mit den Geschäftsleuten? Werden sie es hinnehmen, reguliert und eingeschränkt zu werden?» Als Stassen antwortete, es käme eben darauf an, daß die Regierung klug und rasch handele, pflichtete er ihm uneingeschränkt bei: «Das ist wahr.»[33]

Erste Zweifel, ob die Ost-West-Kooperation nicht doch ernsthaft in Frage gestellt war, scheinen Stalin nach dem Ausschluß der kommunistischen Minister aus der französischen Regierung Anfang Mai 1947 gekommen zu sein. Jedenfalls publizierte die «Prawda» das Stassen-Interview entgegen sonstiger Gewohnheiten am 8. Mai nur in paraphrasierter Form. Gleichzeitig erhob sie gegen die englische Version, die Stassen vier Tage zuvor in der «New York Times» veröffentlicht hatte, den Vorwurf, eine Reihe von «willkürlichen Änderungen und Ungenauigkeiten» aufzuweisen. Ein Bericht im englischsprachigen Programm von Radio Moskau bestand darauf, daß Stalin von «Kontrolle» und nicht von «Regulierung» der amerikanischen Wirtschaft gesprochen habe.[34] Daß sich Varga just am Tag zuvor erstmals der «akademischen» Kritik an seinem Buch stellen mußte, mag in den gleichen Zusammenhang beginnender Distanzierung von seinen Thesen gehören. Am 26. Mai wurde in einem Dekret der Sowjetregierung zur Abschaffung der Todesstrafe noch einmal offiziell versichert, «daß die Sache des Friedens als für lange Zeit gesichert betrachtet werden kann»[35]; danach blieben öffentliche Äußerungen zur Einschätzung der Weltlage über mehrere Monate aus.

Eine offizielle Lagebeurteilung gab es erst wieder Ende September auf der Gründungskonferenz des Kominform; der Öffentlichkeit wurde diese Interpretation, die einem kleinen Kreis kommunistischer Führer unter konspirativen Umständen vorgetragen wurde, nach der Konferenz nur schrittweise und in redigierter Form zugänglich gemacht. In Szlarska Poreba referierte nicht nur Shdanow als sowjetischer Delegationsleiter zur internationalen Lage, sondern – was aufgrund der späteren Veröffentlichung immer übersehen wurde – im Rahmen eines politischen Gesamtüberblicks auch Malenkow, Shdanows Rivale im Machtkampf um Stalins Erbe. Beide Ausführungen sind formal vollständig identisch und entsprechen einander auch in der inhaltlichen Aussage. Viele Passagen stimmen wörtlich überein; Shdanow führt die Analysen und Schlußfolgerungen nur weit detaillierter aus.[36] Das läßt nur den Schluß zu, daß beide Versionen auf einer gemeinsamen Vorlage beruhten, die von Stalin gebilligt worden war, und daß sie folglich authentisch wiedergeben, was der Generalsekretär der KPdSU, der sich zum Zeitpunkt der Konferenz zur Erholung auf der Krim aufhielt, nach der Erörterung des Marshall-Plans zu vermitteln suchte.

Unterstützt wird dieser Befund durch Dokumente in sowjetischen Archiven, die zeigen, daß Shdanow sein Referat vor der Konferenz von Stalin bestätigen ließ und während der Tagung um Bestätigung des vorgesehenen Verlaufs bat[37], sowie durch Mitteilungen des polnischen Parteifunktionärs Ostap Dluski, der aus Belgrad berichtete, daß sich Stalin persönlich um die Redaktion der ersten Nummer der Kominform-Zeitschrift «Für dauerhaften Frieden, für Volksdemokratie» gekümmert habe, die den Text des Shdanow-Referats enthielt.[38] Nach einem Bearbeitungsvermerk im Archiv der Polnischen Arbeiterpartei soll der in der Öffentlichkeit Malenkow zugeschriebene Text in Wirklichkeit von Shdanow vorgetragen worden sein.[39] Das ist insofern unwahrscheinlich, als der

Erinnerungsbericht des italienischen Konferenzteilnehmers Eugenio Reale die gleiche Zuordnung der Texte vornimmt, die auch den sukzessiven Veröffentlichungen zugrunde lag.[40] Daß die Texte zum wenigsten persönliche Auffassungen der Referenten wiedergeben, ist aber auch so evident.

Bemerkenswert an der Situationsanalyse, die Stalin durch seine rivalisierenden Nachfolgekandidaten vortragen ließ, ist vor allem, daß er den pessimistischen Warnungen des Molotow-Apparats auch jetzt nicht in vollem Umfang folgte. Gewiß konzedierte er, daß die imperialistischen Kräfte in den USA offenbar ans Ruder gelangt waren: «Unter den Voraussetzungen der Eliminierung der Hauptkonkurrenten der USA – Deutschland und Japan – sowie der Schwächung Englands und Frankreichs», so Malenkow, «gingen die USA zu einer neuen, offen expansiven Politik über, die auf die Errichtung der Weltherrschaft abzielt.» Die «herrschende Clique der amerikanischen Imperialisten» habe «den Weg der offenen Expansion, den Weg zur Knechtung der geschwächten kapitalistischen europäischen Länder, zur Knechtung der kolonialen und abhängigen Länder, den Weg der Vorbereitung neuer Kriegspläne gegen die UdSSR und die Länder der neuen Demokratie unter der Fahne des Kampfes mit der ‹kommunistischen Gefahr› beschritten». Das Abrücken von den Verpflichtungen des Potsdamer Abkommens, die Suche nach «neuen Bündnispartnern [...] unter den der Demokratie feindlichen Schichten Deutschlands und Japans, der antidemokratischen Türkei und des monarcho-faschistischen Griechenlands» und die Unterstützung «antidemokratischer, antistaatlicher Elemente» in den «wirklich demokratischen Staaten», die im argumentativen Aufbau des Textes eine zentrale Rolle spielen[41], waren Stalin offensichtlich Beweis genug, diese Deutung der Truman-Doktrin und des Marshall-Plans für zutreffend zu halten.

Besondere Sorge bereitete Stalin nach Ausweis des Shdanow-Textes, daß «ein großer Teil der Führungen der sozialistischen Parteien als Agentur der imperialistischen Kreise der USA auftritt».[42] Damit hatte er offensichtlich nicht gerechnet, weder in Deutschland, wo Schumacher seine Position allen Erwartungen zum Trotz immer mehr festigen konnte, noch in Großbritannien, dessen Labour-Außenminister höchst aktiv an der Konsolidierung des westlichen Lagers beteiligt war, und auch nicht in Frankreich, dessen Regierung sich just unter dem Vorsitz des Sozialisten Ramadier von den Kommunisten trennte und den Marshall-Plan unterstützte. Der prominente Platz, den die «rechtsgerichteten Sozialisten» in Shdanows Situationsbeschreibung und dann auch in der «Deklaration» der Konferenz von Szklarska Poreba[43] einnehmen, deutet noch einmal darauf hin, daß wohl der Ausschluß der Kommunisten aus der französischen Regierung Anfang Mai 1947 Stalin den ersten Anstoß gab, seine bislang optimistische Lageeinschätzung zu überdenken.

Varga, der die Hoffnungen auf eine Evolution der westlichen Staaten in die entgegengesetzte Richtung, hin zum Sozialismus, nachhaltig untermauert hatte, verlor wohl nicht zufällig gerade jetzt an Einfluß. Nachdem ein Artikel im «Bolschewik» vom 15. September zum erstenmal über die Attacken auf sein Buch berichtet hatte, wurde sein Institut Anfang Oktober mit dem Institut für Weltwirtschaft verschmolzen und dem Gosplan unter Nikolai Wosnessenski unterstellt; die Zeitschrift des Instituts wurde durch ein neues Organ abgelöst. Im Dezember erschien Wosnessenskis Buch über die Kriegswirtschaft der Sowjetunion, in dem Vargas Vorstellungen von der wachsenden Bedeutung des Staates in den kapitalistischen Volkswirtschaften als «schierer Unsinn» abgetan wurden; und während die Sowjetpresse dieses neue Werk sogleich als maßgebliche Veröffentlichung pries, wurde Varga jetzt offen vorgeworfen, «eindeutig nichtmarxistische Ideen» vertreten zu haben.[44]

Nachdem er die angeblichen Weltherrschaftspläne der USA angeprangert hatte, sprach Malenkow in Szklarska Poreba aber gleich einschränkend von der «Gefahr dieser Umorientierung, die jetzt von seiten einiger ehemaliger Kriegsverbündeter der UdSSR ausgeht»[45] – ganz so, als sei noch gar nicht sicher, ob es wirklich zu dieser Umorientierung komme. Und dann betonte er ebenso wie Shdanow, «daß zwischen dem Wunsch der Imperialisten, einen neuen Krieg zu entfesseln, und der Möglichkeit, einen solchen Krieg zu organisieren, ein gewaltiger Unterschied ist». «Die Völker der Welt», so Shdanow weiter, «wollen keinen Krieg. Die Kräfte der Welt, die für den Frieden eintreten, sind so bedeutend und groß, daß die Pläne der Aggressoren ein völliges Fiasko erleiden, wenn diese Kräfte bei der Verteidigung des Friedens standhaft und fest bleiben, wenn sie Ausdauer und Härte zeigen werden.»[46]

Stalin blieb also dabei, daß kein Anlaß zur Panik bestand. Mehr noch: Er kritisierte den Defätismus, den er aus den Warnungen des Molotow-Apparats heraushörte: «Die Hauptgefahr für die Arbeiterklasse besteht jetzt in der Unterschätzung der eigenen Kräfte und in der Überschätzung der gegnerischen Kräfte» – so die Formulierung Shdanows, die dann auch gleich in den ersten publizierten Text der Konferenz, die am 5. Oktober veröffentlichte «Deklaration», übernommen wurde.[47] Das ist um so bemerkenswerter, als die Moskauer Zentrale zu diesem Zeitpunkt ein neues Dokument aus der Botschaft in Washington erreichte, in dem Nowikow kritisiert wurde, weil er den Akzent seiner Analyse der amerikanischen Politik zu sehr auf die bloße Einschüchterung der Sowjetunion gesetzt habe. Tatsächlich, so der bislang noch nicht identifizierte Autor dieser neuen Warnung, verwandelten die USA Westdeutschland und Japan «in ein Aufmarschgebiet für einen militärischen Angriff gegen die Sowjetunion» und bereiteten einen solchen Krieg direkt vor.[48] Ganz offensichtlich blieb Stalin weit hinter dieser zugespitzten Interpretation zurück. Vielleicht ließ er die Haupttexte der Kominform-Konferenz auch deshalb schrittweise an die Öffentlichkeit gelangen – das Shdanow-Referat folgte am 22. Oktober, der Malenkow-Text am 9. Dezember –, weil er dem Alarmismus bewußt entgegensteuern wollte. In einem Interview mit dem linken Labour-Abgeordneten Konni Zilliacus am 14. Oktober bestritt er, daß das Kominform-Treffen eine Änderung der sowjetischen Politik bedeutete, und warb erneut um eine Verbesserung der politischen und wirtschaftlichen Beziehungen zwischen der Sowjetunion und «allen Ländern, beginnend mit Großbritannien und den USA».[49]

Stalins fortdauernde Zuversicht – oder war es nur eine verzweifelte letzte Hoffnung, die er mit demonstrativer Gelassenheit vortragen ließ, um seine Truppen nicht zu demoralisieren? – beruhte dem Shdanow-Text zufolge vor allem auf der Überzeugung, daß sich die «Völker Europas» die «Ausbeutung durch das amerikanische Kapital» letztlich nicht gefallen lassen würden: «Wenn der Plan einer

‹Dawesierung› Europas sich seinerzeit als zum Scheitern verurteilt erwies, und zwar zu einer Zeit, wo die Kräfte des Widerstandes gegen den Dawes-Plan weitaus geringer als jetzt waren, so sind heute im Nachkriegseuropa, ganz zu schweigen von der Sowjetunion, durchaus genügend Kräfte vorhanden, die diesen Knebelplan zum Scheitern bringen können, wenn sie Willen und Entschlossenheit an den Tag legen.» Zusätzlichen Auftrieb mußte der Widerstand der Europäer in seiner Sicht durch den Umstand erhalten, daß «die Aussicht auf die Wiederherstellung des deutschen Imperialismus [...] weder England noch Frankreich verlocken» konnte. Nahm man dann noch hinzu, daß die USA, wie Shdanow weiter ausführte, «selbst von einer Wirtschaftskrise bedroht» waren, falls die Europäer ihnen nicht genügend Waren abnahmen, konnte man in der Tat damit rechnen, daß der amerikanische Imperialismus bald «zu einem Rückzug gezwungen» werde.[50]

Voraussetzung dafür war allerdings, daß «die europäischen Länder die notwendige Ausdauer und Widerstandsbereitschaft gegen die Knebelbedingungen des amerikanischen Kredits» zeigten.[51] Stalin verlangte deshalb erneut verstärkte Aufklärung. Da die sozialdemokratischen Führer überwiegend «als treue Komplizen der Imperialisten» handelten[52], müßten sich die Kommunisten an die Spitze des Widerstands stellen. Dabei dürften sie sich nicht auf den Einsatz parlamentarischer Mittel beschränken: «Streiks, Demonstrationen, politischer Streik, Massenmobilisierung», notierten die jugoslawischen Delegierten in Szklarska Poreba zu Shdanows Ausführungen über die einzusetzenden Mittel.[53] Das Ziel aber blieb defensiv: «Kampf gegen die Gefahr neuer Kriege und gegen die imperialistische Expansion, die Festigung der Demokratie sowie die Ausrottung der Überbleibsel des Faschismus.»[54]

Das Programm der Kominform-Gründungskonferenz zielte also in erster Linie auf das westliche Europa. Es war jedoch, anders als es im Westen dann sukzessive wahrgenommen wurde, kein Programm zur Entfachung revolutionärer Umstürze, sondern ein Programm zur Mobilisierung aller «demokratischen und patriotischen Kräfte»[55] weit über die Reihen der Arbeiterbewegung hinaus. Stalin setzte offensichtlich darauf, daß diese Mobilisierung kurzfristig möglich sei: «Wenn nur zwei Millionen Menschen aufbrüllten», so Shdanow nach den Notizen der jugoslawischen Delegation, «würden sie [gemeint waren die Franzosen] die Amerikaner und Engländer verjagen.» Danach würde man wieder verfahren können wie bisher: «Später wird man sehen, ob irgendwelche Koalitionen möglich sind.»[56]

Der vermeintliche Durchbruch der imperialistischen Kräfte in den USA führte Stalin darum auch zu keiner grundsätzlich neuen Lagebeurteilung und zu keiner neuen Strategie. «Die sowjetische Außenpolitik», stellten Shdanow und Malenkow übereinstimmend fest, «geht von der Tatsache aus, daß zwei Systeme – der Kapitalismus und der Sozialismus – für eine längere Periode nebeneinander bestehen. Daraus ergibt sich die Möglichkeit der Zusammenarbeit zwischen der UdSSR und den Ländern anderer Systeme unter der Bedingung, daß übernommene Verpflichtungen eingehalten werden.»[57] Malenkow trug diese Passage in der Vergangenheitsform vor, fügte dann aber gleich hinzu: «Auf dieser Politik besteht die UdSSR.»[58] Um dennoch keine Mißverständnisse aufkommen zu lassen, wurden die Sätze bei der Veröffentlichung seines Textes ebenfalls ins Präsens gesetzt.

Die Aufklärung und Mobilisierung der europäischen Völker sollte die Sowjetunion in die Lage versetzen, den «Kurs der Aufrechterhaltung loyaler gutnachbarlicher Beziehungen mit allen Staaten, die den Wunsch zur Zusammenarbeit zeigen»[59], fortzusetzen. Vom Sozialismus war in den Verhandlungen von Szklarska Poreba nach wie vor nicht die Rede, weder im Hinblick auf das westliche Europa noch in bezug auf die Länder der «neuen Demokratie», wie die osteuropäischen Regime jetzt im Anschluß an die Diktion Vargas genannt wurden. Shdanow begründete das Engagement der Sowjetunion für einen «dauerhaften demokratischen Frieden» ausschließlich innenpolitisch: Er sei eine wesentliche «Voraussetzung» für die «Durchführung des Aufbaus der kommunistischen Gesellschaft» in der Sowjetunion selbst.[60]

Ebensowenig kam in Szklarska Poreba eine Teilung des europäischen Kontinents in eine östliche und eine westliche Hemisphäre in den Blick. Die «zwei Lager», von denen Shdanow eingangs sprach («das imperialistische und antidemokratische Lager einerseits und das antiimperialistische und demokratische Lager andererseits»), waren nicht geographisch gemeint, wie es alsbald im Zeichen des Blockdenkens aufgefaßt wurde, sondern politisch, als Bezeichnung für «zwei entgegengesetzte Richtungen in der internationalen Politik», wie Malenkow weniger mißverständlich formulierte.[61] Wenn sich die demokratischen und patriotischen Kräfte dank der Mobilisierung durch die Kommunisten durchsetzten, konnte die Blockbildung in Europa vermieden werden.

Die Absurdität der sowjetischen Bedrohungsvorstellungen und die Aggressivität, mit der der amerikanische «Imperialismus» und seine sozialdemokratischen «Komplizen» in Szklarska Poreba in die Nähe des Hitlerfaschismus gerückt wurden, hatten zur Folge, daß die kooperative Grundlinie des Kominform-Programms im Westen überhaupt nicht wahrgenommen wurde. Da man aber in Moskau nachweislich von der Gefahr einer imperialistischen Expansion der USA überzeugt war, besteht kein Anlaß, Shdanow und Malenkow in ihren Ausführungen zum künftigen Kurs der kommunistischen Bewegung nicht beim Wort zu nehmen. Das gilt um so mehr, als keineswegs feststeht, daß die Analysen und Richtungsvorgaben, die die beiden Nachfolgekandidaten Stalins vor einem Kreis handverlesener kommunistischer Parteiführer vortrugen, von vornherein zur Veröffentlichung bestimmt waren, und die sonstigen Äußerungen der sowjetischen Delegierten, die von unterschiedlichen Teilnehmern überliefert wurden, in nichts von der Linie der veröffentlichten Texte abweichen.

Druckmittel Berlin

Die im Grundsatz immer noch optimistische Lagebeurteilung, die dem Kominform-Programm zugrunde lag, schloß ein, daß auch für Deutschland keine neue Zielperspektive ins Auge gefaßt zu werden brauchte. «Bekanntlich ist die UdSSR», erläuterte Shdanow in Szklarska Poreba, «für die Bildung eines einheitlichen, friedlichen, entmilitarisierten, demokratischen Deutschlands.»[62] Bei dieser Zielbestimmung konnte es bleiben, wenn man davon ausging, daß die Mobilisierung der demokratischen und patriotischen Kräfte im westlichen Europa und auch im westlichen Teil Deutschlands den Spuk des Marshall-Plans bald hinwegfegen würde.

Da auf alliierter Ebene nichts mehr ging, kam man um Vorkehrungen für eine zumindest vorläufig separate Organisation der sowjetischen Besatzungszone allerdings nicht herum. Nachdem die Bizone mit der Bildung des «Wirtschaftsrates» Ende Mai 1947 ein Parlament erhalten hatte und ihre Verwaltungen in Frankfurt konzentriert worden waren, vollzog die SMAD mit der Schaffung der «Deutschen Wirtschaftskommission» (DWK) am 14. Juni 1947 die bis dahin zurückgestellte Koordinierung der Ostzonen-Zentralverwaltungen, die deren Position gegenüber den Länderregierungen stärkte. Mitte September setzte Tulpanow dem LDPD-Vorsitzenden Külz auseinander, daß er sich «für den Fall eines notwendig werdenden selbständigen Oststaates zur Verfügung halten müßte. Er deutete ziemlich unverblümt die Stellung eines Staatschefs an.»[63] Ende November erkundete Tulpanow erneut die Bereitschaft des LDPD-Chefs, Regierungsverantwortung zu übernehmen, wobei es nach dem Eindruck von Külz sowohl um die Vorbereitung einer «gesamtdeutschen Regierung» ging als auch «anderenfalls» um die Organisation einer «Ostzonenregierung».[64]

Nach dem Fiasko der Londoner Außenministerratstagung und den Frankfurter Beschlüssen der westlichen Militärgouverneure vom 7. Januar 1948, mit denen die Organe der Bizone zu gleichsam staatlichen Institutionen ausgebaut wurden, verfiel Stalin für eine gewisse Zeit in Resignation. Allzu deutlich zeichnete sich nun ab, wovor die SED-Führer seit dem Mai 1947 für den Fall eines Scheiterns der Londoner Konferenz gewarnt hatten: «die Bildung von Mächteblocks», so Ackermann, «eines Blocks im Westen und eines anderen im Osten» – mit der Konsequenz, daß die Elbe zur «Grenze zwischen zwei Deutschlands» wurde.[65] In den Gesprächen, die Stalin im Februar 1948 mit bulgarischen und jugoslawischen Kommunisten führte, wurde die deutsche Frage nur in dieser Perspektive behandelt.[66]

«Neue Beschlüsse auf Grund der neuen Lage», wie sie Pieck im Mai 1947 für den Fall des Scheiterns der nächsten Außenministerratstagung angekündigt hatte[67], blieben aber aus. Ohne an der strategischen Aufgabenstellung und der gesamtdeutschen Zielsetzung irgend etwas zu ändern, beschloß der Ständige Ausschuß der Volkskongreßbewegung am 15. Januar 1948 auf Antrag der SED die Einberufung eines zweiten «Deutschen Volkskongresses» nach Berlin – symbolträchtig zum hundertsten Jahrestag der Märzrevolution von 1848 am 17./18. März 1948. Mit der Ankündigung der Bildung eines ständigen «Deutschen Volksrats» durch diesen zweiten Kongreß am 21. Februar wurde die Kampagne zur Mobilisierung aller Deutschen sogar noch intensiviert. Als Külz am 7. Februar bei Sokolowski um Unterstützung gegen seine innerparteilichen Kritiker nachsuchte, wurde sie ihm in einer Weise gewährt, die das Festhalten am Ziel der «Einheit Deutschlands auf demokratischer Grundlage» (so eine Entschließung des SED-Vorstands vom 15. Januar)[68] deutlich hervortreten ließ: «So bekannte er sich zum Berufsbeamtentum, er bekannte sich zur freien Unternehmer-Initiative, er erklärte sich bereit, eine mittelständische Abordnung aus Handel und Gewerbe zu empfangen und sicherte uns zu, eine Verordnung zu erlassen, nach der die Sequestrierungen eingestellt werden sollen, und eine andere Verordnung, die einen Abschluß der Entnazifizierungs-Komödie bis Mitte Juni ds. Js. vorsieht» – für Külz «Zugeständnisse [...] in einem Umfang, den ich nie für möglich gehalten hätte».[69] Beide Verordnungen erfolgten auch tatsächlich in kurzer Frist.

Vor allem aber: Als die Londoner Gespräche der drei westlichen Besatzungsmächte und der Benelux-Staaten über die Form der westdeutschen Staatsgründung, die am 23. Februar begonnen hatten, am 6. März überraschend unterbrochen wurden, schöpfte Stalin wieder neuen Mut. Das Kommuniqué, das die sechs Mächte zum Abschluß dieser Verhandlungsrunde herausgaben, ließ deutlich erkennen, daß die französische Regierung nicht bereit war, mehr als eine staatenbündlerische Organisation des westlichen Deutschlands zuzugestehen, und ihrerseits auf einer Internationalisierung der Ruhrindustrie beharrte, die für die anderen nicht akzeptabel war. Franzosen und Briten drängten zudem seit der Ausschaltung der demokratischen Kräfte in der Tschechoslowakei am 25. Februar auf unmittelbaren militärischen Beistand der USA, vor dem wiederum die Regierung Truman zurückschreckte. Das waren genügend Indizien für Gegensätze innerhalb des westlichen Lagers, an die sich anknüpfen ließ.

Am 20. März versuchte Sokolowski im Alliierten Kontrollrat als turnusmäßig amtierender Vorsitzender zunächst den gemeinsamen Protest der Regierungen Polens, Jugoslawiens und der Tschechoslowakei gegen die Frankfurter Beschlüsse zur Sprache zu bringen und verlangte dann Auskünfte über die Londoner Sechs-Mächte-Besprechungen. Nachdem beide Vorstöße, wie vorauszusehen, an der kategorischen Weigerung der westlichen Militärgouverneure gescheitert waren, verlas er eine vorbereitete Erklärung, in der – sachlich nicht zu unrecht – festgestellt wurde, «daß der Kontrollrat als Organ der obersten Gewalt in Deutschland, das die Viermächteverantwortung dieses Landes verwirklicht, faktisch nicht mehr besteht». Sodann führte er aus, er «halte es für sinnlos, diese Sitzung fortzuführen», erklärte sie für «beendet» und verließ mit allen Mitarbeitern den Saal.[70] Zwei Tage später sagte die sowjetische Militärregierung auch alle Sitzungen des Koordinierungskomitees, der Direktorien und der Kontrollratsausschüsse ab.

Der Zweck des Manövers war zunächst, der Weltöffentlichkeit zu demonstrieren, wohin die Einbeziehung der drei Westzonen in den Marshall-Plan zu führen drohte – und damit den Widerstand gegen die Teilung Deutschlands, der sich schon bemerkbar gemacht hatte, weiter zu stärken. Vermutlich hatte Stalin dabei vor allem die Deutschen im Blick, die die Vorbereitungen zur Weststaatsgründung bis jetzt für seine Vorstellungen erstaunlich gleichmütig hingenommen hatten. Vielleicht vermutete er hinter den Schwierigkeiten, die bei den Londoner Verhandlungen aufgetreten waren, aber auch die Abneigung breiter Kreise in den USA und vor allem in den westeuropäischen Nationen, sich von der amerikanischen Führung in einen abenteuerlichen Konfrontationskurs hineinziehen zu lassen.

Sodann diente die Operation aber auch der Vorbereitung einer Drohung: Nachdem das SMAD-Organ «Tägliche Rundschau» schon am 19. Dezember erklärt hatte, Berlin könne seinen Vier-Mächte-Status nur «in dem Maße wahren», wie die Vier-Mächte-Verwaltung Deutschlands fortgeführt werde, schrieb die «Berliner Zeitung» am 25. März, der Tag sei «nicht mehr fern», an dem die amerikanischen, englischen und französischen Besatzungstruppen Berlin verlassen müßten. Daß dies keine leere Drohung war, verdeutlichte die SMAD mit einer plötzlichen Behinderung des Zugangs nach Berlin: Am 27. März wurde ein französischer Zug von Westdeutschland nach Berlin peinlich kontrolliert; vom 31. März an konnten überhaupt keine alliierten Züge ohne Kontrolle aller Mitreisenden mehr passieren; und am 2. April wurden auch die Schiffahrtswege nach Berlin gesperrt.

Nachdem diese «Mini-Blockade» die Macht der Sowjets, den Zugang der Westmächte nach Berlin zu behindern und ihre Präsenz in der Stadt damit zu untergraben, hinreichend unter Beweis gestellt hatte, wurde sie am 5. April wieder aufgehoben: Die Wasserstraßen konnten wieder benutzt werden, und auch die Züge durften wieder unkontrolliert passieren. Punktuelle Maßnahmen wie die Kontrolle der Telefonverbindungen zwischen Berlin und den Zonen am 15. April oder die Beschränkung der Einfuhr von Zeitungen und Zeitschriften aus den Westzonen am 20. April sorgten aber weiter dafür, daß den Verantwortlichen in Washington, London und Paris präsent blieb, wie prekär die Grundlagen ihrer Stellung in Berlin waren. Gleichzeitig schlugen Molotow und Stalin der amerikanischen Führung wiederholt vor, die strittigen Probleme in Spitzengesprächen zu verhandeln.

Das Ganze war also nur eine Warnung. Stalin signalisierte den Westmächten, daß die Errichtung eines westdeutschen Staates in seiner Sicht einen Bruch der Vier-Mächte-Verantwortung für Deutschland bedeuten würde, daß die Westmächte damit auch ihr Recht auf Präsenz in Berlin verwirkten und daß er über Mittel verfügte, dem daraus resultierenden sowjetischen Anspruch auf ganz Berlin auch Geltung zu verschaffen. Mit anderen Worten: Er drohte den Westmächten, sie aus Berlin hinauszuwerfen, wenn sie den Weststaat wirklich etablierten.

Es kann kein Zweifel bestehen, daß es ihm mit dieser Drohung Ernst war und daß er auch glaubte, sie wahr machen zu können, wenn es denn erforderlich werden sollte. Als Frankreich in der zweiten Phase der Londoner Sechs-Mächte-Gespräche vom 20. April bis 7. Juni in der Hauptsache einlenkte und die Westmächte daraufhin mit der Währungsreform in den Westzonen am 18. Juni tatsächlich begannen, ihre Staatsgründungspläne in die Tat umzusetzen, setzte Stalin alles daran, die Westsektoren Berlins in seine Verfügungsgewalt zu bringen. Glaubt man britischen Geheimdienstinformationen, so ließ er seine osteuropäischen Verbündeten wissen, vom 7. Juli an werde die Sowjetunion allein die oberste Gewalt in Berlin ausüben.[71] Wenn ihm schon der Oststaat aufgezwungen wurde, dann sollte seine Lebensfähigkeit, die ohnehin fraglich war, nicht auch noch dadurch beeinträchtigt werden, daß ein großer Teil der Hauptstadt in den Händen «imperialistischer» Mächte war.

Indessen: Allein schon die Tatsache, daß Stalin zu einem Zeitpunkt, da das Weststaatsprojekt offensichtlich in Schwierigkeiten geraten war, zunächst nur drohte, statt gleich zur Tat zu schreiten, belegt hinreichend, daß die Einbeziehung Berlins in den Oststaat nicht sein eigentliches Ziel war. Er ging davon aus, daß die angedrohte Sperrung der Zufahrtswege nach Berlin den Demonstrationseffekt der Aufkündigung der Kontrollratsarbeit beträchtlich verstärkte. Indem er den Westmächten Gelegenheit gab, das Ganze abzuwenden, spekulierte er darauf, daß sie sowohl die Risiken eines Konflikts um Berlin als auch den Gesichtsverlust im Falle eines Rückzugs aus der alten Hauptstadt scheuten.

Wie immer Stalin im einzelnen kalkulierte – bestärkt wurden seine Hoffnungen durch Informationen, die er von der SED-Führung erhielt. Was Pieck und Grotewohl, die nicht zufällig gerade zu diesem Zeitpunkt zum Rapport nach Moskau bestellt wurden, über die Lage in Deutschland berichteten, mußte den Eindruck verstärken, daß das Weststaatsprojekt in Schwierigkeiten war und das deutsche Volk im Falle einer Auseinandersetzung auf der Seite der Sowjetunion stehen werde. Pieck räumte in dem Lagebericht, den er am Abend des 26. März vortrug, zwar «gewisse Erfolge» der «ständigen Hetze» der «Westmächte u[nd] ihre[r] Satelliten» sowie «Verwirrung in den Massen» ein. Er wies auch – bemerkenswert offen – darauf hin, daß diese «Hetze» durch «die Übergriffe der Truppen» und die Festlegung der deutsch-polnischen Grenze «begünstigt» worden war, ebenso durch die «Angst» des Bürgertums infolge der Enteignungen und die «Maßnahmen gegen reaktionäre Bestrebungen in den bürgerl[ichen] Parteien» und «in der Sozial-d[emokratie]». Sodann behauptete er aber, die SED gewinne «trotzdem [...] an pol[itischem] Vertrauen»: «Es gelingt, auch breite Kreise des Bürgertums in die [Volkskongreß-]Bewegung einzubeziehen – und die Schumacherpolitik zu entlarven u[nd] den reaktionären Bestrebungen in den bürgerl[ichen] Parteien entgegenzutreten». Geradezu stolz fügte er hinzu, die zweite Tagung des Volkskongresses am 17./18. März sei ein «großer Erfolg» gewesen und habe «starke[n] Eindruck auf [die] Massen, auch im Westen» gemacht.[72]

Die «Zerreißung Deutschlands» und die «Schaffung [eines] Weststaat[s]», die er immerhin als Gefahr ansprach, erschienen danach keineswegs als zwangsläufig. Eine Woche zuvor hatte Grotewohl noch im Parteivorstand ausgeführt, daß die Bestrebungen zur Etablierung des Weststaats für die sowjetische Besatzungszone «wahrscheinlich» bedeuteten, daß sie sich der Tendenz, «von sich aus staatsrechtlich zu handeln [...], auf die Dauer nicht wird entziehen können».[73] Stalin gegenüber vergaß Pieck in der für ihn typischen Mischung aus Angst und Faszination solche Schlußfolgerungen zu ziehen und berichtete statt dessen genau das, was der Führer der kommunistischen Weltbewegung zu hören wünschte. Dieser sah darum auch keinen Anlaß, mit den deutschen Genossen die Möglichkeit einer separaten Organisation der Sowjetzone auch nur zu erörtern. Ohne jede Modifikation ihrer strategischen Orientierung reiste die SED-Delegation am 1. April nach Berlin zurück. Pieck notierte noch im Juni 1948 als strategische Linie: «Konsultativrat von oben / Kontrollrat geblieben / Volksbewegung von unten.»[74]

Auf die Währungsreform in den Westzonen reagierte Stalin entsprechend der Argumentationslinie, die er aufgebaut hatte, mit dem Anspruch auf die Währungshoheit über ganz Berlin. Sokolowski mußte den Berliner Magistrat anweisen, die – nunmehr unvermeidlich gewordene – Ostmark in allen vier Sektoren der Stadt einzuführen. Einen Kompromißvorschlag der drei westlichen Militärgouverneure, die mit der Übernahme der Ostmark in den Westsektoren der Stadt einverstanden waren, wenn sie unter der gemeinsamen Aufsicht aller vier Siegermächte stattfand, lehnte er ab. Als die Westmächte daraufhin am 23. Juni beschlossen, neben der Ostmark in ihren Stadtsektoren auch die Westmark einzuführen, wurden alle Landverbindungen zwischen Berlin und den Westzonen gesperrt; gleichzeitig wurde die Versorgung der Westsektoren mit

Energie und Lebensmitteln aus dem Ostsektor und der sowjetischen Zone eingestellt. Begründet wurden die Maßnahmen zunächst nur mit der Notwendigkeit, die Ostwährung zu schützen; die «Tägliche Rundschau» erklärte aber gleichzeitig, daß die Westmächte jetzt ihr Recht auf Präsenz in Berlin verwirkt hätten.[75]

Den Preis für die Aufhebung der Blockade nannte die sowjetische Seite nur auf Nachfrage und auch dann nur zögernd – die Kappung der Verbindungen nach West-Berlin sollte offensichtlich erst einmal Wirkung zeigen und den Westalliierten klarmachen, in welcher prekären Lage sie sich befanden. Als die drei westlichen Militärgouverneure um Verhandlungen nachsuchten, erklärte ihnen Sokolowski am 3. Juli diplomatisch verhüllt, er halte es in Anbetracht der «wachsenden Schwierigkeiten» zwischen den Westzonen und der Ostzone «für angemessen, die generelle Frage zu regeln; die spezielle Frage der Verkehrsverbindungen würde dann von selbst geregelt werden».[76] Die drei westlichen Regierungen wandten sich daraufhin in getrennten Noten an Moskau. Von dort erhielten sie erst am 14. Juli eine Antwort: Gespräche seien «nur dann effektiv», wenn sie nicht auf die Verwaltung von Berlin beschränkt blieben; notwendig sei eine Verhandlung über «die allgemeine Frage der Viermächte-Kontrolle Deutschlands».[77]

Es dauerte bis zum Ende des Monats, bis sich die drei westlichen Regierungen darauf verständigten, unter diesen Umständen auf ein Gespräch bei Stalin zu drängen. Zunächst mußten die drei Botschafter der Westmächte ihr Anliegen Molotow vortragen. Dieser schärfte ihnen am 31. Juli noch einmal ein, daß «das Berlin-Problem nicht von dem Problem der Kontrolle ganz Deutschlands und insbesondere der Ruhr isoliert betrachtet werden» könne[78]; als sie dann am Abend des 2. August gegen 21 Uhr bei Stalin vorgelassen wurden, begann auch er das Gespräch mit der Frage, ob sie denn autorisiert seien, über das Deutschlandproblem insgesamt zu sprechen.[79]

Sodann legte er ihnen seinen Standpunkt zur Entwicklung des Status von Berlin gewissermaßen offiziell dar: «Berlin hat aufgehört, die Hauptstadt Deutschlands zu sein, weil die drei Westmächte Deutschland in zwei Staaten gespalten haben. Die alliierten Mächte haben das Recht, ihre Truppen in Berlin zu halten, eingebüßt.» Scheinbar großzügig fügte er hinzu, dies bedeute aber nicht, «daß wir durch unsere Beschränkungsmaßnahmen die Truppen der drei Mächte aus Berlin verdrängen wollen. [...] Sogar wenn bei der Entscheidung über die Geschicke Deutschlands zwischen den vier Mächten keinerlei Einigkeit wiederhergestellt wird, sogar wenn die Sowjetregierung Berlin allein versorgen müßte, würden wir nie die Absicht haben, die alliierten Truppen aus Berlin zu verdrängen. Deshalb muß man einen Unterschied machen zwischen juristischen Argumenten bezüglich der Berechtigung einer Präsenz alliierter Truppen in Berlin und dem Wunsch der Sowjetregierung.»[80]

Nachdem er den drei Vertretern der Westmächte gleichsam eine Berlin-Präsenz von sowjetischen Gnaden zugestanden hatte, nannte er endlich den Preis für eine Aufhebung der Blockade: «Abschaffung der Sonderwährung für Berlin und zeitweilige Außerkraftsetzung der Beschlüsse der Londoner Konferenz» zur Etablierung des westdeutschen Staates. Es «müsse die Versicherung gegeben werden», präzisierte er zu der zweiten Bedingung, «daß die Erfüllung der Beschlüsse der Londoner Konferenz so lange verschoben wird, bis sich Repräsentanten der vier Mächte getroffen und über die wichtigsten Fragen, die sich auf Deutschland beziehen, geeinigt haben».[81] Als US-Botschafter Bedell Smith und Frank Roberts als britischer Vertreter versuchten, den Preis auf ein Entgegenkommen in der Währungsfrage zu beschränken, insistierte er, die in London beschlossene Bildung einer deutschen Regierung in den Westzonen sei für ihn «die einzige wirkliche Streitfrage»[82]; und nachdem er angekündigt hatte, auf der geforderten Vierer-Konferenz müßten alle Fragen besprochen werden, die auf der Moskauer und Londoner Außenministerratstagung offengeblieben waren, erklärte er noch einmal, «die Sowjetunion setze in der Ostzone keine Regierung ein. Die drei Mächte hätten die Sowjetunion gezwungen, eine neue Währung in Umlauf zu bringen. Sie wollen die Sowjetunion zwingen, in der Ostzone eine neue Regierung zu bilden. Die Sowjetregierung möchte es nicht tun.»[83]

Als sich die Vertreter der drei Westmächte weiterhin schwertaten, auf die Forderung nach Suspendierung der Londoner Beschlüsse einzugehen, meinte Stalin, es würde auch genügen, wenn man sich mündlich auf eine Verschiebung der Bildung einer westdeutschen Regierung einigen könne, man müsse diese Vereinbarung nicht unbedingt veröffentlichen. Als sich die West-Botschafter auch auf diese Form nicht einlassen wollten, konzedierte er nach über zweistündiger Verhandlung, die Vereinbarung könne sich auch auf die Rücknahme der West-Währung aus Berlin als Gegenleistung für die Aufhebung der Blockade beschränken; es müsse dann nur formell festgehalten werden, daß es der «dringende Wunsch der sowjetischen Regierung» sei, die Londoner Beschlüsse zu suspendieren.[84]

Nachdem Stalin auf diese Weise wenigstens dafür gesorgt hatte, daß der Verhandlungsfaden nicht gleich wieder abriß, machte Molotow den Botschaftern in den anschließenden Gesprächen über eine Vereinbarung jedoch unmißverständlich klar, daß die Vier-Mächte-Verantwortung für Berlin und die Durchführung der Londoner Beschlüsse nicht gleichzeitig zu haben waren. Bei einem weiteren Spitzengespräch am 23. August variierte Stalin seinen Kompromißvorschlag dahingehend, daß die vier Mächte erklären sollten, die Frage der Bildung einer westdeutschen Regierung sei «in einer Atmosphäre wechselseitigen Verständnisses» diskutiert worden.[85] Schließlich stimmte Molotow am 30. August einer Direktive an die vier Militärgouverneure zu, in der die Einführung der Ostmark in den Westsektoren Berlins als alleiniges Zahlungsmittel unter die Kontrolle einer Vier-Mächte-Finanzkommission gestellt wurde.

In den Verhandlungen der Militärgouverneure über die Umsetzung dieser Direktive stellte sich sehr bald heraus, daß die sowjetische Seite ihren Anspruch auf die Währungshoheit über ganz Berlin damit nicht aufgegeben hatte. Die Gespräche gestalteten sich als schwierig; und da zumindest die amerikanische Regierung das Interesse an einer Aufhebung der Blockade zum Preis der Einführung der Ostmark in West-Berlin inzwischen verloren hatte, wurden sie am 7. September ohne Ergebnis abgebrochen.

Die Wende der Blockade

Vermutlich wußte Stalin nicht, wie nahe er seinem Verhandlungsziel im Sommer 1948 war. Der französische Militärgouverneur Koenig, dem die Zugeständnisse Frankreichs in den Londoner Beschlüssen ebensowenig behagten wie die Aussicht auf eine Konfrontation mit der Sowjetunion, plädierte schon am 26. Juni in einer Demarche an seine beiden westlichen Amtskollegen für eine Verschiebung des Auftrags an die westdeutschen Ministerpräsidenten, zum 1. September einen Parlamentarischen Rat zur Erarbeitung einer Verfassung für Westdeutschland einzuberufen.[86] Sein britischer Kollege Robertson schlug seiner Regierung am 12. Juli vor, man solle den Sowjets den Rückzug aller Besatzungstruppen auf bestimmte Grenzregionen, eine Beteiligung an der Ruhrkontrolle und die Bildung einer Zentralregierung anbieten. Berlin sei auf die Dauer nicht zu halten; und wenn man es mit Gewalt versuche, werde es deswegen zum Krieg kommen.[87]

Ähnlich argumentierte George Kennan, der Chef des Planungsstabs des amerikanischen State Departments: Befragt, wie sich die amerikanische Regierung in der Krise verhalten sollte, legte er am 12. August einen Plan vor, der eine Vereinbarung über einen Abzug aller Besatzungstruppen und die anschließende Wiederherstellung eines unabhängigen deutschen Staates vorsah. «Wir könnten dann ohne Prestigeverlust aus Berlin abziehen, und die Bevölkerung der Westsektoren würde nicht unter sowjetische Herrschaft fallen, weil die Russen die Stadt ebenfalls verlassen würden.» Eine solche Lösung sei trotz der damit verbundenen Komplikationen für den Marshall-Plan immer noch besser als eine dauernde Belastung mit dem Berlin-Problem, mit einem Westdeutschland, das ohne die Verbindung zum Osten wirtschaftlich nicht lebensfähig sei, mit Westdeutschen, die nur auf Wiedervereinigung mit dem Osten bedacht wären und mit einer Perpetuierung der Spaltung Europas.[88]

Solche Überlegungen – die natürlich im Moment der Konfrontation nicht öffentlich diskutiert werden konnten – stießen in den westlichen Kabinetten durchaus auf eine positive Resonanz. Insbesondere in der französischen Regierung war die Furcht vor den negativen Folgen einer Spaltung Deutschlands und Europas weit verbreitet. Aber auch der amerikanische Außenminister Marshall war davon überzeugt, daß die Zeit für die sowjetische Seite arbeite und Berlin auf Dauer nicht zu halten sei; er füchtete daher, trotz der markigen Durchhalteparolen von Präsident Truman, entweder Berlin aufgeben oder die Londoner Beschlüsse suspendieren zu müssen.[89]

Daß Stalins Kalkül dennoch nicht aufging, ist in erster Linie auf den Erfolg der Luftbrücke zurückzuführen. Wichtig war auch, daß sich der amerikanische Kongreß unterdessen mit der Vandenberg-Resolution vom 11. Juni dazu durchgerungen hatte, den Weg für ein dauerhaftes militärisches Engagement der USA in Europa freizumachen; das minderte die Furcht der Franzosen, im Falle eines Konflikts mit der Sowjetunion isoliert dazustehen. Ebenso war von Bedeutung, daß Clay die Implementierung der Londoner Beschlüsse energisch vorantrieb, gegen die Bedenken seiner Kollegen ebenso wie gegen die der westdeutschen Ministerpräsidenten. Und auch das Votum des Berliner Oberbürgermeisters Ernst Reuter für die Weststaatsgründung spielte eine wichtige Rolle: Es half die Bedenken der Ministerpräsidenten gegen die Einberufung des Parlamentarischen Rats zu überwinden.

Aber alle diese Weichenstellungen hätten zu nichts geführt, wäre es nicht möglich gewesen, zwei Millionen West-Berliner auf die Dauer aus der Luft zu versorgen. Daß eine solche Operation technisch überhaupt durchführbar sein würde, auch über den Winter hinweg, in dem der Kohlebedarf einen beträchtlichen Umfang annahm, war zunächst alles andere als sicher. Ebensowenig war abzusehen, ob die Sowjets nicht auch die Luftwege nach West-Berlin sperrten. Erst im Laufe der zweiten Augusthälfte gewannen die amerikanischen Experten die Gewißheit, daß die Transportkapazitäten ausreichten, um die Versorgung der Stadt zu gewährleisten. Und je länger die Luftbrücke hielt, ohne daß die Sowjets dagegen einschritten, desto mehr wuchs die Zuversicht, daß sie es auch nicht mehr tun würden.

In der Tat dachte Stalin nicht daran, die Luftverbindungen zwischen den Westzonen und Berlin zu beeinträchtigen. Sie waren vertraglich viel besser abgesichert als die Landverbindungen, über die nur mündliche Absprachen existierten; und sie waren auch nur mit militärischer Gewalt, unter Einsatz der sowjetischen Luftwaffe, zu unterbrechen. Folglich war das Risiko, mit einer Behinderung der Luftverbindungen nach Berlin einen Krieg auszulösen, ungleich höher – für den vorsichtigen Kremlherrn, der nur zu gut die militärische Anfälligkeit seines Imperiums kannte, viel zu hoch. In den Akten findet sich auch nicht die Spur einer Erwägung, daß und wie man gegen die Luftbrücke vorgehen könnte.

Damit aber wurde die Sperrung der Straßen, Kanäle und Versorgungsleitungen von Ende August an zu einer stumpfen Waffe. Die amerikanische Führung fühlte sich nun nicht mehr unter dem Druck, zwischen zwei Übeln wählen zu müssen; und auch die beiden anderen westlichen Regierungen gewannen allmählich die Zuversicht, die Kraftprobe ohne Zugeständnisse bestehen zu können. Mehr noch: Das Instrument, mit dem Stalin die Westmächte im letzten Moment von der Etablierung des westdeutschen Staates abbringen wollte, richtete sich nun gegen ihn selbst. Die Blockade erschien als Versuch, zwei Millionen Menschen der Gefahr des Hungertods auszusetzen, nur um irgendwelche politische Vorteile in Deutschland zu erringen, und gab damit den wildesten Spekulationen über die sowjetischen Ziele Auftrieb. Entsprechend wuchs das Bedürfnis, gegen die sowjetische Erpressung zusammenzustehen, und noch bestehende Bedenken gegen die westdeutsche Staatsgründung wie gegen die Schaffung eines europäisch-amerikanischen Militärbündnisses traten demgegenüber zurück. «Die Russen», resümierte Marshall am 21. September, «sind auf dem Rückzug.»[90]

Sie selbst wußten es freilich zu diesem Zeitpunkt noch nicht. Um ihrem Anspruch auf alleinige Hoheit über Berlin auch gegenüber dem – wie sie nun fanden – in das Lager der «Kriegstreiber» übergelaufenen Magistrat der Stadt Geltung zu verschaffen, ließen sie die SED von Ende August an Demonstrationen gegen die Stadtverordnetenversammlung organisieren, die zu regelmäßigen Störungen der Sitzungen führten; gleichzeitig wurden «unbotmäßige» leitende Beamte für entlassen erklärt. Nachdem die Versammlung daraufhin ihre Sitzungen in das Schöneberger Rathaus im britischen Sektor verlegt hatte, legte Semjonow der SED-Führung am 13. September einen detaillierten Plan zum «Sturz des Magistrats»[91] vor. Danach sollten «SED und Block» die «Bevölkerung in Westsektoren auffordern, nicht an den Wahlen am 5. Dez[ember] teilzunehmen, durch die die antidemokratischen u[nd] offen reaktionären Elemente die Spaltung Berlins durchführen wollen»; Ende November sollte eine «gut vorbereite[te]» Massenversammlung die «Absetzung der reakt[ionären] Magistratsmehrheit u[nd] Einsetzung [eines] provis[orischen] Gesamt-Magistrats beschließen».[92]

Offensichtlich glaubte man in Karlshorst wie in Moskau, auf diese Weise die «Wiederherstellung der Einheit des Magistrats»[93] unter sowjetischer Oberhoheit erreichen zu können. Daß der abermalige Rückgriff auf die Kombination von Repression und Massenagitation die Abneigung der West-Berliner und den Argwohn des Westens insgesamt nur noch weiter verstärkte, sah man nicht. Um so größer dürfte die Enttäuschung gewesen sein, als fünf Tage nach der Proklamation des «provisorischen Gesamt-Magistrats» am 30. November 86,3 Prozent der West-Berliner in den Wahllokalen der Westsektoren ihre Stimme abgaben. Daß die deutsche Bevölkerung, die große Mehrheit der «Arbeiterklasse» eingeschlossen, wenig Wert auf die Protektion durch die Sowjetunion legte, ging den kommunistischen Verantwortlichen aber auch jetzt noch nicht auf. Und nur wenige mochten sich eingestehen, daß der forcierte Kampf für die Einheit in Wirklichkeit die Spaltung beschleunigte.

5 Zickzack zum Oststaat

Je ferner die gesamtdeutsche Republik rückte, desto ungehinderter konnten sich die totalitären Tendenzen auf dem Boden der sowjetischen Besatzungszone entfalten. Stalins Aufruf, der vermeintlichen imperialistischen Gefahr mit größerer Kampfbereitschaft entgegenzutreten, mit dem er auf die Kooperationsverweigerung der Westmächte reagierte, begünstigte noch das Denken in Klassenkampf-Kategorien. Entsprechend gewannen vom Sommer 1947 an in der SMAD wie in der SED diejenigen Funktionsträger an Einfluß, die mit der Vorstellung von der Vollendung der bürgerlichen Revolution schon immer besonders wenig anzufangen wußten. Anscheinend gefragt, identifizierten sie die geforderte Abwehr reaktionärer Elemente ohne viele Umstände mit der Etablierung des eigenen Machtmonopols, und Kampf für die Demokratie war für sie gleichbedeutend mit Kampf für den Sozialismus. Ohne sich über die Folgen ihres Tuns ganz im klaren zu sein, arbeiteten sie damit höchst aktiv auf die Etablierung eines sowjetkontrollierten Separatstaates hin, der den Intentionen Stalins objektiv zuwiderlief.

Ulbricht und Tulpanow

Eine Schlüsselrolle in diesem Prozeß spielte Walter Ulbricht, der einen unerschütterlichen Glauben an die Allgegenwart des Klassenkampfes mit außerordentlichem Machtinstinkt, Unterwürfigkeit und persönlichem Ehrgeiz verband. Diese Kombination von Eigenschaften hatte ihn dazu disponiert, erster Ansprechpartner der SMAD bei der Organisation der Verwaltung ihrer Besatzungszone zu werden, und aus dieser Position wirkte er nun darauf hin, das Territorium, auf das sich die Verwaltungskompetenz der Sowjetmacht erstreckte, nach leninistischen Prinzipien zu organisieren.

«Der Gegner verschärft den Klassenkampf», erklärte er auf einer Parteivorstandstagung im Juli 1948. Er «führt den Kampf mit allen Mitteln, und wir erlauben uns deshalb, uns auf diesen Kampf vorzubereiten und uns entsprechend einzustellen».[1]

Um für die Konfrontation mit dem Klassenfeind gerüstet zu sein, mußte die Partei nach seinem Verständnis zu einer geschlossenen Kampfformation entwickelt werden; sie mußte die führende Rolle in der sowjetischen Zone offensiv wahrnehmen, die «reaktionären Kräfte» «entlarven» und «schlagen». Die Verwaltung der Zone mußte zentralisiert und der Kontrolle der Partei unterstellt, Polizei- und Sicherheitskräfte mußten gestrafft und verstärkt werden; den Gegnern waren die materiellen Grundlagen ihrer Macht zu entziehen. Die Frage, ob mit solchen Maßnahmen noch die Einheit Deutschlands gewahrt werden konnte, stellte sich für Ulbricht nicht. Entscheidend war allein, ob sich Sowjetmacht und Einheitspartei im «Kampf» der Klassengegner «gegen die neue demokratische Ordnung»[2] in der sowjetischen Zone behaupteten; der Kampf um die Einheit Deutschlands konnte für ihn nur auf der Grundlage eines solchen Siegs geführt werden.

Ob Ulbricht die Vertrauensstellung, die er sich bei der SMAD erworben hatte, dazu nutzen konnte, selbst Direktiven der Besatzungsmacht zu veranlassen, oder ob er seinen Einfluß nur bei deren Umsetzung geltend machen konnte, läßt sich im einzelnen noch nicht überblicken. Fest steht nur, daß sein Einfluß mit der Durchsetzung der Kominform-Linie wuchs und daß er mit Rückendeckung der SMAD-Spitze nach und nach ein Kontrollsystem etablieren konnte, das nicht nur die Länderregierungen, sondern auch den Parteivorstand und selbst das Zentralsekretariat der SED überging. Im Zentralsekretariat war er ein ängstlich gemiedener Außenseiter, und bei den Vorstandswahlen auf dem 2. Parteitag fiel er beinahe durch; draußen im Lande aber drückten «Ulbricht und sein wachsender Apparat», wie es Gniffke in seinem Austrittsschreiben vom Oktober 1948 formulierte, «der ostzonalen Politik» immer mehr «den Stempel der Unehrlichkeit auf».[3]

Unterstützt wurde Ulbricht dabei vornehmlich von Sergej Tulpanow, dem von Shdanow protegierten Chef der «Verwaltung für Information» und Leiter des Parteiaktivs der KPdSU im SMAD-Apparat. Dieser selbstbewußte und energische Besatzungsoffizier im Range eines Obersten hatte zwar, anders als sein devoter deutscher Schützling, «die baldige Herstellung der Einheit Deutschlands als demokratische Republik, die nicht wieder von reaktionären Kräften umgebracht werden kann»[4], durchaus im Blick; in selbstverständlicher Loyalität führte er immer wieder Direktiven im Sinne des Stalinschen Programms aus. Auch verkehrte er im Unterschied zu Ulbricht mit allen Zentralsekretariats-Mitgliedern, auch denjenigen sozialdemokratischer Provenienz, «betont kameradschaftlich»[5] und beeindruckte selbst die bürgerlichen Politiker durch ausgesprochen verbindliches Auftreten. Er sprach ausgezeichnet Deutsch und hatte ein offenkundiges Faible für die deutsche Kultur.

Indessen war ihm aber der Unterschied von demokratischer und sozialistischer Ordnung weder theoretisch noch empirisch geläufig. Im Klassenkampfdenken fest verwurzelt, rubrizierte er beides unter dem Begriff des «Fortschritts» und nahm die Sowjetunion unreflektiert als Modell, an dem sich die gesellschaftliche und staatliche Entwicklung Deutschlands zu orientieren hatte. «Die geschichtliche Lage», führte er auf dem 2. SED-Parteitag aus, «gibt auch Ihrem Lande weitgehende Möglichkeiten, dem friedlichen Weg zu einem höheren gesellschaftlich-politischen System zum Triumph zu verhelfen.»[6] Entsprechend drängte er darauf, die SED nach dem Muster der KPdSU zu organisieren, und für alle Vorschläge, die darauf hinausliefen, in der Sowjetzone Strukturen der Sowjetunion nachzuvollziehen, hatte er ein offenes Ohr.

In Konfliktsituationen gerierte er sich zudem als Vollstrecker einer geschichtlich unausweichlichen Mission. «Merken Sie sich», herrschte er den zur Ermahnung zitierten Gniffke Anfang Juni 1948 an, «ich bin ein Bolschewik, ich bin ein Revolutionär.» Um so mehr fühlte er sich zu einem so zuverlässigen deutschen Funktionär wie Ulbricht hingezogen, der nicht nur alle Aufträge ebenso widerspruchslos wie effektiv erledigte, sondern sich offensichtlich auch in ähnlicher Weise als Vollstrecker der historischen Mission der Arbeiterklasse verstand. Einen solchen Mann mußte man fördern, und von ihm konnte man auch einen Rat annehmen. «Wir befinden uns», so ebenfalls im Gespräch mit Gniffke, «in einer krisenhaften Zeit. Da braucht die Partei einen standfesten und erfahrenen Mann, wie Walter Ulbricht einer ist. An ihm müssen sich die übrigen Sekretäre orientieren.»[7]

Daß Stalin angesichts des Marshall-Plans und der Weststaatspläne größere Kampfkraft forderte, war ganz nach Tulpanows Geschmack. Geradezu begeistert sprach er Mitte April 1948 im Kreis der Lehrkräfte der SED-Parteihochschule «über eine bevorstehende Verschärfung der internationalen Beziehungen und eine ‹schnellere politische Entwicklung› der Sowjetzone».[8] Wenige Tage später rief er die Parteiführer dazu auf, «die Furcht vor entscheidenden Maßnahmen [zu] überwinden, wenn es gilt, in einen Konflikt zu treten gegen ausgesprochene Feinde der neuen Demokratie, die in der Sowjetzone aufgebaut wird – gegen die Feinde der SED und der demokratischen Entwicklung Deutschlands».[9]

Während bei den meisten SED-Führern und, wie es scheint, auch in der Moskauer Führung nach dem Scheitern der Londoner Außenministerratstagung zunächst einmal Ratlosigkeit herrschte, gingen Ulbricht und Tulpanow sogleich in die Offensive. Die Ostzone müsse jetzt, erklärte Ulbricht den Abteilungsleitern des Zentralsekretariats, «konsequent den volksdemokratischen Weg gehen». Es gäbe «Genossen, die da glauben, wir haben bei uns schon eine Volksdemokratie – ja? Das aber ist ein Irrtum, ja? Dazu müssen noch viele Voraussetzungen geschaffen werden. Wir müssen erst noch die Massenorganisationen festigen, die bürgerlichen Parteien spalten und dann eine ‹Nationale Front› aufbauen.»[10] Den Innenministern der Länder legte er dar, der Kampf um die Einheit Deutschlands bedeute, «daß wir den Neuaufbau Deutschlands dort in Angriff nehmen müssen, wo wir Einfluß haben».[11] Und die Dozenten der Parteihochschule instruierte er, ganz auf die Verhältnisse in der Sowjetzone konzentriert, es habe eine neue Phase des Klassenkampfes begonnen, in der dafür gesorgt werden müsse, «daß unsere Partei die führende und tragende Kraft im Staate ist».[12]

Einen ersten entscheidenden Erfolg erzielten die Verfechter der «neuen Linie» mit dem SMAD-Befehl Nr. 32 vom 12. Februar 1948, mit dem die DWK das Recht erhielt, «Verfügungen und Instruktionen, die für alle deutschen Organe im Gebiet der Sowjetischen Besatzungszone in Deutschland [...] verbindlich sind, zu beschließen und zu erlassen sowie deren Durchführung zu prüfen».[13]

Damit war der zähe Widerstand der Länder gegen die Aushöhlung ihrer Kompetenzen gebrochen und der Weg zur zentralistischen Organisation der Zone frei. Nach ihrer Reorganisation, die am 9. März abgeschlossen war, begann die DWK mit der Erarbeitung eines Produktionsplans für das zweite Halbjahr 1948 und stellte einen Zweijahresplan für die Jahre 1949/50 auf, der am 30. Juni vom SED-Vorstand beschlossen wurde. Gleichzeitig setzte sie im Zuge des Abschlusses der Sequestrierungen noch einmal umfangreiche Enteignungen durch und entzog den Ländern die wirtschaftspolitische Kompetenz.

Parallel dazu betrieb die SMAD mit Unterstützung aus der SED die Gründung der «Nationaldemokratischen Partei Deutschlands» (NDPD) und der «Demokratischen Bauernpartei Deutschlands» (DBD). Sie sollten CDU und LDPD das Monopol auf die Vertretung der bürgerlichen und mittelständischen Schichten nehmen und damit deren Position gegenüber der SED schwächen. Zumindest für die NDPD war wohl auch an ein Hinüberwirken in die Westzonen gedacht; da aber beide Parteien von der Besatzungsmacht in Szene gesetzt wurden (Pieck notierte für die DBD sogar explizit: «nahe der SED»[14]), beschränkte sich ihre Funktion nach der Lizenzierung am 16. Juni de facto auf die Begünstigung der SED-Hegemonie. Daneben bediente sich die Besatzungsmacht auch weiterhin direkter Manipulationen, um CDU und LDPD gefügig zu machen; und dann unterstützte sie auch die Bildung der überparteilichen «Volksausschüsse für deutsche Einheit und einen gerechten Frieden» im Rahmen der Volkskongreßbewegung, mit denen Ulbricht versuchte, den Widerstand «reaktionärer Elemente» in den bürgerlichen Parteien zu unterlaufen.[15]

Am 8. Mai 1948 wurde die SED-Führung offiziell auf die neue Linie eingeschworen. Tulpanow erklärte jetzt[16], Stalins Zwei-Lager-Theorie ins Geographische wendend, «faktisch» sei «eine Aufteilung Deutschlands in zwei Teile, welche sich nach verschiedenen Gesetzen entwickel[n], zustande gekommen». Die SED befinde sich «an der Grenze zweier Welten, dort, wo die Welt des Kapitalismus auf die Welt des Sozialismus trifft.» Die Entwicklung der sowjetischen Zone sei, fügte er hinzu, «eine Entwicklung nach dem Typ der neuen Demokratie», und die SED nehme hier «eine herrschende staatliche Stellung ein», sie sei «faktisch an der Macht» – eine Argumentation, die auch Ulbricht wenige Tage zuvor ganz ähnlich vor den Parteidozenten entwickelt hatte.[17]

Als Konsequenz aus dieser kruden Anwendung des leninistischen Revolutionsschemas auf die Situation in Deutschland, die der Situation etwas vorauseilte, forderte Tulpanow zum einen, «ein festes, diszipliniertes Parteiaktiv zusammenzuschmieden», das die «Schwächen und Unzulänglichkeiten in der organisatorischen und ideologischen Arbeit der Partei» überwindet, allen Parteimitgliedern «eine klare Vorstellung über die Entwicklung und den Untergang des Kapitalismus, über die Unvermeidlichkeit des Sieges des Proletariats, über Staat, Demokratie und Diktatur» vermittelt und «den Haß zu dem sich rasch in der Richtung zum Faschismus entwickelnden amerikanischen Imperialismus und seinen Verbündeten entfach[t]». Zum anderen trug er der Partei auf, «vermittels ihrer Mitglieder den Kampf um die Festigung der Zone im Ganzen, um die Hebung der Stimmung unter der Bevölkerung, um die Hebung des Wirtschaftsniveaus usw. [zu] führen».

Die Perspektive eines geeinten Deutschlands, das nach wie vor das offizielle Programm der Stalinschen Politik bildete, fehlte bei dieser Aufgabenstellung nicht. Freilich wurde daraus nun, da «die unmittelbaren Ziele und die Endziele» nach Tulpanow «nur auf dem Wege des Klassenkampfes zu erreichen» waren, der «Kampf um die Eroberung ganz Deutschlands». Mit anderen Worten: Die «herrschende Stellung» der «Partei der Arbeiter und Bauern», die für die Ostzone schon als erreicht galt, sollte nicht nur Grundlage für den Kampf um die Einheit sein, sondern im Ergebnis auch im westlichen Deutschland angestrebt werden. Der «akute Kampf um ganz Deutschland und für den Sozialismus» fielen für ihn in eins.

Damit war – jedenfalls in der Vision Tulpanows, Ulbrichts und ihrer Parteigänger – aus der Partei der Einheit Deutschlands unversehens die Avantgarde der proletarischen Revolution geworden, aus der führenden Rolle, die sie bei der Herbeiführung der Einheit spielen sollte, wurde nunmehr der Anspruch auf Hegemonie, aus der Vollendung der bürgerlichen Revolution der Durchbruch zur sozialistischen Revolution abgeleitet, in die nach Tulpanow ohnehin jede volksdemokratische Entwicklung «zwangsläufig» münden mußte.[18] Ulbricht hatte seine Hegemonialphantasien als Programm durchdrücken können, und Tulpanow hatte sich unter dem Eindruck der Ost-West-Konfrontation dazu bestimmen lassen, den Kampf für die Einheit mit der Eroberung der Macht gleichzusetzen.

In der Praxis lief das Programm der Ulbrichts und Tulpanows auf die Etablierung einer Kaderdiktatur auf der Grundlage sowjetischer Militärmacht hinaus. Da diese aber nur in der Sowjetzone präsent war, wurde damit gleichzeitig die Spaltung Deutschlands befördert. Das nahm Ulbricht allenfalls schemenhaft wahr und Tulpanow überhaupt nicht, sahen sie doch beide nicht, daß die vermeintliche Hegemonie der Partei der Arbeiterklasse in Wirklichkeit auf sowjetischen Bajonetten ruhte. Die fatale Neigung zum Selbstbetrug, die dem sowjetischen System von Anfang an innewohnte, verdichtete sich bei ihnen zu einer aberwitzigen Vision von der «Zuspitzung des Klassenkampfes», die nur in den Auswirkungen auf die Ostzone konkret wurde. Der «Kampf um ganz Deutschland» blieb demgegenüber eine blasse Schimäre, ein Programmpunkt, zu dem weder nähere Ausführungen gemacht noch Vorbereitungen getroffen wurden.

Ulbrichts Machtergreifung

Der klassenkämpferische Amoklauf Ulbrichts und Tulpanows vollzog sich offensichtlich, ohne daß Stalin die Folgen mitbekam. Semjonow, der Ulbricht immer schon gemieden hatte[19], äußerte wiederholt gegenüber Grotewohl seine Besorgnis, «daß einige von Tulpanow und Ulbricht eingeleitete Maßnahmen über das Ziel der Moskauer Politik hinausgehen und die derzeitige an sich schon schwierige Lage noch komplizieren könnten».[20] Das belegt, daß Tulpanows Programm nicht eindeutig und nicht in allen Dimensionen auch Stalins Programm war. Da während des Moskau-Aufenthalts der SED-Führer Ende März weder von einer neuen Phase des Klassenkampfs noch von einer neuen Aufgabenstellung für die Partei die Rede war[21], ist es sogar wahrscheinlich, daß noch nicht einmal die Hauptparolen des neuen Kurses mit Stalin abgestimmt waren.

Indessen war der Übergang von der Vorstellung eines Kampfes

zweier gegenläufiger Tendenzen in der Weltpolitik zur Idee der kapitalistisch-sozialistischen Klassenauseinandersetzung fließend. Die Furcht vor einem Übergriff der «Klassenfeinde» war auf allen Ebenen der sowjetischen Administration weit verbreitet, und der Rückgriff auf die leninistischen Methoden, den Ulbricht und Tulpanow predigten, war den sowjetischen Offizieren und Funktionären nur zu gut vertraut. Sokolowski hatte den Kampf für die Demokratie ebenfalls unter Klassengesichtspunkten begriffen («Zwischen dem Lager des Sozialismus und dem des untergehenden Kapitalismus gibt es keine Zwischenstellung», so beim ersten Empfang des Zentralsekretariats nach seiner Amtseinführung im April 1946).[22] Er war darum für Tulpanows Anstöße empfänglich. Ähnlich wie ihm ging es vielen hohen Funktionären in der sowjetischen Bürokratie. Da Stalin sich nur sporadisch mit den deutschen Angelegenheiten befaßte und sie nur selektiv wahrnahm, konnte sich auf diese Weise trotz des Mangels an Delegation von Verantwortung, der seinen Regierungsstil kennzeichnete, ein Kurs durchsetzen, der mit den Intentionen des obersten Kremlherrn nicht mehr in Einklang stand.

Wilhelm Pieck hörte aus Tulpanows Argumentation vor allem die Elemente heraus, die auf eine staatliche Fixierung des Systemgegensatzes hinausliefen, und entwickelte sie weiter. «Deutschland wird durch die Bildung des Weststaates in zwei Teile zerrissen», erklärte er auf der 10. Tagung des Parteivorstands am 12. Mai in fast wörtlicher Anlehnung an Tulpanow, «von denen jeder sich nach eigenen Gesetzen entwickelt, die weit auseinanderstreben. Der Weststaat entwickelt sich nach den Gesetzen der kapitalistischen Bedingungen und befindet sich in völliger Abhängigkeit von den Westmächten»; die Entwicklung in der Ostzone orientiere sich dagegen auf die Sowjetunion und die volksdemokratischen Länder. Dann führte er aus, freilich mehr auf die Zukunft bezogen und konkreter an den tatsächlichen Möglichkeiten kommunistischer Politik orientiert als Tulpanow, was zu geschehen habe, «wenn ein großer Teil Deutschlands vom Osten abgerissen» werde und folglich «ein selbständiges staatliches Gebilde im Umfange der jetzigen sowjetischen Besatzungszone entsteht»: «Das Leben und die Politik innerhalb dieses Staates wird nicht das gleiche sein wie bisher, sondern auf sich selbst gestellt, wird es seine Besonderheiten entwickeln.» Die SED «als die Partei der Arbeiter, Bauern und fortschrittlichen Intelligenz wird zur führenden Kraft, die die volle Verantwortung für die Gestaltung der politischen, wirtschaftlichen und kulturellen Lage übernimmt». Sie werde damit eine «Partei neuen Typus» (der Begriff fiel zum erstenmal), die «die Führung in die Hand zu nehmen» und «dafür zu sorgen» habe, «daß [sich] nicht nur das wirtschaftliche Leben in Richtung auf den Sozialismus entwickelt».[23]

Das war nun, anders als bei Ulbricht und Tulpanow, eine Oststaatsorientierung ohne offensive Elemente: Wenn der Weststaat geschaffen wird – und wenig sprach aus Ost-Berliner Sicht im Mai 1948 dafür, daß das noch verhindert werden konnte –, dann wollen wir im Osten wenigstens den Sozialismus verwirklichen. Die Erklärungen Tulpanows schienen zu signalisieren, daß Moskau mit dieser neuen Aufgabenstellung einverstanden war. Folglich kündigte Pieck gleich einleitend eine «strategische Änderung unseres Kampfes» an, «die sich aus den Veränderungen in der politischen und staatlichen Situation in Deutschland ergibt». Franz Dahlem und Fred Oelßner sprachen in ihren Kommentaren zu Piecks Grundsatzreferat von einer «Wende».[24] Wie der neue Parteiauftrag mit dem übergeordneten Ziel der sowjetischen Deutschlandpolitik in Einklang zu bringen war, darüber machte sich Pieck offensichtlich keine Gedanken. Nur ganz pauschal und ziemlich verworren führte er aus, die SED müsse natürlich gleichzeitig weiterhin «den Kampf um ganz Deutschland führen und dabei immer auf die Notwendigkeit der Entfaltung der Demokratie und der Verwirklichung des Sozialismus hinwirken».

Demgegenüber beharrte Otto Grotewohl zunächst darauf, die «programmatische Gestaltung noch eindringlicher auf ganz Deutschland abzustellen».[25] «Vielleicht kommen wir an der vorübergehenden Trennung von einem westdeutschen Staat nicht vorbei. Es sollte dann aber vermieden werden, Einrichtungen zu schaffen, die ein späteres Zusammenkommen der getrennten Teile Deutschlands unter Umständen ausschließen.»[25] Noch Anfang Juni beteuerte er im Gespräch mit Gniffke, er wolle «eine Entwicklung verhindern, bei der Ulbricht Generalsekretär wird und bei der sich seine Konzeption durchsetzt»; und er gab sich noch optimistisch, dies erreichen zu können: «Wenn Ulbricht so weitermacht, schaltet er sich von ganz allein aus.»[27]

Im Vorfeld der Parteivorstandssitzung vom 29./30. Juni, auf der der Zweijahresplan als Parteiplan beschlossen werden sollte, lenkte Grotewohl jedoch ein – nach seiner Einwilligung zur Vereinigung der Arbeiterparteien in der Ostzone ein entscheidendes zweites Mal. Als Ulbrichts «großer Tag»[28] gekommen war, schwieg er nicht nur zu dessen Aufruf zur Verschärfung des Klassenkampfes, sondern schlug sich in seinem Schlußwort auch selbst auf die Seite der Befürworter einer Ostorientierung: «Die Spaltung Deutschlands muß uns vor die klare Beantwortung der Frage stellen, auf welcher Seite der Platz der sowjetischen Besatzungszone für die nächsten Jahre ist. [...] Wäre die Möglichkeit vorhanden, daß die phantasievollen Vorstellungen der bürgerlichen Politiker durchführbar sind, die immer davon reden, wir müssen uns als eine Brücke zwischen Ost und West ansehen, dann ließe eine solche Kompromißlösung bestenfalls für uns die Ausrichtung auf den Kapitalismus zu und bestenfalls die Wiedererrichtung einer gewöhnlichen bürgerlichen Republik. [...] Das aber, Genossen, ist kein politisches Ziel, das wir im Auge haben. Das wollen wir nicht. Also ergibt sich aus der durch London geschaffenen Situation die klare Beantwortung unserer Frage so, daß die Ausrichtung unserer Partei bei der Durchführung dieses Wirtschaftsplanes sich eindeutig und ohne jeden Rückhalt nach dem Osten zu orientieren hat.»

Daß Grotewohl die «Kompromißlösung» als unmöglich und nicht wünschbar bezeichnete, deutete schon darauf hin, daß er unter Druck handelte. Noch offenkundiger wurde das bei einer weiteren Begründung für die Ostorientierung: «Die Entwicklung», so fuhr er fort, «die sich in den Ländern der Volksdemokratien gezeigt hat, ist die einzige Entwicklungsmöglichkeit, die uns *im Zusammenhang mit diesem Wirtschaftsplan* [Hervorhebung des Vf.] in unserer Zone geblieben ist und die wir als marxistisch-leninistische Partei klar erkennen müssen, um klare Schlußfolgerungen für die Politik, die wir in den nächsten zwei Jahren neben diesem Wirtschaftsplan betreiben müssen, zu ziehen.»[29] Anders gesagt: Ulbricht hatte sich durchgesetzt, und er hatte kapituliert.

Offensichtlich war Grotewohl ebenso wie Pieck zu der Überzeugung gelangt, daß Stalin hinter Ulbricht stand. Was das für die künftigen Verhältnisse in der Sowjetzone bedeutete, kann ihm nach dem Anschauungsunterricht, den die Volksdemokratien und besonders die jüngsten Ereignisse in der Tschechoslowakei boten, nicht verborgen geblieben sein; seine Rede verriet denn auch das Gegenteil von Begeisterung. Aber vermutlich war es ihm lieber, an der Macht zu bleiben, als im Westen für die Rolle, die er 1946 gespielt hatte, gedemütigt zu werden. Seine Erbitterung über die westlichen Politiker war unverkennbar und nicht ohne Berechtigung. Und wahrscheinlich sagte er sich auch, daß er an der Spitze der SED das Schlimmste würde verhüten können – die klassische Rechtfertigung für den bequemeren Weg.

Jedenfalls bedeutete Grotewohls Umfallen Ulbrichts definitiven Durchbruch. Drei Tage nach seiner entscheidenden Vorstandsrede, die wegen ihrer strategischen Bedeutung auch prompt im «Neuen Deutschland» veröffentlicht wurde, setzte Ulbricht im Zentralsekretariat eine Resolution durch, in der es hieß, die «wichtigste Lehre der Ereignisse in Jugoslawien» (gemeint war Stalins Bruch mit Tito, der am 28. Juni zum Ausschluß der jugoslawischen Kommunisten aus dem Kominform geführt hatte) bestehe «für uns deutsche Sozialisten darin, mit aller Kraft daranzugehen, die SED zu einer Partei neuen Typus zu machen, die unerschütterlich und kompromißlos auf dem Boden des Marxismus-Leninismus steht». Allein Erich Gniffke und sein sozialdemokratischer Sekretariatskollege August Karsten wagten es noch, gegen diesen Text zu stimmen.[30] Die Mehrheit der Sozialdemokraten im Zentralsekretariat, seit Wochen ohnehin schon in resignativer Stimmung[31], hielt nach dem Umkippen Grotewohls weitere Gegenwehr für sinnlos, und ein Teil der Kommunisten fiel in die alten Gewohnheiten zurück.

Entsprechend machte die Etablierung des Ulbricht-Systems nun rasche Fortschritte: Unter dem Ulbricht-Vertrauten Kurt Fischer, der am 13. Juli zum Präsidenten der aufgewerteten Deutschen Zentralverwaltung des Innern ernannt wurde, wurde eine zentrale Polizeiverwaltung geschaffen, die Kontrolle der gesamten Polizei durch Polit-Kultur-Organe der Partei eingeleitet und mit der Aufstellung der kasernierten Volkspolizei begonnen – alles, um bei der «Verschärfung des Klassenkampfes» «die Herrschaft der Arbeiterklasse [zu] sichern», wie Fischer auf einer Konferenz mit den Innenministern und hohen Verwaltungsfunktionären am 23./24. Juli in Werder formulierte.[32] Die Innenminister wurden angehalten, «Feinde der Demokratie, Agenten, Schumacher-Leute, Spione, Saboteure usw., die sich in den Verwaltungsapparat eingeschlichen haben», zu «entlarven» und zu entfernen[33]; und im SED-Vorstand wurde am 29. Juli ein Beschluß über die «organisatorische Festigung der Partei und ihre Säuberung von feindlichen und entarteten Elementen» gefaßt.[34]

Während die Säuberungen anliefen und die Gegenwehr der jugoslawischen Kommunisten gegen ihre Verurteilung durch das Kominform-Büro Anlaß zu peinlichen Treuebekundungen gegenüber «dem großen sowjetischen Beispiel» bot[35], gaben auch die Führer der «bürgerlichen» Parteien dem fortdauernden Druck ein weiteres Stück nach. Nachdem der zentrale Blockausschuß aufgrund seiner zahlreichen Differenzen mit der SED schon über fünf Monate nicht mehr getagt hatte, akzeptierte er am 5. August mit der Aufnahme des FDGB eine Massenorganisation als Blockmitglied. Gleichzeitig wurde die DBD als zusätzliche Partei aufgenommen und am 7. September auch die NDPD. Die bisherigen Möglichkeiten von CDU und LDPD, Vorlagen der SED zu blockieren, wurden dadurch erheblich eingeschränkt.

Grotewohl setzte noch einmal zum Rückzug an. Durch den ganz anderen Diskussionszusammenhang womöglich mitgerissen, erklärte er am 7. August vor dem «Volksrat» der Volkskongreßbewegung, daß die künftige Verfassung der deutschen Republik «nicht nach den Auffassungen unserer Besatzungsmächte wachsen» könne, sich vielmehr «völlig unabhängig nach deutschen Gesichtspunkten orientieren» müsse, auf «einer für ganz Deutschland tragbaren mittleren Linie, der Einigung sowohl der linkesten wie der rechtesten Auffassungen unter fortschrittlichen und demokratischen Prinzipien».[36] Nachdem diese Rede aber im Gespräch Semjonows und Russkichs (des Stellvertreters Semjonows für politische Angelegenheiten) mit Pieck und Ulbricht kritisiert worden war – sie enthalte «viele schiefe Darstellungen» und fröne dem «Objektivismus»[37] –, paßte sich Grotewohl endgültig an.

Vom Erfolg beflügelt und durch die Kominform-Tiraden gegen Tito und den polnischen KP-Führer Gomulka zusätzlich angespornt, rief Ulbricht auf der nächsten Parteivorstandssitzung am 15./16. September ohne weitere Umschweife zum Nachvollzug der bolschewistischen Revolution auf: «Unsere Aufgabe ist es, den Weg der völligen Beseitigung und Liquidierung der kapitalistischen Elemente sowohl auf dem Lande wie in den Städten zu beschreiten. Diese Aufgabe ist, kurz gesagt, die des sozialistischen Aufbaus.» Dann griff er Ackermann an, dessen Theorie vom «besonderen deutschen Weg zum Sozialismus» darüber hinweggetäuscht habe, daß «der Übergang zum Sozialismus nur im schärfsten Klassenkampf durch die Beseitigung der letzten kapitalistischen Klassen siegreich geführt werden» könne.[38]

Vergeblich erinnerte Pieck daran, daß Ackermanns Darlegungen seinerzeit «Parteilinie» gewesen waren, mehr noch: «Diese Formulierungen sind nicht etwa nur in dem engen Gremium der Führung der Kommunistischen Partei erwachsen, sondern wurden auch von anderen Stellen für zweckmäßig erachtet. Gegen diese Formulierung ist auch niemals von der WKP (B)[39] Einspruch erhoben worden.» Auch Grotewohls Beschwichtigung, daß diese «kleine Familienangelegenheit aus der Vergangenheit [...] uns wirklich nicht interessiert», half nichts. Ulbricht und Fred Oelßner, der sich jetzt als neuer Parteitheoretiker profilierte, bestanden auf einer Korrektur Ackermanns. Dieser übte denn auch Selbstkritik, und acht Tage später veröffentlichte er im «Neuen Deutschland» das Eingeständnis, daß sich die «Theorie von einem besonderen deutschen Weg zum Sozialismus [...] als unbedingt falsch und gefährlich erwiesen» habe: Sie lasse «dem Antibolschewismus Raum, statt ihn entschieden und mit aller Kraft zu bekämpfen». In Wirklichkeit sei, «wo immer in der Welt um Frieden und Sozialismus gekämpft wird, [...] die Sowjetunion die Basis dieses Kampfes. Für alle revolutionären Arbeiterparteien, ganz gleich in welchem Lande, sind die Lehren nicht nur von Marx und Engels, sondern erst recht von Lenin und Stalin die Richtschnur des politischen Handelns. Die KPdSU (B) ist das Vorbild für die wirklich marxistisch-leninistischen Arbeiterparteien in der ganzen Welt.»[40]

Damit – und erst zu diesem Zeitpunkt – war der Nachvollzug des

Sowjetmodells auf dem Boden der sowjetischen Besatzungszone zum ersten und vorrangigen politischen Ziel der SED geworden. Man kann nur darüber spekulieren, seit wann es Ulbricht in welchem Maße klar war, daß er auf dieses Ziel zusteuerte. Unbestreitbar ist dagegen, daß es *sein* Ziel war und daß er im Moment, als die Stalinsche Deutschlandpolitik gelähmt war, einen eigenständigen Faktor in das Geschehen einführte. Seit dem 16. September 1948 existierte die DDR de facto: Zu der Staatsstruktur, die Ulbricht mit Hilfe der SMAD etabliert hatte, war jetzt auch die Staatsidee gekommen, und es gab eine wachsende Zahl von Personen, die vieles zu verlieren hatten, wenn das eine oder das andere wieder in Frage gestellt wurde. Gniffke setzte sich angesichts der heraufziehenden «Diktatur Ulbrichts, der letzten Endes auch ihr beide unterworfen seid» (so im letzten Gespräch mit Pieck und Grotewohl)[41], Ende Oktober nach West-Berlin ab.

Stalin stoppt

Die Besatzungsmacht unterstützte den Übergang zur «Partei neuen Typs» mit belehrender Detailkritik. In einer Besprechung mit Semjonow und Russkich am 16. August hörten Pieck und Ulbricht, daß der Parteivorstandsbeschluß zur «organisatorischen Festigung» «positive und negative Stellen» enthalte: Organisationsform und Aufgaben seien zu «abstrakt», «unabhängig von den heutigen prakt[ischen] Aufgaben gestellt», die Funktionäre würden zu sehr hervorgehoben, «feindliche und schädliche Elemente» würden fälschlicherweise «mit passiven Elementen» gleichgestellt. Zur Korrektur solcher «Fehler» wurde freilich nur die Heranziehung von Schriften Lenins, Beschlüssen der KPdSU und «Beschlüssen der Kominform zu den Grundsätzen der Parteien» vereinbart; Semjonow, der sich angepaßt hatte oder auch nur in dieser Frage den «neuen Kurs» mittrug, wurde beauftragt, entsprechende «Stellen mit[zu]teilen».[42] Zweieinhalb Monate später informierte Russkich noch einmal detailliert über Organisationsprinzipien und Arbeitsweise der KPdSU.[43]

Ebenso trug die SMAD die «Säuberungen» mit. Pieck besprach

die «Säuberung» der Partei «von Agenten u[nd] Spekulanten, Korruptionisten» als Maßnahme zur «Sicherung gegenüber [der] Reaktion» unter anderem mit Generaloberst Kowaltschuk, dem Chef des MGB-Apparates in der Sowjetzone, und notierte sich bei dieser Gelegenheit zahlreiche Fälle angeblicher «Sabotage- und Terrortätigkeit» einer «sowj[et]feindl[ichen] Untergrundbewegung», gegen die der Geheimdienst mit Verhaftungen vorgegangen war. Auch «sowj[et]feindl[iche] Tätigkeit u[nd] Prop[aganda]» sowie «Spionage» von «Schumacher-Leuten», die sie nahezu überall am Werk sahen, wurden diskutiert.[44]

In der Frage einer staatlichen Organisation der Sowjetzone, die doch in der Konsequenz des Tulpanow-Programms lag, bremsten die SMAD-Verantwortlichen dagegen deutlich ab. Pieck notierte wohl bei einem Gespräch mit Semjonow am 10. Juni, daß die «Einheit durch Anschluß Osten» (gemeint war wohl: Anschluß an den Osten) zustande kommen müsse.[45] Als die SED-Führer zwei Wochen später, am ersten Tag der Berliner Blockade, nachfragten, «ob [eine] Regierung [in der] Ostzone» gebildet werden solle, wurden sie jedoch abschlägig beschieden: «Vorläufig [nur] Wirtsch[afts]-Kommiss[ion]».[46] Bei einem Spitzengespräch mit Sokolowski am 30. Oktober wurde die Etablierung eines Oststaats nur als – wahrscheinliche oder mögliche – Folge der Entwicklung der internationalen Lage ins Auge gefaßt. Pieck notierte: «Perspektive – Entwicklung der int[ernationalen] Lage – Westmächte – Weststaat – Sowj[etische] Zone – Selbständigkeit / Regierung – Parlament».[47]

Noch weniger wollte die SMAD den «sozialistischen Aufbau» vorantreiben, den Ulbricht im Parteivorstand proklamiert hatte. Das Thema «Sozialismus in der Sowjetzone» tauchte überhaupt nur ein einziges Mal auf – und das auf untergeordneter Ebene, in einem Gespräch Piecks mit Major Smirnow, dem Chef der Abteilung Öffentliche Sicherheit in der sowjetischen Militärkommandantur von Berlin, in der ersten Septemberwoche; dabei bleibt in Piecks Notizen unklar, wie der Vertreter der Sowjetmacht dazu stand.[48] Auf der Spitzenebene war allenfalls von der «Verschärfung des Klassenkampfes» die Rede[49]; die Entwicklung der Gesellschaftsordnung in der Sowjetzone wurde zwischen SMAD und SED-Führung nicht diskutiert.

Als die SED-Führer Mitte Oktober aufgefordert wurden, für eine neue «Besprechung in Moskau mit Stalin» einen «Bericht» zur «Einschätzung der Lage» und zur weiteren «Perspektive» anzufertigen[50], machten sie die Bildung einer «Deutschen Regierung für die sowjetische Besatzungszone» darum vorsichtigerweise davon abhängig, daß «die Regierungsbildung im Westen erfolgt ist». Zu ihrer Konstituierung sollte nicht der Volksrat herangezogen werden, der auf seiner 5. Tagung vom 22. bis 24. Oktober einen Verfassungsentwurf für die – gesamtdeutsch gedachte – «Deutsche Demokratische Republik» zustimmend zur Kenntnis nahm. Vielmehr sollte das Plenum der DWK zu einer «Volkskammer für die sowjetische Besatzungszone» ausgebaut und anschließend ein «Verwaltungsgesetz für die sowjetische Besatzungszone» verabschiedet werden[51] – eine «Art Verfassung», wie Pieck später im Gespräch mit Stalin mündlich erläuterte, freilich nur eine provisorische, wie überhaupt der ganze Akt nur provisorischen Charakter haben und so Raum für eine spätere Verwirklichung des Volksratsprojekts lassen sollte.[52]

Vom «sozialistischen Aufbau» wagten die SED-Führer überhaupt nicht zu sprechen. «In dem neuen Staatsapparat», hielten sie in ihrem Bericht fest, «hat die Arbeiterklasse den entscheidenden Einfluß, aber noch nicht die entsprechende Erfahrung, um die Reste der reaktionären Bürokratie [...] endgültig zu beseitigen. [...] Ein beträchtlicher Teil der Industrie ist Volkseigentum, aber die kapitalistischen Kräfte haben noch große Teile der Industrie, des Handels und der Landwirtschaft in den Händen. [...] Die SED leitet im Block mit den anderen Parteien den Staat, aber die reaktionären Elemente in den bürgerlichen Parteien sind noch nicht geschlagen. Unter diesen Umständen», so das Fazit, «halten wir es für richtig, die im Zweijahrplan enthaltene Charakterisierung der gegenwärtigen Ordnung als ‹höhere demokratische Ordnung› beizubehalten.»

Die Begründung für diese Zurückhaltung ließ die tatsächliche Intention deutlich genug durchscheinen; und die im Zusammenhang mit der angeblichen «Sabotage» durch den «Klassengegner» vom SED-Vorstand vorgeschlagenen Maßnahmen bedeuteten in Wirklichkeit den «Übergang zur Volksdemokratie»: Lenkung und Kontrolle der «privatkapitalistischen Betriebe mit besonderer Bedeutung», «Entfernung der Großbauern aus den Leitungen der landwirtschaftlichen Genossenschaften», systematische Einschränkung des «privatkapitalistischen Großhandels», «Verstaatlichung der Betriebe mit über 50 Beschäftigten». Die «führende Rolle der SED» sollte «verstärkt», ihre «Entwicklung zu einer marxistisch-leninistischen Partei» vorangetrieben und «der rechte Flügel in den bürgerlichen Parteien [...] vernichtet werden». Zu den anstehenden «polit[ischen] Wahlen in der Ostzone» – Pieck nannte zwei mögliche Termine: «Herbst 49», der reguläre Termin der Landtagswahlen, oder «Frühj[ahr] 50» – sollte den Wählern auf jeden Fall gleich eine «Blockliste» der Parteien der Einheitsfront präsentiert werden. Konsequenterweise und in radikalem Bruch mit den Zielen der Gründungsphase beantragte der Parteivorstand denn auch formell die «Aufnahme in das Informationsbüro der Kommunistischen Parteien».

Neben diesem detaillierten Programm zur «Verschärfung des Klassenkampfes» (auch diesen Begriff gebrauchte Pieck beim Vortrag vor Stalin) in der Sowjetzone nahmen sich die Vorschläge zur «Verstärkung des Kampfes um die Einheit Deutschlands, gegen die Kolonisierung Westdeutschlands» ausgesprochen bescheiden aus. In der schriftlichen Stellungnahme wurden nur die «Bildung von Diskussionsgruppen gegen die Schumacher-Politik innerhalb der SPD» sowie die «Konzentrierung der Parteiarbeit auf die Gewinnung der Gewerkschaftsmitglieder in den Betrieben» genannt; mündlich erwähnte Pieck noch die Schaffung einer «breiteste[n] nationale[n] Front», ohne freilich auszuführen, auf welchem Wege sie zustande kommen sollte.

Als Pieck, Grotewohl, Ulbricht und Oelßner am 18. Dezember von Stalin empfangen wurden – die ursprünglich für Ende November vorgesehene Reise hatte sich etwas verzögert –, mußten sie freilich erfahren, daß der Führer der kommunistischen Bewegung die Prioritäten nach wie vor anders setzte. «Noch kein Übergang Volksdemokratie», notierte Pieck auf seinem Notizzettel, «Rechter Flügel, noch kein Kampf dagegen, nicht schlagen, Volksdemokratie warten». Im Anschluß an die vierstündige Besprechung hielt er weiter fest: «Keine Enteignung, noch zu früh», «nicht gegen Gruppen von Besitzern vorgehen, sondern nur gegen einzelne, wenn diese

Sabotage», «nicht direkte Eingriffe, sondern Zickzack», «nicht auf Plan pochen, differenzieren». Als Begründung für die angemahnte «vorsichtige Politik» gab Stalin an, daß die «Lage» in Deutschland «nicht gleich wie [in den] V[olks]d[emokratien]» sei: «Noch kein einheitl[icher] Staat – stehen nicht vor der Macht.» Sodann schärfte er den deutschen Genossen noch einmal ein, daß es in Deutschland zunächst darauf ankomme, «Einheit [und] Frieden» herzustellen [53], und warf ihnen vor, «wie Eure Vorfahren, die Teutonen [...] immer mit offenem Visier» zu kämpfen: «Das ist vielleicht mutig, aber oft sehr dumm. Man diskutiert bei Euch unter den unerhört schwierigen Verhältnissen [...] über eine volksdemokratische Ordnung, diskutiert über Diktatur des Proletariats oder bürgerlich-demokratische Ordnung. Die Diskussion ist äußerst dumm und schädlich. Man muß sie beenden. Die Analyse, was für eine Ordnung in Deutschland war, kann man hinterher machen, wenn man in Deutschland gesiegt hat, jetzt soll man besser arbeiten.» [54]

Von einer «herrschenden staatlichen Stellung» der Partei der Arbeiter und Bauern, wie sie Tulpanow schon im Mai proklamiert hatte, kein Wort; auch keine Ausführungen zu unterschiedlichen Entwicklungen in den Westzonen und in der Ostzone. Statt dessen beharrte Stalin im Dezember 1948 immer noch – oder wieder – auf der Reihenfolge, an der er sich seit dem Frühjahr 1945 orientiert hatte: Zuerst die Verwirklichung von «Einheit» und «Frieden», das heißt des Potsdamer Programms, alles andere erst danach. Die Teilung Deutschlands war für ihn noch keineswegs definitiv; und der Gedanke, den östlichen Teil in das Lager der Volksdemokratien einzubeziehen, lag ihm offenbar ziemlich fern. Sozialismus für Deutschland stand nach wie vor nicht auf der Tagesordnung. Der Antrag auf Aufnahme in das Kominform hatte unter diesen Umständen keine Chance: Pieck wagte es nur noch, das Begehren als «Frage» vorzutragen; und die wurde abschlägig beschieden.

Freilich war der Kampf um «Einheit» und «Frieden» in letzter Instanz auch für Stalin Teil des weltweiten Klassenkampfes; und er stimmte auch der Auffassung zu, daß hier seit dem letzten Jahr eine «Verschärfung» eingetreten war. Die Theorie vom parlamentarischen Weg zum Sozialismus legte er jetzt ad acta: Es gehe nicht ohne Diktatur des Proletariats, erklärte er einer Delegation der bulgarischen Parteiführung, die ihn ebenfalls im Dezember 1948 besuchte; das sei «ein Axiom».[55] Folglich fiel sein Widerspruch gegen Ulbrichts neuen Kurs in der Form zwar barsch, inhaltlich aber etwas diffus aus. Pieck notierte als Fazit: «Weg zum Sozialismus im Zickzack».[56] Die Ausführungen zur Entwicklung der Partei «zur führenden Kraft» nahm Stalin ohne Widerspruch hin, ebenso die Ankündigung, bei den Wahlen mit einer «einheitl[ichen] Blockliste» antreten zu wollen. Die Wahlen wollte er «nicht vor Frühjahr 1950» zulassen. Zur angestrebten Umwandlung der SED in eine «Partei neuen Typus» steuerte er sogar ein zusätzliches Argument bei: die «Sache Gniffke», die gleich zu Beginn der Unterredung zu einer peinlichen Nachfrage führte («wie möglich?»). Und er führte ein neues Element in die Beschlußvorlage für die «1. Parteikonferenz» ein, die die neue Parteiorganisation fixieren sollte: die Institution der «Kandidatenschaft» ohne Stimmrecht («Frist unterschiedlich – Betriebsarbeiter mit 10 Jahren im Betrieb 1 Jahr; andere, Bauern, Intellektuelle 2 Jahre»).

Hinzu kam, daß Stalin unterdessen nicht mehr ganz die Augen davor verschließen konnte, daß die Entwicklung wohl doch auf die Konstituierung des westdeutschen Staates hinauslief. Daß die Berliner Blockade das Gegenteil von dem bewirkte, was er bezweckte, dürfte ihm wohl nicht unbedingt aufgegangen sein; doch war er sich, nachdem die Versorgung der West-Berliner Bevölkerung aus der Luft nun schon sechs Monate anhielt, ihres Erfolgs auch nicht mehr sicher. So stimmte er der Bildung einer «Volkskammer» und einer Regierung aus der DWK heraus zu, «wenn im Westen [eine] Reg[ierung]» gebildet werden sollte; als möglichen Termin für diesen Durchbruch in den westlichen Verhandlungen notierte Pieck «Februar / März» 1949.

Ausdrücklich wurde jedoch festgehalten, daß es nur eine «prov[isorische] deutsche Regierung» sein sollte. Außerdem bestand Stalin darauf, daß dieser Regierung auch «führende Politiker des [...] Volksrats» angehörten und daß sie vom Volksrat oder einem neuen Volkskongreß bestätigt würde – Bestimmungen, die im SED-Entwurf nicht enthalten waren. Mit der Forcierung eines ostdeutschen Sonderwegs zum Sozialismus hatte die Bildung einer solchen Regierung für ihn nichts zu tun; sie war eine aufgezwungene Notmaßnahme, mit der der Kampf um die deutsche Einheit aber noch keineswegs zu Ende sein sollte.

Gesamtdeutsches Zwielicht

Stalins Einspruch setzte Ulbrichts revolutionärem Ehrgeiz einen kräftigen Dämpfer auf. Nachdem die Moskau-Heimkehrer am 27. Dezember im Zentralsekretariat berichtet hatten, trat Pieck mit einem Interview im «Neuen Deutschland» am 30. Dezember den offiziellen Rückzug an. Unter Bezug auf Georgi Dimitroff, der die «Volksdemokratie» gerade als eine Ordnung sowjetischer Prägung definiert hatte[57], erklärte er: «Die Bedingungen in der sowjetischen Besatzungszone sind von denen der Volksdemokratien grundverschieden.» Sodann stritt er ab, daß die SED eine solche Ordnung anstrebe: «Die SED sieht ihre Aufgabe nicht darin, zur Volksdemokratie überzugehen, sondern vielmehr darin, die bestehende neue demokratische Ordnung zu festigen.» Und auf die Frage, ob im Volksrat die Absicht besteht, «für die Ostzone eine selbständige Regierung zu schaffen», antwortete er: «Eine solche Absicht besteht nicht»; der Volksrat kämpfe vielmehr «für die Einheit Deutschlands und für einen gerechten Frieden und wird dafür solange kämpfen, bis dieses Ziel erreicht sein wird».[58]

Grotewohl, der diese Desavouierung seiner öffentlich gemachten Bekenntnisse zur «Ausrichtung» auf die «Volksdemokratien»[59] gerne verschmerzte, ging noch einen Schritt weiter. Auf der «1. Parteikonferenz» der SED vom 25. bis 28. Januar 1949, die eigentlich einberufen worden war, um den «neuen Kurs» abzusegnen[60], rechnete er kaum noch verhüllt mit Ulbricht ab. Kein «noch so schönes Ostdeutschland, möge es immer heißen wie es will», hielt er in seinem Eröffnungsreferat «unseren Zonen-Politikern» entgegen, könne «die Aufgabe erfüllen [...], die ein einheitliches, fortschrittliches und demokratisches Deutschland in ganz Europa erfüllen kann. [...] Ein solches Deutschland bedeutet die endgültige Befriedung Europas.» Es herbeizuführen, sei darum «keine taktische, sondern eine strategische Aufgabe unserer Partei».[61]

Intern, in einer Rede vor leitenden Wirtschafts- und Staatsfunktionären Anfang März 1949, untermauerte Grotewohl diese Erinnerung an die ursprüngliche Aufgabenstellung der SED mit dem Argument, daß «die großen Reichtümer im Westen Deutschlands [...] nicht in die Hände der ausländischen Imperialisten und Monopolisten und ihrer deutschen Helfershelfer fallen» dürften. Im übrigen, brachte er in etwas verquerer Syntax vor, müsse auch beachtet werden, «daß bei der sich neubildenden Staatengruppe in Europa der deutsche Osten ohne wirtschaftliches Fundament an Stahl und Eisen wirtschaftlich gesehen nur eine Belastung des südöstlichen Staatenblocks darstellt, während ganz Deutschland eine wirtschaftliche Stärkung dieses Staatenblocks ist und gleichzeitig, da er das wirtschaftliche Fundament für die Rüstung darstellt, die europäische Friedensordnung darstellt».[62]

Nachdem die Parteikonferenz den «Kampf um die Einheit Deutschlands und einen gerechten Frieden» wieder zur ersten und nächsten Aufgabe der SED erklärt hatte[63], konnte Grotewohl in dem neugeschaffenen «Politbüro» der Partei im März eine Direktive an den Parteivorstand durchsetzen, die ganz auf seiner früheren, zwischenzeitlich getadelten Linie lag: Die Partei dürfe nicht von der Spaltung als vollzogener Tatsache ausgehen und «in der Ostzone sozusagen unmittelbar den Übergang zum Sozialismus vollziehen. Wir sind demgegenüber der Meinung [...], daß wir mit allen uns zu Gebote stehenden Mitteln den Kampf um die Einheit Deutschlands weiterführen, das heißt» – und dies war die entscheidende Passage – «daß wir in der Ostzone eine solche Politik verwirklichen, die in ganz Deutschland realisierbar ist, von der die Mehrheit der Bevölkerung in ganz Deutschland überzeugt werden kann.»[64]

Tatsächlich verstärkte die Partei jetzt noch einmal ihr gesamtdeutsches Engagement. Nachdem die Debatte um die Verfassung einer «Deutschen Demokratischen Republik» während der Wintermonate kaum Beachtung gefunden hatte – der Verfassungsausschuß des Volksrats hatte 129 Änderungsvorschläge aus den Volksausschüssen in den Verfassungsentwurf eingearbeitet[65] –, wurde zum 18./19. März eine neue Tagung des Volksrats einberufen. Diese verabschiedete den modifizierten Entwurf und kündigte gleichzeitig die Einberufung eines «Dritten Deutschen Volkskongresses» an, der diesmal direkt von der Bevölkerung gewählt werden sollte. Damit sollte, wie schon im Gespräch mit Stalin erörtert («ob 3. Volkskongreß / Verfassung – gegen Besatzungsstatut im Westen»)[66], dem vermeintlichen Diktat der westlichen Besatzungsmächte eine Manifestation des deutschen Volkswillens entgegengesetzt werden, die auch im Westen ihre Wirkung tat – und sei es «noch fünf Minuten vor zwölf», wie August Koenen, Gniffkes Nachfolger als Generalsekretär des Volksrates, Anfang Mai im Parteivorstand formulierte.[67] Der Parlamentarische Rat in Bonn und der Frankfurter Wirtschaftsrat wurden aufgefordert, «möglichst schon am 6. April in Braunschweig» mit einer Delegation des Volksrats zusammenzukommen, «um über die Herstellung der demokratischen Einheit Deutschlands und den Abschluß eines Friedensvertrages sowie den Abzug der Besatzungstruppen Gespräche zu führen».[68]

Parallel dazu verschoben sich die Gewichte in der SMAD. Während Semjonow Anfang Januar den Rang eines Botschafters erhielt, wurde die Rundfunkübertragung einer Rede, in der Tulpanow wieder einmal in schärfster Form über den «anglo-amerikanischen Imperialismus» herzog, am 25. Januar nach vier Minuten unterbrochen. Die Zeitungsredaktionen erhielten die Anweisung, nicht über diese Rede zu berichten; Gerüchte über heftigste Auseinandersetzungen zwischen Tulpanow und Semjonow machten die Runde. Am 29. März wurde Sokolowski ohne Angabe von Gründen abgelöst; an seine Stelle trat Armeegeneral Wassili Tschuikow. Danach wurde es zunehmend still um Tulpanow. Anfang Oktober meldete das Sowjetische Nachrichtenbüro, er sei «vor längerer Zeit» nach Moskau zurückbeordert worden.[69] Offensichtlich war Stalin bei dem Besuch der SED-Delegation deutlich geworden, daß die Entwicklung in der Besatzungszone aus dem Ruder gelaufen war, und so zog er nun die dafür Verantwortlichen aus dem Verkehr.

Die Maßnahmen zur Umwandlung der SED in eine «Partei neuen Typus» wurden freilich wie geplant durchgeführt; Stalin schickte zur Beobachtung der Parteikonferenz ausgerechnet den ideologischen Eiferer Michael Suslow, der nach Shdanows Tod im August 1948 die Kominform-Kampagne gegen Jugoslawien geleitet hatte.[70] Die Zentralisierung der Machtstrukturen wurde nicht zurückgenommen; die Mobilisierung für den Zweijahresplan lief weiter. In der Parteiführung wurde auch nicht zu Ende diskutiert, ob diese Maßnahmen nicht doch auf die Verwirklichung des Sowjetmodells in der Ostzone hinausliefen. Eher unfreiwillig machte Grotewohl in seiner Parteikonferenzrede deutlich, daß diese Möglichkeit immer noch bestand: In der Ostzone könne «die Arbeiterklasse im Unterschied zu den Volksdemokratien eine solche Herrschaft nicht ausüben, weil die Mehrheit der Arbeiterklasse noch nicht kampfentschlossen hinter der Partei steht».[71] Daß dies für Stalin nicht die einzige und nicht die erste Bedingung war, sondern für ihn die Verwirklichung der Einheit Priorität hatte, ging in der Anspannung der Auseinandersetzung um die Bedeutung seiner «Ratschläge» verloren.

Sodann war die Verfassung, die der Volksrat präsentierte, für westliche Demokratien nicht sonderlich attraktiv. Sie kam zwar, einer Aufforderung Semjonows folgend[72], den westdeutschen Föderalismusvorstellungen insofern entgegen, als sie im Unterschied zum SED-Entwurf von 1946 eine Länderkammer mit suspensivem Veto vorsah. Die Gewaltenteilung blieb jedoch weiterhin zugunsten des Parlaments aufgehoben, die Wirtschaftsplanung erhielt Verfassungsrang, und mit der Bestimmung, daß «alle Fraktionen, soweit sie mindestens 40 Mitglieder haben», an der Regierung zu beteiligen seien, wurde de facto auch das Blockprinzip verfassungsrechtlich festgeschrieben.

Vor allem aber vermochten die Direktwahlen zum dritten Volkskongreß das Legitimationsdefizit des Volksrats nicht zu überwinden. Die ersten beiden Volkskongresse waren aus willkürlich zusammengesetzten Delegationen von Parteien, Massenorganisationen und Betrieben hervorgegangen und vielfältiger Manipulation ausgesetzt gewesen. Diesmal sollten alle Bürger der Sowjetzone und Ost-Berlins die Delegierten selbst benennen; nur für die Sitze, die den Delegierten aus den Westzonen zugeteilt wurden, insgesamt ein Viertel, wurde das bisherige Verfahren beibehalten. Um die «führende Rolle» der SED nicht zu gefährden, was in Anbetracht der fortdauernden «Unzufriedenheit der Arbeiter» zu befürchten war[73], bestanden Parteiführung und SMAD jedoch darauf, daß in jedem Wahlbezirk nur eine vorher abgesprochene «Einheitsliste» der Parteien und Massenorganisationen zur Wahl stand. Das Votum für diese Liste wurde zudem mit einem Bekenntnis zur «Einheit Deutschlands» und zu einem «gerechten Friedensvertrag» verbunden.

Unter diesen Umständen kam das Ergebnis der Abstimmung am 15./16. Mai einer Katastrophe gleich. Umfassende Amtshilfe der Behörden und intensive Massenagitation sorgten zwar für eine Beteiligung von über 95 Prozent der Abstimmungsberechtigten. Der Anteil der Nein-Stimmen war aber trotz der Suggestivfrage nach der Einheit so hoch, daß nach einer Intervention von Kurt Fischers Verwaltung des Innern vielerorts «großzügige» Interpretationen ablehnender Meinungsäußerungen vorgenommen wurden. Aber auch so mußten schließlich 34,2 Prozent Nein-Stimmen und 6,7 Prozent ungültige Stimmen registriert werden. Der Volkskongreß, der am 29./30. Mai zusammentrat und den Verfassungsentwurf «annahm», konnte sich nur auf ein denkbar diffuses Mandat berufen.

Kein Wunder, daß die Westdeutschen in dem ganzen Volkskongreßunternehmen zumeist nur ein Instrument sowjetischer Expansionspolitik sahen und ihren führenden Politikern die Erklärung durchgehen ließen, sie würden sich nicht mit «Sklaven der Sowjetunion» an einen Tisch setzen.[74] Kein Wunder auch, daß «bei manchen Genossen noch eine falsche Vorstellung über das gegenwärtige politische Regime in der sowjetischen Besatzungszone» bestehen blieb, wie Pieck im März in der «Einheit» schrieb oder schreiben ließ, nämlich die Gleichstellung «mit dem Regime in den volksdemokratischen Ländern». Wenn die Mehrheit der SED-Führung und auch die SMAD nach der Zurechtweisung durch Stalin auch nicht länger «den Anschein erwecken» wollten, «als ob wir uns mit der Spaltung Deutschlands abgefunden hätten»[75], die Wirklichkeit sah anders aus.

Stalin nahm solche Feinheiten freilich nicht wahr. Er hatte in den informellen Gesprächen, die der amerikanische Delegierte beim UNO-Sicherheitsrat, Philip Jessup, seit dem 15. Februar in lockerer Folge mit seinem sowjetischen Kollegen Jakow Malik führte, zur Kenntnis nehmen müssen, daß mit der Blockade überhaupt kein

Druck mehr zu erzeugen war. Ende April rang er sich dazu durch, ihrer Aufhebung auch ohne Vertagung der westdeutschen Regierungsbildung zuzustimmen; die erneute Einberufung des Alliierten Außenministerrats war die einzige Gegenleistung.[76] Um so wichtiger war Stalin die Mobilisierung der deutschen Öffentlichkeit: Sie allein konnte die Etablierung des Weststaates noch verhindern, wenn diese überhaupt noch zu verhindern war. Zugleich mit der Einwilligung in die Aufhebung der Blockade beauftragte er Semjonow – der eigens dazu nach Moskau beordert worden war – mit der Schaffung einer «Nationalen Front für [die] Einheit». Es sei jetzt «notwendig», ließ er der SED-Führung ausrichten, einen «Schritt weiter» zu gehen «als [mit dem] Volkskongreß».[77]

Offensichtlich schwebte ihm dabei die Bildung einer «Kampfformation» zur «Stärkung des nat[ionalen] Befreiungskampfes» auch in den «Westzonen» vor, wie er sie im Juni 1948 schon einmal über Semjonow angefordert hatte.[78] Sie sollte auch «ehem[alige] Nazi[s]» und «ehem[alige] Militär[s]» ansprechen und ihnen entgegenkommen. Grotewohl, dem Semjonow nach der Rückkehr aus Moskau am 6. Mai als erstem berichtete, hielt als konkrete Maßnahme fest, daß die «Wahlberechtigung restlos an Nazi» gegeben werden müsse. Wie erstmals im Juni 1948 schlug Stalin den Alliierten erneut den Abzug aller Besatzungstruppen binnen eines Jahres nach Abschluß des Friedensvertrages vor. Dabei versäumte es die sowjetische Diplomatie natürlich nicht, den Kontrast zur unbestimmten Dauer des Besatzungsstatuts für die künftige Bundesrepublik herauszustellen.

Es ist durchaus möglich, daß Stalin darauf hoffte, mit dieser veränderten Taktik schon auf der Außenministerratstagung Erfolg zu haben, die am 23. Mai in Paris begann. Pieck, der sich seit dem 14. April zu ärztlichen Behandlung und Kur in Moskau aufhielt, notierte jedenfalls in einer Disposition für eine Unterredung mit Molotow am 11. Mai als «Perspektive der Entwicklung in [der] nächsten Zeit» und «Möglichkeit der Pariser Konferenz» die «Wiederaufnahme der Arbeit des Kontrollrats» und «der Alliierten Kommandatur», und dann: «kein Weststaat – kein Besatzungsstatut», sondern «einheitl[iche] Regierung – Verfassung – Parlament» sowie «Friedensvertrag» mit einem «einheitl[ichen] Deutschland».

Er erwartete, daß das Ruhrstatut geändert («int[ernationale] Kontrolle») und daß man sich in Berlin auf der Basis der Einführung der «Ostwährung» einigen würde. Bei «Neuwahlen der Stadtverordneten», die er für diesen Fall für möglich hielt, faßte er ins Auge, daß die «SED [nur eine] Minderheit» erringen würde.[79]

Daß in Paris, wo die vier Außenminister bis zum 20. Juni verhandelten, nicht mehr erreicht wurde als die Zusicherung, die «Bestrebungen zur Wiederherstellung der wirtschaftlichen und politischen Einheit Deutschlands fortzusetzen» und auf der nächsten UNO-Vollversammlung im September einen Termin für eine weitere Ratstagung zu vereinbaren[80], entmutigte Stalin nicht. Zwar sei es «in Paris nicht gelungen», ließ er Pieck über Semjonow wissen, in der «deutschen Frage» eine «ähnliche Entscheidung wie [in der] Österr[eich-Frage]» zu erreichen, in der man sich über die grundsätzlichen Artikel des Staatsvertrags geeinigt hatte. Die Konferenz sei «aber deswegen nicht bedeutungslos» gewesen: «Schon [ihre] Einberufung» habe einen «Schlag gegen [die] Spalter» bedeutet, eine noch größere «Anerkennung für [die] Politik der SU [...] als Potsdam». Bei der Ratstagung in London habe man noch versucht, die «SU aus[zu]schalten». Das sei «jetzt anders – SU nicht ausschalten»; die Westmächte hätten wegen des «Risiko[s], Frieden zu bekommen, [...] schon sehr nervös reagiert». Zudem bedeute die Verständigung in der Österreich-Frage einen «Fortschritt in der Friedensregelung auch für Deutschland». Stalin erwartete die «nächste Auß[en]min[ister]konferenz», die sich «mit Einheit und Friedensvertrag [...] beschäftigen» werde, «im Herbst» und sah nach dem jetzt erreichten «1 Schritt vorwärts» generell Möglichkeiten, «zwischen den Bes[atzungs]mächten [einen] Modus vivendi [zu] finden». Sodann bekräftigte er noch einmal seine Überzeugung, daß «kein Krieg möglich» sei.

Der SED-Führung übermittelte Semjonow als «Direktive Stalins», sie solle ihre «Bemühungen fortsetzen», die «wirtsch[aftliche] u[nd] pol[itische] Einheit [zu] erreichen». Er forderte sie noch einmal auf, eine «Nationale Front» aufzubauen, und schärfte ihnen zur Begründung ein, daß der «Friedensvertrag» mit Deutschland «nicht beiseite[ge]legt» werden könne, «weil davon [der] Frieden der Welt» abhänge. «Deshalb» müsse der «Kampf weiter[gehen]».[81] Weit davon entfernt, nach dem Scheitern der Blockade den Oststaat als akzeptablen Teilerfolg zu betrachten – so die seither gängige westliche Lesart –, suchte er nach neuen Wegen, den Weststaat zu verhindern, davon überzeugt, daß das – zumindest langfristig – zu erreichen sei. Der Vorbereitung einer Regierung in der Ostzone, die er seit dem Dezembertreffen mit der SED-Führung grundsätzlich nicht mehr ausgeschlossen hatte, mochte er trotz der Proklamation des Grundgesetzes am 23. Mai auch jetzt noch nicht nähertreten.

Die SED-Führer konnten mit diesem Optimismus – der indirekt noch einmal unterstreicht, wie wichtig Stalin die gesamtdeutsche Lösung war und wie fern ihm der Gedanke an einen «sozialistischen» Teilstaat lag – wenig anfangen. Zu deutlich war der Erfolg, den die Westmächte mit dem dreifachen Durchbruch in den Verhandlungen über das Besatzungsstatut, den Nordatlantikpakt und das Grundgesetz erreicht hatten, zu groß auch das Interesse, die Macht nicht mehr preiszugeben. Die Alternative, auf die Stalin verwies, war zu wenig greifbar, ja seine Forderung nach Schaffung einer «Nationalen Front» bereitete sogar ausgesprochene Schwierigkeiten. Pieck notierte nach seiner Rückkehr aus Moskau am 23. Mai: «Was soll das sein?», «Nicht vorbereitet» und: «Losung bedenklich», wegen des Anklangs an eine «Nazi-Parole».[82]

Nachdem sie auf den ersten Aufruf zur Schaffung einer solchen «Kampfformation» im Juni 1948 überhaupt nicht reagiert hatten, ergänzten die SED-Führer jetzt das Programm des 3. Volkskongresses kurzfristig um die Verabschiedung eines «Manifests an das deutsche Volk», in dem zur Bildung einer «nationalen Front für Einheit und gerechten Frieden» aufgerufen wurde.[83] Zuvor hatten sie aber mit der SMAD-Spitze ausgemacht, daß es sich dabei um «keine org[anisierte] Einrichtung» handeln sollte[84]; und als sich in der Präsidiumssitzung des Volksrats am 28. Mai «Widerstand [der] bürgerl[ichen] Parteien gegen [die] Schaffung [der] Nat[ionalen] Front» zeigte[85], erhoben sie wenig Einwände. Selbst Semjonows Mahnung vom 19. Juli, die darauf hindeutet, daß man in Moskau mit den bisherigen Anstrengungen nicht zufrieden war[86], führte zu keinem konkreteren Engagement: Die SED-Führer fanden sich zwar notgedrungen zur Erarbeitung eines Programms der Nationalen Front durch den Volksrat bereit und erklärten, daß nicht weitere «Enteignungen oder verwaltungsmäßige Zwangsmaßnahmen» den «Hauptinhalt der demokratischen Aufgabe in der Ostzone in der gegenwärtigen Periode» darstellten, sondern lediglich die «Konsolidierung der bisherigen fortschrittlichen Errungenschaften».[87] Hinsichtlich der Organisation der Bewegung, die ihr «Hauptgewicht [im] Westen» haben sollte, blieb es aber bei der vagen Formulierung, daß «viele Formen» der Arbeit notwendig seien.[88]

Viel mehr als um die «Nationale Front» kümmerten sich die SED-Führer um ein Projekt, das sie Anfang Mai selbst entwickelt hatten: die Bildung einer «deutschen Regierung» durch den 3. Volkskongreß. Sie sollte erfolgen, notierte Pieck am 11. Mai in Moskau, wenn die Pariser Ratstagung die Weststaatsvorbereitungen nicht doch noch im letzten Moment stoppen würde.[89] Der Volkskongreß sollte dann nicht nur die Verfassung der «Deutschen Demokratischen Republik» verabschieden, sondern auch gleich eine Regierung bestellen; und der vom Kongreß neugewählte Volksrat sollte sich «als Parlament» konstituieren. Am 23. Mai plädierte Pieck darum auch dafür, den «Volkskongreß [zu] verschieben – bis nach Abschluß [der] Pariser Konferenz», von der er an diesem ersten Verhandlungstag schon annahm, daß sie «wahrscheinlich scheitern» werde. Die anschließende Regierungsbildung präsentierte er als Teil einer «große[n] Kampagne», die «auch [der] nat[ionalen-] Front-Parole mehr Bedeutung» verschaffe.[90]

Man darf davon ausgehen, daß die Politbüromitglieder mit einer solchen Regierungsbildung mehr verbanden. So hatte Pieck in Moskau den Entwurf einer Kabinettsliste bei sich: Sie sah Grotewohl als Ministerpräsidenten vor, den CDU-Vorsitzenden Otto Nuschke und seinen LDPD-Kollegen Hermann Kastner als Stellvertreter und den LDPD-Ministerpräsidenten von Sachsen-Anhalt Erhard Hübener als Außenminister – aber auch Kurt Fischer als Innenminister. Insgesamt sollten zehn von achtzehn Ministerämtern der SED zufallen. Zumindest Ulbricht dürfte in dem Vorschlag auch einen Weg gesehen haben, den Widerstand Stalins gegen die Etablierung einer Ostregierung zu umgehen. Für Grotewohl, vielleicht auch für Pieck und andere, entsprach er in seiner Ambivalenz dem eigenen

Schwanken zwischen gesamtdeutschem Interesse und Einsicht in die Realität der Spaltung.

In Moskau wollte man von dem Vorstoß freilich nichts wissen. Mit dem Argument, daß der 3. Volkskongreß wieder eine Delegation zur Außenministerratstagung entsenden sollte[91], bestand man auf einer raschen Einberufung des Kongresses, der sich darum auch mit der «Annahme» der Verfassung und der Neuwahl des Volksrates begnügen mußte. Aber auch nach der Pariser Konferenz gab es kein grünes Licht für die Regierungsbildung. Stalin verwies statt dessen auf die nächste Ratstagung «im Herbst»[92], so daß sich die SED-Führer notgedrungen aufs Temporieren verlegen mußten. «Ich glaube aber», führte Pieck am 17. Juni im Zentralen Block aus, «wir sollten zu der Frage: Bildung eines Parlaments und einer Regierung im Osten nicht Stellung nehmen, bevor nicht dieser Weg im Westen ganz zu Ende gegangen ist. Solange das nicht der Fall ist, soll man den Kampf für die Erhaltung der Einheit Deutschlands führen. Wir würden unserem Kampf einen sehr großen Abbruch tun, wenn wir uns dazu verleiten ließen, jetzt die gleichen Schritte zu tun, wie sie im Westen unternommen werden.»[93] Grotewohl schöpfte vielleicht sogar wieder neue Hoffnung. «Die Formulierung [der] wirtschaftliche[n] und politische[n] Einheit Deutschlands» sei «die neue Aufgabe», notierte er während der Politbürositzung vom 28. Juni, und weiter: «Modus vivendi = Vorbereitung einer Situation für Potsdam».[94]

Anfang August, als in den Westzonen der Wahlkampf zu den Wahlen zum ersten Deutschen Bundestag auf Hochtouren lief, fühlten Ulbricht und Grotewohl erneut bei Semjonow wegen der Inkraftsetzung der DDR-Verfassung vor.[95] Die Antwort fiel auch diesmal negativ aus, so daß Ulbricht erneut auf eine ungewisse Zukunft verschieben mußte, was doch nach dem Inkrafttreten des Grundgesetzes alle Welt erwartet hatte. «Die staatspolitischen Fragen», erklärte er am 11. August im Präsidium des Volksrats, «stehen gegenwärtig noch nicht so sehr im Vordergrund».[96] Der unentschiedene Schwebezustand zwischen beginnendem SED-Staat und Stalins fortdauernden gesamtdeutschen Ambitionen dauerte den ganzen Sommer 1949 über an.

Entscheidung im September

Ein Umdenken Stalins in der Frage eines eigenen Separatstaats erfolgte erst Anfang September, nachdem nicht nur am 14. August der Bundestag gewählt, sondern auch die Vereinbarung einer neuen Außenministerratstagung ausgeblieben war. Am 16. September, einen Tag nach der Wahl Konrad Adenauers zum ersten Bundeskanzler der in Bonn etablierten Bundesrepublik Deutschland, flogen Pieck, Grotewohl und Ulbricht sowie Oelßner als Dolmetscher, wie einige Tage zuvor für den Fall einer westdeutschen Regierungsbildung vereinbart, nach Moskau. Im Gepäck hatten sie eine «Disposition für die Regierungsbildung» vom 8. September, in der betont wurde, daß es «nicht um eine ostdeutsche Staatenbildung oder um eine ostdeutsche Regierung» gehe, «sondern um die Regierung für Gesamtdeutschland», sowie ein «Kurzfristige Prozedur für die Regierungsbildung» tituliertes Papier vom 15. September, das auf eine «sofortige dreiwöchige intensive Kampagne zur Diskreditierung und Entlarvung des Bundesparlaments und der Bundesregierung für den Weststaat als Organe der westlichen Besatzungsmächte unter Preisgabe deutscher Interessen» abhob.[97]

Im Gespräch mit Stalin begründeten die SED-Führer «die Notwendigkeit, in der Sowjetischen Besatzungszone mit der Bildung einer deutschen Regierung voranzugehen», erneut und ausschließlich mit dem Bedarf an «Aufklärungsarbeit» und Vertiefung des «Kampfes gegen diese Politik der Westmächte». Ein zusätzliches Argument zogen sie dabei aus dem Ausgang der Bundestagswahlen, bei denen es die KPD auf enttäuschende 5,7 Prozent der Stimmen gebracht hatte: «Wenn man die Stimmen der Sozialdemokratie noch den bürgerlichen Stimmen hinzurechnet, da doch die Sozialdemokratie die gleiche Politik für die koloniale Versklavung des deutschen Volkes unterstützte, so steht fest, daß die gewaltige Mehrheit der Wähler sich für diese Parteien entschieden hat, und damit den Westmächten die Möglichkeit gibt zu erklären, daß ihre Politik die Zustimmung der Volksmassen gefunden habe. [...] Diese Wahlentscheidung der Bevölkerung zeigt die große Gefahr auf, die durch die Irreführung der Massen sowohl für die nationale Selbständigkeit als auch für die Wirtschaft und noch mehr für den Frieden besteht.»[98]

Möglicherweise hat erst dieser drastische Hinweis auf die tatsächliche Stimmung in der westdeutschen Bevölkerung Stalin dazu bewogen, der Etablierung des Oststaates definitiv zuzustimmen. Piecks Unterlagen vermelden erst für den 27. September, im Rahmen einer «Besprechung im Politbüro des ZK der KPdSU», eine «Antwort» der sowjetischen Seite.[99] Stalin willigte ein, daß sich der Volksrat zur «provisorischen Volkskammer» erklärte und das Regierungsbildungsverfahren nach der Verfassung der «Deutschen Demokratischen Republik» in Gang setzte. Er stimmte weiter zu, daß die so gebildete Regierung «alle Verwaltungsfunktionen» übernahm, «die bislang von der SMA ausgeübt wurden, während die SMA zu einer Sowjetischen Kontrollkommission umgebildet» wurde. Und um der neuen Regierung den Start zu erleichtern, konzedierte er auch die Auflösung der sowjetischen Straflager in Deutschland sowie die Entlassung aller deutschen Kriegsgefangenen zum 1. Januar 1950, «mit Ausnahme der von Militärgerichten Verurteilten».[100]

Als «Deutsche Regierung», die implizit einen Alleinvertretungsanspruch für alle Deutschen erhob, durfte sich die endlich zugebilligte Regierung allerdings nicht bezeichnen. Stalin bestand auf der Formulierung «Provisorische Regierung der Deutschen Demokratischen Republik», die offenließ, auf welches Territorium sich diese DDR erstreckte. Das Argument, eine Volksrat-Regierung werde die Westdeutschen wachrütteln, überzeugte ihn offensichtlich nicht besonders; vor allem aber wollte er seine Handlungsmöglichkeiten durch das ihm aufgezwungene neue Regime in Ost-Berlin nicht allzusehr einschränken lassen.

So mußten die SED-Führer wieder einmal dementieren, was sie ursprünglich angestrebt hatten. Auf einer gemeinsamen Sitzung von Volksrat-Präsidium und Zentralem Block am 5. Oktober, auf dem das in Moskau beschlossene Programm bekanntgegeben wurde, erklärte Pieck, unter der «Provisorischen Regierung» sei «nicht eine Regierung Gesamtdeutschlands, sondern eine Regierung der Deutschen Demokratischen Republik» zu verstehen.[101] Weil die Konstituierung der DDR, die jetzt in denkbar kurzer Frist am 7. Oktober erfolgte, gleichwohl von zahlreichen Bekundungen des Einheitswillens begleitet wurde, mußte Grotewohl am 9. Oktober im Parteivorstand noch einmal insistieren: «Es wird zuviel von einer gesamtdeutschen Regierung gesprochen. Genossinnen und Genossen, wir bilden keine gesamtdeutsche Regierung, sondern die Grundlage unserer Arbeit ist die Verfassung der Deutschen Demokratischen Republik, und die Regierung, die hier gebildet wird, ist die Regierung der Deutschen Demokratischen Republik. Eine andere Frage ist, in welchem Umfang sie eine gesamtdeutsche Wirksamkeit erzielen wird.»[102]

Implizit beschränkte Grotewohl die «Deutsche Demokratische Republik» damit, anders als es mit der Volkskongreßkampagne beabsichtigt gewesen war, auf das Territorium der Sowjetzone. Sie war nicht nur in der Realität, sondern auch ihrem Selbstverständnis nach mehr die Verkörperung separater Staatlichkeit als der Kern der erstrebten Potsdamer Republik. Insofern war die Staatsgründung vom 7. Oktober 1949 tatsächlich «ein Wendepunkt in der Geschichte Europas», wie Stalin in seinem Glückwunschtelegramm vom 13. Oktober schrieb. Freilich war es in seiner Perspektive keine Wende zum Besseren. Was für Ulbricht eine erste Genugtuung für die seit Dezember 1948 erlittenen Rückschläge war und für Grotewohl ein notwendiger Schritt, war für ihn eine Niederlage – nicht die erste, aber eine ziemlich schmerzhafte. Daß er an dem Gründungsakt selbst nicht teilnahm, sollte sich als symbolisch erweisen.

6 Zwischen zwei Zielen

Mit der Gründung der DDR hatte Stalin seine Hoffnungen auf ein Deutschland in den Potsdamer Perspektiven nicht aufgegeben. In seinem Glückwunschtelegramm war vom Sozialismus in Deutschland nach wie vor nicht die Rede, um so mehr vom «einheitlichen, unabhängigen, demokratischen, friedliebenden Deutschland». In einer geradezu überschwenglichen Hommage an das deutsche Volk erklärte er: «Die Erfahrung des letzten Krieges hat gezeigt, daß das deutsche und das sowjetische Volk in diesem Kriege die größten Opfer gebracht haben, daß diese beiden Völker die größten Potenzen in Europa zur Vollbringung großer Aktionen von Weltbedeutung besitzen. Wenn diese beiden Völker die Entschlossenheit an den Tag legen werden, für den Frieden mit der gleichen Anspannung ihrer Kräfte zu kämpfen, mit der sie den Krieg führten, so kann man den Frieden in Europa für gesichert halten.» Die Gründung der DDR war nur eine Etappe in diesem Kampf; das Ziel blieb, «die Knechtung der europäischen Länder durch die Weltimperialisten unmöglich [zu] machen».[1] Oberbefehlshaber Tschuikow erklärte am 10. Oktober 1949, daß «die Sowjetunion den Sinn der Beschlüsse des deutschen Volksrates» zur Gründung der DDR darin sehe, damit einen Beitrag zur «Wiederherstellung der Einheit Deutschlands» und zu dessen «Wiedergeburt auf demokratischer und friedlicher Grundlage» zu leisten.[2]

Stalin hegte im ersten Jahr des neuen Staates offensichtlich keine Zweifel, daß dieses Ziel erreicht werden konnte. «Sie brauchen nicht daran zu zweifeln», schrieb er in seinem Glückwunschtelegramm weiter, «daß Sie, wenn Sie diesen Weg [des Kampfes für den Frieden] einschlagen und den Frieden festigen, eine große Sympathie und aktive Unterstützung aller Völker der Welt finden werden, darunter auch des amerikanischen, englischen, französischen, polnischen, tschechoslowakischen, italienischen Volkes, schon gar nicht zu reden vom friedliebenden Sowjetvolk.» Malenkow veröffentlichte im Dezember 1949 eine Geburtstagshuldigung auf Stalin, in der er eine lange Passage aus dem Interview mit Harold Stassen vom April 1947 zitierte – anders als damals in direkter Rede, so als ob sich die damaligen Zweifel, ob Zusammenarbeit von Staaten unterschiedlicher Systeme wirklich möglich sei, unterdessen erledigt hätten.[3] Zahlreiche Berichte der Sowjetischen Kontrollkommission (SKK) über die tiefe Feindschaft der «unterdrückten Westdeutschen» ihren «amerikanischen Kolonialherren» gegenüber, über den wachsenden Widerstand gegen Adenauer und über den Niedergang des «pro-amerikanischen Flügels» der SPD[4] bestärkten Stalin gewiß in der Überzeugung, daß der Kampf um das demokratische Gesamtdeutschland mit der staatlichen Organisation der Ostzone noch nicht beendet war.

Stiller Staatsstreich

Die SED-Führer hatten zunächst ein ganz anderes Ziel im Blick: die Sicherung der Macht im östlichen Teil Deutschlands, die sie im Zuge der «Verschärfung des Klassenkampfes» im Laufe des Jahres 1948 errungen hatten. Bedroht war diese Macht vor allem durch die Wahlen, die nach dem Ende der laufenden Legislaturperioden stattzufinden hatten (Gemeinde- und Kreistagswahlen schon im Herbst 1948, Landtagswahlen im Herbst 1949), vor allem aber durch die in der neuen Verfassung vorgesehenen Volkskammerwahlen. Die Führer der bürgerlichen Parteien rechneten für diese Wahlen fest mit einem überwältigenden Sieg (bis zu 70 Prozent der Stimmen nach einem Situationsbericht von SED-Spitzeln im Juni 1949[5]), der die SED an den Rand drängen und sie selbst als Hauptpartner einer gesamtdeutsch orientierten sowjetischen Politik etablieren würde.[6] Ebenso war den SED-Führern bewußt, daß sie für alle Übergriffe der Besatzungsmacht würden zahlen müssen.

Um der drohenden Niederlage zu entgehen, entwickelten sie schon 1948 zwei Ideen: zunächst die Verschiebung der Wahltermine, und als deutlich wurde, daß das allein noch keine Rettung versprach, die Aufstellung einer Einheitsliste der im Block zusammengefaßten Parteien. Nachdem ihnen die Besatzungsmacht zunächst hinsichtlich der Gemeinde- und Kreistagswahlen (im Juni 1948)[7] und dann auch für die Landtagswahlen (Empfang bei Stalin im Dezember 1948)[8] einen Aufschub gewährt hatte, bedrängten die SED-Funktionäre die bürgerlichen Parteien, dem Prinzip der Einheitsliste zuzustimmen. Dabei stießen sie auf hartnäckigen Widerstand. Als das sowjetische Außenministerium Anfang März 1949 anfragte, ob SMAD und SED die Durchführung der anstehenden Wahlen im Herbst 1949 für möglich hielten, antwortete Semjonow, die SED sei an der Durchführung der Wahlen nach einer Einheitsliste interessiert; dafür sei jedoch noch nicht alles vorbereitet.[9]

Anfang August 1949 präsentierten Pieck und Grotewohl Semjonow einen neuen Vorschlag: die Inkraftsetzung der DDR-Verfassung unter Ausklammerung der Wahlbestimmungen. In der Amtszeit der provisorischen Regierung, die ihnen noch einmal einen Aufschub verschaffte, sollte die Besatzungsmacht für eine spürbare Verbesserung der Versorgungslage sorgen; dies würde es ihnen dann ermöglichen, so hofften sie, ein Jahr später im Verein mit den «neuen» Parteien (NDPD und DBD) CDU und LDPD zu schlagen.[10] In den Verhandlungen in Moskau im September entwickelten Pieck und Grotewohl noch ein weiteres Argument für die Verschiebung der Wahlen «bis zu einem Jahr»: «Die weitere Entwicklung im Westen Deutschlands» werde bis dahin «klar ergeben» haben, «daß dort die Lage sich fortgesetzt verschlechtert, im Gegensatz zu dem Vormarsch in der Ostzone. An dieser Tatsache wird die Hetze scheitern, die vom Westen und Berlin her in der Ostzone betrieben wird.[11]»

Es mag sein, daß das Auslaufen der Wahlperiode der Landtage im Oktober 1949 bei der Entscheidung Stalins, dem Drängen der SED-Führung auf staatliche Organisation der Ostzone endlich zuzustimmen, eine Rolle gespielt hat. Jedenfalls ist deutlich zu erkennen, daß der drohende Wahltermin die SED-Führer veranlaßte, mit allem Nachdruck für die Staatsgründung zu werben. Als Etappensieg konnten sie aus Moskau das Einverständnis Stalins mit nach Hause nehmen, daß der «Herbst 1950» als Wahltermin «in Aussicht genommen» wurde und daß dafür «die Aufstellung gemeinsamer Wahllisten der SED mit den anderen Parteien anzustreben» war.[12]

Dies bei den bürgerlichen Parteien durchzusetzen, machte, wie Pieck vorausgesagt hatte, weiterhin «große Schwierigkeiten».[13] Ihre Führer, die von Pieck und anderen in getrennten Besprechungen bearbeitet wurden, zeigten sich in beiden Fragen widerspenstig.[14] Nachdem ihnen «von höchster Stelle» (also Tschuikow oder Semjonow) «bedeutet wurde, daß aus außenpolitischen Gründen nicht gewählt werden könne»[15], akzeptierten sie unmittelbar vor der gemeinsamen Sitzung von Zentralem Block und Volksrat-Präsidium am 5. Oktober die Verschiebung der Wahlen – in der vagen, zum Teil auch bestimmten Hoffnung, daß damit die Einheitslisten vom Tisch seien, und teilweise auch durch die Regierungsposten versöhnt, die die SED ihnen anbot oder sich abhandeln ließ. Vor allem die ursprünglich nicht vorgesehene Berufung des CDU-Generalsekretärs Georg Dertinger zum Außenminister erschien ihnen als ein wichtiger Erfolg.[16] In der gemeinsamen Block- und Volksratssitzung selbst erhob nur noch der stellvertretende CDU-Vorsitzende Hugo Hickmann Einwände gegen eine Verschiebung der Landtagswahlen; als Pieck zum Schluß allgemeines Einverständnis mit der Verlegung aller Wahlen auf den 15. Oktober 1950 konstatierte, gab es aber keinen Widerspruch mehr.[17]

Unter dem Eindruck heftigen Protests der Parteigremien und der Basis der bürgerlichen Parteien gegen diese Entscheidung wiesen sowohl Nuschke (CDU) als auch Kastner (LDPD) weitere Vorstöße Tschuikows und Semjonows in der Frage der Einheitslisten über mehrere Monate zurück.[18] Die SKK leitete daraufhin im Januar 1950 eine Kampagne zur «Säuberung» der bürgerlichen Parteien von «Reaktionären» ein. Die SED erhielt den Auftrag, die Absetzung Hickmanns und anderer prominenter Gegner der Einheitslisten zu betreiben. Semjonow sagte Kastner direkt, daß «1/10 der Mitgl[ieder zu] entfernen» sei; es gäbe «keine Zukunft» für die Partei, «wenn [sie sich] für Monopolisten u[nd] Junker» einsetze und sich «gegen volkseigene Betriebe» wende.[19] Durch den anhaltenden Druck mürbe gemacht – Tschuikow mahnte Pieck und Grotewohl am 7. März, bei der «Entlarvung der reakt[ionären] Elemente in [den] bürgerl[ichen] Parteien» nicht «nach[zu]lassen»[20] – resignierten die Parteimitglieder und in der zweiten Märzhälfte auch die Parteiführer. Nuschke, der im Januar zunächst hatte zurücktreten wollen[21], stimmte bei dem Antrittsbesuch, den er Pieck als Staatspräsident am 15. März machte, «grundsätzlich gemeinsamen Listen zu»; am 20. März tat dies auch LDPD-Mitvorsitzender Karl Hamann, am 25. März wohl ebenso Kastner.[22] Als die SED-Führer daraufhin am 28. März die Unterschrift der Parteivorsitzenden unter eine Vereinbarung über die Einheitslisten verlangten, sträubte sich Kastner noch einmal, gab aber, von Pieck entsprechend bearbeitet, schließlich nach.

Damit – und jetzt erst, wie man gegenüber vielen leichtfertigen Urteilen im Anschluß an die Absetzung Kaisers und Lemmers betonen muß – war den beiden bürgerlichen Parteien nach über zwei Jahren anhaltenden und zuletzt verstärkten Drucks das Rückgrat gebrochen. Ihr Mitwirken in der Volkskongreßbewegung bis hin zur Inkraftsetzung der DDR-Verfassung auf dem Territorium der Ostzone hatten sie bei aller Problematik, die ihnen nicht verborgen blieb, zu Recht noch als Beitrag zu einem gesamtdeutsch ausgerichteten und demokratischen Projekt verstehen können. Von jetzt an aber überwog die Mitwirkung (und sei es nur durch Legitimationsbeschaffung) an der Befestigung der Diktatur der SED-Kader. Natürlich blieben vage Hoffnungen, die Sowjetunion könne sich doch noch einmal gesamtdeutsch orientieren. Ebenso blieb die Aufgabe, den SED-Kadern das Feld nicht ganz zu überlassen und so vielleicht doch Freiräume zu erhalten, die bei einem Durchmarsch der leninistischen Ideologen verlorenzugehen drohten. Dies alles aber war nun unausweichlich mit individueller Korrumpierung verbunden und führte nicht selten zu peinlichen Bekundungen vorauseilenden Gehorsams. Nuschke etwa stellte den Verzicht auf die Wahlmöglichkeit zwischen «Ja» und «Nein», die bei den Wahlen zum 3. Volkskongreß noch gegeben war, im Zentralen Block jetzt als seine ureigene Idee dar.[23]

Mit der definitiven Aussetzung freier Wahlen und der dauerhaften Sicherung der SED-Hegemonie, die daraus folgte, gewann ein Beschluß zur Bindung der SED-Minister und -Abgeordneten an das Politbüro, den das Kleine Sekretariat des Politbüros schon am 17. Oktober 1949 gefaßt hatte, im nachhinein den Charakter eines Staatsstreichs gegen die DDR-Verfassung. Darin war verfügt worden, daß «Gesetze und Verordnungen von Bedeutung, Materialien sonstiger Art, über die Regierungsbeschlüsse herbeigeführt werden sollen, weiterhin Vorschläge zum Erlaß von Gesetzen und Verordnungen [...] vor ihrer Verabschiedung durch die Volkskammer oder die Regierung dem Politbüro bzw. Sekretariat des Politbüros zur Beschlußfassung übermittelt werden» mußten und «für alle anderen wichtigen Verwaltungsmaßnahmen [...] vor ihrer Durchführung die Entscheidung der zuständigen Abteilung beim Parteivorstand herbeizuführen» war. Genossen in Regierungsstellen waren gehalten, dem Parteivorstand zuzuarbeiten; außerdem hatten Parteigruppen in den Ministerien über «Fehler und Unzulänglichkeiten in der Arbeit» Mitteilung zu machen.[24] Damit war Ulbricht als Vorsitzender des Kleinen Sekretariats – und seit dem 3. Parteitag im Juli 1950 als Generalsekretär – de facto Herr allen Geschehens, soweit es nicht von Eingriffen der SKK bestimmt wurde; Regierung und Parlament waren nur noch zuarbeitende und ausführende Organe des Politbüros.

Von besonderer Bedeutung für die Sicherung der Macht wurde die Anwendung dieser Bestimmungen auf das Ministerium für Staatssicherheit, das mit Beschluß der Volkskammer vom 8. Februar 1950 eingerichtet wurde. Es unterstand als selbständiger Apparat nur dem SED-Politbüro und sorgte mit einem rasch wachsenden Netz von Agenten für Überwachung und Einschüchterung – zunächst noch keineswegs flächendeckend, im Verein mit den Mobilisierungsaktionen der Partei aber gleichwohl wirksam. Kontrollen, Manipulationen, kollektiver Druck in Haus-, Betriebs- und Dorfgemeinschaften, Verhaftungen, schließlich unmittelbar vor der Wahl die Propagierung offener Stimmabgabe und am Wahltag selbst der Einsatz von «Schleppern» sorgten dafür, daß bei den Wahlen vom 15. Oktober 1950 nicht wieder, wie bei den geradezu traumatisch erlebten Volkskongreßwahlen, Protest laut werden konnte. Etwa 90 Prozent der Wähler gingen zur Abstimmung. Fälschungen bei der Stimmenauszählung machten daraus eine offizielle Wahlbeteiligung von 98,73 Prozent und eine Zustimmung zur Einheitsliste von 99,72 Prozent.[25]

Es muß festgehalten werden, daß es die SED-Führung war, die diesen stillen Staatsstreich mit großer Energie betrieb, und nicht etwa die sowjetische Besatzungsmacht. Für Ulbricht und die leninistischen Ideologen seiner Couleur ging es dabei um den entscheidenden Durchbruch im Klassenkampf. «Als Marxisten», erklärte der eben erst aus dem amerikanischen Exil zurückgekehrte ehemalige Komintern-Funktionär Gerhart Eisler in der Parteivorstandssitzung vom 4. Oktober 1949 in schöner Offenheit, «müssen wir wissen: Wenn wir eine Regierung gründen, geben wir sie niemals wieder her, weder durch Wahlen noch durch andere Methoden». Ulbricht veranlaßte dies zu dem spontanen Zwischenruf: «Das haben einige noch nicht verstanden!»[26] – was über sein wahres Denken ebensoviel verriet wie darüber, daß nicht alle SED-Führer so dachten.

Diejenigen, die wie Grotewohl, nunmehr Ministerpräsident des neuen Staates, nach wie vor die gesamtdeutsche Perspektive im Blick hatten, paßten sich an. Angesichts der Polarisierung zwischen Regime und Bevölkerung, die unterdessen eingetreten war, blieb ihnen als Alternative nur der Machtverlust. Diesen wollten sie weder für sich persönlich hinnehmen, noch glaubten sie, daß die Besatzungsmacht einen Verlust des SED-Machtmonopols akzeptieren würde. Daß sie damit ihren Handlungsspielraum unterschätzten, war ihnen nicht bewußt; sie wagten freilich auch gar nicht, sich an seine Grenzen heranzutasten. Statt dessen wirkten sie höchst aktiv daran mit, durch Repression zu erzwingen, was sie sich ursprünglich von einer Verbesserung der Versorgungslage erhofft hatten. Stalin wiederum akzeptierte Wahlverschiebung und Einheitsliste nicht im Hinblick auf das SED-Machtmonopol, sondern weil er bei einer Wahlniederlage der SED sein wichtigstes deutschlandpolitisches Instrument verloren glaubte.

Tschuikow und Semjonow, die ihre alten Funktionen unter neuen Bezeichnungen im wesentlichen weiterführten («Vorsitzender der SKK» bzw. «Politischer Berater des Vorsitzenden der SKK»), waren näher am Geschehen dran. Nachdem bei den Moskauer Beratungen im September 1949 die Aufstellung eines Fünfjahresplans im Anschluß an den Mitte 1950 auslaufenden Zweijahresplan beschlossen wurde, der «in enger Zusammenarbeit mit SU u[nd] VD» (also den Volksdemokratien) durchgeführt werden sollte[27], waren sie wohl zu der Überzeugung gelangt, daß die Staatsgründung im Osten eher der Auftakt zur Etablierung eines sozialistischen Teilstaats war als ein Umweg zur gesamtdeutschen Lösung. Pieck notierte jedenfalls bei einer Besprechung mit Semjonow am 14. Februar 1950, daß sich der «Klassenkampf» in der DDR «verschärft» habe und daß die «Parteien verschwinden» werden: «Wir gehen zum Sozialismus – aber Zick-Zack / Wir sprechen nicht davon.»[28]

«Deutsche an einen Tisch!»

Hinter dem Eifer, mit dem die SED alle zur Verfügung stehenden Machtmittel einsetzte, um ein Wahlergebnis von nahezu 100 Prozent für die Liste der «Nationalen Front» zu erreichen, stand nicht nur die Sorge vor dem Verlust ihrer hegemonialen Position. Daß sie, nachdem die Sitzverteilung in der neuen Volkskammer längst feststand, nicht davor zurückschreckte, aus 90 Prozent Wahlbeteiligung durch diverse Manipulationen fast 100 Prozent zu machen, läßt sich nur damit erklären, daß man – naiverweise – glaubte, damit die westdeutsche Bevölkerung beeindrucken zu können. Von «hohe[r] Wahlbeteiligung» und «möglichst einheitl[ichen] Ja-Stimmen» versprach sie sich, so Pieck beim nächsten Moskau-Besuch Anfang Mai 1950, eine «große Auswirkung auf den Westen».[29]

Freilich erschöpfte sich das gesamtdeutsche Engagement der SED-Führung in dieser – in Wahrheit kontraproduktiven – Anstrengung. Alles andere diente der Sicherung ihrer Macht im Osten und war nur insofern gesamtdeutsch zu rechtfertigen, als man sich davon eine Sogwirkung auf die doppelt ausgebeuteten Westdeutschen – ausgebeutet durch «räub[erische] ausl[ändische] Monopole» und «d[eu]tsch[e] Monopolisten», die «erneut in [der] Bonner Reg[ierung] zur Macht» gekommen waren[30] – versprach. «Das Beispiel der friedlichen, ehrlichen Arbeit», so Grotewohl auf dem 3. Parteitag, «wird überzeugend auf die Arbeiterschaft und die Bevölkerung Westdeutschlands wirken. Sie werden erkennen, wer der Freund und wer der Feind des deutschen Volkes ist».[31]

Die «Nationale Front des demokratischen Deutschland», zunächst nur eine Parole und erst seit der Umbenennung des Volkskongreßsekretariats in ein Front-Sekretariat am 7. Januar 1950 auch eine Organisation, diente von Anfang an mehr der Beseitigung von Widerständen gegen die SED-Hegemonie als der Agitation im Westen. Selbst in dieser Funktion fand sie wenig Anklang. «Die Umbildung der Volkskongreß-Ausschüsse in Ausschüsse der Nationalen Front», bemängelte Semjonow am 24. Januar, «geht sehr langsam vor sich. [...] Einige Organisationseinheiten der SED führen überhaupt keine Arbeit zur Propagandierung der Nationalen Front durch. [...] Eine anschauliche Agitation fehlt in der Regel.»[32] Sechs Wochen später insistierte Tschuikow, daß die «Bewegung [der] Nat[ionalen] Front» immer noch «schwach» sei, «nicht in [den] Massen» verankert.[33]

Kein Wunder, daß sich Pieck, Grotewohl, Ulbricht und Oelßner erneut harsche Kritik anhören mußten, als sie Anfang Mai 1950 zur Abstimmung des Fünfjahresplans bei Stalin vorsprachen.[34] Vergeblich wies Pieck in der Unterredung im Kreml am Abend des 4. Mai darauf hin, welch große Leistung hinter der Einwilligung der «altbürg[erlichen] Parteien» in die Einheitslisten steckte («Es gab dafür einige Schwierigkeiten und starke Gegenströmungen»).[35] Stalin stellte unmißverständlich fest, «daß die Politik und die praktische Arbeit der SED ungenügend auf die Lösung der gesamtdeutschen Aufgaben orientiert ist».[36]

Die Genossen gelobten Besserung. Das Politbüro stellte in einem internen «Beschluß über die Verstärkung des Kampfes in Westberlin und Westdeutschland» am 2. Juni «selbstkritisch», wie es hieß, das Ungenügen der bisherigen Westarbeit fest, stimmte Stalin zu, «daß die Hauptaufgabe in der Entwicklung einer gesamtdeutschen Politik besteht», und erklärte, daß «sich die führenden Organe der Partei nicht auf die Aufgaben in der DDR beschränken» dürften.[37] Entsprechend wurde der Entwurf für die Entschließung des 3. Parteitags so umformuliert, daß der Kampf um Frieden und nationale Einheit eindeutig an erster Stelle erschien. Der Parteitag machte sich Stalins Vorwurf zu eigen, indem er die ungenügende gesamtdeutsche Orientierung der Partei als eine «der Hauptursachen für die ungenügenden Erfolge der Nationalen Front des demokratischen Deutschland in Westdeutschland und Westberlin» bezeichnete und die neugewählten Organe der Partei darauf verpflichtete, «sich unmittelbar für [...] die Entfaltung einer gesamtdeutschen Politik zuständig und verantwortlich zu fühlen».[38]

Tatsächlich versuchte die SED-Führung nun, wie es Franz Dahlem formulierte, über die «Nationale Front» alle verfügbaren Kräfte «nach Westdeutschland zu werfen und dort die Politik der DDR zu popularisieren».[39] Hunderte von hauptamtlichen Instrukteuren und freiwilligen Helfern gingen unter unterschiedlichen Vorwänden in den Westen, um die «Hetze» der «imperialistischen Kriegstreiber» zu «entlarven» und den «nationalen Widerstand» gegen die «anglo-amerikanischen Imperialisten und ihre deutschen Helfershelfer» zu entfachen. Ungeheure Mengen von Broschüren wurden gedruckt und zum Teil auf abenteuerlichen Wegen in die Bundesrepublik geschleust, Millionen von Briefen, Telegrammen und Telefonanrufen von Aktivisten der «Nationalen Front» an Adressaten im Westen gerichtet. Die KPD und mehr noch diverse Tarnorganisationen veranstalteten Kundgebungen und Gesprächsrunden; Westdeutsche wurden zu Besichtigungen und Begegnungen eingeladen, zum Teil auch zu Schulungen und Ferienaufenthalten.

Der Erfolg dieses West-Aktionismus war, wie man weiß, bescheiden. Die Westdeutschen fühlten sich keineswegs so unterdrückt und ausgebeutet, wie die SED-Führer in ihrem zunehmenden Wirklichkeitsverlust annahmen. Um so deutlicher empfanden sie die Unglaubwürdigkeit einer vorgeblich «nationalen» und «demokratischen» Politik, die sich in letzter Instanz auf die Präsenz der Roten Armee stützte und materiell nicht mehr zu bieten hatte als der Marshall-Plan. Den Aufruf zum Widerstand konnten sie, alte Vorurteile vertiefend, nur als Versuch zur Entfesselung einer Revolution im Dienst der Sowjetunion empfinden, gegen den energisch eingeschritten werden mußte.

Entsprechend mußten die Spitzen der SKK und der SED immer wieder konstatieren, daß ihre Aufklärungskampagne im Westen verpuffte. «Kampf um den Frieden (Stalin-Auftrag) sehr schlecht in Westberlin / in Westdeutschl[and]», notierte Pieck bei einer Besprechung mit Tschuikow und Semjonow am 3. Juli 1950. Als Grund für das mangelnde Echo im Westen hielt er fest: «Scheinbar Angst, Feigheit».[40] Die Verantwortlichen mochten sich damit trösten, daß «ein derartiges erduldendes Schweigen [...] für die imperialistischen Unterdrücker manchmal gefährlicher [ist] als offene Demonstration», wie das «Neue Deutschland» diese Vermutung aufgreifend am 21. Juli schrieb. Der erhoffte «Ausbruch» der «Unzufriedenheit» und «Empörung»[41] blieb weiterhin aus, und bald ließ auch die Begeisterung der Basis für Werbeaktivitäten nach, deren Erfolgsaussichten sichtlich gering waren. «Selbst in der DDR», mußte der Politbüro im März 1951 feststellen, «besitzt die Friedensbewegung keineswegs denjenigen Tiefgang und nationalen Schwung, der der besonderen und besonders augenfälligen Bedrohung des deutschen Volkes entsprechen würde und der im Hinblick auf die Einwirkung nach Westdeutschland so notwendig ist».[42]

Im Oktober 1950, wenige Wochen nachdem auf der New Yorker Konferenz der drei westlichen Außenminister vom 12. bis 19. September die Weichen für eine Einbeziehung der Bundesrepublik in das westliche Verteidigungssystem gestellt worden waren, rang sich Stalin zu einer neuen Intitiative durch. Von der Prager Außenministerkonferenz vom 20. / 21. Oktober, an der neben den Vertretern der bisherigen Ostblockstaaten zum erstenmal auch der Außenminister der DDR teilnahm, ließ er einen Vorschlag verabschieden, der auf einen Kompromiß zwischen der DDR und der Bundesrepublik hinauslief: die «Schaffung eines aus Vertretern Ost- und Westdeutschlands paritätisch zu bildenden Gesamtdeutschen Konstituierenden Rates, welcher die Bildung einer provisorischen, demokratischen, friedliebenden gesamtdeutschen souveränen Regierung vorbereiten und die entsprechenden Vorschläge den Regierungen der UdSSR, der USA, Großbritanniens und Frankreichs zur gemeinsamen Bestätigung unterbreiten muß».[43]

In seiner Regierungserklärung vom 15. November, die mit der SKK abgestimmt war[44], ergänzte Grotewohl diesen Vorschlag um die Idee, «daß dieser Gesamtdeutsche Konstituierende Rat die Vorbereitung der Bedingungen zur Durchführung freier gesamtdeutscher Wahlen für eine Nationalversammlung übernehmen könnte».[45] Mit Datum vom 30. November wurden beide Vorschläge in Form eines Briefes des DDR-Ministerpräsidenten an Bundeskanzler Adenauer übermittelt.[46] Welche «Bedingungen» nach Ansicht seiner Autoren gegeben sein mußten, um die Durchführung freier Wahlen zu gestatten, blieb allerdings unklar; und es wurde auch nicht deutlich, ob die «Bildung» der gesamtdeutschen Regierung schon vor oder erst nach den Wahlen stattfinden sollte.

Indirekt signalisierte Stalin mit diesem Vorschlag, daß die Hoffnungen auf eine «Erhebung» der Westdeutschen gegen die westlichen Besatzungsmächte und das von ihnen installierte Regime getrogen hatten. Die Institutionen der Bundesrepublik waren zu einem Machtfaktor geworden, der bei dem weiteren Ringen um die deutsche Einheit nicht mehr außer acht gelassen werden konnte. Operatives Ziel war damit nicht mehr die «Errichtung der Deutschen Demokratischen Republik auf dem Territorium ganz Deutschlands», wie das «Neue Deutschland» im März geschrieben hatte[47], sondern die Verständigung der beiden deutschen Regierungen auf ein Regime, das den sowjetischen Sicherheitsvorstellungen Genüge tat. Dazu mußte die westdeutsche Regierung in Moskauer Sicht gewiß erst gezwungen werden; daß Bundesregierung und Bundestag am Verhandlungsergebnis ebenso beteiligt sein würden wie die DDR-Regierung und die Volkskammer, stand aber außer Zweifel.

Implizit war damit die Ordnung in der DDR ebenso in Frage gestellt wie die Ordnung der Bundesrepublik – für Ulbricht gewiß keine sehr angenehme Aussicht. Nachdem er Adenauer noch im August angedroht hatte, er werde «vor ein Volksgericht gestellt werden»[48], mußte er sich jetzt im Zentralkomitee dagegen aussprechen, «die Forderung des Sturzes der Bonner Regierung in den Vordergrund zu stellen», und vor innenpolitischen Maßnahmen warnen, die einer «künftigen freien Entscheidung der Bevölkerung ganz Deutschlands hinderlich sein könnten, die der Herstellung der Einheit Deutschlands hinderlich im Wege stehen würden». Rudolf Herrnstadt gab bei der gleichen Gelegenheit die Parole aus, «unser Feuer im wesentlichen auf den amerikanischen Aggressor zu konzentrieren» und die Bundesregierung nur noch soweit zu attackieren, «als wir sicher sein können, daß unsere Angriffe auch die Zustimmung der breiten verständigungswilligen Massen Westdeutschlands finden».[49]

Natürlich blieben die Umrisse der zwischen den beiden deutschen Staaten und den vier Siegermächten auszuhandelnden Ordnung ziemlich vage. Es war aber auch nicht mehr eindeutig, daß Wahlen erst nach dem Abzug der «anglo-amerikanischen Interventionstruppen» und der Zulassung der DDR-Parteien und Massenorganisationen im Westen stattfinden würden, wie die DDR-Regierung Anfang März in Abwehr der Forderung des amerikanischen Hochkommissars McCloy nach gesamtdeutschen Wahlen am 15. Oktober 1950 verlangt hatte.[50] Erst recht steht nicht fest (und war auch gar nicht abzusehen), daß das Prinzip der Einheitsliste, auf dessen Durchsetzung die SED-Führung so große Mühe verwandt hatte, auch für die gesamtdeutsche Wahl gelten würde, bei der «sowohl die Vorschläge der Bonner Regierung wie auch die Vorschläge, die von den Vertretern der Deutschen Demokratischen Republik gemacht werden können, berücksichtigt werden» sollten. Und es war auch nicht garantiert, daß bei Verhandlungen über die «Schaffung einer rechtsstaatlichen Ordnung und einer freiheitlichen Regierungsform in ganz Deutschland», wie sie die Volkskammer in Reaktion auf eine erste negative Stellungnahme Adenauers am 30. Januar 1951 anbot[51], nicht etwas anderes herauskommen würde als eine Bestätigung der Ordnung der DDR. Herrnstadt mahnte denn auch im Zentralkomitee: «Manche von uns würden [...] guttun, sich von der undialektischen Vorstellung freizumachen, das kommende einheitliche, demokratische Deutschland würde einfach eine vergrößerte Kopie der gegenwärtigen Deutschen Demokratischen Republik sein».[52]

Der Prager Vorschlag enthielt so viele Risiken für das SED-Regime und erst recht für die sozialistische Zukunftsperspektive, die seine Protagonisten im Auge hatten, daß im Westen sogleich der Verdacht aufkam, er sei nicht ernst gemeint, vielmehr nur ein billiges Propagandamanöver, um die Westdeutschen davon abzuhalten, sich an der Verteidigung des Westens zu beteiligen. Tatsächlich entsprach er nicht nur Stalins unveränderter Zielsetzung; man war in Moskau auch einigermaßen zuversichtlich, mit dem Zugehen auf die westdeutschen Institutionen Erfolg zu haben. Der «Bundestag wird nicht nein sagen», hielt Pieck bei einer Besprechung mit Tschuikow und Semjonow am 21. Februar 1951 fest. Man müsse wohl mit Verzögerungen und «Kniffen der Bundesregierung rechnen», aber dann werde der Konstituierende Rat «evtl.» doch die

«8 Punkte beraten», die die Volkskammer dem Bundestag unter der Parole «Deutsche an einen Tisch!» übermittelt hatte.[53]

Es spricht vieles dafür, daß Stalin bei dieser De-facto-Anerkennung der Bundesrepublik von der Sorge getrieben wurde, die Beschlüsse zur Aufstellung westdeutscher Truppen und zur Schaffung einer integrierten Verteidigungsorganisation für Europa deuteten darauf hin, daß die USA doch einen militärischen Angriff auf die Sowjetunion und ihre Verbündeten vorbereiteten. Nach dem Zeugnis des italienischen Kommunistenführers Pietro Secchia bezeichnete er die Weltlage im Winter 1950/51 in einer Unterredung mit den Spitzenvertretern der KPI (neben Secchia Luigi Longo und Palmiro Togliatti) als «ernst», «gespannt» und «gefahrvoll». Secchias Vorstandskollege Giorgio Amendola berichtet, man sei bei diesem Gespräch der Ansicht gewesen, «daß der Kalte Krieg im Innern und im Äußern an einer Wegscheide angelangt war. [...] Die Hypothese eines allgemeinen Konflikts schien nicht mehr aus der Luft gegriffen.»[54]

Dazu paßt, was Chruschtschow in seinen «Erinnerungen» festhielt: Man habe in Moskau «in den Tagen bis zu Stalins Tod [...] geglaubt, daß Amerika in die Sowjetunion einmarschieren würde und daß wir einem Krieg entgegengingen. Stalin zitterte vor dieser Aussicht. Wie er bebte! Er hatte Angst vor dem Krieg. Er wußte, daß wir schwächer waren als die Vereinigten Staaten. [...] Unser Sieg im Krieg konnte ihn nicht davon abbringen, innerlich zu zittern.»[55] Bei einer anderen Gelegenheit erklärte Chruschtschow, im Politbüro habe eine regelrechte «Kriegspsychose» geherrscht; Molotow habe sich mehrfach von internationalen Konferenzen mit telefonischen Warnungen vor der unmittelbaren Gefahr eines neuen Weltkriegs gemeldet.[56]

Im Kontext dieser Zeugnisse ist es wahrscheinlich, daß Pieck nicht nur eine Propagandaparole festhielt, als er zu Beginn eines Gesprächs bei Tschuikow am 4. April 1951 notierte: «Pläne Adenauers zum Scheitern, nur so Krieg verhindern.»[57] Öffentlich gab sich Stalin jetzt immerhin um einige Grade besorgter als zur Zeit der Kominform-Gründung. Auf die Frage, ob er «einen neuen Weltkrieg für unvermeidlich» halte, antwortete er in einem Interview, das die «Prawda» am 17. Februar 1951 veröffentlichte, den «aggressiven Kräften, die nach einem neuen Krieg lechzen», stünden Völker gegenüber, «die keinen neuen Krieg wollen und für die Erhaltung des Friedens sind». Dem fügte er aber warnend hinzu, der Krieg könne «unvermeidlich werden, wenn es den Kriegsbrandstiftern gelingt, die Volksmassen durch Lügen zu umgarnen, sie zu betrügen und sie in einen neuen Weltkrieg hineinzuziehen».[58]

Stalins Noten

Nachdem der Bundestag den Volkskammer-Appell am 9. März zurückgewiesen hatte, ging das Werben um die Bundesrepublik fürs erste wieder in den Versuch über, die Westdeutschen gegen ihre Regierung zu mobilisieren. Ulbricht, dem die Zurückhaltung in den vergangenen Monaten sichtlich schwergefallen war, präsentierte Anfang Mai den Plan einer Volksbefragung in beiden deutschen Staaten, mit der Adenauer und auch Schumacher das Heft aus der Hand genommen werden sollte: «Im Kampf gegen die Remilitarisierung und für einen Friedensvertrag werden die patriotischen verantwortungsbewußten Männer und Frauen hervortreten, die imstande sind, nach dem Sturz der Adenauer-Clique als Vertreter Westdeutschlands eine Verständigung mit den Vertretern der Deutschen Demokratischen Republik herbeizuführen».[59] Mit diesen «Vertretern einer demokratischen Koalition Westdeutschlands» wolle er dann jene Gespräche über die Bildung eines «Gesamtdeutschen Konstituierenden Rates» führen, die Bundesregierung und Bundestag abgelehnt hatten.[60]

Ob Ulbricht wirklich glaubte, auf diesem Weg zum Ziel zu gelangen, muß dahingestellt bleiben. Deutlich ist jedenfalls, daß er, weil hier ungleich weniger Gefahren für den Bestand des SED-Regimes lauerten, diesen Kurs viel lieber einschlug als den von Moskau verordneten Weg über die gewählten Repräsentanten des westdeutschen Staates. Man darf annehmen, daß er im stillen von Anfang an darauf spekuliert hatte, daß Adenauer und Schumacher für eine Ablehnung der Prager Initiative sorgen würden, so daß sich daraus ein weiteres Argument zur Förderung ihres «Sturzes» konstruieren ließ.

Welche Erwartungen auch immer die SED-Verantwortlichen mit der Kampagne für die Volksbefragung verbanden, sie mußten sehr bald feststellen, daß sich die «Stimmung für gesamtdeutsche Gespräche», die sie zu Recht in der Bundesrepublik diagnostizierten[61], nicht gegen Adenauer und Schumacher wenden ließ. «Bewegung für Volksbefragung im Westen noch schwach», hielt Pieck bei einer Besprechung mit Tschuikow am 11. Mai fest. «Von 10000 Ausschüssen», die offensichtlich geplant waren, seien «nur erst 1000» zustande gekommen; die KPD sei «nicht in Aktion», «von den Massen getrennt», «schwach».[62] Nur mühsam ließen sich in der Bundesrepublik Zustimmungserklärungen gegen die «Remilitarisierung» und für den Abschluß eines Friedensvertrages «noch 1951» sammeln. 1,7 Millionen Unterschriften, das entsprach 6,7 Prozent der westdeutschen Wahlberechtigten, registrierte die SED-Führung bis Ende Juli[63] – gemessen an der Popularität der Fragestellung kein berauschendes Ergebnis, das dann auch nicht veröffentlicht wurde.[64]

Grotewohl zog daraus den Schluß, daß man in die Defensive geraten war: «Initiative früher bei uns – bis zur Abstimmung – jetzt beim Gegner.» Auf die Frage «Was tun dagegen?» gab es bei dem Spitzengespräch am Abend des 30. Juli in Karlshorst freilich nur wenig überzeugende Antworten. Ulbricht wollte wissen, wie man den «Massen verständlich» machen könne, «daß SU Frieden, USA Krieg will»; vielleicht, so meinte er, sollte man einen «besonderen Brief an [die] SPD-Arbeiter» veröffentlichen, in dem sie zur «Aktionseinheit» aufgerufen werden (was dann am 1. September geschah). Grotewohl bewegte sich immerhin in die richtige Richtung, als er darauf hinwies, daß die Bundesrepublik «Gleichberechtigung in [der] Remilitarisierung» erringen könnte und darum jetzt substantieller über den «Inhalt» des angestrebten «Friedensvertrags» gesprochen werden müßte. Nähere Ausführungen, wie die Zugeständnisse an die westdeutsche Seite auszusehen hätten, machte aber auch er nicht.[65]

Um auf die Bundesrepublik zuzugehen, bedurfte es auch diesmal wieder eines Anstoßes aus Moskau. Nach längeren Beratungen mit Tschuikow und Semjonow, in die auch die Moskauer Zentrale eingeschaltet war[66], präsentierte Grotewohl am 15. September in der

Volkskammer den Vorschlag einer «gemeinsamen gesamtdeutschen Beratung der Vertreter Ost- und Westdeutschlands», die «erstens über die Abhaltung freier gesamtdeutscher Wahlen» und «zweitens über die Beschleunigung des Abschlusses eines Friedensvertrages mit Deutschland» «entscheiden» sollte.[67] Zur Mitwirkung rief die Volkskammer in einem Appell, der Grotewohls Vorschläge aufnahm, wieder den Deutschen Bundestag auf.[68]

Damit war die Forderung nach paritätischer Zusammensetzung des Vorbereitungsgremiums aufgegeben (was Grotewohl in seiner Regierungserklärung auch eigens hervorhob). Gleichzeitig rückte die Abhaltung von Wahlen zu einer gesamtdeutschen Nationalversammlung ganz in den Vordergrund der Verfahrensvorschläge. Daß sie *vor* Bildung einer gesamtdeutschen Regierung erfolgen sollten, wurde zwar noch immer nicht explizit gesagt; man konnte es aber, da über die Form der Regierungsbildung sonst keine Ausführungen gemacht wurden, als wahrscheinlich annehmen. Als der Bundestag unter anderem die «Gewährleistung der freien politischen Betätigung zur Vorbereitung der Wahl», die «Gewährleistung des Wahlgeheimnisses» und die «Vorbereitung und Durchführung der Wahlen unter internationaler Kontrolle» verlangte, erklärte Grotewohl, die «Mehrzahl» dieser Vorschläge sei «annehmbar».[69] Pieck präzisierte in einem mit Semjonow abgesprochenen Brief[70] an Bundespräsident Heuss, daß die Regierung der DDR mit einer «Überprüfung der Voraussetzungen für die Durchführung freier Wahlen [...] in allen Teilen Deutschlands einverstanden» sei. Er beharrte aber darauf, daß diese Prüfung «durch eine aus Vertretern Ost- und Westdeutschlands zusammengesetzte Kommission unter der Viermächtekontrolle von Vertretern der UdSSR, der USA, Englands und Frankreichs» durchgeführt werden sollte.[71]

Ziel des Unternehmens war es, die Repräsentanten der Bundesrepublik dazu zu bewegen, gemeinsam mit der DDR bei den vier Mächten auf einen raschen Abschluß des Friedensvertrags zu drängen.[72] Dies zu erreichen, schien den sowjetischen Verantwortlichen trotz der negativen Erfahrung mit der Prager Initiative nicht ganz aussichtslos. Semjonow, nun wieder in vorderster Front auf der «gesamtdeutschen» Linie, teilte den SED-Führern am 1. November mit, daß die Forderung nach einer Kontrolle der Wahlen durch die

Vereinten Nationen, die Adenauer in seiner Regierungserklärung vom 27. September erhoben hatte, «nicht [eine] hoffnungslos strittige Frage» sei.[73] Ernst Lemmer als potentiellen Verbündeten auf der westdeutschen Seite ließ er über dessen alten Parteifreund Georg Dertinger vertraulich wissen, «die sowjetische Politik wolle sich jetzt ohne Rücksicht auf die SED ernstlich um die Wiedervereinigung bemühen, sofern Gesamtdeutschland neutralisiert werde; Moskau sei bereit, für ein neutralisiertes Deutschland einen hohen Preis zu zahlen».[74]

Um dem Angebot freier Wahlen mehr Substanz zu geben, wies Semjonow die SED-Führung an, das «Weimar[er] Wahlgesetz als Grundlage» für den Entwurf einer Antwort auf das Bonner Wahlgesetz vom 30. Oktober zu nehmen.[75] Das geschah dann auch: Das Wahlgesetz, das die Volkskammer am 9. Januar 1952 verabschiedete, sah zwar die Beteiligung der «Massenorganisationen» an der Wahl vor, hielt sich aber im übrigen weitgehend an das Verhältniswahlrecht der Weimarer Republik. Offen blieb nur, wer festlegte, wann eine Partei «demokratisch» war.[76]

Nachdem der Bundestag seine Mitwirkung auch auf dieser Basis versagte – was in Moskau von vornherein als der wahrscheinlichere Fall angesehen worden war –, willigte Stalin Ende Januar 1952 in den Vorschlag Gromykos ein, die Regierung der DDR allein an die vier Mächte herantreten zu lassen. Die sowjetische Regierung sollte dann mit der Veröffentlichung von Grundsätzen für einen Friedensvertrag antworten, die den Westmächten in einer Note übermittelt werden sollten. Ein Alternativvorschlag der SED-Führung, nach dem die Grundsätze für den Friedensvertrag zunächst von der DDR-Regierung präsentiert werden sollten, fand auf Gromykos Betreiben keine weitere Beachtung, drohte er doch die Rolle der DDR ungebührlich hervorzuheben und damit den Gegnern einer einvernehmlichen Regelung im Westen unnötige Angriffsflächen zu bieten.[77]

Der «Entwurf für einen Friedensvertrag mit Deutschland», an dessen Erarbeitung nach ersten, noch sehr pauschalen Vorlagen des Außenamts-Abteilungsleiters Gribanow insbesondere Gromyko und Molotow beteiligt waren, hielt einerseits Essentials fest, die Stalin bei einer Friedensregelung auf jeden Fall verwirklicht sehen wollte. Andererseits war er bewußt werbend formuliert und kam den Deutschen in einer Reihe von Punkten inhaltlich entgegen. Essentials waren der Verzicht auf die Gebiete östlich von Oder und Neiße, das Verbot von «Organisationen, die der Demokratie und der Sache der Erhaltung des Friedens feindlich sind», sowie die Auflage, «keinerlei Koalitionen oder Militärbündnisse einzugehen, die sich gegen irgendeinen Staat richten, der mit seinen Streitkräften am Krieg gegen Deutschland teilgenommen hat».[78] Letzteres zielte nicht nur auf die Sicherheit der Sowjetunion; es war, wie der Außenamts-Mitarbeiter Daniil Melnikow erläutert, auch als ein Angebot an den «Erbfeind» Frankreich gedacht, dessen Trauma noch immer Rapallo war. Der Begriff «Neutralisierung» wurde bewußt vermieden, weil es nicht darum ging, «Deutschland vom Westen abzudrängen».[79]

Den Deutschen offerierte Stalin in dem Entwurf erstmals, in Abweichung von der noch bei der Prager Initiative durchgehaltenen Linie, «eigene nationale Streitkräfte (Land-, Luft- und Seestreitkräfte), die für die Verteidigung des Landes notwendig sind», und die dazu erforderliche «Erzeugung von Kriegsmaterial und -ausrüstung». Von Reparationen war, anders als noch in einem Vorentwurf der Beamten vom 8. September 1951[80], nicht mehr die Rede; statt dessen wurde versichert, daß der Entwicklung der Friedenswirtschaft «keinerlei Beschränkung auferlegt» werden sollte. Ebensowenig wurden die im Vorentwurf verbliebenen «demokratischen Umwandlungen in der Industrie, in der Landwirtschaft und in anderen Bereichen der Wirtschaft» noch einmal erwähnt. Auch die Entnazifizierung wurde als abgeschlossen dargestellt: «Allen ehemaligen Angehörigen der deutschen Armee, einschließlich der Offiziere und Generale, allen ehemaligen Nazis, mit Ausnahme derer, die nach Gerichtsurteil eine Strafe für von ihnen begangene Verbrechen verbüßen, müssen die gleichen bürgerlichen und politischen Rechte wie allen anderen deutschen Bürgern gewährt werden.» Schließlich wurde dem vereinten Deutschland die Mitgliedschaft in den Vereinten Nationen in Aussicht gestellt und damit – über den Abzug aller Besatzungstruppen hinaus – das Ende jeder Art besonderer Vorbehaltsrechte der Siegermächte.

Mit der am 10. März veröffentlichten Note signalisierte die Sowjetführung ihre Bereitschaft, in Reaktion auf die Positionsgewinne der Westdeutschen bei den Verhandlungen über den «Generalvertrag» in wesentlichen Punkten von den Potsdamer Vereinbarungen abzugehen oder sie doch zumindest sehr zurückhaltend zu interpretieren. Das Ausmaß ihrer Zugeständnisse war nicht in jeder Hinsicht scharf umrissen; sie konnten je nach Verhandlungslage enger oder weiter gefaßt werden. Im übrigen wollte die Sowjetunion den Vorschlag nicht in allen Punkten als das letzte Wort verstanden wissen: In den Begleitnoten an die westlichen Siegermächte erklärte sie sich «gleichzeitig bereit, auch andere eventuelle Vorschläge zu dieser Frage zu prüfen». Pieck notierte bei der Vorstellung des Entwurfs durch die SKK-Spitze am Abend des 9. März: «Auch andere Möglichkeiten».[81]

Unklar – und eine mögliche Bruchstelle in Verhandlungen – blieb nach wie vor, was unter «demokratischen Parteien und Organisationen» zu verstehen war und wer über dieses Kriterium zu befinden hatte. Dagegen ließ die Zusicherung, daß «freie gesamtdeutsche Wahlen» «in unmittelbarer Zukunft» durchgeführt werden könnten, die die sowjetische Regierung auf eine entsprechende Anfrage der Westmächte in einer zweiten Note am 9. April nachschob[82], eigentlich kaum noch Zweifel, daß der «Bildung einer gesamtdeutschen Regierung» Wahlen vorangehen sollten. Die SKK wies das DDR-Außenministerium an, einen Plan zur Durchführung getrennter Wahlen in beiden deutschen Staaten zur gemeinsamen Nationalversammlung zu entwerfen.[83] Der Sicherheitsvorbehalt der sowjetischen Seite beschränkte sich jetzt auf die Forderung, daß allein eine Vier-Mächte-Kommission das Recht haben sollte, zu prüfen, «ob die Voraussetzungen für solche Wahlen gegeben sind». Eine Prüfung der Voraussetzungen durch die UNO, wie sie die Westmächte verlangten, lehnte sie ab, weil sie in der UNO einen verlängerten Arm der USA sah und einen nicht mehr zu steuernden «imperialistischen» Einfluß im sowjetisch besetzten Teil Deutschlands fürchtete.

Daß die Sowjetführung die Westdeutschen offensichtlich doch noch für den Friedensvertrag mobilisieren wollte, geht aus der Entstehungsgeschichte der Note vom 10. März unzweideutig hervor, und es wird durch die Kommentare bestätigt, mit denen die sowjetische Diplomatie die Initiative begleitete. Gromyko schrieb Stalin am 28. Januar, daß nunmehr der Zeitpunkt «zur Unterstützung der deutschen demokratischen Kräfte in ihrem Kampf um die Einheit Deutschlands und die Beschleunigung des Abschlusses eines Friedensvertrages mit Deutschland» gekommen sei; und im Entwurf eines Schreibens an die Regierungen in Warschau und Prag war die Rede von der «Notwendigkeit, die Bewegung des deutschen Volks für den Frieden und gegen den Krieg noch breiter zu entfalten und den aggressiven Plänen der drei Mächte bezüglich Westdeutschlands ein positives Programm der Friedensregelung mit Deutschland und des Abschlusses des Friedensvertrages mit ihm entgegenzustellen».[84]

Wie sich aus den späteren enttäuschten Reaktionen ergibt[85], hoffte man in Moskau, mit der Mobilisierung «patriotischer» Kräfte Bundesregierung und Bundestag vielleicht doch noch dazu zu bewegen, an der Seite der DDR-Organe für den Friedensvertrag einzutreten. Falls dies nicht gelang, blieb immer noch die Hoffnung, daß die Manifestation des deutschen Einheitswillens ihre Wirkung bei den Westmächten nicht verfehle. So oder so war die ernsthafte Befassung der Westmächte mit dem Friedensvertragsvorschlag nach wie vor das operative Ziel der sowjetischen Politik. Gromyko sprach es in einem Schreiben an Stalin explizit an[86]; und Pieck fragte bei der nächsten Begegnung mit Stalin am 1. April nach, ob er denn eine «4-Mächtekonferenz» für wahrscheinlich halte und «welche möglichen Resultate» zu erwarten seien. Gleichzeitig meldete er, «der Vorschlag der Sowjetregierung» habe «eine große Bewegung der Massen ausgelöst – durch die die Westmächte und ihre Adenauerregierung in harte Bedrängnis geraten».[87]

Die internen Akten bestätigen damit, was Stalin dem italienischen Sozialistenführer Pietro Nenni bei einer Unterredung am Abend des 17. Juli 1952 sagte: daß das Politbüro bei der ersten Note «wirklich bereit gewesen» sei, «Opfer zu bringen, um die Wiedervereinigung zu erreichen».[88] Daß die Opferbereitschaft auch ihre Grenzen hatte, unterstreicht indirekt noch einmal, daß es Stalin nicht nur um einen Propagandaeffekt ging – diesen hätte man durchaus wirkungsvoller gestalten können. Wenn Moskau aber wirklich verhandeln wollte, dann mußte es darauf achten, daß bei allem Entgegenkommen die wesentlichen Zielsetzungen des eigenen Programms gewahrt blieben. Melnikow hatte darum guten Grund, unter dem Eindruck seiner Gespräche im sowjetischen Außenministerium anzunehmen, «daß diese Note sehr viel über das damalige Denken Stalins aussagt und daß er insofern ehrlich war, als er wirklich die Wiedervereinigung wollte».[89]

Für Stalin bedeutete die Note, wie wir aus der langen Vorgeschichte wissen, nicht die fundamentale Wende, als die sie, wenn man ihr denn überhaupt Glauben schenkte, in der Öffentlichkeit angesehen wurde. Da es in seiner Sicht keinen Sozialismus in der DDR gab, konnte es auch nicht darum gehen, ihn wieder preiszugeben. Die SED-Führer, soweit sie sich in der «führenden staatlichen Stellung» eingerichtet hatten, mußten sich dagegen deutlicher noch als zur Zeit der Prager Initiative fragen, ob sie nicht wieder ganz von vorn anfangen mußten. In der Tat gibt es einige Hinweise darauf, daß diese Frage diskutiert wurde. Nenni hatte von Pieck und Grotewohl schon Anfang 1951 gehört, «daß die sowjetische Regierung eine Politik verfolge, die große Opfer von ihnen verlangen werde, und daß sie schon bald in Deutschland in eine Situation gebracht werden könnten, die mit jener Nennis in Italien vergleichbar sei».[90] Staatssicherheitsminister Wilhelm Zaisser soll nach Aussagen, die ehemalige Mitarbeiter nach seinem Sturz im August 1953 machten, bei einer Besprechung der Länderchefs des MfS im April oder Mai 1952 geäußert haben, es sei «nicht ausgeschlossen, daß die Sowjetunion im Interesse der Erhaltung des internationalen Friedens einen Kompromiß eingeht und sich von der Deutschen Demokratischen Republik zurückzieht».[91] Ulbricht äußerte im Mai 1960 vor einer SED-Bezirksdelegierten-Konferenz: «Unser Vorschlag von 1952 war auch für die DDR, für die Werktätigen mit einem Risiko verbunden. Damals war die DDR noch nicht so gefestigt, und es waren noch nicht in der ganzen Bevölkerung die Fragen der Sicherung des Friedens und der Wiedervereinigung und des Charakters der westdeutschen Herrschaft so klar wie jetzt. Aber wir waren bereit, auf offenem Felde den Kampf zu führen. Das wäre ein langer Weg des Kampfes in Deutschland geworden. Aber letzten Endes hätten doch die fortschrittlichen Kräfte das Übergewicht bekommen.»[92]

Im Politbüro wurde aus der Diskussion am 25. März ein bewußt optimistisches Fazit gezogen: «Auf die Frage, wie das einige Deutschland aussehen wird, ist zu antworten: So wie es das deutsche Volk will. Gesamtdeutsche demokratische Wahlen führen unausbleiblich zum Sturz Adenauers, denn auch in Westdeutschland werden die patriotischen Kräfte immer stärker.»[93] Entsprechend präsentierte Pieck das Problem am 1. April auch Stalin: «Für Deutschland Frage der Wahlen, ohne UN-Kommission, als Massenkampf zum Sturz der Adenauer-Regierung.»[94]

Hinter dieser Konsensformel verbargen sich unterschiedliche Vorstellungen. Für Grotewohl ging es ohne Zweifel nach wie vor mehr um die Einheit als um das Machtmonopol der SED. Insofern begrüßte er die sowjetische Initiative uneingeschränkt und unterstützte sie, indem er an der Seite Semjonows als Urheber der vertraulichen Botschaft an Ernst Lemmer auftrat.[95] Manche seiner kommunistischen Genossen mochten hingegen glauben, sich bei freien Wahlen – vorausgesetzt, sie wurden nicht von den Vereinten Nationen «manipuliert» – ganz gut behaupten zu können; wie Pieck im Mai 1950 im Gespräch mit Stalin äußerte, gingen sie von der ziemlich abenteuerlichen Vorstellung aus, «in Westdeutschland und Westberlin» gäbe es bislang «keine demokratischen Rechte für freie Wahlen – sondern Besatzungsstatut u[nd] Unterdrückung der fortschrittl[ichen] Presse u[nd] Org[anisationen]».[96] Wer sich von solchen ideologischen Wahnvorstellungen nicht ganz den Blick auf machtpolitische Realitäten verstellen ließ, mußte wie Zaisser nach dem Zeugnis seiner Mitarbeiter «damit rechnen, [...] daß wir nicht mehr die Mehrheit des Volkes hinter uns haben»; dann wäre «er nicht mehr Minister und Mielke nicht mehr Staatssekretär».[97]

Alle aber wußten, wie Oelßner besorgten Parteigenossen erklärte, daß im Interesse der Einheit «einige Konzessionen» gemacht werden mußten.[98] Einem eindeutigen Auftrag Stalins konnte man sich nicht verweigern, selbst wenn man unterdessen anderen Vorstellungen nachhing. Ulbricht äußerte denn auch im Januar 1952 im ZK-Sekretariat, daß auf die «Herrschaft des Kommunismus» in Deutschland verzichtet werden müsse[99] – wenn auch nach seinem Verständnis wohl nur vorläufig. Zwei Monate zuvor hatte er den Kreissekretären der SED sichtlich gereizt erklärt, es sei «nicht wahr, daß diese Vorschläge [gemeint war der zweite Volkskammer-Appell] sozusagen nur formale Angebote sind».[100]

Der erzwungene Verzicht auf eine kurzfristige Sozialismusperspektive hinderte Ulbricht freilich nicht daran, bei der Herbeiführung der angestrebten gesamtdeutschen Wahlen weiterhin auf die Mobilisierung des «deutschen Volkes» gegen die angeblichen «Kriegsbrandstifter» in Bonn und Washington zu setzen[101] und im übrigen den Ausbau der bestehenden Ordnung in der DDR zu betreiben, damit sie für die Wahlen und für die Zeit danach optimal gerüstet war. Daß er damit den Gegnern eines gesamtdeutschen Kompromisses im Westen direkt zuarbeitete, sah er wohl nicht: Die Vorstellung vom permanenten Klassenkampf war ihm so in Fleisch und Blut übergegangen, daß er weder die Situation in der Bundesrepublik angemessen erfassen konnte, noch in der Lage war, sich auf sie einzustellen.

Die Antwort auf die Jahrhundertfrage, ob es denn 1952 eine Chance für die Einheit in Freiheit gegeben habe, liegt damit auf der Hand: Nach den Akten gab es eine Chance, zu den Bedingungen abzuschließen, die Stalin in der Note vom 10. März grob skizziert hatte, und diese schlossen Wahlen ohne Einheitslisten als Grundlage der Organisation deutscher Staatlichkeit ein. Stalin wollte wie all die Jahre zuvor den Kompromiß, und er war bereit, dafür einen deutlich höheren Preis an die Deutschen zu zahlen, als er zunächst im Sinn hatte. Allerdings war die Chance dadurch eingeschränkt, daß weite Teile des kommunistischen Apparats nach wie vor ausschließlich in Kategorien des Klassenkampfes dachten und sich eine Einigung folglich nur unter ihrer Führung vorstellen konnten. Auseinandersetzungen über den Inhalt des Demokratiebegriffes waren damit vorprogrammiert, und ein Scheitern der Verhandlungen, wenn sie denn tatsächlich zustande kamen, war nicht auszuschließen.

Sozialismus statt Einheit

Nachdem die drei Westmächte in ihrer Antwortnote vom 25. März auf einer Untersuchung der Voraussetzungen für freie Wahlen durch eine UNO-Kommission beharrt und Koalitionsfreiheit für den künftigen deutschen Staat verlangt hatten, verstärkte die Sowjetführung zudem selbst Ulbrichts kontraproduktive Agitation. Der Chef der Diplomatischen Mission der UdSSR in der DDR, Georgi M. Puschkin, erklärte Außenminister Dertinger am Abend des 27. März, nunmehr sei klar, daß der «Generalvertrag mit der Bonner Regierung» geschlossen und «in Kürze» auch «die Unterzeichnung des Pleven-Plans» der Europäischen Verteidigungsgemeinschaft folgen werde; Westdeutschland werde sich dann «eindeutig in der Front des Nordatlantikpakts befinden». Die Westdeutschen könnten «jetzt nur noch durch große Propagandaanstrengungen dazu gebracht werden, ihre Opposition gegenüber der Regierung Adenauer zu verstärken und schließlich den Sturz der Regierung herbeizuführen».[102] Im gleichen Sinne äußerte sich Pieck am 1. April gegenüber Stalin: Der SPD-Vorstand werde den Vorschlag zur Bildung einer «Aktionseinheit für den Friedensvertrag», den das SED-Zentralkomitee am 27. März gemacht hatte, «wahrscheinlich» ablehnen, und der Generalvertrag werde «wahrscheinlich [...] Mitte Mai angenommen» werden. Nötig seien folglich «Proteststreiks in Betrieben, Demonstrationen, Friedensaufgebot, Unterschriftensammlung» und ein «Nationalprogramm Frieden, Einheit, Demokratie».[103]

Stalin schätzte die Bedeutung der westlichen Antwortnote offensichtlich genauso ein. «Bisher alle Vorschläge abgelehnt», notierte Pieck dessen Äußerungen bei der Schlußbesprechung mit der SED-Delegation am Abend des 7. April, und weiter: «Keine Kompromisse / [...] Atlantikpakt – selbständiger Staat im Westen.» Ebenso nahm es Stalin zumindest hin, daß jetzt verstärkt zum «Sturz» der Bonner Regierung aufgerufen wurde. «Einheit – Friedensvertrag – weiter agitieren», hielt Pieck zum Schluß der Besprechung fest.[104] Nachdem Ulbricht schon am 28. März mit einem Aufruf zum «Kampf gegen die Bonner Clique [der] Handlanger des amerikanischen Imperialismus» vorgeprescht war[105], folgten Mitte April die ersten Aufrufe zu «Massenstreiks und Massenkampf», die «Adenauers Generalkriegsvertrag zu Fall bringen und den schnellen Abschluß eines Friedensvertrags herbeiführen» sollten.[106]

Anders als manche ideologischen Eiferer mochte Stalin an einen kurzfristigen Erfolg dieser Agitation wohl nicht mehr recht glauben. Jedenfalls sagte er Nenni am 17. Juli, er «gehe nunmehr davon aus, daß die Teilung Deutschlands noch etliche Zeit andauern werde». Der italienische Sozialistenführer gewann bei dem Gespräch den Eindruck, daß er «die Hoffnung auf eine erfolgreiche Viermächtekonferenz, auf der Deutschland durch ein Übereinkommen geeint werde, abgeschrieben habe».[107]

Um so wichtiger war für Stalin nun die militärische Sicherung seines ostdeutschen Provisoriums. Als Pieck am 1. April vorsichtig «Schritte zur Bildung der Volksarmee statt Polizei» ansprach (offensichtlich auf sowjetische «Anregung», da in den «Vorschlägen des Politbüros in Verbindung mit der Vorbereitung der II. Parteikonferenz» vom 20. März[108] von solchen Schritten noch nicht die Rede gewesen war), ordnete Stalin gleich eine umfassende Bewaffnung an: «Nicht Schritte, sondern sofort». Sodann entwickelte er auch schon Einzelheiten: «9–10 Armeekorps – 30 Divis[ionen] – 300000 [Mann] / Ausbildung in SU / Jugenddienst» usw. In der Schlußbesprechung vom 7. April präzisierte er nicht nur «Militärische Ausbildung für Inf[anterie], Marine, Aviation, Unterseeboote», sondern drängte auch auf schnelles Vorgehen: «Bewaffnung muß geschaffen werden, sofort russische Gewehre mit Patronen.» Als Begründung für diese Eile gab er an, die «Demarkationslinie» sei eine «gefährliche Grenze»: «Wir müssen mit terroristischen Akten rechnen».[109] Nenni erklärte er, er «beabsichtige, zur Schaffung eines militärischen Gleichgewichts zwischen West und Ost den NATO-Streitkräften in Westdeutschland eine gleich starke ostdeutsche Armee entgegenzustellen».[110]

Wichtiger noch für die weitere Entwicklung wurde, daß Stalin, als Pieck von «steigende[r] Aktivität des Feindes» berichtete und dabei insbesondere «Großbauern» und «Kirche» erwähnte, den Rat gab, «um [die] Großbauern einzukreisen [...] auch Produktiv-Genossenschaften im Dorfe» zu schaffen, und im Zusammenhang mit diesen «Kolchosen» zum erstenmal vom «Weg zum Sozialismus» sprach.[111] Ulbricht und seine Mitstreiter bereiteten daraufhin nicht nur die Bildung der ersten Landwirtschaftlichen Produktionsgenossenschaften vor; sie zogen aus dieser offensichtlich spontanen Eingebung des Kremlchefs auch den Schluß, daß die Durchsetzung sozialistischer Ordnungsvorstellungen in der DDR in greifbare Nähe gerückt war.

Unmittelbar nach der Rückkehr aus Moskau wurde daher am 11. April im Politbüro beschlossen, im Rahmen der Maßnahmen zur «Verbesserung der Arbeit des Staatsapparates» nicht etwa nur eine straffere «Anleitung u[nd] Kontrolle der Landesregierungen» vorzunehmen, wie man im Vorfeld des Moskau-Besuchs geplant hatte[112], sondern die Länder mit ihren föderalen Restbeständen gleich ganz zu beseitigen und durch 14 Bezirke zu ersetzen, die nach wirtschaftlichen Kriterien gebildet wurden.[113] Daß man damit den Graben zur Bundesrepublik weiter vertiefte, spielte keine Rolle mehr.

Nachdem die SKK gegen diese Abkopplung von der Gebietskörperschaftsstruktur des restlichen deutschen Territoriums, die zugleich der effektiveren Durchsetzung der Entscheidungen des Politbüros diente, keine Einwände erhoben hatte[114], wagte sich Ulbricht einen entscheidenden Schritt weiter vor: Am 30. Mai beschloß das Sekretariat des Zentralkomitees, als zentrale Losung für die bevorstehende 2. Parteikonferenz, die ursprünglich nur über «Abschluß des Friedensvertrages, Herstellung der Einheit des Vaterlandes auf demokratischer Grundlage und Erfüllung des Volkswirtschaftsplanes im wichtigsten Jahre des Fünfjahresplanes» beraten sollte[115], die Parole «Vorwärts für Frieden, Einheit, Demokratie *und Sozialismus*» auszugeben.[116] Am 24. Juni stimmte das Politbüro dieser erweiterten Parole zu[117], und am 1. Juli wurde Stalin um eine «Stellungnahme» zu der Auffassung gebeten, die Staatsmacht in der DDR habe sich «von der antifaschistisch-demokratischen Ordnung zur demokratischen Volksmacht, zur Volksdemokratie entwikkelt», und es sei nunmehr Aufgabe der Partei, «die Arbeiterklasse und die Werktätigen auf dem Wege des Aufbaus des Sozialismus vorwärtszuführen».[118]

Um Stalins Einwilligung zu einer öffentlichen Ankündigung der Sozialismus-Perspektive zu erlangen, appellierte Ulbricht in dem am 2. Juli abgesandten Brief an die Obsessionen des Sowjetdiktators: «In der Deutschen Demokratischen Republik wird eine solche Einschätzung unseres gegenwärtigen Entwicklungsstandes die Initiative der Arbeiterklasse und Werktätigen bedeutend entwickeln. Das ist von großer Bedeutung für die Sicherung der Deutschen Demokratischen Republik gegen feindliche Sabotage- und Diversionsmaßnahmen und für die Organisierung der bewaffneten Streitkräfte der Deutschen Demokratischen Republik.» Zugleich behauptete er, durch die Ankündigung des «Übergangs zum Sozialismus» werde auch in Westdeutschland «die Arbeiterklasse zum Klassenbewußtsein erzogen»; im übrigen würden dann «auch die werktätigen Bauern und die Kleinbürger zu dem Resultat kommen, daß man bei uns besser leben kann als in Westdeutschland».[119]

Bei Lichte besehen, war das ein Erpressungsversuch: Ulbricht sagte Stalin, daß die DDR nur dann nicht Opfer der Offensive des Klassenfeindes werde, wenn die SED sie zum Aufbruch in den Sozialismus führen dürfe. Daß dies funktionierte, ist auf zwei Umstände zurückzuführen: Zum einen lag es nach der Enttäuschung über die Wirkungslosigkeit der sowjetischen Kompromißangebote für Stalin nahe, nun tatsächlich nur noch auf die Magnetwirkung einer attraktiven DDR zu setzen. Zum anderen hatte die Herbeiführung der deutschen Einheit für ihn unterdessen auch an Dringlichkeit verloren. Den SED-Führern sagte er bei ihrem Besuch im April, die «Europa-Armee» richte sich «nicht gegen [die] Sowjetunion», sondern werde von den USA geschaffen, «um [ihre] Macht in Europa» zu erhalten.[120] Das war keine besonders beunruhigende Perspektive, wenn man annahm, daß «[West-]Deutschland und Japan» versuchen würden, «wieder auf die Beine zu kommen, das ‹Regime› der USA zu durchbrechen und auf den Weg einer selbständigen Entwicklung vorzudringen», wie Stalin unter dem Datum des 1. Februar 1952 notiert hatte.[121] In der Zwischenzeit genügte es, daß «ein starkes Ostdeutschland unter sowjetischer Kontrolle Rußlands Westflanke schützte». Unter dieser Voraussetzung, so erläuterte er Nenni, «werde es keinen Krieg geben».[122] Amerikanischen Journalisten erklärte er am 31. März, ein «dritter Weltkrieg» sei gegenwärtig nicht näher «als vor zwei oder drei Jahren».[123]

Die Zustimmung zur Proklamation des «Übergangs zum Sozialismus» war der Preis, den Stalin für die Sicherung seiner Westflanke zahlte. Am 8. Juli billigte das Politbüro der KPdSU den «Kurs auf eine Forcierung des Aufbaus des Sozialismus in der DDR, der von der SED eingeschlagen [...] worden war».[124] Bereits am gleichen Tag veröffentlichte das «Neue Deutschland» – etwas voreilig – einen Aufruf zu einer Massendemonstration unter der Losung «Vorwärts für Frieden, Einheit, Demokratie und Sozialismus». Im Zentralkomitee trug Ulbricht den Resolutionsentwurf für die Parteikonferenz mit der Ankündigung vor, «daß der Aufbau des Sozialismus zur grundlegenden Aufgabe in der Deutschen Demokratischen Republik geworden ist», für eine Vervielfältigung des Textes reichte die Zeit nicht mehr.[125] Tags darauf erfuhren die ebenso überraschten Delegierten der Parteikonferenz von Ulbricht, daß das Zentralkomitee «vorzuschlagen» hatte, «daß in der Deutschen Demokratischen Republik der Sozialismus planmäßig aufgebaut wird».[126]

Stalins Zustimmung in letzter Minute, die sich genaugenommen nur auf die öffentliche Ankündigung des Status einer «Volksdemokratie» bezog und nicht auf die Verpflichtung zum «Aufbau des Sozialismus» als *Hauptaufgabe*, die Ulbricht daraus machte, bedeutete freilich nicht, daß er die DDR nun auf dem Weg zu einem sozialistischen Staat sah. In einem Telegramm, das die KPdSU zur 2. Parteikonferenz schickte, wurde die Sozialismus-Perspektive mit keinem Wort erwähnt; statt dessen wünschte man aus Moskau unverändert «neue Erfolge [...] bei der Erfüllung der historischen Aufgabe, ein einheitliches, unabhängiges, demokratisches und friedliebendes Deutschland zu schaffen».[127] Genauso verhielt es sich bei Stalins Glückwunschtelegramm und der Ansprache seines Repräsentanten Nikolai Schwernik zum dritten Jahrestag der DDR-Gründung am 6. Oktober 1952.[128] Dem Ostbüro der SPD berichtete ein Informant am 18. Juli sogar, die SKK habe schroffe Kritik an den Beschlüssen der Parteikonferenz geübt.[129]

Wichtig war Stalin nur die Stabilisierung der DDR und ihr Gleichziehen mit der Bundesrepublik, was den Aufbau der Armee betraf. Für die «nächste Zukunft» erwartete er nach Äußerungen hochrangiger Sowjetführer gegenüber Nenni «ein neues Gleichgewicht der Kräfte, das auf dem Erfolg beider Seiten bei ihren Bemühungen beruhte, die Deutschen wieder zu bewaffnen».[130] Hatten diese Bemühungen Erfolg – und Stalin hatte daran auch für die östliche Seite keinen Zweifel –, so war es auszuhalten, «daß die Teilung Deutschlands noch etliche Zeit andauerte». Er sei «bereit», sagte er Nenni, «zehn oder fünfzehn Jahre lang einen Kalten Krieg hinzunehmen, da er darauf vertraue, daß der Ostblock die dadurch bedingte wirtschaftliche Anspannung besser ertrage als der Westen». Stalin war offensichtlich «zu der Überzeugung gekommen», so faßte Nenni seine Eindrücke zusammen, «daß Deutschland nicht mehr der größte Gefahrenherd sei, sondern nur noch ein Gebiet wie jedes andere auch, wo man einen langen Atem haben müsse und der Austausch von Noten bedeutungslos geworden sei».[131]

Daß er durch sein Interesse an einem militärischen Gleichgewicht in Europa zu einem Gefangenen Ulbrichts geworden war, nahm Stalin, von der Verblendung der Westdeutschen durch die amerikanischen Imperialisten überzeugt, nicht in vollem Umfang wahr. Den Aufrufen zum «Sturz des Bonner Vasallen-Regimes» (so die Resolution der 2. Parteikonferenz) und zum «unversöhnlichen und revolutionären Sturz der Adenauer-Regierung» (so eine Entschließung vom 11. November 1952), die die SED-Führung in konsequenter Anwendung der Ulbrichtschen Politik verbreitete[132], maß er wenig Erfolgsaussichten bei. Die Aufrufe waren so unspezifisch, trafen so wenig die Realität in Westdeutschland, daß Pieck und Ulbricht intern, im Gespräch mit der SKK, auf die Frage, wie denn der «Sturz Adenauer[s]» herbeigeführt werden sollte, die Antwort schuldig blieben.[133]

Die deutschlandpolitische Strategie der SED verkümmerte angesichts der Konzentration auf den «Aufbau des Sozialismus» in Ostdeutschland zu einer vagen Revolutionshoffnung für das westliche Deutschland, die nicht mehr operationalisiert wurde und das Handeln immer weniger bestimmte. Manche Mitglieder des inneren Führungszirkels nahmen sie überhaupt nicht ernst. So zog Rudolf Herrnstadt, als kommunistischer Intellektueller partiell eher zu realistischen Einschätzungen fähig als das Gros seiner Politbürokollegen, aus der Einwilligung der «Genossen in Moskau» in die Proklamation des «Aufbaus des Sozialismus» den Schluß, «daß nach ihrer Auffassung die Perspektive ‹friedliche Einigung› in den Hintergrund zu treten hat gegenüber der Perspektive der bewaffneten

Auseinandersetzung. Ihr Einverständnis für diese Lösung bedeutet gleichzeitig [...] ein äußerst negatives Urteil über die Arbeit der KPD und der SED hinsichtlich der entscheidenden Frage, der Deutschlandfrage: es bedeutet die Feststellung, daß die KPD und die SED nicht imstande gewesen sind, in der historisch zur Verfügung stehenden, nun im wesentlichen abgelaufenen Frist, das Kräfteverhältnis in Deutschland zu ihren Gunsten zu ändern.»[134]

An die Alternative eines bewaffneten Kampfes um die Einheit Deutschlands dachte Stalin freilich keinen Moment. Folglich erschöpfte sich seine Deutschlandpolitik vom Sommer 1952 an in der Behauptung des Status quo. De facto fügte er sich damit der Logik der Blockkonfrontation, auch wenn er nicht bereit war, die Niederlage einzugestehen, und sich weigerte, darin mehr als ein Zwischenstadium zu sehen; der DDR wurde darum auch weiterhin der Status eines Mitglieds des «volksdemokratischen» Blocks vorenthalten. Daß die Orientierung des ostdeutschen Provisoriums auf einen sozialistischen Staat nach sowjetischem Muster die fortdauernde Hoffnung auf ein «einheitliches, unabhängiges, demokratisches, friedliebendes» (und eben noch nicht sozialistisches) Deutschland definitiv untergrub, wollte Stalin schlicht nicht wahrhaben. Er vermied es, genau hinzusehen, und erklärte im übrigen, jetzt vorwiegend mit der Aufdeckung «jüdischer Verschwörungen» in seiner engsten Umgebung beschäftigt, das Deutschland-Problem habe an Bedeutung verloren.

In letzter Instanz hatte sich Stalin seine Niederlage in der Deutschlandpolitik und die daraus resultierende Blockbildung in Europa, die er nicht wollte, selbst zuzuschreiben. Nicht nur, daß die Ulbrichts Produkte seines mit unerbittlicher Grausamkeit durchgesetzten Herrschaftsanspruchs über die kommunistische Weltbewegung waren; er trieb das Mißtrauen gegen alle tatsächlichen Demokraten so weit, daß schließlich nur noch diejenigen als Verbündete übrigblieben, die sich ihm bedingungslos unterordneten. Auf dem 19. Parteitag der KPdSU, dem ersten seit 1939, erklärte er am 14. Oktober 1952: «Früher leistete es sich die Bourgeoisie, sich liberal aufzuspielen; sie trat für bürgerlich-demokratische Freiheiten ein und erwarb sich damit Popularität im Volke. Jetzt ist von Liberalismus auch nicht die Spur geblieben. [...] Das Banner der bürgerlich-demokratischen Freiheiten ist über Bord geworfen. Ich denke, daß Sie, die Vertreter der kommunistischen und demokratischen Parteien, dieses Banner werden erheben und vorantragen müssen, wenn Sie die Mehrheit des Volkes um sich sammeln wollen. Es gibt sonst niemand, der es erheben könnte.»

Unter «stürmischem Beifall» fügte er hinzu: «Früher galt die Bourgeoisie als das Haupt der Nation, sie trat für die Rechte und die Unabhängigkeit der Nation ein und stellte sie ‹über alles›. Jetzt ist vom ‹nationalen Prinzip› auch nicht eine Spur geblieben. Jetzt verkauft die Bourgeoisie die Rechte und die Unabhängigkeit der Nation für Dollars. Das Banner der nationalen Unabhängigkeit und der nationalen Souveränität ist über Bord geworfen. Ohne Zweifel werden Sie, die Vertreter der kommunistischen und demokratischen Parteien, dieses Banner erheben und vorantragen müssen, wenn Sie Patrioten Ihres Landes sein, wenn Sie die führende Kraft der Nation werden wollen. Es gibt sonst niemand, der es erheben könnte.»[135] Daß diese Bannerträger denkbar ungeeignet waren, Demokratie und nationale Unabhängigkeit zu verwirklichen, konnte und wollte der einsam gewordene Kremlherrscher nicht sehen.

7 Ulbrichts Revolution

Die Delegierten der 2. Parteikonferenz der SED reagierten auf Ulbrichts überraschenden «Vorschlag», jetzt in der DDR «planmäßig» den Sozialismus aufzubauen, nach dem Bericht des «Neuen Deutschland» mit «rasendem Jubel»: «Die Delegierten erheben sich, sie rufen, klatschen. Walter Ulbricht hat die entscheidenden Worte dieser Konferenz gesprochen. [...] Aus den Gesichtern der Delegierten strahlt grenzenlose Begeisterung. Wie oft wurde von Sozialismus gesprochen. Jetzt, zum ersten Mal in der deutschen Geschichte, wird dieses größte Ziel der Menschheit auf deutschem Boden [...] in die Tat umgesetzt.»[1]

Wie groß die Begeisterung wirklich war, bleibt schwer abzuschätzen. Sicher ist nur, daß sie angesichts der Schwierigkeiten, in die man durch die Entscheidungen des Frühlings und Sommers 1952 geriet, schon bald der Ernüchterung wich, und daß sich aus dieser Ernüchterung noch einmal eine Chance für die gesamtdeutsche Option ergab, die nach der Proklamation des «Aufbaus des Sozialismus» in der nunmehr eindeutig als Oststaat verstandenen DDR schon ganz verloren schien.

Krise des Sozialismus

Die Krise des SED-Regimes, die sich seit dem Spätherbst 1952 abzeichnete, war zum einen darauf zurückzuführen, daß Ulbricht bei seinem «planmäßigen Aufbau» keinerlei Rücksicht auf reale Interessen, Stimmungslagen und Kräfteverhältnisse nahm, vielmehr voluntaristisch jede Art von Druck einsetzte, um den sozialistischen Endzustand, so wie er ihn sich vorstellte, möglichst schnell zu erreichen. Obwohl Stalin der SED-Führung ausdrücklich eingeschärft hatte, bei der «Schaffung von Produktiv-Genossenschaften im

Dorfe […] niemand[en] [zu] zwingen»[2], wurde von den unteren Parteiorganisationen starker Druck auf die Bauern ausgeübt, sich den Landwirtschaftlichen Produktionsgenossenschaften anzuschließen. Landwirten, denen man angebliche Verstöße gegen die «Bestimmungen über die ordnungsgemäße Bewirtschaftung» zur Last legte, wurde die weitere selbständige Bewirtschaftung ihrer Höfe untersagt; Mittel- und Großbauern wurden zusätzliche Abgaben auferlegt. In gleicher Weise verfuhr die Staatspartei mit den Handwerkern und sonstigen gewerblichen Mittelständlern: Auch sie sollten so schnell wie möglich in das Kollektiveigentum getrieben werden.

Parallel dazu wurde auch die ideologische Schraube angezogen: Den Kirchen, die als Hort der «Reaktion» galten, wurde es untersagt, den Religionsunterricht weiter in den Schulen abzuhalten; kirchentreue Schüler, Lehrer und Dozenten wurden relegiert, politisch auffällige Pfarrer verhaftet. Die Anstrengungen, die «führende Rolle der Partei» auch an Schulen und Universitäten durchzusetzen, wurden verstärkt. Die Förderung des «sozialistischen Realismus» führte zu zahlreichen Konflikten mit Künstlern und Intellektuellen. Nach der Partei wurde nun auch der Staatsapparat nach dem Prinzip des «demokratischen Zentralismus» organisiert, und der Personenkult um den «weisen Lehrmeister», «Bannerträger des Friedens und Fortschritts in der ganzen Welt», den «großen Stalin» – so Ulbricht in seinem Grundsatzreferat auf der 2. Parteikonferenz[3] –, erlebte abgeschmackte Höhepunkte.

Die Folgen dieser Forcierung des Sowjetmodells – Flucht, Verweigerung und die daraus resultierenden Produktionslücken – nahmen um so dramatischere Ausmaße an, als die DDR gleichzeitig die Lasten der von Stalin verfügten Aufrüstung zu tragen hatte. Etwa zwei Milliarden Mark mußte man dafür innerhalb eines Jahres zusätzlich aufbringen, das entsprach zehn Prozent der gesamten Staatseinnahmen. Ebenso verursachten der Aufbau der Bezirksverwaltungen und die Förderung der Landwirtschaftlichen Produktionsgenossenschaften Kosten, die im laufenden Fünfjahresplan nicht vorgesehen waren. Die Regierung versuchte sie zunächst dadurch aufzubringen, daß die «absterbenden Klassen» mit zusätzlichen Abgaben belastet wurden (Erhöhung der Einkommen- und

Handwerkssteuer, Ausschluß der Selbständigen aus der allgemeinen Kranken- und Sozialversicherung, Erschwerung von Krediten), verstärkte damit aber nur noch deren Unmut. Kürzungen von Sozialleistungen trafen darüber hinaus auch die Arbeiter, die infolge der allzu ehrgeizigen Planziele ohnehin schon in wachsender Spannung zu den staatlichen Arbeitgebern standen.

Eine weitere Verschärfung der Situation ergab sich daraus, daß der Ulbricht-Apparat, sobald die Schwierigkeiten deutlich zu werden begannen, verstärkt zu Repressionen griff. Die Zahl der Prozesse gegen «Agenten» und «Saboteure» nahm sprunghaft zu; meist wurden drakonische Strafen verhängt. Mitte Dezember wurde Handelsminister Karl Hamann von der LDPD zusammen mit zwei Staatssekretären wegen «Sabotage» verhaftet, vier Wochen später CDU-Außenminister Georg Dertinger wegen «feindlicher Tätigkeit» gegen die DDR. Ende Dezember formulierte das Zentralkomitee «Lehren aus dem Prozeß gegen das Verschwörerzentrum Slansky» in der Tschechoslowakei. Prominente Kommunisten wurden inhaftiert, über 150000 Mitglieder oder Kandidaten aus der Partei ausgeschlossen. Als das «Neue Deutschland» Mitte Januar im Zuge der Aufdeckung der «Ärzteverschwörung» in die Kampagne gegen «demoralisierte bürgerliche jüdische Nationalisten» einstimmen mußte[4], geriet auch Herrnstadt ins Zittern.[5]

Entsprechend stiegen die Flüchtlingszahlen dramatisch an. Zwischen 15000 und 23000 Menschen verließen die DDR jeden Monat in Richtung Westdeutschland. Im März 1953 waren es sogar 58000. Für die Versorgungslage besonders fatal war die Flucht von fast 20000 selbständigen Landwirten. Aber auch 8000 Angehörige der Kasernierten Volkspolizei und 2700 Mitglieder und Kandidaten der SED zog es in den Westen. Unter den Zurückbleibenden stauten sich «ungeheure Energien des Widerstandes» auf, wie der damalige Agitationssekretär der Berliner SED-Bezirksleitung, Heinz Brandt, im Rückblick urteilte. Ulbricht brachte «alle Schichten des Volkes, insbesondere aber die Arbeiter, in unmittelbare Opposition zur SED und an den Rand der Erhebung».[6]

Der Sowjetischen Kontrollkommission blieb diese Entwicklung nicht verborgen. Folgt man Heinz Lippmann, dem damaligen stellvertretenden FDJ-Vorsitzenden, so beauftragte sie schon im Herbst

1952 spezielle Untersuchungsteams unter Beteiligung sowjetischer Funktionäre, die Stimmung in der Bevölkerung und die Arbeitsweise der verschiedenen Organisationen zu erkunden. Neuere Quellen belegen, daß eine «Gruppe verantwortlicher Funktionäre aus dem ZK der SED und der Regierung der DDR» von Mitte Februar bis Ende März 1953 mit der Analyse der Schwierigkeiten befaßt war. Das Ergebnis der Untersuchungen war in jedem Fall alarmierend: Die erste Untersuchungsphase ergab, daß die Bevölkerung an der Arbeit der SED «desinteressiert» sei, die Arbeiterschaft den Maßnahmen von Partei und Regierung «feindlich» gegenüberstehe und die Funktionäre der Betriebsorganisationen und Kreisleitungen ihre Arbeit ohne Engagement verrichteten. Die Untersuchung der Monate Februar/März 1953 führte zu dem Schluß, «daß ein Beibehalten» der bisherigen Politik «nur noch kurzzeitig durchzustehen wäre» und «daß das Maß der Belastung der DDR-Bevölkerung überschritten» sei.[7]

Ulbricht wies die Warnungen als tendenziös-parteifeindliche Elaborate zurück. Sein Heil suchte er neben der verschärften Repression allein in der materiellen Entlastung durch die Sowjetunion. Bereits Ende 1952 bat er Stalin in einem Schreiben um zusätzliche Lieferungen. Anfang Februar 1953 drängte er auf einen «Kredit» und «Materialbeschaffung»; um beides zu erlangen, sollte eine neue «Reise nach M[oskau]» organisiert werden.[8] Nachdem dieser Plan durch Stalins Tod am 5. März hinfällig geworden war, trug Grotewohl die Bitte um Hilfe bei den Beerdigungsfeierlichkeiten für Stalin dem neuen sowjetischen Ministerpräsidenten Georgi Malenkow und seinem Stellvertreter Lawrenti Berija vor. Anfang April schickte die SED-Führung ein weiteres Schreiben nach Moskau, in dem sie, wie Grotewohl Ende Juni vor dem Zentralkomitee etwas beschönigend erläuterte, darum «bat, die entstandene Lage zu überprüfen und uns durch Rat und Tat zu unterstützen».[9]

In Moskau war man zu substantieller finanzieller Unterstützung weder bereit noch in der Lage. Nachdem Ulbrichts Brief an Stalin ohne Antwort geblieben war, erteilten die neuen Kremlherren Grotewohl einen abschlägigen Bescheid.[10] In der Antwort auf das Bittschreiben vom April wurde der SED-Führung «dringend» geraten, ihren Kurs zu mäßigen.[11] Der stellvertretende Leiter der sowjetischen Kommission für Wirtschaftsplanung, Nikitin, erklärte seinen DDR-Kollegen bei einem Besuch in Ost-Berlin: «Die Sowjetführung plane einen neuen Kurs, der auf die Verbesserung des Lebensstandards der Bevölkerung abziele. Dazu müsse sie alle verfügbaren Reserven einsetzen. Der SED werde empfohlen, ihre Wirtschaftspolitik ebenfalls zu ändern und Maßnahmen zu ergreifen, die eine rasche Verbesserung der [...] Lebensverhältnisse zur Folge hätten.»[12]

Angesichts der sowjetischen Absagen gab Ulbricht grünes Licht für zwei rigorose Sparmaßnahmen, die den Unmut weiter anschwellen ließen: Am 9. April beschloß der Ministerrat, selbständigen Gewerbetreibenden, Eigentümern «devastierter» Landwirtschaftsbetriebe und Miethausbesitzern – insgesamt etwa zwei Millionen Menschen – vom 1. Mai an keine Lebensmittelkarten mehr zuzuteilen. Am 14. Mai folgte der Beschluß des Zentralkomitees, «die Arbeitsnormen insgesamt um mindestens 10 Prozent» zu erhöhen; für die «für die Produktion entscheidenden» Bereiche sollte diese Erhöhung nach einem weiteren Beschluß des Ministerrats vom 28. Mai bereits «bis zum 30. Juni 1953» sichergestellt werden.[13] Da damit die Möglichkeit von Mehrarbeit weitgehend entfiel, bedeutete dies für viele Industriearbeiter eine empfindliche Reallohnsenkung.

Gleichzeitig verstärkte Ulbricht noch einmal den ideologischen und machtpolitischen Druck. «Die Deutsche Demokratische Republik», erklärte er jetzt zum erstenmal ohne jede Rücksicht auf die bisherigen sowjetischen Positionen in der deutschen Frage, «ist in der gegenwärtigen Entwicklungsetappe eine Macht der Arbeiter und Bauern, in der die führende Rolle der Arbeiterklasse gehört. Der Staat der Deutschen Demokratischen Republik führt erfolgreich die Funktionen der Diktatur des Proletariats aus. Das heißt, er löst die Grundaufgabe der Übergangsperiode vom Kapitalismus zum Sozialismus – den Aufbau der wirtschaftlichen und kulturellen Grundlagen des Sozialismus sowie die Unterdrückung der volksfeindlichen Kräfte, und organisiert den Schutz der Heimat.»[14] In der Säuberungskampagne, die durch den Slansky-Prozeß ausgelöst worden war, beschuldigte er seinen alten Rivalen Franz Dahlem der Mitverantwortung für «kapitulantenhaftes Verhalten» der Pariser KPD-Leitung beim Kriegsausbruch 1939. In der gleichen Sitzung, in der die Normenerhöhung beschlossen wurde, wurde Dahlem aus dem Zentralkomitee ausgeschlossen.[15] Gleichzeitig inszenierte eine «Kommission zur Vorbereitung des 60. Geburtstags des Genossen Walter Ulbricht» am 30. Juni 1953 unter führender Beteiligung von Lotte Ulbricht und Fred Oelßner einen pompösen Kult um den «deutschen Arbeitersohn».

Berijas Revision

Im Kreml schrillten unterdessen die Alarmglocken. Semjonow wurde am 20. April zur Berichterstattung nach Moskau gerufen. Der Bericht der Untersuchungskommission, den er mitnahm, löste zwar bei seinen unmittelbaren Vorgesetzten im Außenministerium zunächst keine besonderen Reaktionen aus.[16] Berija aber, als Geheimdienstchef mit Stalins Gedankenwelt bestens vertraut und, in der Position des Innenministers, die er sich nach dem Tode des Diktators wiedererobert hatte, erster Aspirant auf seine Nachfolge, erkannte sofort die Notwendigkeit, mit dem Spuk des «Aufbaus des Sozialismus» in der DDR aufzuräumen und die Deutschlandpolitik wieder energisch auf die Herstellung der Einheit zu orientieren. Nach Aussage des damaligen Chefs des Ersten Büros im Ministerium für Staatssicherheit, Pawel Sudoplatow, wollte er dabei gleichzeitig auf die Westmächte zugehen und westliche Hilfe für die Bewältigung der ökonomischen Krisensituation in der Sowjetunion mobilisieren. Ende April wurde Sudoplatow von Berija beauftragt, über vertrauliche Kanäle in Bonn und Washington zu sondieren, ob für ein solches Programm Unterstützung im Westen zu gewinnen war.

«Der Plan Berijas», so Sudoplatow, «sah einen wiedervereinigten deutschen Staat mit einer Koalitionsregierung vor. Bei der Vereinigung sollten die vier Siegermächte paritätisch mitwirken. Berija ging es aber dabei vorrangig um die politischen und wirtschaftlichen Interessen der Sowjetunion. Für die Sondierungsgespräche im Westen stellte er folgende Punkte heraus: 1. eine Verlängerung der deutschen Reparationen an die Sowjetunion; 2. ein Wiederaufbauprogramm für Rußland, die Ukraine, Weißrußland und das

Baltikum; die Kosten sollten westliche Sponsoren, in erster Linie die Deutschen, aufbringen. Es sollten neue Industriebetriebe geschaffen und ein großes Eisenbahn- und Autobahnnetz in die Sowjetunion angelegt werden. Berija dachte an eine technische Hilfe mit deutscher Beteiligung in einer Höhe von zehn Milliarden Dollar. Wenn die Sowjets den illusorischen sozialistischen Aufbau der DDR unterstützen wollten, argumentierte er, müßten sie binnen zehn Jahren nicht weniger als zwanzig Milliarden Dollar investieren, inklusive Belieferung der DDR und Polens mit Rohstoffen und Lebensmitteln. Die schwere Bürde wollte er loswerden. Statt dessen strebte er ein breitangelegtes Wirtschaftsabkommen mit dem Westen an. Dieses Abkommen wollte er durch politische Absprachen mit Amerika, England und Frankreich unter der Schirmherrschaft der Vereinten Nationen absegnen lassen.»[17]

Im Zuge der weiteren Operationalisierung dieses Projekts, das bis hin zu der Summe, die man für den sowjetischen Wiederaufbau zu mobilisieren gedachte, ganz auf der Linie der Deutschlandpolitik Stalins lag, fragte Berija Mitte Mai bei dem «Kleinen» Informationskomitee des Außenministeriums an, welche Haltung die sozialdemokratische Opposition in der Bundesrepublik im Falle einer Regierungsübernahme nach den kommenden Bundestagswahlen einnehmen würde. Mit der Antwort, daß auch eine SPD-Regierung den auf Konsolidierung der Teilung ausgerichteten Westkurs fortführen würde, gab er sich nicht zufrieden. Er äußerte seine Zweifel an dieser Einschätzung und verlangte eine genauere Überprüfung der Situation. Die Beamten des Außenministeriums verteidigten ihr pessimistisches Urteil mit dem Hinweis, daß die SPD alle Bemühungen der KPD und SED um gemeinsame Aktionen gegen die Westverträge zurückgewiesen habe.[18]

Ministerpräsident Malenkow wurde in Berijas Vorhaben offenbar früh eingeweiht, und er trug es zunächst auch uneingeschränkt mit. Der einstige NKWD-Oberst Sergej Fedossejew, den Berija nach Jugoslawien schicken wollte, bezeugt, daß Malenkow in die gleichzeitig betriebene Aussöhnung mit Tito einwilligte.[19] Das läßt die späteren Vorwürfe Chruschtschows und Molotows, Malenkow habe auch Berijas Position in der Deutschlandfrage geteilt[20], als durchaus glaubwürdig erscheinen. Dagegen war das Außenministerium vorerst nicht mit der Angelegenheit befaßt.[21] Erst an einem Sonntag in der zweiten Maihälfte – entweder am 17. oder am 24. Mai – rief Molotow, der nach dem Tode Stalins wieder das Amt des Außenministers übernommen hatte, seinen Stellvertreter Gromyko zu sich nach Hause, um mit ihm über das weitere Vorgehen gegenüber der DDR zu sprechen.[22] Ob dies aus eigenem Antrieb geschah oder aufgrund eines Arbeitsauftrags von Malenkow und Berija, muß offenbleiben.

Wie aus den Ausführungen Molotows vor dem ZK-Plenum vom 2. bis 7. Juli 1953 hervorgeht, brachte Berija dann am 27. Mai im Präsidium des Ministerrats einen «Beschlußentwurf» ein, der eine grundlegende Korrektur des im Frühjahr/Sommer 1952 von der SED eingeschlagenen Kurses verlangte. «Der von der Deutschen Demokratischen Republik eingeschlagene, auf den Aufbau des Sozialismus gerichtete Kurs» wurde darin als «unter den heutigen Bedingungen fehlerhaft» bezeichnet; und es wurde gefordert, «zum gegenwärtigen Zeitpunkt auf den Kurs zum Aufbau des Sozialismus in der DDR zu verzichten». Chruschtschow zufolge, der vor dem ZK-Plenum ebenfalls über die Präsidiumssitzung berichtete, kündigte Berija außerdem an, einen «Vertrag» mit den Westmächten schließen zu wollen, der «ein neutrales demokratisches Deutschland» garantiere.[23]

In Verbindung mit dem Text, den das Präsidium zum Schluß der Sitzung verabschiedete[24], ist den Äußerungen vor dem Juli-Plenum zu entnehmen, daß Berijas Vorstoß nicht auf ungeteilte Zustimmung stieß. Chruschtschow warnte im nachhinein vor der Gefahr, «18 Millionen Deutsche der Herrschaft der amerikanischen Imperialisten zu übergeben». Molotow sprach davon, «daß die Spuren des hitlerischen Einflusses bei weitem noch nicht in ganz Deutschland getilgt sind». Der stellvertretende Minister für mittleren Maschinenbau, Avraami Sawenjagin, wies ergänzend darauf hin, daß «in der DDR viel Uran abgebaut [wird], möglicherweise ebensoviel, wie den Amerikanern gegenwärtig zur Verfügung steht». Berija verteidigte seine Position in der Präsidiumssitzung Molotow zufolge mit dem Argument, «daß ein auf bürgerlicher Grundlage wiedervereinigtes Deutschland die Sowjetunion durchaus befriedigen würde, da ein bürgerliches Deutschland zum gegenwärtigen Zeitpunkt nur ohne enge Bindungen an andere imperialistische Staaten entstehen könnte, da unter den heutigen Bedingungen lediglich ein bürgerliches Deutschland existieren könnte, das weder aggressiv noch imperialistisch wäre». Nach den Erinnerungen Gromykos wurde er sogar noch deutlicher: «Die DDR? Was bedeutet sie schon, diese DDR? Sie ist nicht einmal ein richtiger Staat. Sie wird nur durch sowjetische Truppen aufrechterhalten, auch wenn wir sie Deutsche Demokratische Republik nennen.»[25]

Offensichtlich war nicht allen Präsidiumsmitgliedern im gleichen Maße wie Berija geläufig, worauf Stalins Deutschlandpolitik eigentlich gezielt hatte. Manche hatten sich von der allgemeinen Furcht vor dem amerikanischen Imperialismus so weit in Bann schlagen lassen, daß sie zu mehr Beweglichkeit in der deutschen Frage überhaupt nicht mehr fähig waren. Und manche fürchteten auch aus Ressortegoismus um die konkreten Vorteile, die ihnen die DDR im Augenblick brachte. Berija verfügte nicht über genügend Autorität, um diese Bedenken einfach beiseite zu schieben. Darum willigte er nach einigen weiteren Überredungsversuchen[26] schließlich ein, daß nicht der «Aufbau des Sozialismus in der DDR» generell verworfen wurde, sondern nur, wie es Molotow im Laufe der Diskussion vorgeschlagen hatte[27], «die *Forcierung* des Aufbaus des Sozialismus».

Eine «Abfuhr» für Berija, wie die Sieger des Machtkampfs von 1953 nach seinem Sturz glauben machen wollten[28], stellte der Beschluß «Über die Maßnahmen zur Gesundung der politischen Lage in der Deutschen Demokratischen Republik» freilich nicht dar. Er verstand unter dem verworfenen «Kurs» eindeutig und ohne jede Einschränkung den Beschluß der 2. Parteikonferenz der SED zum «Aufbau des Sozialismus», der, wie ausdrücklich festgehalten wurde, «vom Politbüro des ZK der KPdSU in seinem Beschluß vom 8. Juli 1952 gebilligt worden war». Begründet wurde die Kurskorrektur, die «der Führung der SED und der Regierung der DDR [...] empfohlen» wurde, nicht nur mit der Notwendigkeit einer «Gesundung der politischen Lage in der DDR», sondern auch mit dem Ziel einer «Stärkung unserer Positionen sowohl in Deutschland selbst als auch in der Deutschlandfrage auf der internationalen Ebene» und mit der «Sicherstellung und Ausbreitung der Basis einer Massenbewegung für die Schaffung eines einheitlichen, friedliebenden, unabhängigen Deutschlands». Der «Kampf für die Vereinigung[29] Deutschlands auf demokratischer und friedlicher Grundlage» wurde in dem Dokument wieder eindeutig als «Hauptaufgabe» bezeichnet. Von anderen Aufgaben, etwa einem «vorsichtigeren Vorgehen gegen die Kapitalisten», wie es Molotow nachträglich als Ziel des Dokuments bezeichnete[30], war nicht die Rede; vielmehr wurde unmißverständlich dekretiert: «Die bis zu dieser Zeit durchgeführte Propaganda über die Notwendigkeit des Übergangs der DDR zum Sozialismus [ist] als unrichtig zu betrachten.»

Die Maßnahmen, die im Zuge des «Aufbaus des Sozialismus» eingeleitet worden waren, wurden samt und sonders verworfen: sowohl das «künstliche Aufbringen der landwirtschaftlichen Produktionsgenossenschaften» als auch die «Einschränkung und Ausdrängung des mittleren und kleinen Privatkapitals» und die «Repressalien gegenüber der Kirche und den Geistlichen». Statt dessen verlangte das Präsidium «Maßnahmen zur Stärkung der Gesetzlichkeit und der Gewährung der Bürgerrechte» sowie die «entscheidende Ausrottung der Elemente von nackter Administrierung». Die SKK unter militärischem Oberbefehl wurde aufgelöst, und Semjonow, als «Hoher Kommissar» nunmehr oberster Repräsentant der Sowjetunion in Deutschland, sollte dafür sorgen, «daß das Dasein der sowjetischen Besatzungstruppen möglichst weniger die direkten Interessen der Zivilbevölkerung beeinträchtigt». Schließlich wurde die «total feindliche Position» der SED gegenüber der SPD verworfen: Die deutschen Genossen sollten vielmehr – obwohl die Beamten des Außenministeriums dies als aussichtslos bezeichnet hatten – «versuchen, wo und wenn es möglich ist, gemeinsame Aktionen gegen die Adenauersche Politik der Spaltung und der imperialistischen Knechtung Deutschlands zu organisieren».

Natürlich genügten diese Maßnahmen nicht, um wirklich ein demokratisches Deutschland zustande zu bringen. Die Problematik der Einheitslisten und des «demokratischen Zentralismus» wurde überhaupt nicht angesprochen, die Forderungen nach «Stärkung der Gesetzlichkeit» und Ausrottung «nackter Administrierung» nicht hinreichend operationalisiert. Offensichtlich fehlte es Berija in dieser Frage ebenso wie Stalin an Problembewußtsein, und vermutlich war er über die realen Dimensionen des «SED-Staats» ähnlich schlecht informiert. Gleichwohl ist unverkennbar, daß mit dem Präsidiumsbeschluß vom 27. Mai wieder energisch Kurs auf das demokratische Deutschland genommen wurde. Der Sozialismus stand in Deutschland weder kurz- noch mittelfristig auf der Tagesordnung, und der Verfestigung des Provisoriums DDR als Separatstaat, wie sie sich seit den Entscheidungen vom Frühjahr/Sommer 1952 abgezeichnet hatte, wurde der Kampf angesagt.

Als die sowjetische Führung die nach Moskau zitierten SED-Führer – Ulbricht, Grotewohl und Oelßner als Dolmetscher – am 2. Juni über den Beschluß zur Kursänderung unterrichtete, war von Differenzen im Präsidium nichts zu spüren. Grotewohl notierte nicht nur Berijas Forderung, «rasch und kräftig [zu] korrigieren», sondern auch Malenkows Warnung: «Nicht Prestige fürchten; wenn wir jetzt nicht korrigieren, kommt eine Katastrophe», und auch eine ausdrücklich gesamtdeutsche Begründung Molotows: «So viele Fehler, darum so korrigieren, daß ganz Deutschland es sieht.»[31] Nachdem «alle sowjetischen Genossen» eine erste Stellungnahme der SED-Führung zu dem Präsidiumsdokument «als unzulänglich zurückgewiesen» hatten[32], verfaßten Ulbricht, Grotewohl und Oelßner noch in Moskau den Entwurf eines ZK-Beschlusses der SED, der sich weitgehend an den Präsidiumsbeschluß anlehnte und folglich bekräftigte: «Die Hauptaufgabe in der gegenwärtigen Zeit ist der Kampf um die nationale Vereinigung Deutschlands auf demokratischer und friedlicher Grundlage. Die Erfüllung dieser Aufgabe erfordert, die ökonomischen und politischen Maßnahmen in der DDR dieser zentralen Aufgabe unterzuordnen.»[33]

Nach Berlin zurückgekehrt, erklärte Oelßner seinen verwirrten Politbüro-Kollegen: «Es handelt sich offensichtlich um einen Kurswechsel in einigen entscheidenden Fragen, der nicht nur die DDR betrifft.»[34] Semjonow führte am 6. Juni im SED-Politbüro, zu dem er «hinzugezogen» worden war, aus: Die «SED steht nicht allein im Friedenslager. DDR muß ein magnetisches Feld werden für West-d[eutschland], Frankreich – Italien. [...] Gefahren der Vernichtung nicht nur der Avantgarde, sondern auch anderer. Also Wiedervereinigung.»[35] In der «Täglichen Rundschau» vom 13. Juni ließ er verlautbaren, die Beschlüsse zu einem «Neuen Kurs», die sich das

SED-Politbüro und der DDR-Ministerrat unterdessen zu eigen gemacht hatten, hätten «große internationale Bedeutung. Sie sind auf das große Ziel der Wiedervereinigung des deutschen Volkes in einem geeinten nationalen deutschen Staat ausgerichtet. In den Beschlüssen der Regierung der DDR kommt der gute Wille und der Wunsch zum Ausdruck, in nächster Zeit entscheidende Fortschritte im Kampf für die friedliche Wiedervereinigung Deutschlands, für die Schaffung eines geeinten, souveränen und wirtschaftlich starken deutschen demokratischen Staates zu erzielen.»[36] Rückblikkend bekräftigte Semjonow später, «daß es für ihn galt, Berijas Kurs zu realisieren, und das heißt nicht nur Verzicht auf den ‹beschleunigten› Aufbau des Sozialismus, sondern rigorose Kursänderung».[37]

«Neuer Kurs» der SED

Personelle Konsequenzen aus dem Desaster, das die SED-Führung unter Ulbricht angerichtet hatte, zog die sowjetische Führung zunächst nicht. Berija versicherte den deutschen Besuchern ausdrücklich: «Wir alle haben die Fehler mitgemacht; keine Vorwürfe.»[38] Als aber in der Politbürositzung vom 6. Juni zunächst Fred Oelßner und dann auch Wilhelm Zaisser über die «Empfehlungen» des sowjetischen Präsidiums hinaus eine «Generalüberprüfung der gesamten Politik» anmahnten und dabei ohne weitere Umschweife die «Diktatur Ulbrichts» mit Hilfe des Politbüro-Sekretariats ansprachen[39], drängte Semjonow darauf, Ulbricht in die kollektive Führung einzubinden: «Sekretariat muß man verbessern. W[alter] muß prüfen. Jub[iläum] bescheiden. Große Feiern sind falsch. Keine Zitate. Arbeit im Pol[it]büro – kollektiv.» Und dann, gegen die auch schon von Oelßner kritisierte Forcierung des Personenkults durch Lotte Ulbricht gerichtet: «Frauen von verantw[ortlichen] Genossen nicht im Apparat des Mannes beschäftigen.»[40] Außerdem deutete Semjonow an, daß die Sowjetführung auch auf andere Partner zurückgreifen könne, wenn sich die SED nicht gründlich ändere: «Wenn die SED-Führung nicht in der Lage sei, die Mentalität der werktätigen Bevölkerung zu verstehen und in geeigneter Form anzusprechen, dann müßten die bürgerlichen Parteien in stärkerem Maße eingeschaltet werden.»[41]

Ulbricht versuchte den Angriffen den Wind aus den Segeln zu nehmen, indem er Selbstkritik übte: «Ich habe Verantwortung zu tragen und werde meine Arbeit ändern.»[42] Als die Attacken gleichwohl weitergingen, zeigte er sich pikiert: «Ja, denkt ihr, ich werde das Sekretariat nach dieser Kritik wieder zusammenrufen?»[43] Tatsächlich beschloß das Politbüro die Einsetzung einer Kommission «zur Vorbereitung einer organisatorischen Neuordnung der Arbeitsweise des Politbüros und des Sekretariats», in die neben Ulbricht Zaisser, Oelßner, Herrnstadt und Hans Jendretzky berufen wurden.[44] Drei Tage später erfolgte dann der Beschluß zur Ankündigung der von Moskau «empfohlenen» Revisionen. Gleichzeitig wurde ein Redaktionsausschuß gebildet, bestehend aus Ulbricht, Herrnstadt und Heinrich Rau, der eine ausführlichere Beschlußvorlage für die nächste ZK-Tagung erarbeiten sollte. Die Kampagne zum bevorstehenden Ulbricht-Geburtstag wurde schlagartig eingestellt; im «Neuen Deutschland» tauchte sein Name nicht mehr auf, und das Sekretariat trat auch nicht mehr zusammen.

Als Ulbricht in den nächsten Tagen – wohl in der Annahme, daß die ärgste Gefahr vorüber sei – wieder dogmatische Selbstherrlichkeit herauskehrte, begannen die sowjetischen Repräsentanten, sich nach personellen Alternativen umzusehen. Iwan Iljitschow, Chef der Diplomatischen Mission bei der Regierung der DDR, erklärte Herrnstadt auf entsprechende Klagen über Ulbrichts Verhalten: «Vielleicht ist der beste Ausweg folgender. Sie und Zaisser nehmen ein paar Genossen aus dem Politbüro zusammen, gehen gemeinsam zu Ulbricht und sprechen mit ihm. [...] Er ist doch ein erfahrener Mann, sicher versteht er das. Na, und wenn er nicht verstehen will – dann berichten Sie uns, und wir werden tätig werden. Das ist, scheint mir, der richtige Weg.»[45] Nach dem Bericht eines Dolmetschers der sowjetischen Hochkommission an die «Organisation Gehlen» empfahl Semjonow seinen Vorgesetzten am 13. Juni, in Anbetracht des wachsenden Unmuts der Bevölkerung «die Vormachtstellung der SED-Führung vorübergehend abzubauen und in der DDR eine neue Regierung mit bürgerlichen Vorzeichen einzusetzen». Über die Position des Regierungschefs verhandelte er mit Hermann Kastner, dem 1950 abgesetzten LDPD-Vorsitzenden.[46] Ein Mitarbeiter Grotewohls berichtete von Gesprächen Semjonows mit Kastner und Nuschke.[47] Andere Quellen wollen wissen, daß Semjonow das Amt des Regierungschefs dem auf einen Ausgleich zwischen Ost und West bedachten ehemaligen Reichskanzler Joseph Wirth angeboten habe.[48]

In der SED-Führung spitzte sich die Lage für Ulbricht unterdessen immer mehr zu. Das Politbüro billigte am Abend des 16. Juni den im wesentlichen von Herrnstadt unter Mitwirkung von Heinrich Rau formulierten Entwurf des ZK-Beschlusses zum «neuen Kurs», in dem das Ziel der «baldigen Herstellung eines einheitlichen, demokratischen, fortschrittlichen Deutschlands» als Grund für die Kurskorrekturen genannt wurde: «Es geht darum, eine Deutsche Demokratische Republik zu schaffen, die für ihren Wohlstand, ihre soziale Gerechtigkeit, ihre Rechtssicherheit, ihre zutiefst nationalen Wesenszüge und ihre freiheitliche Atmosphäre die Zustimmung aller ehrlichen Deutschen findet. Das wird wirksamer als alle Deklarationen oder guten Wünsche die Verständigung unter den Deutschen vorantragen, die Kriegstreiber in Westdeutschland und Westberlin isolieren und eine solide Basis für Verhandlungen über das neue einheitliche Deutschland schaffen.»

In dem Entwurf wurde nicht nur die «Aufgabe» angemahnt, «konkrete Schritte zur Herstellung der Einheit des Vaterlandes zu unternehmen und, in West- wie in Ostdeutschland, alle Einzelmaßnahmen dem großen, gemeinsamen Ziel unterzuordnen». Es wurde auch über die in Moskau thematisierten Kritikpunkte hinaus beklagt, «daß in vielen Fällen Maßnahmen und Organisationsformen, die in der Sowjetunion richtig und möglich sind, mechanisch auf unsere Verhältnisse übertragen wurden». Ebenso billigte das Politbüro Herrnstadts Vision einer auf freier Entfaltung der individuellen Kräfte beruhenden «Partei der Arbeiterklasse», die das Prinzip «kollektiver Arbeit» an die Stelle des «Persönlichkeitskultes» setzt.[49] FDJ-Chef Erich Honecker, einer der wenigen verbliebenen Ulbricht-Anhänger, erklärte aus der Sitzung kommend seinem Stellvertreter Heinz Lippmann: «Alle fallen über Walter her. Er wird wohl unterliegen.»[50]

Der Aufstand des 17. Juni – ausgelöst durch den bezeichnenden

Umstand, daß das Politbüro bei der Ankündigung der Rücknahme unpopulärer Maßnahmen die Normenerhöhungen, weil im Moskauer Maßnahmenkatalog nicht berücksichtigt, «vergessen» hatte[51] – änderte an der Rückorientierung der SED-Führung auf das nationaldemokratische Programm zunächst nichts. Semjonow kündigte den nach Karlshorst gerufenen SED-Führern gegen Mittag nach telefonischen Anweisungen aus Moskau die Verhängung des Ausnahmezustandes an, gab sonst aber keine neuen Weisungen.[52] Daß das Auffahren sowjetischer Panzer, die mindestens 25 Todesopfer und die zahlreichen Verhaftungen, die das Ministerium für Staatssicherheit in den nächsten Tagen vornahm[53], die gesamtdeutschen Ambitionen gründlich diskreditierten, wurde in den pausenlosen Beratungen des Politbüros nicht thematisiert.

Auch Berija glaubte nicht – oder wollte nicht wahrhaben –, daß der Panzereinsatz vom 17. Juni seinen Plänen schadete. Seinen Mitarbeitern Fadejkin und Sudoplatow setzte er vielmehr auseinander, daß «nach solch überzeugender Demonstration sowjetischer Stärke die Westmächte erst recht Interesse an neuen sowjetischen Initiativen in Sachen Deutschland aufbringen müßten». Am 24. Juni flog Sudoplatows Mitarbeiterin Soja Rybkina (die einzige, die nach Berijas Anweisung in das Vorhaben eingeweiht werden durfte) nach Berlin, um dort die Schauspielerin Olga Tschechowa zu treffen, die den Kontakt zu Leuten aus dem Umkreis Adenauers aufnehmen sollte.[54]

Herrnstadt konnte daher die Zustimmung Semjonows und auch Grotewohls zu einem Leitartikel im «Neuen Deutschland» vom 18. Juni gewinnen, in dem er «schwerwiegende Versäumnisse unserer Partei» für die Unruhen mitverantwortlich machte. Tags darauf kündigte er an, die Partei werde «darin vorangehen [...], die eigene Tätigkeit in den vergangenen acht Jahren und das eigene Verhalten in den letzten zwei Tagen zu überprüfen und die notwendigen Konsequenzen zu ziehen».[55] Auf einer ZK-Tagung am Abend des 21. Juni, die auf Initiative Herrnstadts kurzfristig einberufen worden war, beklagte Grotewohl im einleitenden Grundsatzreferat die «Kluft zwischen Partei, Regierung und Volk» als «Ergebnis der fehlerhaften Politik unserer Partei» und kündigte «Maßnahmen zu einer tiefgreifenden Reparatur» an. Sodann versicherte er nochmals, das Politbüro habe «bei seinen Beschlüssen das große Ziel der Herstellung der Einheit Deutschlands im Auge». Anton Ackermann und Kurt Hager verlangten, bei der nächsten Zusammenkunft des Zentralkomitees darüber zu «diskutieren», ob es «eine kollektive Leitung» gegeben habe. Ulbricht kam nur mit einem nebensächlichen Diskussionsbeitrag zu Verfahrensfragen zu Wort.[56]

Als die Organisationskommission am 26. Juni zusammentrat, um die nächste ZK-Tagung vorzubereiten, ging die Demontage Ulbrichts einen entscheidenden Schritt weiter: Zaisser, der schon im März im Politbüro gefordert hatte, das Sekretariat dürfe nicht mehr als ein «Hilfsorgan» der «kollektiven Leitung» sein[57], beantragte, das Sekretariat durch eine «Ständige Kommission» aus den beiden Parteivorsitzenden und weiteren Mitgliedern des Politbüros zu ersetzen und die Abteilungsleiter des Zentralkomitees direkt dem Politbüro zuzuordnen. Herrnstadt ergänzte, daß der Kommission «solche Genossen neben Walter Ulbricht» angehören sollten, «die die Gewähr dafür bieten, daß sie notfalls eine echte Zusammenarbeit, eine echte Kollektivität erzwingen», und sprach dann Ulbricht direkt an: «Es tut mir leid, Walter, noch folgendes sagen zu müssen: [...] Wäre es nicht besser, wenn Du die unmittelbare Anleitung des Parteiapparates abgibst?»[58]

Ulbricht wurde rot, wie sich Herrnstadt drei Jahre später erinnerte, und simulierte Einsicht: «Wenn Du diesen Antrag nicht gestellt hättest, hätte ich ihn gestellt.»[59] Die Kommission verabschiedete eine Beschlußempfehlung für das Zentralkomitee, in der die Vorschläge Zaissers mit der Präzisierung festgehalten wurden, daß das «Sekretariat des Zentralkomitees [...] aufgelöst» und die «Funktion des Generalsekretärs des Zentralkomitees [...] aufgehoben» wird.[60] Ulbricht sollte nach dem Willen der überwiegenden Mehrheit des Politbüros in eine kollektive Führung eingebunden werden, in der die beiden Parteivorsitzenden wieder die Funktionen übernahmen, die ihnen ursprünglich zugedacht waren.

Zwei Tage später gab sich Wilhelm Pieck, der sich seit dem April zur Kur in Moskau aufhielt und folglich an dem Entscheidungsprozeß nur indirekt beteiligt war[61], als Anhänger der Reformen zu erkennen. In einer Botschaft «an die Bevölkerung der Deutschen Demokratischen Republik» erklärte er, das Kommuniqué des Politbüros vom 9. Juni sei mit ihm abgestimmt worden, und er begrüße die darin angekündigten Maßnahmen. Als Ziel des «Neuen Kurses» bezeichnete er wie Grotewohl die «Überwindung der Kluft zwischen Ost und West unseres Vaterlandes». Am 2. Juli bekräftigte er in einer Rundfunkansprache, daß jetzt die «friedliche Verständigung der Deutschen untereinander» auf der Tagesordnung stehe.[62]

Ulbricht rettet sich

Gerettet wurde Ulbricht durch die Verhaftung Berijas an dem gleichen 26. Juni, an dem die Absetzung des SED-Generalsekretärs in die Wege geleitet worden war – genauer gesagt, durch die Art, wie er sich den Sturz des präsumptiven Stalin-Nachfolgers und die dabei ins Spiel gebrachten ideologischen Rechtfertigungen zunutze zu machen verstand, sowie durch die Machtverschiebungen in Moskau, die sich aus diesem Sturz ergaben.

Die abweichenden Meinungen in der Deutschlandpolitik spielten bei der Entscheidung zum Sturz Berijas keine erkennbare Rolle. Dazu waren die Gegensätze zu wenig ausgeprägt, zu wenig verbreitet und auch nicht wichtig genug. Ausschlaggebend waren vielmehr Berijas Bestrebungen, Innenministerium und Geheimdienst der Kontrolle des Parteiapparates zu entziehen und sich damit zum neuen Alleinherrscher aufzuschwingen. Seine Rivalen im Präsidium fürchteten, dies könnte sie nicht nur ihren Einfluß, sondern womöglich auch das Leben kosten. Hinzu kamen die Sorge der Parteifunktionäre vor dem Verlust ihrer Privilegien, die Abneigung der Armee gegen den Geheimdienst, der Widerstand des schwerindustriellen Apparats gegen die von Berija favorisierte Förderung der Konsumgüterindustrie und die Erbitterung der russischen Administratoren über die Beschneidung ihres Einflusses in den nichtrussischen Republiken, die Berija nicht nur in seiner Heimat Georgien betrieb.

Organisiert wurde die Verschwörung der Rivalen von Nikita Chruschtschow, der durch Berijas Vorgehen gegen seine «Statthalter» in der Ukraine in besonderem Maße vom Machtverlust bedroht war. Wichtig für ihr Gelingen war die Gewinnung Malenkows, der sich ursprünglich wohl selbst als Stalin-Nachfolger gesehen hatte, im Gespräch mit Chruschtschow aber schnell begriff, daß er in Wirklichkeit Berijas erstes Opfer zu werden drohte. Und fast schon eine Garantie für den Erfolg war die Unterstützung durch Marschall Shukow, den populären Helden des Zweiten Weltkriegs, der eben wegen dieser Popularität von Stalin im März 1946 als SMAD-Chef abgelöst und auf den relativ unbedeutenden Posten eines Oberbefehlshabers im Militärbezirk Odessa abgeschoben worden war. Nach Stalins Tod zum stellvertretenden Verteidigungsminister ernannt, sorgte er jetzt dafür, daß Berija von den ihm ergebenen Truppen abgeschnitten wurde und wehrlos dastand, als ihn shukowtreue Offiziere auf einen Wink Malenkows in der Sitzung des Präsidiums verhafteten.

Für die Entwicklung der Deutschlandpolitik war der Sturz Berijas zunächst nur insofern von Bedeutung, als damit der energischste Verfechter einer Rückkehr zur Stalinschen Linie zum «Staats- und Parteifeind» erklärt und nach dem Prozeß vor dem Militärtribunal am 23. Dezember 1953 erschossen wurde, während mit Chruschtschow gleichzeitig ein Politiker der zweiten Garde an Einfluß gewann, dem Ziele und Methoden der Stalinschen Deutschlandpolitik fremd waren. Als Erster Sekretär des Zentralkomitees der KP der Ukraine bis 1949 hatte er selten Gelegenheit, von Stalin Erläuterungen seiner Politik zu hören. «Stalin», so beklagte er sich nach seinem Sturz 1964, «besprach solche Dinge nie mit irgend jemandem.»[63] Infolge seiner Unkenntnis gelangte Chruschtschow zu der Überzeugung, daß der Deutschlandpolitik seines Meisters die Hoffnung auf eine «sozialistische Revolution in Deutschland» zugrunde lag und mit der Gründung der DDR eindeutig der sozialistische Weg eingeschlagen worden war. Dieser durfte in seiner Sicht nicht mehr in Frage gestellt werden.[64]

Eine weitere Einschränkung des gesamtdeutschen Impulses der sowjetischen Politik ergab sich aus dem Umstand, daß die Verschwörer auf der Suche nach Anklagepunkten, mit denen sie den «verbrecherischen» Charakter Berijas belegen konnten, unter anderem auch seine energische Verteidigung der Stalinschen Deutschlandkonzeption aufgriffen. Aus der nicht jedermann einsichtigen Darlegung, daß es «gleichgültig» sei, ob in Deutschland «ein Sozialismus entsteht oder nicht»[65], wurde jetzt der Vorwurf konstruiert, Berija habe «Kurs nehmen» wollen «auf die Umwandlung der DDR in einen bürgerlichen Staat, was einer direkten Kapitulation vor den imperialistischen Kräften gleichgekommen wäre».[66] Diesen angeblichen «Verrat» Berijas prangerten auf dem ZK-Plenum vom 3. bis 7. Juli, auf dem der Entmachtete als Volksfeind vorgeführt wurde, nahezu alle Redner an – Malenkow in seinem Einleitungsreferat mit der bezeichnenden Erläuterung: «Im Lichte dessen, was wir jetzt über Berija in Erfahrung bringen konnten, müssen wir diesen seinen Standpunkt [in der Deutschlandfrage] neu einschätzen. Es ist klar, daß dieser Fakt ihn als bürgerlichen Renegaten charakterisiert.»[67]

Für viele Präsidiumsmitglieder gewann die DDR damit einen Eigenwert und konnte schon deswegen nicht mehr beliebig zur Disposition gestellt werden, weil dann ein wesentlicher Anklagepunkt gegen Berija in sich zusammengebrochen wäre. «Für uns sollte klar sein», führte der sichtlich um Anpassung an die neuen Machtverhältnisse bemühte Molotow vor dem ZK-Plenum aus, «daß die Existenz der Deutschen Demokratischen Republik, die sich festigende volksdemokratische Ordnung und der schrittweise in Angriff genommene Aufbau des Sozialismus ein ernster Schlag nicht nur gegen den deutschen Imperialismus, sondern auch gegen das gesamte imperialistische System in Europa ist».[68]

Dies alles bedeutete noch nicht notwendigerweise ein Aus für die von Berija reaktivierten gesamtdeutschen Pläne. Malenkow stellte die DDR in seinem Schlußwort vor dem ZK-Plenum ausdrücklich nicht in die Reihe der «Länder der Volksdemokratie», auch wenn er sie zum «Bollwerk des Friedens und der Demokratie» zählte.[69] Die diplomatische Offensive, die Berija eingeleitet hatte, lief weiter, und auch der «Neue Kurs» der SED-Führung wurde nicht in Frage gestellt. Endgültig auf Null gebracht wurden die Chancen für ein gesamtdeutsches Arrangement vielmehr erst durch den Umstand, daß Ulbricht die Möglichkeiten, die ihm der Sturz Berijas in letzter Minute unverhofft bot, mit geradezu traumwandlerischer Sicherheit aufgriff.

Als in einem Routineartikel der «Prawda» vom 27. Juni über einen Besuch der Kreml-Führung im Bolschoi-Theater der Name

Berijas fehlte, war wohl zu ahnen, daß in Moskau eine dramatische Wendung stattgefunden hatte; man konnte aber noch nicht genau erkennen, um was es ging und was dies für die Entwicklung der Machtverhältnisse in der SED-Führung bedeuten würde. Ulbricht jedoch, der sich in der Sitzung vom 26. Juni fast schon geschlagen gegeben hatte, faßte daraufhin noch einmal Mut und warb bei den sowjetischen «Freunden» um Unterstützung. Vielleicht zu seiner eigenen Überraschung hatte er damit Erfolg: Als die Organisationskommission am 3. Juli wieder zusammentrat, um über die personelle Zusammensetzung der neuen Führungsgremien zu verhandeln, erschien «ein sowjetischer Genosse» (Boris Miroschnitschenko), der «in großen Zügen die Organe der Parteispitze in der KPdSU» erklärte und es als «notwendig» befand, «eine Reihe von Sekretären zu haben, von denen zweckmäßig zwei oder drei Mitglieder des Politbüros sein müßten, die anderen nicht Mitglieder zu sein brauchten [...] und unter denen selbstverständlich zum Zwecke der Zusammenfassung und Koordinierung der 1. Sekretär sein müßte».[70]

Es ist nicht ganz klar, ob dieser Auftritt nur eine Panne war, die sich aus Semjonows momentaner Abwesenheit von Berlin[71] ergab, oder ob Semjonow aus den ersten Nachrichten über die Moskauer Ereignisse schon den Schluß zog, daß er gut beraten wäre, wenn er zu den Reformern in der SED-Führung auf Distanz ginge.[72] Jedenfalls war Ulbrichts Fall erst einmal gestoppt. Zwar konterte Zaisser den überraschenden Querschlag Miroschnitschenkos mit dem Vorschlag, Herrnstadt mit dem Amt des «1. Sekretärs» zu betrauen: «Ich habe den Eindruck, daß Genosse Herrnstadt mit den Massen verbunden ist.»[73] Eine Abstimmung darüber fand aber nicht statt. Ulbricht, ob der sowjetischen Schützenhilfe ermutigt, trat wieder offensiv auf: «Dein Vorschlag», entgegnete er Zaisser, «ist ganz logisch! Für mich ist er der Punkt auf dem i!» Grotewohl dagegen, der die Sitzung leitete, war von dem sowjetischen Vorstoß so irritiert, daß er es nicht wagte, den Genossen Generalsekretär endgültig zur Strecke zu bringen.

Als Ulbricht eine Diskussion darüber anzettelte, wer aus dem Politbüro auszuscheiden habe (er schlug Friedrich Ebert vor, der sich in der Politbüro-Sitzung vom 6. Juni besonders plastisch zur «Diktatur Ulbrichts» geäußert hatte), forderte Zaisser taktisch ungeschickt den Ausschluß Oelßners («oft prinzipienlos, kleinlich und in entscheidenden Augenblicken auch feige»), während Grotewohl das Ausscheiden des Ulbricht-Adlatus Erich Honecker verlangte («Wenn ich in den ganzen Jahren auch nur die geringste Tendenz zu einer Entwicklung bei ihm beobachtet hätte, würde ich die Frage nicht stellen»). Herrnstadt stellte den Antrag, Hermann Matern vom Amt des Vorsitzenden der Zentralen Parteikommission zu entbinden, in dem er Ulbricht bei seinen Disziplinierungskampagnen nach Kräften unterstützt hatte. Freilich wurde auch hierüber nicht abgestimmt; und als Miroschnitschenko schließlich in die Auseinandersetzung um das Amt des 1. Sekretärs mit der Bemerkung eingriff, man möge weiterverhandeln, wenn Semjonow und sein Stellvertreter Pawel Judin wieder am Ort seien, brach Grotewohl die Sitzung ab.[74]

Die Gegenoffensive wurde noch deutlicher, als Herrnstadt dem Politbüro am 4. oder 5. Juli die überarbeitete Fassung des ZK-Entschließungsentwurfs vorlegte, die in der Sitzung vom 16. Juni in Auftrag gegeben worden war. Ulbricht drohte unverhohlen: «Da stehen einige Formulierungen drin, mein Lieber, die könnten Dich teuer zu stehen kommen.»[75] Bei der Beratung der Vorschläge zur Parteireform wandte sich zunächst Matern gegen das Übermaß an Kritik; dann setzte Ulbricht zum Rundumschlag an: Der Entwurf stelle den Klassencharakter der Partei in Frage, er sei die «ideologische Plattform» der «spalterischen Absichten» Herrnstadts und Zaissers, Herrnstadt vertrete sozialdemokratische Ansichten. Angesichts des Verrats- und Spaltungsvorwurfs – die schlimmsten Verstöße gegen den kommunistischen Tugendkatalog – wagten nur wenige Politbüro-Mitglieder eindeutig zu widersprechen. Der Entwurf, der tatsächlich nur eine Ausarbeitung des zuvor bereits einmütig gebilligten Textes darstellte, wurde zurückgewiesen; Ulbricht wurde beauftragt, die Ausführungen zum «Neuen Kurs» neu zu schreiben, und Ackermann sollte eine neue Version zu den Aufgaben der Partei liefern.[76]

Ulbricht war damit aber noch nicht aus dem Schneider. Als in der nächsten Sitzung des Politbüros am Abend des 7. Juli die Personaldiskussion wiederaufgenommen wurde, sprachen sich allein Matern und Honecker für Ulbricht als Generalsekretär oder «1. Sekretär» aus. Oelßner und Erich Mückenberger hielten sich bedeckt; alle anderen sprachen sich gegen Ulbricht aus, darunter mit besonderer Vehemenz Anton Ackermann: «Lange Zeit habe ich geschwiegen, aus Disziplin, aus Hoffnung, aus Angst. Heute liegt das alles hinter mir.»[77] Die Sitzung wurde unterbrochen, weil Grotewohl und Ulbricht nach Moskau fliegen mußten, um dort eine wichtige Nachricht der Sowjetführung entgegenzunehmen. Als sie mit dem Kommuniqué «Über die verbrecherische partei- und staatsfeindliche Tätigkeit Berijas» zurückkehrten, stellten sich auch Oelßner und Hans Jendretzky auf die Seite Ulbrichts. Das genügte, um auch die von Ackermann verfaßte Version des Entwurfs zur Parteireform zurückzuweisen; mit der Erarbeitung der nächsten wurden Grotewohl, Ulbricht und Oelßner beauftragt.[78]

In den neuen Entwurf, der am 14. Juli im Politbüro präsentiert wurde, schrieben Ulbricht und Oelßner Vorwürfe hinein, die sich an die Anklageschrift gegen Berija anlehnten: Zaisser habe versucht, sich mit dem Ministerium für Staatssicherheit über die Partei zu stellen, und Herrnstadt habe als Chefredakteur des «Neuen Deutschland» eine «kapitulantenhafte, im Wesen sozialdemokratische Auffassung» zum Ausdruck gebracht.[79] Damit gelang Ulbricht der entscheidende Kunstgriff: Die Angegriffenen wiesen die absurden Vorwürfe zwar entrüstet zurück, ihre Mitstreiter wagten aber nicht mehr, sie zu verteidigen. Immer noch im Banne der stalinistischen Säuberungen nahmen sie ohne weiteres Nachdenken an, daß sich eine Verbindungslinie zwischen dem «Verbrecher Berija» und der «Fraktion Herrnstadt/Zaisser» ziehen lasse. Sobald sie diese Gefahr sahen, verstummten sie, um nicht selbst den Bannstrahl der «Parteifeindlichkeit» auf sich zu ziehen. Der Angriff auf die Position Ulbrichts verlor demgegenüber an Dringlichkeit, mehr noch: Niemand wollte mehr an einem solchen «parteifeindlichen» Vorhaben beteiligt sein.

Als Grotewohl in der Sitzung vom 18. Juli erklärte, die Vorwürfe gegen Herrnstadt und Zaisser seien «in der politischen Grundsätzlichkeit richtig»[80], war der Wendepunkt erreicht. Nur noch Ebert und (etwas undeutlicher) Ackermann schwangen sich zur Verteidigung von Herrnstadt und Zaisser auf. Niemand protestierte gegen die Verhaftung von Justizminister Max Fechner, der in Fortführung der von Herrnstadt und Grotewohl vertretenen Linie am 30. Juni im «Neuen Deutschland» geäußert hatte, nur Straftäter würden gerichtlich verfolgt werden, nicht aber diejenigen, die am 17. Juni «gestreikt oder demonstriert haben».[81] Am 22. Juli trat auch Akkermann den Rückzug an, indem er sich einer peinlichen Selbstkritik unterzog. Die Tagung des Zentralkomitees vom 24. bis 26. Juli geriet danach zu einer Parade abenteuerlicher Anklagen gegen Herrnstadt und Zaisser, die dem KPdSU-Tribunal gegen Berija nur wenig nachstand. Ulbricht brachte die beiden offen in einen Zusammenhang mit Berija, so daß sie von Glück sagen konnten, nicht verhaftet, sondern nur aus dem Zentralkomitee ausgeschlossen zu werden.[82]

Semjonow sah dem Treiben anscheinend ungerührt zu. Nachdem Ulbricht eine Verbindung zwischen den beiden energischsten Verfechtern seiner Degradierung und Berija suggeriert hatte, schien es auch ihm klüger, nicht mehr gegen den SED-Generalsekretär vorzugehen. Zudem ließen ihn der Sturz Berijas und der Vorwurf der Preisgabe der DDR ahnen, wohin die Reise gehen würde. Als Herrnstadt ihn um Unterstützung gegen die absurden Vorwürfe anging, zeigte Semjonow ihm die kalte Schulter; er blieb auch stumm, als Ulbricht am 23. Juli den Entwurf seiner ZK-Rede im Politbüro präsentierte. Lediglich auf den geplanten Ausschluß Herrnstadts und Zaissers aus der Partei mußte Ulbricht nach Semjonows Intervention vorerst verzichten: eine Solidarität, die wenig kostete, den Betroffenen aber sehr wichtig war.[83]

Der letzte Grund für die Rettung Ulbrichts und das Scheitern des «Neuen Kurses» war die mangelnde Konsequenz der Reformer. Hätten sie nicht nur die Degradierung, sondern den Ausschluß Ulbrichts aus dem Politbüro betrieben und sich dabei weniger Zeit gelassen, hätte der Genosse Generalsekretär keine Gelegenheit mehr erhalten, seine Gegenspieler mit Berija in Verbindung zu bringen. Aber selbst danach war das Scheitern des «Neuen Kurses» nicht zwangsläufig. Die Reformer brauchten nur ihre Einsichten weiterhin offensiv zu vertreten, um Ulbrichts abstruse Konstruktionen der Lächerlichkeit preiszugeben. Eine Anweisung Moskaus, Ulbricht in jedem Fall zu halten, ist nicht zu erkennen; in Anbetracht der unübersichtlichen Machtverhältnisse nach Berijas Sturz, die eine Verständigung über politische Fragen sehr erschwerte, konnte es eine solche Order auch gar nicht geben.

Indessen fürchtete Semjonow, daß eine solche Anweisung kommen könnte, und Herrnstadt und Zaisser gewannen daraufhin die Überzeugung, daß es sie gab. Damit änderte sich für sie die Lage: Statt weiter für das zu kämpfen, was sie als richtig und notwendig erkannt hatten, fügten sie sich wieder, nur noch auf Rettung ihrer persönlichen Ehre bedacht. «Wirst du sagen, was wirklich war?» fragte Herrnstadt Zaisser vor seinem Auftritt vor dem ZK-Plenum am Morgen des 25. Juli. «Das kann man nicht machen, das könnte der Sowjetunion schaden», war die Antwort, über die Herrnstadt «eine tiefe Genugtuung» empfand.[84] Stalins System funktionierte noch immer, obwohl der Diktator schon über vier Monate tot war und an der Spitze der Sowjetunion ein Machtvakuum herrschte. Es funktionierte, weil alle Beteiligten glaubten, es würde auch weiterhin funktionieren.

Rückzug auf Raten

Die Zurückstellung des «Sozialismus» zugunsten der Herbeiführung der nationalen Einheit blieb also Episode. Die Resolution, die das ZK-Plenum am 26. Juli schießlich verabschiedete, hielt zwar verbal am «Neuen Kurs» fest und versicherte, daß er «gleichzeitig das Ziel» verfolge, «die Wiedervereinigung Deutschlands zu fördern». Von Maßnahmen zur Annäherung der beiden Teile Deutschlands, wie sie im Kommuniqué des Politbüros vom 9. Juni angekündigt worden waren, war aber nicht mehr die Rede; ebenso fehlten die Ankündigung von Verhandlungen über das einheitliche Deutschland und die Kritik an der schablonenhaften Übertragung der sowjetischen auf die deutschen Verhältnisse, die in den ersten Entwürfen der ZK-Resolution noch enthalten waren. Statt dessen nutzte Ulbricht die Vorwürfe an die Adresse Berijas, um sich selbst in der Hauptsache zu rehabilitieren: «Es war auch richtig», hieß es in dem verabschiedeten Text trotzig, «daß unsere Partei Deutschland auf den Weg des Sozialismus führte und in der Deutschen Demokratischen Republik mit der Errichtung der Grundlagen des Sozialismus begann. Diese Generallinie der Partei war und bleibt richtig.»[85]

Der 17. Juni erschien in der ZK-Resolution ausschließlich als der Versuch eines «faschistischen Putsches», den «monopolkapitalistische und junkerliche Kreise Westdeutschlands als Helfer des amerikanischen Imperialismus» mit Unterstützung einer «faschistischen Untergrundbewegung» und zusammen mit «Agenten des Ostbüros» der SPD angezettelt hatten.[86] Der selbstkritische Hinweis auf die «Folgen unserer Politik im letzten Jahre» als Ursache der «Mißstimmung einiger Teile der Bevölkerung», der im Kommuniqué der ZK-Sitzung vom 21. Juni enthalten war[87], war verschwunden. Entsprechend wurde jede Art oppositioneller Regung jetzt gnadenlos verfolgt. Der Staatssicherheitsdienst wurde systematisch auf allen Ebenen dem Parteiapparat unterstellt und personell beträchtlich ausgeweitet.[88] Gleichzeitig mußte die Partei eine neue Säuberungsaktion über sich ergehen lassen. Parteiversammlungen hatten ihre Abscheu vor der «Fraktion Herrnstadt/Zaisser» zu bekunden; Untersuchungskommissionen überprüften die politische Einstellung eines jeden Parteimitglieds. Etwa 20000 Funktionäre und 50000 einfache Mitglieder wurden ausgeschlossen[89], andere zurückgestuft; und nicht wenige verließen von sich aus eine Partei, in der sie für ihre Ideale keine Zukunft mehr sahen.[90]

Der Stabilisierung der Position Ulbrichts kam weiter zugute, daß die Sowjetregierung in ihrer nächsten Note zur Deutschlandfrage am 15. August 1953 die Bildung einer «Provisorischen Gesamtdeutschen Regierung» durch die Parlamente beider deutscher Staaten vorschlug. Diese sollte einerseits an den Verhandlungen über den Friedensvertrag teilnehmen, andererseits «gesamtdeutsche freie Wahlen» vorbereiten und durchführen, in deren Ergebnis das deutsche Volk dann selbst über seine Staats- und Gesellschaftsordnung entscheiden sollte. Für den Fall, daß der Bundestag nicht gleich bereit sein sollte, einer gesamtdeutschen Regierung alle Verantwortung zu übertragen, wurde vorgeschlagen, die Regierungen der DDR und der Bundesrepublik neben der gemeinsamen Provisorischen Regierung «zeitweilig weiterbestehen» zu lassen.[91]

Damit hatte die sowjetische Führung ihre gesamtdeutschen Ambitionen noch einmal unterstrichen. Als Malenkow die SED-Führer am 20. August zu Verhandlungen über die künftige Gestaltung der Beziehungen zur DDR empfing, machte er deutlich, daß auch er die DDR nur als ein Provisorium verstand – «geboren, um ein neues, großes, friedliches Deutschland zu schaffen». Deutlicher als Stalin und Berija ließ er aber auch erkennen, daß nach seinem Verständnis die «Errungenschaften» der DDR in dem Prozeß, der zur Herstellung der deutschen Einheit führte, nicht einfach zur Disposition gestellt werden sollten: «Die DDR», versicherte er Ulbricht und Grotewohl, «ist eine Bastion und ein Staat des ganzen deutschen Volkes.»[92] In der Tat verschob die Zwischenschaltung einer «Provisorischen Regierung» das Risiko freier Wahlen in eine ferne Zukunft. Angesichts der Unzufriedenheit, die sich am 17. Juni offenbart hatte, war das gewiß kein Zufall.

Wie nach den Ausführungen Malenkows vor der SED-Delegation zu vermuten ist, war ihm wohl nicht bewußt, daß der Vorschlag einer «Provisorischen Regierung» bei den Westmächten und auch bei der westdeutschen Bevölkerung keinerlei Chancen hatte. Auf der anderen Seite erweckte er aber auch nicht den Eindruck, es mit der Herstellung der deutschen Einheit besonders eilig zu haben. Voraussetzung für eine allgemeine Entspannung des Ost-West-Verhältnisses, die er mit Nachdruck anstrebte, war sie in seinem Verständnis jedenfalls nicht. Ulbricht konnte sich also vorerst relativ sicher fühlen. Dies galt um so mehr, als ihm die Vereinbarungen vom 22. August neben einer Statusaufbesserung – Erhebung der beiderseitigen Diplomatischen Missionen zu Botschaften – erhebliche finanzielle Entlastungen brachten: Aufhebung aller Reparationszahlungen und Nachkriegsschulden zum 1. Januar 1954, Begrenzung der Besatzungskosten auf fünf Prozent des Staatshaushalts, Überführung der Sowjetischen Aktiengesellschaften in DDR-Eigentum, dazu Warenlieferungen und einen nicht unbeträchtlichen Kredit.[93]

Auf der Berliner Außenministerkonferenz vom 25. Januar bis 18. Februar 1954, die sich nach längerem öffentlichem Schlagabtausch noch einmal der deutschen Frage widmete, versicherte Molotow seinen westlichen Kollegen, «daß er in der Tat eine Vereinbarung wolle»[94] und daß er davon überzeugt sei, «daß es eine Möglichkeit für einigen Erfolg im Hinblick auf Deutschland gebe». Auf die Frage von US-Außenminister Dulles, worin denn diese Möglichkeit seiner Meinung nach bestehe, erkundigte er sich, «ob nicht einiger Fortschritt entlang folgender Linie gemacht werden könne: eine kleine deutsche Armee, dazu eine deutsche Regierung, die weder gegen die Vereinigten Staaten, Frankreich und Großbritannien noch gegen die Sowjetunion gerichtet sei. Er frage sich, ob diese Möglichkeit gänzlich ausgeschlossen sei».[95]

Wiederholt versuchte er seinen Gesprächspartnern begreiflich zu machen, daß freie Wahlen allein nicht den Schlüssel zur Lösung der deutschen Frage darstellen könnten, weil auch «Hitler als Ergebnis freier Wahlen zur Macht gekommen sei». Nötig sei vielmehr, «über die Art der Regierung, die aus freien Wahlen hervorgehen werde, zu entscheiden, noch ehe diese stattgefunden hätten».[96] «Es komme darauf an, sicher zu sein, daß es eine Regierung gebe, die wir kontrollieren könnten und die nicht gegen eine der vier Mächte arbeite.»[97] Ein spektakuläres Angebot, das die Westmächte hätte bewegen können, sich auf eine solche Regelung einzulassen, vermochte er jedoch nicht zu unterbreiten; vielmehr wiederholte er in den offiziellen Verhandlungen den Vorschlag, mit der Bildung einer «Gesamtdeutschen Provisorischen Regierung» zu beginnen.

Dieses Verhalten bestätigt, daß die Sowjetführung noch immer ihr Konzept einer gemeinsamen Kontrolle Deutschlands durch die Siegermächte verfolgte.[98] Es läßt aber auch deutlich werden, daß dieses Ziel in sowjetischer Perspektive unterdessen nicht höchste Dringlichkeit besaß. Und es belegt die Unfähigkeit zu spektakulären Initiativen angesichts der unklaren Machtverhältnisse in der Moskauer Zentrale. Unter diesen Umständen konnte Ulbricht auf dem IV. Parteitag der SED vom 30. März bis 6. April 1954 behaupten, die DDR sei «nunmehr zur Schaffung der Grundlagen des Sozialismus übergegangen» – ohne befürchten zu müssen, erneut desavouiert zu werden. Die deutschlandpolitischen Anstrengungen der DDR-Führung konzentrierten sich auf die Bekämpfung der Westintegration der Bundesrepublik und die Legitimation vor der eigenen Bevölkerung; die Frage nach der Vereinbarkeit von Sozialismus und Einheit wurde entweder nicht mehr gestellt oder völlig naiv im Sinne einer Magnetwirkung der sozialistischen Ordnung beantwortet.

Im Zuge der Kampagne gegen die Einbeziehung der Bundesrepublik in die NATO erklärte die Sowjetregierung am 23. November 1954 überraschend ihre Bereitschaft, hinsichtlich des Verfahrens für freie Wahlen in Deutschland den Eden-Plan, den Molotow auf der Berliner Konferenz als unzumutbar zurückgewiesen hatte, zumindest «erörtern» zu wollen.[99] Wenige Tage später plädierte Molotow noch einmal für eine «Übereinkunft zur Frage der Durchführung gesamtdeutscher Wahlen», ohne darauf zu bestehen, daß diese Übereinkunft von einer «Provisorischen Gesamtdeutschen Regierung» erzielt werden müßte.[100] Das Präsidium der Volkskammer forderte den Bundestag wieder zur «Aufnahme von Verhandlungen zwischen Vertretern Ost- und Westdeutschlands über die Durchführung freier gesamtdeutscher Wahlen» auf, diesmal für das Jahr 1955.[101] Am 15. Januar 1955 erklärte die Sowjetregierung in einer offiziellen Stellungnahme sogar, daß es möglich sei, «sich über die Einrichtung einer entsprechenden internationalen Aufsicht über die Durchführung der gesamtdeutschen Wahlen zu einigen».[102]

Die neue Flexibilität, die auf die Stärkung der Position Chruschtschows und die daraus resultierende größere Handlungsfähigkeit der Sowjetführung zurückzuführen war[103], dauerte freilich nicht lange an. Als die Westintegration der Bundesrepublik mit der Aufnahme in die NATO unumkehrbar wurde, stellte Chruschtschow seine Politik ebenso entschlossen um. Am 25. März 1955, knapp einen Monat nach der Ratifizierung der Pariser Verträge zur NATO-Integration der Bundesrepublik durch den Deutschen Bundestag, erklärte die Sowjetregierung, «daß die Überwachung der Tätigkeit der staatlichen Organe aufgehoben ist, die bisher vom Hohen Kommissar der UdSSR in Deutschland wahrgenommen wurde». Am 14. Mai, neun Tage nach dem Inkrafttreten der Pariser Verträge, durften die Repräsentanten der DDR den Warschauer Pakt mitunterzeichnen.

Auf der Genfer Gipfelkonferenz vom 18. bis 23. Juli 1955 tasteten die sowjetischen Führer ein letztes Mal die Möglichkeiten zu einem gesamtdeutschen Arrangement ab. Nikolai Bulganin, seit Februar 1955 Malenkows Nachfolger als Ministerpräsident, erklärte seinem britischen Kollegen Eden bei einem Essen am 19. Juli, es sei gewiß nicht möglich, von dieser Konferenz nach Moskau zurückzukehren und «hier in Genf der sofortigen Wiedervereinigung zugestimmt zu haben»; das sei etwas, was man in Rußland nicht verstehen würde. Aber, so fuhr er fort, während Chruschtschow zu dem Gespräch hinzutrat, er und Chruschtschow seien bereit, ihrem Außenminister entsprechende Weisungen zu geben; die Minister sollten über das Thema «Wiedervereinigung» beraten, gemeinsam mit entsprechenden Gegenleistungen[104] – also Sicherheitsgarantien, die man nach wie vor für unerläßlich hielt.

Nachdem auch dieser Verhandlungsfühler ohne greifbares Resultat geblieben war, wies Bulganin im offiziellen Konferenzteil freilich selbst auf die Schwierigkeiten hin, die einem Arrangement unterdessen entgegenstanden: «Inzwischen haben sich zwei Deutschlands gebildet – die DDR und die Bundesrepublik Deutschland –, jedes mit seiner wirtschaftlichen und gesellschaftlichen Struktur. Es ist klar, daß die Frage einer mechanischen Verschmelzung der beiden Teile Deutschlands [...] unter solchen Umständen nicht angeschnitten werden kann, da das eine unrealistische Fragestellung wäre.» Als realistischen Weg zur Behandlung der deutschen Frage empfahl er statt dessen «die Schaffung eines Systems kollektiver Sicherheit in Europa»: Diesem könnten «bis zur Vereinigung Deutschlands dessen beide Teile mit gleichen Rechten angehören».[105]

Um die neue Sicht der Dinge zu bekräftigen, machte die sowjetische Delegation auf der Rückreise nach Moskau in Ost-Berlin Station. Chruschtschow erklärte, «Gesamtdeutschland» bestehe «gegenwärtig nicht, es existieren zwei deutsche Staaten [...], alles andere ist nicht real». Und dann, unter «lang anhaltendem Beifall»: «Man kann die deutsche Frage nicht auf Kosten der Interessen der Deutschen Demokratischen Republik lösen»; eine «Beseitigung all ihrer politischen und sozialen Errungenschaften» sei nicht möglich.[106] Den SED-Führern legte er bei ihrem nächsten Besuch vom 17. bis 20. September dar, daß man für eine gewisse Zeit in Deutschland mit zwei Staaten rechnen müsse. Nur die Deutschen selbst könnten die Frage der Wiedervereinigung lösen.[107] Was Stalin hatte verhindern wollen, war damit akzeptiert. Ulbrichts Separatrevolution aber hatte endlich die Bestandsgarantie, auf die sie existentiell angewiesen war.

Bilanz: Wie die DDR entstand

Bis Moskau dem real existierenden DDR-Sozialismus eine Bestandsgarantie gab, vergingen, vom Kriegsende an gerechnet, zehn Jahre. Das unterstreicht noch einmal, wie wenig das Ergebnis sowjetischer Deutschlandpolitik den ursprünglichen Zielsetzungen entsprach und wie ernsthaft diese Zielsetzungen verfolgt wurden. Viele hundert voneinander unabhängige Zeugnisse aus dem ersten Nachkriegsjahrzehnt belegen, daß Stalin ein demokratisches Nachkriegsdeutschland anstrebte – ein nach *westlichen* Maßstäben demokratisches Deutschland, wie gegen die Pervertierung des Demokratiebegriffes und die Instrumentalisierung des Antifaschismus in der DDR ausdrücklich festgehalten werden muß.[1] Dieses Deutschland, das Garantien gegen eine neue Aggression bieten und den Zugriff auf die Ressourcen der Industrieregionen im Westen des besiegten Reiches ermöglichen mußte, sollte im Verein mit den westlichen Siegermächten errichtet werden; die Besatzungstruppen sollten zu diesem Zweck für eine begrenzte Zeit im Vier-Zonen-Gebiet verweilen.

Zu keinem Zeitpunkt konnte Stalin sich vorstellen, daß die Besatzungstruppen auf Dauer in Deutschland bleiben würden. Ebensowenig paßte die Teilung einer Nation in seine Vorstellungswelt. Sozialismus, die sozialistische Revolution in Deutschland war für ihn eine Zukunftsaufgabe, die sich erst nach der Verwirklichung des Potsdamer Demokratisierungsprogramms stellte. Selbst als er sich im Frühjahr 1952 nach vielen vergeblichen Anläufen zur Durchsetzung des Potsdamer Programms auf ein längeres Nebeneinander der beiden deutschen Staaten einstellte, war damit für ihn kein Übergang zum Separat-Sozialismus verbunden: Die DDR geriet lediglich in einen Wartestand, in dem sie ausharren mußte, bis die Überwindung des Kalten Krieges erlaubte, wieder an die Vereinbarungen von Potsdam anzuknüpfen.

Ob es den DDR-Staat als Teil der «sozialistischen Staatengemeinschaft» mit Stalin je gegeben hätte, darf bezweifelt werden. Seinem langjährigen Mitarbeiter Molotow war der Gedanke ursprünglich so fremd, daß er den Warschauer Pakt 1954/55 zunächst ohne den ostdeutschen Staat konzipierte. «Warum sollen wir mit dem Westen um die DDR kämpfen?» sagte er dem darob erstaunten Chruschtschow zur Begründung.[2] Stalins Nachfolger nahmen noch einmal einen energischen Anlauf zur Verwirklichung seines Programms, ehe sie sich in einer Mischung aus mangelnder Kenntnis der ursprünglichen Überlegungen und pragmatischer Anpassung an die Realitäten mit der Idee des «Sozialismus in einem halben Land» anfreundeten.

Die Geschichte der sowjetischen Deutschlandpolitik im ersten Nachkriegsjahrzehnt zeigt damit, daß Stalin bei aller Monströsität seines Zwangssystems nicht nur der Sicherung der Sowjetunion vor realen und eingebildeten Gefahren absolute Priorität vor allen denkbaren ideologischen Zielsetzungen einräumte, sondern dabei auch zu konstruktiven Einsichten über die leninistischen Denkmuster hinaus fähig war. Bei dem Versuch, realpolitische Erkenntnisse und ideologische Gewißheiten miteinander in Einklang zu bringen, gelangte Stalin zu der Überzeugung, daß auch andere Wege zum Sozialismus möglich seien als der sowjetische und daß der Weg in Deutschland über das parlamentarisch-demokratische System führe.

Daraus ergaben sich Chancen für die Durchsetzung einer nach westlichen Maßstäben demokratischen Ordnung im gesamten besetzten Deutschland und für die Eindämmung des Ost-West-Konflikts, deren voller Umfang von kaum jemandem wahrgenommen wurde. Die internen Dokumente zeigen, daß die Hoffnungen auf eine «antifaschistisch-demokratische Republik» und ein «einheitliches Deutschland» ohne Sowjetsystem, mit denen junge Idealisten wie Wolfgang Leonhard an den Wiederaufbau herangingen[3], nicht auf Illusionen über die sowjetischen Zielsetzungen beruhten, sondern auf einem sehr genauen Gespür für das Machbare. Möglichkeiten gab es nicht nur im Frühjahr 1952, sondern im gesamten Zeitraum vom Kriegsende bis zum Sommer 1953, in Ansätzen auch noch in den beiden folgenden Jahren. Auch wenn die sowjetischen

Verantwortlichen und ihre deutschen Günstlinge immer wieder zu Repressionen und Manipulationen griffen, um ihren Aufträgen gerecht zu werden: dies ändert nichts daran, daß die Verständigung über eine Republik in dem in Potsdam skizzierten Rahmen auf oberster Ebene grundsätzlich jederzeit möglich war – wenn die westlichen Siegermächte sie nur wollten.

Die genaue Beobachtung der Entwicklungen im Führungskreis der SED unterstreicht, daß die Verfechter westlicher Prinzipien nichts zu befürchten hatten. Erich Gniffke berichtet, daß die Sozialdemokraten in der SED-Führung in den ersten beiden Jahren nach der Vereinigung «nach Herzenslust gegen marxistisch-leninistisch-stalinistische Grundsätze verstoßen» konnten. «Sie durften anderer Meinung sein als die Kommunisten, sie durften sogar opponieren. Die Antwort Ulbrichts lautete stets: ‹Gut, Genossen, wir müssen die Frage diskutieren.› Und die Fragen wurden diskutiert mit dem Erfolg, daß in den meisten Fällen die kommunistischen Argumente aufgeweicht wurden. Es bildete sich eine Front aus Sozialdemokraten und einigen Kommunisten gegen den doktrinären Stalinisten Ulbricht.»[4]

Die gleiche Entwicklung zeigte sich im Frühsommer 1953: Kaum daß Stalins Nachfolger den SED-Führern sagten, die Orientierung auf den «Aufbau des Sozialismus» sei falsch gewesen, setzte ein intensiver Diskussionsprozeß im Politbüro ein, der nicht nur darauf zielte, die DDR wieder «einheitsfähig» zu machen, sondern dabei auch explizit die stalinistischen Methoden kritisierte, die dem im Weg standen. Gewiß erfaßte die Kritik nicht auf Anhieb alle revisionsbedürftigen Aspekte der DDR-Realität, und ihre Verfechter gingen auch nicht entschlossen genug vor, um letztlich erfolgreich zu sein. Gleichwohl muß festgehalten werden, daß die Revision der Verhältnisse vom Politbüro aktiv vorangetrieben wurde, obwohl die ehemaligen Sozialdemokraten dort unterdessen in der Minderheit waren, und daß die überwiegende Mehrheit des Politbüros nach einigen Orientierungsschwierigkeiten auf die Lösung der machtpolitischen Kernfrage zusteuerte: die Beseitigung der Diktatur Ulbrichts. Davon ließ sie sich auch durch die Ereignisse des 17. Juni nicht abbringen.

Ins Allgemeine gewendet heißt das: Wenn sich die gesamtdeutsche Perspektive nur deutlich genug abzeichnete, geriet Ulbrichts Revolutionsprogramm selbst unter der ausschließlichen Verfügungsgewalt der sowjetischen Besatzungsmacht ins Hintertreffen. Unter einem gemeinsamen Regime der vier Besatzungsmächte, ganz gleich auf welchem Wege es zustande kommen mochte, hatte es definitiv keinerlei Chancen. Umgekehrt waren Teilung und Präsenz der sowjetischen Besatzungsmacht keine hinreichenden Bedingungen für die Durchsetzung des stalinistischen Systems in der Sowjetzone.

Was darüber hinaus für die Etablierung des DDR-Sozialismus unabdingbar war, zeigen Ulbrichts Machtergreifung 1948 ebenso wie seine Rettung im Sommer 1953 mit großer Eindringlichkeit: Beide Male genügte die Annahme, daß die Befestigung der Position Ulbrichts dem Willen der Moskauer Führung entsprach, und schon waren kommunistische Funktionäre, aber auch anpassungsbereite Politiker demokratischer Provenienz zur Stelle, um ihm wider besseres Wissen bei der Durchsetzung seiner Revolutionsphantasien zu helfen. Daß ihre Willfährigkeit beide Male auf einem Trugbild beruhte, gibt ihrem Handeln im nachhinein eine tragische Dimension, unterstreicht aber auch ihre Mitverantwortung. Der Handlungsspielraum ostdeutscher Politiker war größer, als sie unter dem Eindruck der stalinistischen Verhaftungs- und Manipulationspraxis glaubten. Freilich bedurfte es neben geistiger Freiheit auch einer erheblichen Risikobereitschaft, um ihn wahrzunehmen.

Als Hauptverantwortlicher für den real existierenden Sozialismus der DDR aber muß Walter Ulbricht bezeichnet werden. Sowenig Person und Politik Ulbrichts ohne die langjährige Konditionierung durch die Komintern zu verstehen sind, sowenig er sich ohne Gleichgesinnte und weniger freiwillige Helfer hätte durchsetzen können: er war es, der den Nachvollzug der bolschewistischen Revolution auf dem Boden der sowjetischen Besatzungszone in erster Linie betrieb; ohne ihn ist die DDR nicht denkbar. Subjektiv nur ein Musterschüler Stalins, war er tatsächlich ein Revolutionär aus eigenem Recht: getrieben von einer Mischung aus ideologischem Sendungsbewußtsein und Machthunger, seit der Ankunft in Berlin auf Unterwerfung und Kontrolle bedacht, anpassungsfähig, aber geschickt jede Chance zur Durchsetzung seiner Vorstellungen nutzend. Daß er sich mit Stalin in Übereinstimmung glaubte, hinderte ihn nicht, tatsächlich einen eigenen Kurs zu verfolgen – indem er Moskauer Weisungen auf seine Weise interpretierte, Anregungen aus dem SMAD-Apparat aufgriff, soweit sie ihm ins Konzept paßten, und die häufige Undeutlichkeit der Moskauer Signale dazu nutzte, eigene Markierungen zu setzen.

Nach Stalins Tod betrachtete er sich auch selbst als eigenen Herrn, den diversen Nachfolgern im Kreml zumindest ebenbürtig. Daß seine Revolution in letzter Instanz auf der Anwesenheit der sowjetischen Truppen beruhte, war ihm nur in Extremsituationen bewußt. Ansonsten nahm er den Schein der erzwungenen Anpassung nur allzu gern für den historischen Fortschritt – wie er ihn verstand. Im übrigen trug er mit seinem Kaderregime, das die Fiktion eines «Arbeiter- und Bauernstaates» vorspiegelte, in entscheidendem Maße zur Perpetuierung der Ost-West-Spaltung bei – und damit zur dauerhaften Präsenz der Sowjettruppen, die wiederum Voraussetzung für die Aufrechterhaltung seiner Fiktion war.

Mit der Betonung der zentralen Rolle Ulbrichts für die Entstehung der DDR wird Stalin nicht aus seiner Verantwortung entlassen. Auch wenn der Sowjetdiktator den pseudosozialistischen Separatstaat DDR nicht wollte – im Interesse der Sicherheit der Sowjetunion, wie noch einmal betont werden muß, nicht etwa wegen irgendwelcher Schwächen für die deutsche Einheit –: Letzlich war die DDR sein Kind, genauer gesagt, ein Kind des Systems, das er erzeugt hatte. Stalins gewaltsamer Zugriff auf den Sowjetstaat und die kommunistische Weltbewegung hatte nicht nur die Ulbrichts jedweder Schattierung hervorgebracht, er hatte auch ein unglaubliches Ausmaß an systematischer Fehlwahrnehmung und Handlungsunfähigkeit zur Folge. Funktionsträger aller Ebenen, die aus den Säuberungen hervorgegangen waren, berichteten Stalin aus einer Mischung von Faszination und Angst immer nur das, was er ihrer Meinung nach hören wollte, waren häufig unfähig, etwas anderes als die leninistische Dogmatik zu verstehen, und bestärkten ihn damit in der latenten Angst vor den Machinationen des «Klassenfeindes», die er nie ganz loswurde. Obwohl er sich gegen die ideologischen Eiferer in seinem Apparat stets einen Rest von Realismus erhielt – vor allem, weil er nicht zugestehen wollte, sich bei einer einmal getroffenen

Einschätzung geirrt zu haben –, förderte er selbst immer wieder das Klassenkampfdenken, behandelte potentielle Verbündete als Gegner und hieß Verletzungen demokratischer Grundsätze gut, ohne ihre Rückwirkungen auf der westlichen Seite zu bedenken. Weil er alles selbst regeln wollte, blieb vieles ungeregelt, konnten seine Untergebenen Maßnahmen treffen, die seinen Zielsetzungen zuwiderliefen.

Schlichte Unkenntnis und ideologisch begründete Fehleinschätzungen standen am Beginn aller strategischen Fehlentscheidungen der sowjetischen Deutschlandpolitik, von der Erzwingung der Einheitspartei über die Zulassung der Bizone und die Absage an den Marshall-Plan bis zur Sperrung der Zufahrtswege nach Berlin. Unkenntnis und ideologische Präokkupationen begünstigten eine Interpretation der Weltlage, die Stalins Kommunikationsmöglichkeit und Kompromißfähigkeit in erheblichem Maße einschränkte. Indem er jeden Befürworter des Marshall-Plans zum Handlanger des amerikanischen Imperialismus stempelte, präsentierte er sich nicht nur selbst in einem äußerst ungünstigen Licht, sondern entwickelte auch einen Kontrollbedarf, der mit der Entfaltung einer parlamentarischen Demokratie nur schwer in Einklang zu bringen war.

Ob Stalin die Beteiligung eines vereinten Deutschlands am Marshall-Plan zugelassen hätte, muß deshalb dahingestellt bleiben. Ebenso fraglich ist, ob er die Integration des vereinten Deutschlands in einen europäischen Verbund akzeptiert hätte, wie er mit der Mountanunion von 1950/51 Gestalt anzunehmen begann. Mit Sicherheit hätte er auch nach der Aufnahme ernsthafter Verhandlungen über die Herbeiführung der deutschen Einheit vermeintliche Gegner der Demokratie aufgespürt, die es zu «schlagen» galt. Ob der Prozeß der Etablierung gesamtdeutscher Staatlichkeit die daraus resultierenden Konflikte überstanden hätte, ist ungewiß.

Ungewiß heißt freilich auch: Es kann nicht ausgeschlossen werden. Allein schon das konstruktive Programm, mit dem Stalin an die Lösung des deutschen Problems heranging, zeigt, daß er grundsätzlich lernfähig war. Erst recht ergibt sich das aus den vielfachen Ansätzen zur Revision von Fehlentscheidungen und aus den jeweils neuen Angeboten, die er im Laufe der Zeit entwickelte: von der

Kehrtwende in der Frage des Produktionsniveaus über den Abbruch der fatalen Verzögerungstaktik von 1946 und das Projekt der Wiederzulassung der SPD bis zum schrittweisen Zugehen auf die westdeutschen Staatsorgane 1950/51. Ein Jahr vor seinem Tod reduzierte er die Auflagen, auf die ein vereintes Deutschland verpflichtet werden sollte, auf ein Minimum. Daß die Angebote oft nicht weit genug gingen und nicht konsequent genug durchgehalten wurden, ändert nichts daran, daß Stalin sich im einzelnen immer wieder von selbstauferlegten ideologischen Fesseln freizumachen verstand. So unfähig das Klassenkampf-Denken zu Kompromissen machte, wie sie für eine Demokratie unerläßlich sind: Stalins Fähigkeit, sich über die Klassenkampf-Schemata hinwegzusetzen, läßt ihn grundsätzlich kompromißfähig erscheinen. Wie weit diese Kompromißfähigkeit im Einzelfall ging, hing nicht zuletzt von den Erfahrungen ab, die er mit den Westmächten machte.

Stalins eingeschränkte Kompromißfähigkeit relativiert daher die Mitverantwortung der westlichen Seite für die Entstehung der DDR, sie hebt sie aber nicht auf. Insbesondere der französische Kampf gegen die Reichseinheit muß als ein eigenständiger Faktor im Entscheidungsprozeß festgehalten werden. Er führte nicht nur zu jenem Veto, das die Errichtung deutscher Zentralverwaltungen blockierte, sondern sorgte in den Auseinandersetzungen auf Kontrollrats- und Ministerratsebene, die daran anschlossen, auch häufig dafür, daß Einigungen unterblieben, die bereits in greifbare Nähe gerückt waren. Sowenig die französische Politik explizit auf eine Ost-West-Spaltung zielte, die die Gefahr eines Arrangements des westlichen Deutschlands mit der Sowjetunion heraufbeschwor, sosehr trug sie damit doch in entscheidendem Maße dazu bei, daß die deutsche Frage in den Sog des Ost-West-Konflikts geriet.

Wichtig war sodann, daß sowohl die amerikanische als auch die britische Regierung Reparationslieferungen aus laufender Produktion ablehnten, obwohl sie Roosevelt in Jalta im Prinzip zugesagt hatte. Dahinter stand zunächst ebensowenig eine antisowjetische Frontstellung wie bei der französischen Politik: In Washington hatte man bei Kriegsende in erster Linie eine Absenkung des deutschen Produktionsniveaus im Sinn, die Reparationslieferungen nicht mehr zuließ; und in London schreckte man vor zusätzlichen

Belastungen der ohnehin schon defizitären Besatzungszone zurück. Gleichwohl trug der Konflikt in der Reparationsfrage zur Bildung der Bizone bei und blockierte wiederholt die Verhandlungen über die politische Einheit.

Noch bedeutsamer wurde mit der Zeit die Sorge, gesamtdeutsche Strukturen könnten geradewegs zur kommunistischen Machtergreifung in ganz Deutschland führen. Kurt Schumacher trieb diese Angst schon 1945 dazu, sich einer gesamtdeutschen Organisation der SPD in den Weg zu stellen. Zusammen mit anderen Westzonen-Politikern torpedierte er danach erfolgreich jede Art von gesamtdeutscher Repräsentation. Vom Frühjahr 1946 an machten sich die gleichen Befürchtungen bei der Formulierung der britischen Politik bemerkbar, ein Jahr später auch bei der amerikanischen. 1947/48 verdichteten sich die Ängste vor einer sowjetischen Expansion zu dem Bemühen, ein westliches Sicherheitssystem zu schaffen, dem das westliche Deutschland als unverzichtbarer Bestandteil angehörte. Adenauer und eine wachsende Zahl der Westdeutschen wurden so nachhaltig von dieser Furcht erfaßt, daß sie eine Wiedervereinigung ohne uneingeschränkten Verbleib des vereinten Deutschlands im westlichen Bündnis von nun an ablehnten.

Bei der Beurteilung des westlichen Parts in der Entstehungsgeschichte der DDR muß gewiß berücksichtigt werden, daß die westlichen Siegermächte keine Veranlassung hatten, bei der Verfolgung ihrer jeweiligen Interessen Rücksicht auf die Wahrung der deutschen Einheit zu nehmen. In Rechnung zu stellen ist auch, daß die Manifestationen kommunistischen Klassenkampfdenkens die westlichen Ängste nach Kräften schürten und daß die Empörung über Repressionen und Manipulationen auf der östlichen Seite nur allzu berechtigt war. Und es muß auch bedacht werden, daß die Organisation der westlichen Staatengemeinschaft um so dringlicher wurde, je länger eine umfassende europäische Friedensordnung auf sich warten ließ.

Dennoch: die westlichen Politiker und Meinungsführer gaben in ihrer überwiegenden Mehrheit den diffusen Ängsten allzu rasch nach; sie machten sich nicht die Mühe, die verschiedenen Schreckensszenarien auf ihren Realitätsgehalt zu überprüfen; und sie richteten nicht annähernd soviel Anstrengung auf die Schaffung einer gesamteuropäischen Friedensordnung wie auf die Organisation der westlichen Gemeinschaft. In Anbetracht der Folgen, die das Scheitern des Potsdamer Programms hatte, ist das kein Ausweis von großer Staatskunst.

Bei den Westdeutschen kommt hinzu, daß sich hinter der Angst und der Empörung häufig auch ein Moment der Entsolidarisierung nach dem Zusammenbruch des Deutschen Reiches verbarg. «Jetzt sitzt uns das Hemd näher als der Rock»[5]: Erst die weite Verbreitung dieser Einstellung erklärt, wieso sich Schumacher mit seinem Abschottungskurs in der westzonalen SPD durchsetzen konnte, wieso offensive Bekundungen deutschen Einheitswillens in den ersten Nachkriegsjahren unterblieben und wieso Adenauers Politik der absoluten Priorität der Westintegration von den Wählern schließlich sanktioniert wurde. Die Geschichte der Entstehung der DDR ist darum zugleich auch die Geschichte einer heimlichen Dekomposition der deutschen Nation.

Von den Deutschen in der sowjetischen Zone, die Opfer dieser Entwicklung wurden, ist dies gelegentlich mit Bitterkeit registriert worden. Die Westdeutschen aber verdrängten es, indem sie sich den Gründungsmythos von der Verteidigung der Freiheit gegen die bolschewistische Gefahr zurechtlegten. Die Bewältigung der Probleme des nach dem Ende der DDR vereinten Deutschlands wird nicht zuletzt davon abhängen, ob es gelingt, aus diesem Mythos herauszutreten.

Nachwort zur Taschenbuchausgabe

‹Stalins ungeliebtes Kind› hat, wie zu erhoffen war, eine breite Resonanz gefunden. Neben viel Zustimmung gab es auch manche Kritik, darunter ausgesprochen heftige Kritik an prominenter Stelle.[1] Argumente, die geeignet wären, die Ergebnisse meiner Untersuchung in Frage zu stellen, habe ich in den Kritiken jedoch nicht finden können. Erst recht hat niemand Belege beigebracht, die die Aussagen der von mir erschlossenen Quellen entkräften. So kann ich mir die kritischen Reaktionen nur damit erklären, daß die Überraschung, die das Buch enthält, für manche Rezensenten doch zu groß war. Vielleicht ist auch die Botschaft, die darin eingeschlossen ist, als zu unangenehm empfunden worden.[2]

Zu Korrekturen sehe ich um so weniger Anlaß, als die weiteren Quellen, die zwischenzeitlich erschlossen wurden, nach meinem Eindruck alle in die gleiche Richtung weisen. Zum Teil erlauben sie, das von mir gezeichnete Bild noch plastischer zu gestalten und zu vervollständigen; in jedem Fall aber bestätigen sie die Grundelemente meiner Skizze.

Für die Kriegsjahre bestätigt die Auswertung von Papieren der Abteilung für internationale Information des ZK der KPdSU und der Planungskommissionen des Volkskommissariats für auswärtige Angelegenheiten, die Alexei M. Filitov vorgenommen hat, die vielfachen Unsicherheiten der sowjetischen Entscheidungsträger hinsichtlich der Behandlung des besiegten Deutschlands und zugleich die permanente Orientierung auf eine gemeinsame Verwaltung durch die Siegermächte. So warnte Kliment Woroschilow als Vorsitzender der Kommission für Fragen des Waffenstillstands im April 1944, es sei «unzulässig», die Besatzungszonen jeweils «als Eigentum der alliierten Macht, die sie besetzen wird, zu betrachten».[3] Im November 1944 wurde an der Aufstellung von Kandidatenlisten für gesamtdeutsche Verwaltungsbehörden gearbeitet, an denen «unter der gemeinsamen Kontrolle der vier Siegermächte» alle «demokratischen Kräfte Deutschlands beteiligt werden sollten».[4] Zur gleichen Zeit skizzierte Maxim Litwinow im Rahmen seiner Planungen zur künftigen Sicherheitsorganisation die Bildung einer «neutralen Zone» in der Mitte des europäischen Kontinents, die Norwegen, Dänemark, Deutschland, Österreich und Italien umfassen sollte.[5]

Die Rückwirkung dieser Planungen auf die Erwartungen und Orientierungen der KPD-Führung im Moskauer Exil läßt sich jetzt anhand einer Edition aus den Nachlässen von Wilhelm Pieck und Wilhelm Florin verfolgen. Sie bestätigt in vielen Varianten, daß der Weg zum Sozialismus für die deutschen Kommunisten bei Kriegsende nicht auf der Tagesordnung stand. Walter Ulbricht etwa erklärte am 24. April 1944 in der für Zukunftsplanung zuständigen ZK-Kommission unmißverständlich: «In der Periode gegen den Faschismus, den Hitlerkrieg und in der Periode der Aufrichtung einer neuen Demokratie, stellt die Partei die Anstrebung der Verwirklichung ihres Endzieles zurück und sieht in dem Kampf gegen den Hitlerkrieg und der Mitwirkung an der Aufrichtung einer neuen Demokratie, der Vernichtung der deutschen Reaktion, die Schaffung der Voraussetzungen für die Propagierung ihres Endziels.»[6] Das «Endziel» sollte also nach diesem Verständnis in der Phase der Demokratie noch nicht einmal «angestrebt» werden. Die Demokratie galt als Voraussetzung selbst für die bloße Propagierung des Endziels; und dieses sollte, soviel blieb vom alten kommunistischen Traum vom Bewußtwerden der «Massen», allein durch Propagieren erreicht werden.

Daß Stalin unter «Demokratie» in diesem Zusammenhang nichts prinzipiell anderes verstand als seine westlichen Verbündeten, wird noch einmal durch Ausführungen bekräftigt, die der entmachtete Anton Ackermann 1963 vor Mitarbeitern des Instituts für Marxismus-Leninismus der SED vortrug.[7] Danach ist in der zentralen Besprechung der KPD-Führer mit Stalin am 4. Juni 1945[8] der Begriff «*parlamentarisch*-demokratische Republik» als «Hauptorientierung der KPD» explizit verwandt und diskutiert worden: «Auch Stalin war der Meinung, daß diese Losung der Situation entspricht; ein Parlament kann verschiedenen Charakter tragen. Aber die Hegemonie der Arbeiterklasse und ihrer revolutionären Partei müßte gesichert sein. Stalin formulierte klar, daß das Sowjetsystem nicht auf Deutschland zu übertragen ist.» Auch wenn unklar bleibt, wieweit spätere Erinnerungen und Kontexte der DDR in diese Formulierungen eingegangen sind (vor allem hinsichtlich der Plazierung des Hegemonie-Gedankens), ist die tatsächliche Orientierung an den Inhalten des KPD-Aufrufs vom 11. Juni 1945 unverkennbar.

Auch Wladimir Semjonow läßt in seinen posthum erschienenen Erinnerungen keinen Zweifel daran, daß der KPD-Aufruf beim Wort zu nehmen ist: «Die konkreten Aktionen, die dieses Dokument vorsah, wurden zum praktischen Aktionsplan der SMAD. Ich erinnere mich gut, daß wir unsere Arbeit ständig an diesem Dokument maßen.» Entsprechend waren für ihn «1948 alle wichtigen antifaschistisch-demokratischen Umgestaltungen in der sowjetischen Besatzungszone vollzogen». Semjonow zitiert die Mitschrift einer Stalin-Äußerung in einer Politbüro-Sitzung Ende Mai 1945: «Die Aufgabe besteht nicht darin, Deutschland zu zerstören, sondern darin, ihm die Möglichkeit zu nehmen, erneut als aggressive Kraft in Europa aufzusteigen. Das bedeutet, die Wurzeln von Militarismus und Nazismus in Deutschland müssen ausgerottet werden, es selbst aber muß als einheitlicher, friedliebender und demokratischer Staat erhalten bleiben.» Interpretierend fügt er hinzu, daß Stalin «für eine Übergangszeit die Ordnung und auch gewisse Personen der Weimarer Republik» vorschwebten.[9]

Auch im weiteren bestätigt Semjonow immer wieder die gesamtdeutsche Orientierung der sowjetischen Politik. Stets erscheint das Deutschland-Problem in den referierten Stalin-Zitaten als eine gemeinsame Aufgabe der Siegermächte («eine Frage der großen Politik der Staaten der Antihitlerkoalition»); nie wird eine Ost-West-Spaltung auch nur erörtert. Die Stalin-Noten von 1952 stehen für Semjonow ganz selbstverständlich in der Kontinuität der sowjetischen Vorschläge auf den Außenministerkonferenzen von 1946 und 1947: «Der Kampf um ein einheitliches, unabhängiges und friedliebendes Deutschland ging auch nach der Gründung der beiden selbständigen deutschen Staaten einige Jahre lang weiter.»[10]

Besonders aufschlußreich ist, daß Semjonow auch die Eigenmächtigkeiten einzelner SMAD- und SED-Führer bestätigt, die nach meiner Analyse wesentlich zur Etablierung des DDR-Sozialismus beigetragen haben. «Einige Hitzköpfe in der SED», schreibt er im Mai/Juni 1948, «überschätzten die Bedeutung der bisherigen Reformen und gaben die falsche Orientierung aus, daß man zum Aufbau des Sozialismus übergehen könne.» Und weiter: «Mir kam zu Ohren, daß Tulpanow auf Aktivtagungen der SED erklärte, in der sowjetischen Besatzungszone sei nun der Übergang von der antifaschistisch-demokratischen Ordnung zum Aufbau des Sozialismus und zur Errichtung der Diktatur des Proletariats gekommen. Ich forderte ihn auf, dazu Stellung zu nehmen. Er gab zu, daß er derartige Dinge gesagt hatte. Dabei habe es sich aber lediglich um einen inoffiziellen Meinungsaustausch gehandelt, in dem er feststellen wollte, wie weit die Dinge in der Zone gediehen seien. Ich sagte Tulpanow gehörig meine Meinung und hob vor allem hervor, derartige Erklärungen dürften auf keinen Fall ohne vorherige Sanktionierung durch das ZK der KPdSU(B) abgegeben werden.»[11]

Nach seinem Bericht kann man sich präziser vorstellen, wie solche Eigenmächtigkeiten möglich waren. In direktem Kontakt mit Stalin standen nur der Chef der SMAD und Semjonow. Tulpanow, der für das politische Alltagsgeschäft in der sowjetischen Zone zuständig war, fehlte es nach Semjonow «an Zeit, möglicherweise auch an Wissen, Charakter und Neigung, sich über die aktuellen Tagesprobleme zu erheben – sie verschlangen ihn mit Haut und Haaren». Ulbricht wiederum hatte meist nur mit Tulpanow zu tun, und so übernahm er «nicht immer die besten taktischen Methoden». 1952 beschwerte sich Semjonow in einem «streng persönlichen» Brief an Stalin über «eine Menge kritischer Punkte» bei Ulbricht – darunter dessen Weisung an die nachgeordneten SED-Stellen, ihm über alle Kontakte mit der SKK zu berichten, und seine Neigung, die sowjetischen Erfahrungen «einfach zu kopieren».[12]

Noch präziser wird die eigenständige Rolle Tulpanows in einer Untersuchung von Norman M. Naimark zur sowjetischen Besatzungspolitik in Deutschland beschrieben. Aus Akten des ZK der KPdSU wird deutlich, daß Tulpanow nicht nur tatsächlich sehr eigenständig eine Ausrichtung der Sowjetzone nach sowjetischem Vorbild anstrebte, sondern deswegen auch wiederholt in das

Schußfeld von Untersuchungskommissionen des ZK geriet. Bereits im Oktober 1946 stellte eine Kommission «ernsthafte Irrtümer» und «ungenügende Disziplin» bei ihm fest. Ein weiterer Untersuchungsausschuß kritisierte Ende April 1948 voreiliges Drängen auf Einführung des Sozialismus in der Ostzone, Vernachlässigung der bürgerlichen Parteien, unangemessene Einmischung in die Tagespolitik der SED und allgemein «mangelndes Verständnis für die historischen Perspektiven der Entwicklung Deutschlands». Ein Abgesandter der Politischen Hauptverwaltung der Armee, Oberst Konstantinowski, berichtete Ende August 1948 nach Moskau, daß Tulpanow immer noch die gleichen «schwerwiegenden politischen Fehler» mache – was unter anderem dazu geführt habe, daß viele Politoffiziere der irrigen Auffassung seien, in der Sowjetzone sei bereits die Bildung einer «sozialistischen Republik» im Gange.[13] Abgelöst wurde er gleichwohl nur schrittweise, weil seine Kenntnisse von Land und Leuten nicht so leicht zu ersetzen waren.

Im übrigen berichtet Naimark, unter anderem auf der Grundlage von Materialien aus dem Archiv der SMAD, von unzähligen Rivalitäts- und Kompetenzproblemen, Freiheiten lokaler Kommandeure, Disziplinschwierigkeiten und permanenter Überforderung, die die SMAD zum Schluß geradezu erleichtert Verantwortung an die Deutschen abgeben ließ. Es wird deutlich, daß die SMAD-Verantwortlichen anfangs vielfach versuchten, das gesamtdeutsch-demokratische Programm auch operativ umzusetzen. Sie drängten auf politisch ausgewogene Verwaltungen und gingen energisch gegen «Revolutionäre» vor, gleich, ob sie der KPD, der SPD oder den Antifa-Ausschüssen angehörten. SMAD-Verantwortliche und ZK-Vertreter bemerkten auch, welch katastrophale Folgen die brutalen Vergewaltigungen, die willkürlichen Verhaftungen und die unendlichen Demontagen hatten. Im Chaos des Sowjetsystems waren sie aber vielfach nicht in der Lage, ihren Einsichten Geltung zu verschaffen. So erscheint die Sowjetisierung der östlichen Besatzungszone auch bei Naimark als eine Folge der Schwächen des Sowjetsystems: Die Besatzer gingen bei der Bewältigung der vor ihnen liegenden Probleme so vor, wie sie es gelernt hatten; und der Widerspruch zur Aufgabenstellung der Besatzungsadministration, der dadurch entstand, konnte aufgrund der geringen Steuerungskapazität des Systems nicht in hinreichendem Maß korrigiert werden.[14]

Neue Aufschlüsse zur Vorgeschichte der Note vom 10. März 1952 bietet ein Erinnerungsbericht Georg Dertingers vom November 1967, den mir seine Frau Maria Dertinger zugänglich gemacht hat. Danach ging der Vorschlag, die Verhandlungsappelle durch die Vorlage von Grundsätzen für einen Friedensvertrag zu ergänzen, 1951 vom damaligen DDR-Außenminister aus. Dertinger formulierte einen entsprechenden Entwurf. Semjonow drängte darauf, wie Frau Dertinger ergänzend berichtet,[15] ihn so zu gestalten, daß er Aussichten hatte, von den Westdeutschen akzeptiert zu werden; und er ließ sich von Dertinger versichern, daß diese Aussichten bestanden. Dertinger hörte dann für längere Zeit nichts mehr von der Angelegenheit. Als die Note veröffentlicht wurde, war er überrascht, daß sie «fast haargenau, mit ganz wenigen Abweichungen, meinem Entwurf entsprach, mit allerdings einer entscheidenden Änderung, die ich nicht drin hatte: die NVA. Soweit hatte ich mich in meinen kühnsten Träumen nicht vorgewagt, daß man im Friedensvertrag für Deutschland eine Armee vorsehen könnte.»[16] Die Zurückweisung der Note durch die westliche Seite, so wiederum Frau Dertinger, wurde allenthalben mit großer Enttäuschung registriert.

Enttäuschung wird auch in einer sowjetischen Mitschrift der Antwort Stalins auf Piecks Frage nach den Erfolgsaussichten der Noteninitiative in der Besprechung vom 7. April 1952 sichtbar, die Michail M. Narinski ermittelt hat. «Genosse Stalin», heißt es da, «ist der Auffassung, daß, welche Vorschläge zur deutschen Frage wir auch machen würden, die westlichen Staaten mit ihnen nicht einverstanden wären und Westdeutschland auf keinen Fall aufgeben würden. Zu denken, daß es einen Kompromiß geben oder die Amerikaner den vorgeschlagenen Friedensvertrag akzeptieren könnten, wäre ein großer Irrtum. Die Amerikaner brauchen eine Armee in Westdeutschland, um Westeuropa zu halten. Sie behaupten, daß sie dort eine Armee unterhalten, die uns aufhalten soll. In Wirklichkeit liegt ihnen daran, Europa zu halten. Die Amerikaner werden Westdeutschland in den Atlantikpakt einbeziehen. Sie werden eine westdeutsche Armee gründen. Die Amerikaner haben Adenauer in ihrer Tasche. Alle ehemaligen Faschisten und Generäle ebenfalls.»[17] Das bestätigt, daß Stalin in dem Angebot vom 10. März 1952 ein Maximum an möglichen Zugeständnissen gesehen hat und nun, nachdem auch diese Initiative auf Ablehnung gestoßen war, seinen früheren Optimismus hinsichtlich eines Verhandlungserfolgs definitiv aufgab.

Deutlicher noch als die parallele Gesprächsaufzeichnung von Wilhelm Pieck[18] zeigt diese Mitschrift, daß sich für Stalin mit der westlichen Absage an die Offerte vom 10. März 1952 auch der Status der DDR veränderte. «Tatsächlich also», fuhr er fort, «entwickelt sich in Westdeutschland ein selbständiger Staat. Und Sie müssen Ihren eigenen Staat organisieren. Die Demarkationslinie zwischen West- und Ostdeutschland muß als Grenze angesehen werden – und zwar nicht nur als eine normale, sondern als eine sehr gefährliche Grenze. Der Schutz dieser Grenze muß verstärkt werden.»[19] Bislang war die DDR für ihn also nur ein ganz kurzfristig gedachtes Provisorium, das jederzeit für eine Verhandlungslösung zur Disposition gestellt werden konnte. Erst jetzt sollte sie für eine längere Übergangszeit die Züge eines Staates annehmen.

Natürlich ist auch mit den zusätzlichen Quellen die Entstehungsgeschichte der DDR noch nicht vollständig erschlossen und auch nicht restlos erklärt. Die Entscheidungsprozesse innerhalb des sowjetischen Apparates bedürfen an vielen Stellen noch präziserer Rekonstruktion, ebenso die Entscheidungen innerhalb der SED-Führung und die Interaktionen zwischen führenden SED-Genossen, sowjetischen Repräsentanten und der Moskauer Zentrale. Ebenso müssen die gesellschaftlichen und politischen Prozesse in der SBZ/DDR selbst schärfer in den Blick genommen werden. Für eine kritische Diskussion der Strukturelemente des Sowjetkommunismus, der westlichen Reaktion auf sein Auftreten mitten in Europa und des deutschen Umgangs mit der Niederlage von 1945 liegen aber auch jetzt schon genügend Anhaltspunkte vor.[20] Sie sollte daher nicht länger aufgeschoben werden.

Essen, im August 1995 — Wilfried Loth

Anmerkungen

Einleitung

1 Erich W. Gniffke, Jahre mit Ulbricht, Köln 1966, 2. Auflage 1990.
2 Wolfgang Leonhard, Die Revolution entläßt ihre Kinder, Köln 1955, hier zitiert nach der Taschenbuchausgabe von 1979.
3 Rolf Badstübner/Wilfried Loth (Hrsg.), Wilhelm Pieck. Aufzeichnungen zur Deutschlandpolitik 1945–1953, Berlin 1994.
4 Für einige besonders markante Beispiele problematischer Interpretationsleistungen vgl. Wilfried Loth, Die Historiker und die Deutsche Frage. Ein Rückblick nach dem Ende des Kalten Krieges, in: Historisches Jahrbuch 112 (1992), S. 366–382.
5 Jens Hacker, Deutsche Irrtümer. Schönfärber und Helfershelfer der SED-Diktatur im Westen, Berlin/Frankfurt 1992, S. 76 u. 379. Hacker stört sich auch daran, daß meine Sicht in Handbüchern auftaucht und auf Tagungen vertreten wurde: Ebda. S. 335 bzw. 466.
6 Wilfried Loth, Die Teilung der Welt. Geschichte des Kalten Krieges 1941–1955, München 1980, 8. Auflage 1990.

Kapitel 1

1 Vgl. zuletzt Rolf-Dieter Müller, Hitlers Ostkrieg und die deutsche Siedlungspolitik, Frankfurt/M. 1991; ders., Die deutsche Wirtschaftspolitik in den besetzten sowjetischen Gebieten 1941–1945, Boppard 1990.
2 Vgl. Dimitri Wolkogonow, Stalin. Triumph und Tragödie. Ein politisches Porträt, Düsseldorf 1989, S. 683.
3 Zit. n. Hans-Peter Schwarz, Vom Reich zur Bundesrepublik. Deutschland im Widerstreit der außenpolitischen Konzeptionen in den Jahren der Besatzungsherrschaft 1945–1949, Neuwied/Berlin 1966, 2. Aufl. Stuttgart 1980, S. 223.
4 Milovan Djilas, Gespräche mit Stalin, Frankfurt/M. 1962, S. 147.
5 Wolkogonow, Stalin, S. 682. Vgl. auch Nikolai Voznesenskii, The Economy of the USSR During World War II, Washington 1948.
6 M. L. Tamarchenko, Sovetskie finansy v period Velikoi Otechestvennoi voiny, Moskau 1967, S. 135.
7 Susan J. Linz, Measuring the Carryover Cost of World War II to the Soviet People: 1945–1953, in: Ex-

plorations in Economy History 20 (1983), S. 375–386.

8 Vgl. Laszlo Tikos, E. Vargas Tätigkeit als Wirtschaftsanalytiker und Publizist, Tübingen 1965, S. 65–79.

9 Jean-Richard Bloch im Gespräch mit Géraud Jouve, dem damaligen Informationsdirektor von Agence France Presse, während de Gaulles Moskaureise Anfang Dezember 1944, zit. n. Géraud Jouve, Le retour de Maurice Thorez en France, Le Monde 28. 11. 1969.

10 Vgl. Wilfried Loth, Frankreichs Kommunisten und der Beginn des Kalten Krieges, in: Vierteljahrshefte für Zeitgeschichte 26 (1978), S. 9–65.

11 Ausführungen von Georgi Dimitroff am 6. 12. 1944, zit. n. Karel Kaplan, Der kurze Marsch. Kommunistische Machtübernahme in der Tschechoslowakei 1945–1948, München/Wien 1981, S. 15.

12 Mitgeteilt von Ilčo Dimitrow, Über den Charakter der volksdemokratischen Macht in Bulgarien, in: Wissenschaftliche Zeitschrift der Karl-Marx-Universität Leipzig. Gesellschafts- und sprachwissenschaftliche Reihe 31 (1982), S. 122–137, hier S. 130f.

13 Sovetsko-anglijskie otnošenija vo vremja Velikoj Otečestvennoj vojny 1941–1945, Moskau 1983, Bd. 1, S. 182. Vgl. auch den britischen Entwurf eines britisch-sowjetischen Abkommens, ebda. S. 187.

14 Winston Churchill, The Grand Alliance, London 1950, S. 628f.

15 Protokoll der 3. EAC-Sitzung 25. 1. 1944, PRO, FO 371.405 80, 186

16 Vgl. die Analyse der Jalta-Verhandlungen zu dieser Frage bei Hermann Graml, Die Alliierten und die Teilung Deutschlands. Konflikte und Entscheidungen 1941–1948, Frankfurt/M. 1985, S. 50–53.

17 Zit. n. Josef Foschepoth, Britische Deutschlandpolitik zwischen Jalta und Potsdam, in: Vierteljahrshefte für Zeitgeschichte 30 (1982), S. 675–714, hier S. 691.

18 Vladimir Rudolph, The Administrative Organization of Soviet Control, 1945–1948, in: Robert Slusser (Hrsg.), Soviet Economic Policy in Postwar Germany. A Collection of Papers by Former Soviet Officials, New York 1953, S. 18–86.

19 FRUS Yalta, S. 630f.

20 Vgl. Walrab von Buttlar, Ziele und Zielkonflikte der sowjetischen Deutschlandpolitik 1945–1947, Stuttgart 1980, S. 43–49.

21 Valentin Falin, Politische Erinnerungen, München 1993, S. 308. Zu Stalins Zweifeln an der Stabilität der Anti-Hitler-Koalition vgl. Alexander Fischer, Sowjetische Deutschlandpolitik im Zweiten Weltkrieg 1941–1945, Stuttgart 1975, S. 65–79; Vojtech Mastny, Moskaus Weg zum Kalten Krieg, München/Wien 1980.

22 Milovan Djilas, Gespräche mit Stalin, Frankfurt/M. 1962, S. 146.

23 Lektion in der Parteischule 10. 3. 1945, ZPA NL 36/421. Bl. 112–122 u. 130–137, hier Bl. 120 u. 130.

24 Wolfgang Leonhard, Die Revolution entläßt ihre Kinder, Taschenbuchausgabe München 1979, S. 288.

25 Protokollnotizen Wilhelm Piecks zur Besprechung vom 4. 6. 1945,

ZPA NL 36/629, Bl. 62–66, hier 62.

26 Leonhard, Revolution, S. 288. – In der bisherigen Diskussion über die Ziele sowjetischer Deutschlandpolitik wurde dieses Element des Zeugnisses von Leonhard wenig beachtet.

27 Wie Anm. 25.

28 Valentin Berežko, Tegeran 1943, Moskau 1968, S. 110.

29 Eugen Varga, Veränderungen in der kapitalistischen Wirtschaft im Gefolge des zweiten Weltkrieges, Moskau 1946, (Teil-)Übersetzung von Manfred Kerner, Berlin 1975, S. 317 ff. Wesentliche Teile der Studie waren bereits 1945 publiziert worden.

30 Leonhard, Revolution, S. 288 f.

31 Wie Anm. 25.

32 Vgl. Günter Benser, Die KPD im Jahre der Befreiung. Vorbereitung und Aufbau der legalen kommunistischen Massenpartei (Jahreswende 1944/45 bis Herbst 1945), Berlin 1985, S. 134–136.

33 So der Aufruf des Zentralkomitees der KPD, veröffentlicht in der Deutschen Volkszeitung Nr. 1 vom 13.6.1945.

34 Vgl. etwa Dietrich Staritz, Sozialismus in einem halben Land, Berlin 1976, S. 28 f. u. 57, mit anderer Konnotation auch die DDR-Lesart bei Rolf Badstübner, Friedenssicherung und deutsche Frage. Vom Untergang des «Reiches» bis zur deutschen Zweistaatlichkeit (1943 bis 1949), Berlin 1990, S. 110–112.

35 ZPA NL 182/857, Bl. 86–99.

36 Vgl. Loth, Frankreichs Kommunisten.

37 Varga, Izmeniia, S. 8, 11 f.

38 FRUS Yalta, S. 617.

39 ZPA NL 36/735, Bl. 204–213 (Besprechung vom 19.7.1949).

40 Beim Empfang einer SED-Delegation; berichtet von Erich W. Gniffke, Jahre mit Ulbricht, Köln 1966, S. 251.

41 FRUS 1945, II, S. 268.

42 The Novikov Telegram. Washington, September 27, 1946, engl. Übersetzung nach der Veröffentlichung durch das sowjetische Außenministerium in: Diplomatic History 15 (1991), S. 527–537, hier S. 536.

43 Leonhard, Revolution, S. 288 f. Vgl. auch Piecks Ausführungen vom 10.3.1945, in denen ebenfalls von einer längeren Zeit strenger Militärverwaltung und der Bildung von KPD-Ortsgruppen «erst in einem späteren Stadium» die Rede war (wie Anm. 23, Bl. 122).

44 Vgl. von Buttlar, Ziele, S. 40.

45 Joseph W. Stalin, Über den Großen Vaterländischen Krieg der Sowjetunion, Moskau 1946, S. 217 ff.

46 Zitate aus den Notizen Piecks nach der Unterredung vom 4.6.1945 (wie Anm. 25). Die Notizen lassen den Verlauf der Gespräche in Moskau nicht genau erkennen; zusammen mit späteren Erinnerungen Ackermanns erlauben sie aber keinen Zweifel daran, daß die neue Linie in diesen Tagen in Anwesenheit Stalins festgeklopft wurde. Vgl. zu den Unsicherheiten der Überlieferung Günter Benser, Quellenveröffentlichungen ja, doch so präzis wie möglich, in: Utopie kreativ, Heft 11, Juli 1991, S. 101–107.

47 Vgl. Graml, Die Alliierten, S. 55–60.

48 Leonhard, Revolution, S. 344; vgl. ebda. S. 337–344.

49 Berichtet von Otto Grotewohl auf dem Leipziger Bezirkstag der SPD 26.8.1945, ZPA NL 90/125.

50 Berichtet von Gniffke, Jahre mit Ulbricht, S. 33.

51 Agitprop-Mitteilungen der KPD-UBL Leipzig 1. Jg., Nr. 1, 30.7.1945, S. 6 ff., zit. n. H. Weber (Hrsg.), DDR. Dokumente zur Geschichte der Deutschen Demokratischen Republik, München 1986, S. 44–47.

52 So die Formulierung im Aufruf vom 11. Juni.

53 Vgl. Staritz, Sozialismus, S. 29–35.

54 Gemeint ist die Vorstellung von der Überleitung der bürgerlich-demokratischen in die sozialistische Revolution, die er für «rückständige» Länder wie Rußland entwickelt hatte: W. I. Lenin, Zwei Taktiken der russischen Sozialdemokratie in der demokratischen Revolution, in: Lenin, Werke, Bd. 9, Berlin 1960, S. 1 ff.

55 Zit. n. Berlin. Quellen und Dokumente 1945–1951, 1. Halbband, Berlin 1964, S. 792 f. Die Passage wurde mit wenigen stilistischen Änderungen in die Entschließung der Sechziger-Konferenz übernommen, veröffentlicht in Deutsche Volkszeitung 23.12.1945.

56 Er fuhr am 28. Januar von Berlin ab und kehrte am 6. Februar aus Moskau zurück; Kalendernotiz Piecks, ZPA NL 36/734, Bl. 159.

57 Zitate nach dem von Pieck mitnotierten Bericht Ulbrichts «am 6.2.1946 um 9 Uhr abends», ZPA NL 36/631, Bl. 33 f. u. 49.

58 Berichtet von Djilas, Gespräche, S. 145.

59 Bericht Laskis im Parteivorstand über die Unterredung vom 7.8.1946, zitiert nach dem Exemplar im Nachlaß Klement Gottwald in deutscher Übersetzung bei Kaplan, Der kurze Marsch, S. 91. Vgl. auch den Bericht von Morgan Philips in: Daily Herald 22.8.1946, sowie den Report on the 46th Annual Conference of the Labour Party, 1947, S. 218 f.

60 Eugen Varga, Sotsializm i kapitalizm za tridtsat' let, in: Mirovoe khoziaistvo i mirovaia politika, no. 10 (1947), S. 4 f., zit. n. Jerry F. Hough, Debates About the Postwar World, in: Susan J. Linz (Hrsg.), The Impact of World War II on the Soviet Union, Totowa, N.J. 1985, S. 253–281, hier S. 270.

61 Vgl. zuletzt Robert Conquest, Stalin. Der totale Wille zur Macht, München 1991, S. 342–394.

62 Die Äußerungen gegenüber Tito und den Labour-Führern bestätigen gleichzeitig die Authentizität der von Ulbricht übermittelten Äußerungen.

63 Djilas, Gespräche, S. 195 f.

64 Anton Ackermann, Gibt es einen besonderen deutschen Weg zum Sozialismus?, in: Einheit, Heft 1, Februar 1946, S. 22–32. Zur Entstehung vgl. Dietrich Staritz, Ein «besonderer deutscher Weg» zum Sozialismus?, in: Aus Politik und Zeitgeschichte, B 51–52/82, 25.12.1982, S. 15–31.

65 Verabschiedet vom Vereinigungsparteitag am 22.4.1946, hier zit. n. Weber, DDR-Dokumente, S. 70.

66 Walter Ulbricht, Die Gegenwartsforderungen der Sozialistischen Ein-

heitspartei Deutschlands, in: Einheit, Heft 2, März 1946, S. 18f.

67 Wichtige Dokumente zur Entstehung der Einheitsfront bei Manfred Koch, Der Demokratische Block, in: Hermann Weber (Hrsg.), Parteiensystem zwischen Demokratie und Volksdemokratie, Köln 1982, S. 281–337.

68 FRUS Potsdam II, S. 775–778.

69 Sowjetischer Ergänzungsvorschlag vom 30.7.1945 ebda. S. 824; definitiver Text ebda. S. 1451. Zu dem Vorgang im einzelnen Elisabeth Kraus, Ministerien für ganz Deutschland? Der Alliierte Kontrollrat und die Frage gesamtdeutscher Zentralverwaltungen, München 1990, S. 38–46.

70 Siehe FRUS Potsdam II, S. 474.

71 Zit. n. Tägliche Rundschau 4.8.1945.

72 Gregory Klimow, Berliner Kreml, Köln 1952, S. 172.

73 Telegramm der Political Division der Alliierten Kontrollkommission/ British Element 3.9.1945, zit. n. Kraus, Ministerien, S. 56.

74 Aktennotiz Grotewohls für den Zentralausschuß, AdsD, NL Gniffke, zit. n. Hermann Weber, Geschichte der DDR, München 1985, S. 100.

75 Bericht der Economic Information Section der britischen Besatzungsbehörden 9.5.1946, zit. n. Kraus, Ministerien, S. 56f.

Kapitel 2

1 Parteivorstand Westliches Westfalen an Kurt Schumacher 22.9.1945, zit. n. Klaus Sühl, Kurt Schumacher und die Westzonen-SPD im Vereinigungsprozeß, in: Dietrich Staritz/ Hermann Weber (Hrsg.), Einheitsfront – Einheitspartei. Kommunisten und Sozialdemokraten in Ost- und Westeuropa 1944–1948, Köln 1989, S. 108–128, hier S. 118.

2 Dazu zuletzt Kraus, Ministerien, S. 46–51 u. 61–86.

3 Vgl. den Überblick bei von Buttlar, Ziele, S. 58–62.

4 Nach dem Zeugnis von S. I. Tulpanow, Die Rolle der Sowjetischen Militäradministration im demokratischen Deutschland, in: 50 Jahre Triumph des Marxismus-Leninismus, hrsg. von der Parteihochschule «Karl Marx» beim ZK der SED, Berlin 1967, S. 48.

5 Gniffke, Jahre mit Ulbricht, S. 233.

6 Bericht des sozialdemokratischen ZK-Sekretärs S. F. in: Beatrix W. Bouvier/Horst-Peter Schulz (Hrsg.), «...die SPD aber aufgehört hat, zu existieren». Sozialdemokraten unter sowjetischer Besatzung, Bonn 1991, S. 63f.

7 Berichtet von Wolfgang Leonhard, Es muß demokratisch aussehen, in: Die Zeit 7.5.1965.

8 Gniffke, Jahre mit Ulbricht, S. 184, 223, 298.

9 So die Formulierung im Gründungsaufruf der SPD 15.6.1945, Berliner Zeitung 21.6.1945.

10 Vgl. Notizen Piecks über Gespräch mit Gorbatschow und Shukow

11.7.1945, ZPA NL 36/734, Bl. 116–118; sowie den Bericht Grotewohls auf dem Leipziger Bezirkstag der SPD 26.8.1945, ZPA NL 90/125.

11 Dazu zuletzt die Zeugnisse bei Michael Klonovsky/Jan von Flocken, Stalins Lager in Deutschland 1945–1950, Berlin/Frankfurt 1991.

12 Leonhard, Revolution, S. 358f.

13 Gniffke, Jahre mit Ulbricht, S. 39f., 59f., 75f., 88, 91, 121; Leonhard, Revolution, S. 375.

14 So Gniffke, ebda. S. 40.

15 ZPA NL 90/125, erstmals ausgewertet bei Lucio Caracciolo, Der Untergang der Sozialdemokratie in der sowjetischen Besatzungszone. Otto Grotewohl und die «Einheit der Arbeiterklasse» 1945/46, in: Vierteljahrshefte für Zeitgeschichte 36 (1988), S. 280–318, hier S. 289–294.

16 Otto Grotewohl, Woher – Wohin? Rede des Vorsitzenden des ZA der SPD am 14. September 1945 in Berlin, Berlin 1945.

17 Nach dem Bericht in der Berliner SPD-Zeitung «Das Volk» 18.9.1945.

18 Bericht von S. F., damals Vorstandssekretär des SPD-Zentralausschusses (wie Anm. 6), S. 88.

19 Deutsche Volkszeitung 20.9.1945, wiederabgedruckt u. a. in: Wilhelm Pieck, Reden und Aufsätze, Berlin 1948, S. 82f.

20 Zeugnis von Wolfgang Leonhard in: Einheit oder Freiheit? Zum 40. Jahrestag der Gründung der SED (Protokoll einer Tagung der Friedrich-Ebert-Stiftung 6.–8.9.1985), o. O. o. J., S. 79.

21 Gniffke, Jahre mit Ulbricht, S. 67.

22 ZPA NL 36/629, Bl. 62–66.

23 Gniffke, Jahre mit Ulbricht, S. 43.

24 ZPA NL 36/734, Bl. 129–136.

25 Ebda. Bl. 130.

26 Anton Ackermann, Der neue Weg zur Einheit, in: Vereint sind wir alles. Erinnerungen an die Gründung der SED, Berlin 1966, S. 84.

27 Vgl. Leonhard (wie Anm. 20), S. 79f.; ders., Revolution, S. 375f. – Text der Grotewohl-Rede, die nicht veröffentlicht werden durfte und folglich auch in den gesammelten Reden Grotewohls nicht enthalten ist, in ZPA NL 90/125, jetzt veröffentlicht in Beiträge zur Geschichte der Arbeiterbewegung 2/1992, S. 173–180.

28 Walter Ulbricht, Zur Geschichte der deutschen Arbeiterbewegung. Aus Reden und Aufsätzen. Bd. II: 1933–1946, 2. Zusatzband, Berlin 1968, S. 356; vgl. auch von Buttlar, Ziele, S. 143f.

29 Anton Ackermann, Gibt es einen besonderen deutschen Weg zum Sozialismus?, in: Einheit, Heft 1, Februar 1946, S. 22–32.

30 Ebda.

31 ZPA NL 36/734, Bl. 143f., 146.

32 Gniffke, Jahre mit Ulbricht, S. 90f.

33 Ebda. S. 84.

34 Vgl. die Zusammenstellung von Leonhard (wie Anm. 20), S. 24.

35 Vgl. die entsprechende Analyse des Ackermann-Artikels in Kapitel 1.

36 Berichte verschiedener westlicher Stellen in Berlin aufgrund vertraulicher Gespräche mit Grotewohl und Dahrendorf, ausgewertet bei Caracciolo, Untergang, S. 311; das für Grotewohl «verblüffende» Angebot, Ulbricht zurückzuziehen,

schon bei Gniffke, Jahre mit Ulbricht, S. 137.

37 So informierte er selbst seine Zentralausschuß-Kollegen nicht über das Gespräch und trug damit selbst dazu bei, daß sich wechselseitige Verunsicherung breitmachte.

38 Steel an Foreign Office 7. 2. 1946, PRO FO 371/55586, C 1480/2/18, zit. n. der deutschen Übersetzung bei Rolf Steininger, Deutsche Geschichte 1945–1961, Frankfurt/M. 1983, Bd. 1, S. 164.

39 Nach einem Redemanuskript Ollenhauers zit. bei Karl Wilhelm Fricke, Opposition und Widerstand in der DDR. Ein politischer Report, Köln 1984, S. 34.

40 Bericht von M. H. (wie Anm. 6), S. 130.

41 Bespr. v. 22. 12. 1945 (wie Anm. 31).

42 Vgl. Gavriel D. Ra'anan, International Policy Formation in the USSR. Factional «Debates» during the Zhdanovschina, Hamden/Conn. 1983, S. 27 u. 179.

43 ZPA NL 36/734, Bl. 147–152, 155–157, Zitate Bl. 148.

44 Lt. Niederschrift einer Besprechung mit Bokow 1. 2. 1946, ebda. Bl. 160–163.

45 Sergej Tjulpanow, Deutschland nach dem Kriege (1945–1949). Erinnerungen eines Offiziers der Sowjetarmee, Berlin 1986, S. 82f.

46 ZPA NL 36/631, Bl. 33f. u. 49; Datum d. Unterredung nach Fjodor J. Bokow, Frühjahr des Sieges und der Befreiung, Berlin 1979, S. 445ff.

47 Bericht Ulbrichts vom 6. 2. 1946 (wie Anm. 46); zum Kontext der programmatischen Festlegungen siehe Kapitel 1.

48 «Sie können ohne Sorge sein: eine solche Absicht besteht bei uns nicht.» Pieck auf dem Vereinigungsparteitag in Groß-Berlin, 14. 4. 1946. Einstimmig beschlossen: SED Groß-Berlin. Die Bildung der SED in der Hauptstadt Deutschlands, Berlin o. J. (1946), S. 35.

49 Vgl. Siegfried Suckut, Die CDU in der sowjetisch besetzten Zone und die Gründung der SED. Parteiinterne Wertungen und Reaktionen, in: Staritz/Weber, Einheitsfront, S. 167–190.

50 Tägliche Rundschau 16. 4. 1946.

51 Protokollnotiz von Waldemar Koch zur Besprechung am 5. 9. 1945, veröffentlicht bei Ekkehart Krippendorff, Die Gründung der Liberal-Demokratischen Partei in der Sowjetischen Besatzungszone 1945, in: VfZ 8 (1960), S. 303–305.

52 Vgl. Ekkehart Krippendorff, Die Liberal-Demokratische Partei Deutschlands in der Sowjetischen Besatzungszone 1945/48, Düsseldorf o. J. (1961), S. 40.

53 Peter Hermes, Die Christlich-Demokratische Union und die Bodenreform in der Sowjetischen Besatzungszone Deutschlands im Jahre 1945, Saarbrücken 1963, 24ff.; Siegfried Suckut, Der Konflikt um die Bodenreformpolitik in der Ost-CDU 1945, in: Deutschland-Archiv 15 (1982), S. 1080–1095; die Sitzung vom 19. 12. bei Gniffke, Jahre mit Ulbricht, S. 75.

54 So die Angabe bei Heinz Heitzer, DDR. Geschichtlicher Überblick, Berlin 1979, S. 54.

55 Auf einer Wirtschaftskonferenz in Jena; Walter Ulbricht, Demokratischer Wirtschaftsaufbau, Berlin o. J. (1946), S. 18f.

56 Unterredung mit Ulbricht 2. 2. 1946 (wie Anm. 46).

57 Robertson an Street 28. 3. 1946, zit. n. Kraus, Ministerien, S. 162f.; für frühere Klagen ebda. S. 94, 96 u. 114 und Dietrich Staritz, Parteien für ganz Deutschland? Zu den Kontroversen über ein Parteiengesetz im Alliierten Kontrollrat 1946/47, in: Vierteljahrshefte für Zeitgeschichte 32 (1984), S. 240–268, hier S. 250.

58 Murphy (State-Berater Clays) an Matthews 2. 4. 1946, auszugsweise zitiert bei Jean Edward Smith, The View from UFSET: General Clay's and Washington's Interpretation of Soviet Intentions in Germany, 1945–1948, in: Hans A. Schmitt (Hrsg.), U.S. Occupation in Europe after World War II; Lawrence 1978, S. 64–85, hier S. 68f.

59 Vgl. Kraus, Ministerien, S. 92–113.

60 Besprechung mit Tulpanow, Semjonow, Sobelow und Woskrawsinski 22. 10. 1945, ZPA NL 36/734, Bl. 140–142.

61 Vgl. Kraus, Ministerien, S. 127–129.

62 Zitiert nach dem Bericht Murphys an den US-Botschafter in Paris, Jefferson Caffery, vom 11. 4. 1946. In der veröffentlichten Fassung der Rede fehlte diese Passage; vgl. Kraus, Ministerien, S. 59.

63 Roberts (den Kennan mündlich über seinen geheimdienstlichen Coup informiert hatte) an Harvey 2. 5. 1946, zit. n. Reiner Pommerin, Die Zwangsvereinigung von KPD und SPD zur SED. Eine britische Analyse vom April 1946, in: Vierteljahrshefte für Zeitgeschichte 36 (1988), S. 319–338, hier S. 323.

64 ZPA NL 36/734, Bl. 190–193.

65 Exposé vom 27. 9. 1946, zit. n. Diplomatic History 15 (1991), S. 537; vgl. Kapitel 1, Anm. 42.

66 FRUS 1946, II, S. 146ff. (Unterredung Byrnes–Molotow 28. 4. 1946) u. 167ff. (Sitzung vom 29. 4. 1946).

67 Ebda. S. 842ff. (Erklärung vom 9. 7. 1946) u. 869ff. (Erklärung vom 10. 7. 1946); deutsche Fassung der Erklärungen, die kurz nach dem Ende der Konferenz in der Moskauer Presse veröffentlicht wurden, in Wjatscheslaw M. Molotow, Fragen der Außenpolitik. Reden und Erklärungen April 1945–Juni 1948, Moskau 1949, S. 59–67.

68 Besprechung vom 26. 7. 1946, wie Anm. 64.

69 Vgl. Staritz, Parteien, S. 251–253.

70 Zu den weiteren Verhandlungen ebda. S. 257–261.

71 FRUS 1946, II, S. 876 (Sitzung vom 10. 7. 1946); die vorherigen Interventionen ebda. 146ff. (Unterredung Byrnes–Molotow 28. 4. 1946) u. 434f. (Sitzung vom 16. 5. 1946).

72 Besprechung vom 26. 7. 1946, wie Anm. 64.

73 FRUS 1946, II, S. 935 (Sitzung vom 12. 7. 1946); das partielle Einlenken Bidaults ebda. 909f.

74 Bericht Murphys 25. 5. 1946, FRUS 1946, V, S. 559f.

75 Dazu im Detail Kraus, Ministerien, S. 129 u. 231–250.

76 FRUS 1946, II, S. 911.

77 Vgl. die Konferenzanalysen bei Hermann Graml, Die Alliierten und die Teilung Deutschlands. Konflikte und Entscheidungen 1941–1948, Frankfurt/M. 1985, S. 176–178 und Kraus, Ministerien, S. 205–207.

78 Ebda., S. 218–220; vgl. auch Mur-

phys Sitzungsbericht 30.7.1946, FRUS 1946, V, S. 585 f.

79 Das gilt sowohl für die Besprechung in Karlshorst vom 26.7. als auch für Nowikows Exposé vom 27.9.1946; vgl. Anm. 64 u. 65.

80 Vgl. die Sammlung einschlägiger Äußerungen bei Buttlar, Ziele, S. 182–187.

81 Vgl. hierzu zuletzt Jörg Fisch, Reparationen nach dem Zweiten Weltkrieg, München 1992, S. 104 f.

82 Einzelheiten des Ringens bei John H. Backer, Die deutschen Jahre des Generals Clay, München 1983, S. 116–121; Friedrich Jerchow, Deutschland in der Weltwirtschaft 1944–1947, Düsseldorf 1978, S. 181–209; Alec Cairncross, The price of war. British policy on German reparations 1941–1949, Oxford 1986, S. 100–146.

83 Zu den reparationspolitischen Zusammenhängen näherhin Fisch, Reparationen, S. 285–294.

84 Siehe die Angaben bei Rudolph, Administrative Organization, S. 41 f.

85 Bericht Ulbrichts vom 6.2.1946 (wie Anm. 46); die Mitteilung erstmals in einer Besprechung am 23.1.1946 (wie Anm. 43).

86 Ra'anan, International Policy Formation, S. 23, 30 u. 89.

87 Erklärung vom 10.7.1946 (wie Anm. 67).

88 Hinweise dazu bei Rudolph, Administrative Organization, S. 51 f.

89 Ebda., S. 53.

90 Ebda., S. 55.

Kapitel 3

1 Gniffke, Jahre mit Ulbricht, S. 192.

2 Ebda.

3 Interview mit S. F. 21.3.1974, in: Bouvier/Schulz (Hrsg.), SPD, S. 63–65.

4 Gniffke, Jahre mit Ulbricht, S. 181 f.

5 Ebda. S. 192.

6 Nach den Angaben bei Weber, Geschichte der DDR, S. 133.

7 Vgl. Dietrich Staritz, Die Gründung der DDR, München 1984, S. 103–108.

8 Sozialpolitische Richtlinien der Sozialistischen Einheitspartei Deutschlands, nach dem Beschluß des Zentralsekretariats vom 30. Dezember 1946, Berlin 1947, S. 10; vgl. Siegfried Suckut, Die Betriebsrätebewegung in der Sowjetisch Besetzten Zone Deutschlands (1945–1948), Frankfurt/M. 1982, S. 451–454.

9 So die Deutsche Volkszeitung 28.8.1945; entsprechende Äußerungen Ulbrichts vor Parteifunktionären schon Ende Juni/Anfang Juli 1945 bei Walter Ulbricht, Zur Geschichte der deutschen Arbeiterbewegung. Aus Reden und Aufsätzen. Bd. II: 1933–1946, 1. Zusatzband, Berlin 1966, S. 245 u. 428 ff.

10 Neues Deutschland 14. (Fechner) und 21. (Parteivorstand) 9.1946; zu den internen Auseinandersetzungen Leonhard, Revolution, S. 397 f. u. Gniffke, Jahre mit Ulbricht, S. 206 f.

11 Vgl. Badstübner, Friedenssicherung, S. 194.
12 Vgl. Gniffke, Jahre mit Ulbricht, S. 206–208.
13 Einzelheiten hierzu bei Manfred Koch/Werner Müller/Dietrich Staritz/Siegfried Suckut, Versuch und Scheitern gesamtdeutscher Parteibildungen 1945–1948, in: Die beiden deutschen Staaten im Ost-West-Verhältnis, Köln 1982, S. 90–107.
14 Gniffke, Jahre mit Ulbricht, S. 208 u. 210f.
15 Vgl. Leonhard, Revolution, S. 403–405.
16 Vgl. Ulbricht an Bokow 10.8.1946, ZPA NL 188/1190, Bl. 88. – Ein gleichzeitiger Vorschlag, zuerst mit einer Erklärung zur «Bildung einer einheitlichen deutschen Staatsregierung des Blocks der antifaschistisch-demokratischen Parteien» an die Öffentlichkeit zu treten (ebda. Bl. 84–87), wurde von der Besatzungsmacht offensichtlich nicht gebilligt.
17 Sitzung vom 14.11.46, ZPA IV 2/1/6, Bl. 5.
18 Vgl. Rudolph Nadolny, Mein Beitrag, Wiesbaden 1955, S. 178f., und Gniffke, Jahre mit Ulbricht, S. 209.
19 Text in: Dokumente der Sozialistischen Einheitspartei Deutschlands, Bd. I: Beschlüsse und Erklärungen des Zentralsekretariats und des Parteivorstandes, Berlin 1952, S. (115).
20 ZPA IV/2/1/5.
21 Gniffke, Jahre mit Ulbricht, S. 234f.
22 ZPA IV/1/2.
23 ZPA NL 36/734, Bl. 244–247.
24 Vgl. die Berichte der amerikanischen Militärregierung in FRUS 1946, V, S. 611f., 622–625, 792f., sowie Backer, Clay, S. 179.
25 Vgl. FRUS 1946, II, S. 1482.
26 ZPA NL 36/734, Bl. 244–250.
27 Vgl. die entsprechenden Befürchtungen in einem Schreiben des Vorstandsmitglieds Erich Lübbe an das Zentralsekretariat der SED 15.2.1947, veröffentlicht bei Hermann Weber (Hrsg.), Parteiensysteme zwischen Demokratie und Volksdemokratie, Köln 1982, S. 74.
28 ZPA NL 36/694, Bl. 3–7.
29 Am 11. Juli 1947 kritisierte Tulpanow rückblickend «Schwankungen im PV wegen Zulassung SPD in Ostzone»: ZPA NL 36/734, Bl. 299–305.
30 Zit. n. Europa-Archiv 2 (1947), S. 678.
31 Gniffke, Jahre mit Ulbricht, S. 229.
32 Vgl. die Erörterungen in der Parteivorstandstagung vom Mai 1947, ZPA IV 2/1/10.
33 Landesvorsitzender Heinrich Hoffmann in der Sekretariatssitzung des thüringischen Landesvorstands 30.4.1947 über eine Besprechung mit Pieck, Grotewohl und Ulbricht am Vortage; veröffentlicht von Günter Braun, «Regierungsangelegenheiten» in Thüringen im Spannungsfeld von sowjetischer Deutschlandpolitik und SED-Kalkülen 1947, in: Beiträge zur Geschichte der Arbeiterbewegung 34 (1992), S. 67–91, hier S. 79.
34 Vgl. das Protokoll der Sekretariatssitzung vom 30.4.1947, in der

dies bekanntgegeben wurde, ebda. S. 78–91.

35 Dokumente der Sozialistischen Einheitspartei, Bd. 1, S. 162 ff.

36 Besprechung mit Marschall Sokolowski 21. 1. 1947, ZPA NL 36/734, Bl. 282–284.

37 Besprechung vom 31. 1. 1947, wie Anm. 28.

38 Ebda.

39 Franz Dahlem, Zur Frage der Ostgrenze, Neues Deutschland 2. 4. 1947; vgl. auch Leonhard, Revolution, S. 406. Wenn Stalin wirklich, wie Gniffke, Jahre mit Ulbricht, S. 251, aufgrund von Ausführungen Grotewohls berichtet, seiner Festlegung in der Sache hinzugefügt haben sollte, die SED könne «als eine deutsche Partei» in der Agitation in dieser Frage «selbstverständlich einen anderen Standpunkt einnehmen als wir oder die Polen», so hat dies auf die Haltung der SED-Führung jedenfalls keine Auswirkungen mehr gehabt.

40 Besprechung vom 31. 1. 1947, wie Anm. 28.

41 So laut dem von Gniffke notierten Bericht Grotewohls in der gleichen Besprechung; Gniffke, Jahre mit Ulbricht, S. 250.

42 Wie Anm. 28.

43 Stalin laut Grotewohl, wie Anm. 37.

44 Notizen Piecks, wie Anm. 28.

45 Besprechung vom 25. 10. 1946, ZPA NL 36/734, Bl. 218–229.

46 Besprechung vom 31. 1. 1947, wie Anm. 28.

47 Prawda 23. 1. 1947; amerikanische Fassung in Look 4. 2. 1947; deutsch in: Joseph W. Stalin, Werke. Bd. 15: Mai 1945–Oktober 1952, Dortmund 1976, S. 55–59.

48 Walter Bedell Smith, My Three Years in Moscow, Philadelphia 1950, S. 211–215.

49 Stalin, Werke, Bd. 15, S. 62 ff.

50 Wjatscheslaw M. Molotow, Fragen der Außenpolitik. Reden und Erklärungen April 1944–Juni 1948, Moskau 1949, S. 387–451.

51 Europa-Archiv 2(1947), S. 709 ff.; vgl. auch FRUS 1947/II, S. 304 ff.

52 Vgl. u. a. Martina Kessel, Westeuropa und die deutsche Teilung. Englische und französische Deutschlandpolitik auf den Außenministerkonferenzen von 1945 bis 1947, München 1989, S. 188 u. 201–203.

53 Europa-Archiv 2 (1947), S. 714–728; Kessel, Westeuropa, S. 241 f. u. 246.

54 Vgl. Elisabeth Kraus, Ministerien für ganz Deutschland? Der alliierte Kontrollrat und die Frage gesamtdeutscher Zentralverwaltungen, München 1990, S. 308.

55 Europa-Archiv 2(1947), S. 696–699, 709 ff., 716–718; Kessel Westeuropa, S. 243.

56 FRUS 1947, II, S. 278 ff. u. 298 ff.

57 Kessel, Westeuropa, S. 222–235; auch zum folgenden.

58 Peterson an Sargent 26. 3. 1947, ebda. S. 227.

59 Vgl. Backer, Clay, S. 181, 206–208.

60 Molotow, Fragen der Außenpolitik, S. 479–484.

61 Kraus, Ministerien, S. 314.

62 FRUS 1947, II, S. 337–344.

63 ZPA IV 2/1/10, Bl. 12.

64 Europa-Archiv 2(1947), S. 716.

65 OMGUS-Pressemitteilung vom

3. 5. 1947, zit. bei Staritz, Parteien für ganz Deutschland, S. 264.
66 Sergej Tjulpanow, Deutschland nach dem Kriege (1945–1949). Erinnerungen eines Offiziers der Sowjetarmee, Berlin 1986, S. 297.
67 Leonhard, Revolution, S. 408.
68 Aufzeichnung Hübeners vom 3. 6. 1947, veröffentlicht bei Rolf Steininger, Dieser Vorfall bedeutet die Spaltung Deutschlands. Neue Dokumente zur Münchener Ministerpräsidentenkonferenz im Juni 1947, in: Geschichte im Westen 7 (1992), S. 213–230, hier S. 228. Vgl. auch Hübeners Unterredung mit Wilhelm Külz am Abend des 2. 6., notiert bei Wilhelm Külz, Ein Liberaler zwischen Ost und West. Aufzeichnungen 1947–1948, München 1989, S. 85 f.
69 Gniffke, Jahre mit Ulbricht, S. 236–241.
70 Ebda., S. 241.
71 Vgl. ebda. S. 242 sowie das Protokoll der nächtlichen Vorkonferenz bei Rolf Steininger, Zur Geschichte der Münchener Ministerpräsidentenkonferenz 1947, in: Vierteljahrshefte für Zeitgeschichte 23 (1975), S. 375–453.
72 ZPA NL 36/734, Bl. 299–305.
73 Ebda.
74 ZPA IV 2/1/11.
75 Um ein antifaschistisch-demokratisches Deutschland. Dokumente aus den Jahren 1945–1949, Berlin 1958, S. 474 ff.
76 Alexander O. Tschubarjan, Auf dem Weg nach Europa – aus Moskauer Sicht, in: Wolfgang J. Mommsen (Hrsg.), Der lange Weg nach Europa, Berlin 1992, S. 267–302, hier S. 288.
77 Memorandum vom 5. 7. 1947, PRO Cab 129/19; vgl. Loth, Teilung der Welt, S. 181 f.
78 Molotows Reaktion auf das Stalin-Telegramm laut Bevin, zit. bei W. Bedell Smith, My Three Years at Moscow, Philadelphia 1950, S. 198; ebenfalls bezeugt bei Dean Acheson, Present at the Creation, New York 1970, S. 234; die Schlußerklärung in Molotow, Fragen der Außenpolitik, S. 657–659.
79 Gyptner an Pieck 26. 7. 1947, ZPA NL 36/734, Bl. 307.
80 Auswertung der örtlichen Parteiversammlungen, ebda. Bl. 308–310; daraus auch die folgenden Zitate.
81 Bericht über die Kreisparteikonferenzen 16./17. 8. 1947, ZPA NL 36/734, Bl. 316–323.
82 Briefentwurf Ende August/Anfang September 1947, ZPA NL 36/734, Bl. 332–335.
83 ZPA IV 2/1/12, Bl. 171.
84 Wie Anm. 80.
85 Ihre Namen sind auf dem Kopf der ersten Seite handschriftlich notiert.
86 Undatiertes Redemanuskript, in dem auf den «bevorstehenden 2. Parteitag» verwiesen wird, ZPA NL 36/734, Bl. 347–362.
87 Gespräch vom 18. 8. 1947, BA NL Kaiser, Nr. 85.
88 Wie Anm. 84.
89 Wie Anm. 80.
90 So Tulpanow am 11. 7. 1947, wie Anm. 29.
91 Die Welt 6. 12. 1947.
92 Protokoll der Verhandlungen des II. Parteitages der Sozialistischen Einheitspartei Deutschlands, 20. bis 24. September 1947 in der Deutschen Staatsoper zu Berlin,

Berlin 1947, S. 537; vgl. auch ein erläuterndes Rundfunkinterview Grotewohls in: Neues Deutschland 7. 11. 1947.

93 Otto Grotewohl, Im Kampf um Deutschland. Reden und Aufsätze, Bd. II, Berlin 1948, S. 245.

94 Ebda. S. 243.

95 Schreiben an Wilhelm Pieck 25. 11. 1947, veröffentlicht in: Neue Zeit 27. 11. 1947.

96 Vgl. Werner Conze, Jakob Kaiser. Politiker zwischen Ost und West 1945–1949, Stuttgart 1969, S. 182–184.

97 BA NL Kaiser, Nr. 46.

98 Bericht Nuschkes in der Redaktionskonferenz der «Neuen Zeit» 22. 12. 1947, zit. n. Conze, Jakob Kaiser, S. 279.

99 Vgl. Klaus Bender, Deutschland einig Vaterland? Die Volkskongreßbewegung für deutsche Einheit und einen gerechten Frieden in der Deutschlandpolitik der Sozialistischen Einheitspartei Deutschlands, Frankfurt/M. 1992, S. 130–147.

100 FRUS 1947, II, S. 770.

101 Marshall an Lovett 11. 12. 1947, FRUS 1947, II, S. 764 f.

102 So der britische Unterstaatssekretär Orme Sargent am 12. 12. 1947, PRO FO 371/64631/C 16156, zit. n. Kessel, Westeuropa, S. 293.

103 Die Londoner Tagung des Außenministerrates, Berlin o. J. (1948), S. 126.

104 ZPA IV 2/1/19, Bl. 29.

105 Djilas, Gespräche mit Stalin, S. 195.

Kapitel 4

1 Bericht vom 11. 7. 1947, ZPA NL 36/734, Bl. 299–305.

2 Johannes R. Becher, Wir, Volk der Deutschen. Rede auf der 1. Bundeskonferenz des Kulturbundes zur demokratischen Erneuerung Deutschlands, Berlin 1947, S. 80.

3 Tulpanow ebda., wie Anm. 1.

4 Bericht über die örtlichen Parteiversammlungen zur Vorbereitung des 2. Parteitags, Ende Juli 1947, ZPA NL 36/734, Bl. 308–310.

5 Leonhard, Revolution, S. 414.

6 Bericht über die örtlichen Parteiversammlungen, wie Anm. 4.

7 Bericht über die Kreisparteikonferenzen vom 16./17. 8. 1947, ZPA NL 36/734, Bl. 316–323.

8 Ebda.

9 Gniffke, Jahre mit Ulbricht, S. 256.

10 Zur Politik unserer Partei. Diskussionsgrundlage zur Vorbereitung des 2. Parteitages, in: Einheit, Heft 8, August 1947, S. 711 ff.

11 Vgl. seinen Beitrag auf der Parteivorstandstagung vom 22./23. 1. 1947, ZPA IV 2/1/7.

12 Protokoll der Verhandlungen des II. Parteitages, S. 252 ff.

13 Ebda., S. 536.

14 ZPA IV 2/1/15.

15 Vgl. Conze, Jakob Kaiser, S. 197–205.

16 Bericht vom 11. 7. 1947, wie Anm. 1.

17 Gespräch vom 18. 8. 1947, BA NL Kaiser, Nr. 85.

18 Wilhelm Külz, Ein Liberaler zwi-

schen Ost und West. Aufzeichnungen 1947–1948, München 1989, S. 128.

19 Zeugnis Grotewohls gegenüber Gniffke und Lemmer 26.12.1947, zit. n. Gniffke, Jahre mit Ulbricht, S. 273.

20 Ebda., S. 264.

21 So die Formulierung des Kommuniqués, vom «Neuen Deutschland» am 7.10.1947 nach der Übersetzung in der französischen Parteizeitung «L'Humanité» veröffentlicht.

22 Gniffke, Jahre mit Ulbricht, S. 264 f.

23 Gniffke, Jahre mit Ulbricht, S. 271–275.

24 Text in: Diplomatic History 15 (1991), S. 527–537, Zitat S. 537. Zu seiner Entstehung vgl. den Kommentar von Viktor L. Mal'kov, ebda. S. 554–558.

25 Prawda 8.2.1946.

26 Ebda. 7.11.1946.

27 Gniffke, Jahre mit Ulbricht, S. 250.

28 Vgl. Werner G. Hahn, Postwar Soviet Politics. The Fall of Zhdanov and the defeat of moderation, 1946–53, Ithaca/London 1982, S. 85 f.

29 E. Varga, «Sotsializm i kapitalizm za tridtsat' let», in: Mirovoe khoziaistvo i mirovaia politika 10 (1947), S. 4 f.; vgl. Kapitel 1, Anm. 60.

30 Interview mit Alexander Werth 24.9.1946, Interview mit Hugh Baillie 28.10.1946, Interview mit Elliot Roosevelt 21.12.1946, Interview mit Harold Stassen 9.4.1947; Stalin, Werke, Bd. 15, S. 45–59 u. 62–77.

31 Vgl. oben Kapitel 3.2.

32 Gniffke, Jahre mit Ulbricht, S. 250 f.

33 New York Times 4.5.1947. Bei Stalin, Werke, Bd. 15, findet sich S. 62–77 nur die paraphrasierte Fassung.

34 Vgl. Ra'anan, International Policy Formation, S. 125–129.

35 Prawda 27.5.1947.

36 Der Shdanow-Text wurde erstmals veröffentlicht in der Prawda 22.10.1947, deutsch in Tägliche Rundschau 24.10.1947, hier zitiert nach Boris Meissner (Hrsg.), Das Ostpakt-System, Frankfurt/Berlin 1955, S. 89–97; das Malenkow-Referat in: Sa procnyj mir, sa narodnuju demokraciju! 1.12.1947, deutsch in Neue Welt 2 (1947), Nr. 23, S. 23–36, die außenpolitische Passage bei Meissner, ebda. S. 87–89.

37 Dimitri Wolkogonow, Stalin. Triumph und Tragödie, Düsseldorf 1989, S. 718; ders., Stalin, Bd. 2, Moskau 1992, S. 499.

38 Jan Foitzik, Die Bildung des Kominform-Büros 1947 im Lichte neuer Quellen, in: Zeitschrift für Geschichtswissenschaft 40 (1992), S. 1109–1126, hier S. 1120 f.

39 Vgl. Jan Foitzik, Fragen der sowjetischen Außenpolitik nach dem zweiten Weltkrieg, in: Zeitschrift für Geschichtswissenschaft 41 (1993), S. 329–335, der sich diese Version zu eigen macht.

40 Eugenio Reale, Avec Jacques Duclos au banc des accusés, Paris 1958, S. 14.

41 Zitate aus der Übersetzung des Malenkow-Textes bei Foitzik, Fragen, S. 332–335.

42 Meissner, Ostpakt-System, S. 97.

43 Letztere veröffentlicht in der Prawda 5.10.1947, deutsche Übersetzung bei Meissner, Ostpakt-System, S. 97–99.

44 Vgl. Hahn, Postwar Soviet Politics, S. 87–91; und Ra'anan, Policy Formation, S. 68–72.
45 Foitzik, Fragen, S. 333.
46 Meissner, Ostpakt-System, S. 97.
47 Ebda., S. 97 u. 98.
48 Archiv des sowjetischen Außenministeriums, Molotow-Fond, zitiert bei Mal'kow (wie Anm. 24).
49 Times 24. 10. 1947.
50 Meissner, Ostpakt-System, S. 95 f.
51 Ebda. S. 96.
52 So die Formulierung in der «Deklaration», ebda. S. 98.
53 In einem Bericht an ihr Zentralkomitee vom 30. 9. 1947, veröffentlicht bei Vladimir Dedijer, Novi prilozi za biografiju Josipa Broza Tita, Belgrad 1984, S. 275.
54 So der Shdanow-Text, Meissner, Ostpakt-System, S. 91.
55 Ebda. S. 97.
56 Bericht vom 30. 9. 1947, wie Anm. 53. Vgl. auch Reale, Avec Jacques Duclos, S. 176 u. 178.
57 Meissner, Ostpakt-System, S. 92.
58 Foitzik, Fragen, S. 333.
59 Meissner, Ostpakt-System, S. 92.
60 Ebda. S. 91.
61 Ebda. S. 91 bzw. 87.
62 Meissner, Ostpakt-System, S. 92.
63 Külz, Aufzeichnungen, S. 106 (19. 9. 1947).
64 Ebda. S. 128 (28. 11. 1947).
65 So auf der 11. Tagung des Parteivorstands Ende Mai 1947, ZPA IV 2/1/10, Bl. 155 ff.
66 Djilas, Gespräche mit Stalin, S. 195.
67 ZPA IV 2/1/10, Bl. 12.
68 Dokumente der Sozialistischen Einheitspartei Deutschlands, Bd. 1, S. 265.
69 Külz, Aufzeichnungen, S. 137; vgl. Gniffke, Jahre mit Ulbricht, S. 277 f.
70 Dokumente zur Deutschlandpolitik der Sowjetunion, Bd. 1, S. 182; Lucius D. Clay, Decision in Germany, Garden City 1950, S. 355–357.
71 Bevin teilte dies den Außenminister-Kollegen des Brüsseler Paktes am 19. Juli mit; nach dem französischen Protokoll zitiert bei Cyrill Buffet, Mourir pour Berlin. La France et l'Allemagne 1945–1949, Paris 1991, S. 190.
72 ZPA NL 36/695, Bl. 2–29.
73 ZPA IV 2/1/21, Bl. 23.
74 ZPA NL 36/739, Bl. 49 R.
75 Tägliche Rundschau 24. 6. 1948.
76 Bericht Saint-Hardouin an Bidault 8. 7. 1948, zit. n. Buffet, Mourir pour Berlin, S. 185.
77 Note vom 14. 7. 1948, FRUS 1948, II, S. 964.
78 FRUS 1948, II, S. 997.
79 Amerikanisches Protokoll der Unterredung in FRUS 1948, II, S. 999–1006, hier S. 999.
80 Sowjetisches Protokoll, auszugsweise veröffentlicht in Moskowskije Nowosti 18. 5. 1988, hier zitiert nach der deutschen Übersetzung in Neues Deutschland 20. 5. 1988.
81 Ebda.
82 Amerikanisches Protokoll, FRUS 1948, II, S. 1003.
83 Sowjetisches Protokoll.
84 FRUS 1948, II, S. 1006.
85 Walter Bedell Smith, My Three Years in Moscow, Philadelphia 1950, S. 256.
86 Cyrill, Mourir pour Berlin, S. 174.
87 Rolf Steininger, Wie die Teilung Deutschlands verhindert werden sollte – Der Robertson-Plan aus dem Jahre 1948, in: Militärgeschichtliche Mitteilungen 33, 1983, S. 49–89.

88 FRUS 1948, II, S. 1288–1296.

89 Clay, Decision, S. 376; Harry Truman, Years of Trial and Hope, Garden City 1956, S. 126.

90 Im Gespräch mit Bevin und Schuman, FRUS 1948, II, S. 1178.

91 Undatierte Notiz Piecks, ZPA NL 36/735, Bl. 141–143.

92 Aufzeichnungen Piecks 13.9.1948, ebda. Bl. 145–149.

93 Ebda.

Kapitel 5

1 ZPA IV 2/13/110, Bl. 36–39, veröffentlicht bei Günther Glaser, Sicherheits- und militärpolitisches Konzept der SED in der SBZ von 1948, in: Beiträge zur Geschichte der Arbeiterbewegung (34) 1992, S. 56–74, hier S. 66.

2 Ebda. S. 65.

3 Gniffke, Jahre mit Ulbricht, S. 368; vgl. ebda. S. 233, 255, 274–276, 311, 351.

4 So seine Formulierung vor den Mitgliedern des SED-Zentralsekretariats im Sommer 1946, berichtet bei Gniffke, Jahre mit Ulbricht, S. 205.

5 Ebda. S. 223.

6 Um ein antifaschistisch-demokratisches Deutschland. Dokumente aus den Jahren 1945–1949, Berlin 1968, S. 496–498.

7 Gniffke, Jahre mit Ulbricht, S. 310.

8 Leonhard, Revolution, S. 429.

9 Redemanuskript, von Pieck mit der Notiz «8.5.48 Tulpanow» versehen, ZPA NL 36/735, Bl. 54–79, hier 57.

10 Gniffke, Jahre mit Ulbricht, S. 275.

11 Walter Ulbricht, Zur Geschichte der deutschen Arbeiterbewegung, Bd. III: 1946–1950, Zusatzband, Berlin 1971, S. 428.

12 Leonhard, Revolution, S. 427.

13 Um ein antifaschistisch-demokratisches Deutschland, S. 585 f.

14 Besprechung Tulpanow, Nasarow, Grotewohl, Pieck, Dahlem 14.5.1948, ZPA NL 36/735, Bl. 84–90.

15 Vgl. seine Darlegungen im Parteivorstand 11./12.2.1948, Ulbricht, Zur Geschichte, ebda. S. 452.

16 Wie Anm. 9.

17 Leonhard, Revolution, S. 427.

18 So in seinem Vortrag vor den Parteidozenten Mitte April: Ebda. S. 428.

19 Gniffke, Jahre mit Ulbricht, S. 223.

20 Ebda. S. 298.

21 Vgl. Kapitel 4, Anm. 72.

22 Ebda. S. 185.

23 ZPA IV 2/1/23. Bl. 60–74.

24 Ebda. Bl. 74 ff.

25 Parteivorstand 20.3.1948, ZPA IV 2/1/21, Bl. 24.

26 Gespräch mit Gniffke 18.3.1948, Gniffke, Jahre mit Ulbricht, S. 298.

27 Ebda. S. 312 f.

28 So Gniffke, ebda. S. 318.

29 Neues Deutschland 1.7.1948.

30 Dokumente der Sozialistischen Einheitspartei Deutschlands, Bd. II, Berlin 1951, S. 81 f.; vgl. Gniffke, Jahre mit Ulbricht, S. 324 f.

31 Vgl. ihre Separatbesprechung Ende Mai 1948 im Hause Max Fechners, ebda. S. 307f.
32 ZPA IV 2/13/110, Bl. 158–161.
33 Beschluß der Konferenz von Werder, zit. n. Gniffke, Jahre mit Ulbricht, S. 329f.
34 Dokumente der SED, S. 83–88.
35 Ebda. S. 103.
36 Deutschlands Stimme 8. 8. 1948, S. 5.
37 Besprechung vom 16. 8. 1948, ZPA NL 36/735, Bl. 114–116.
38 ZPA IV 2/1/26; vgl. auch Gniffke, Jahre mit Ulbricht, S. 340f.
39 Abkürzung für Allunions (wsjesojusuaja) Kommunistische Partei.
40 Anton Ackermann, Über den einzig möglichen Weg zum Sozialismus, in: Neues Deutschland 24. 9. 1948.
41 Gniffke, Jahre mit Ulbricht, S. 355.
42 Wie Anm. 37.
43 ZPA NL 36/735, Bl. 158–161.
44 Ebda. Bl. 164–172.
45 Ebda. Bl. 106–108.
46 Ebda. Bl. 109–111.
47 Ebda. Bl. 154–157.
48 Ebda. Bl. 141–143.
49 So im Gespräch mit Sokolowski, Semjonow, Kusnezow, Russkich und Tulpanow am 31. 10. 1948, ebda. Bl. 154–157.
50 Besprechung mit Russkich, Russow, Semjonow und Tulpanow am 16. 10. 1948, ebda. Bl. 150–153.
51 Schriftliche Antwort zu vorbereitenden Fragen Stalins für die Besprechung am 18. 12. 1948, ZPA NL 36/695, Bl. 48–58.
52 Notizen für die Besprechungen in Moskau, ebda. Bl. 31–41.
53 Ebda. Bl. 42–47.
54 Das letzte Zitat aus dem Bericht eines sowjetischen Gesprächsteilnehmers an einen hohen SED-Funktionär, der sich 1953 dem Ostbüro der SED anvertraute; Akten des Ostbüros Nr. 0344 I (16. 10. 1953), zit. n. Dietrich Staritz, Geschichte der DDR 1949–1985, Frankfurt/M. 1985, S. 22. Bei Pieck findet sich nur der Vermerk: «Kampf zu offen (Vergleich Teutonen)».
55 T. V. Volokitina: Razrabotka kommunisticeskimi i rabocimi partiami stran central'noj i úgo-vostocnoij evropy programm postroenia osnov socialisma, in: Stroitel'stvo osnov socializma v stranach central'noj i úgo-vostocnoj evropy, Moskau 1989, S. 101–137, Zitat S. 108.
56 In den Notizen für seinen Bericht im Zentralsekretariat am 27. 12. 1948, ZPA NL 36/695, Bl. 75–78; die folgenden Zitate ebda.
57 Auf dem Parteitag der bulgarischen Kommunisten am 19. 12. 1948; deutsche Fassung in Neues Deutschland 5. 1. 1949.
58 Neues Deutschland 30. 12. 1948.
59 Nach seinem Referat auf der Parteivorstandssitzung vom 29./30. 6. 1948 (wie Anm. 29) auch ein Artikel in der «Einheit» vom November 1948, S. 998ff.
60 Vgl. Piecks Ausführungen bei Sokolowski 30. 10. 1948 und bei Stalin 18. 12. 1948, wie Anm. 49 bzw. 52.
61 Protokoll der 1. Parteikonferenz der Sozialistischen Einheitspartei Deutschlands, 25. bis 28. Januar 1949, Berlin 1949, S. 356.
62 ZPA IV 2/1/1.01/107, Bl. 9.

63 Entschließung der 1. Parteikonferenz, ebda. S. 514–531.
64 ZPA IV 2/1/13, Bl. 7f.
65 Nach dem Bericht in: Neues Deutschland 18.2.1949.
66 Wie Anm. 52.
67 ZPA IV 2/1/32.
68 Deutschlands Stimme 27.3.1949.
69 Tägliche Rundschau 5.10.1949.
70 Im neugebildeten Politbüro informierte er noch einmal eingehend über die Organisation der KPdSU: Besprechung vom 28.1.1949, ZPA NL 36/735, Bl. 173–176.
71 Protokoll der 1. Parteikonferenz, S. 334f.
72 Besprechung vom 5.6.1948, ZPA NL 36/735, Bl. 99–105.
73 So die Ausführungen zur «Lage in der Zone» im Gespräch mit Sokolowski 30.10.1948, wie Anm. 49.
74 So Adenauer, Schumacher und Karl Arnold im Gespräch mit Bevin im Mai 1949, FRUS 1949, II, S. 871.
75 Wilhelm Pieck, Lehren der Parteikonferenz, in: Einheit 4 (1949), S. 193ff.
76 Vgl. die Rekonstruktion der Jessup-Malik-Gespräche bei Buffet, Mourir pour Berlin, S. 251–255.
77 Nach einem Bericht Grotewohls im Politbüro 23.5.1949, ZPA NL 36/695, Bl. 91f. u. 102.
78 Besprechung vom 10.6.1948, ZPA NL 36/735, Bl. 106–108.
79 ZPA NL 36/695, Bl. 79–85 u. 93–99.
80 Schlußkommuniqué in: Um ein antifaschistisch-demokratisches Deutschland, S. 756–758.
81 Besprechung vom 19.7.1949 («bei mir im Büro»), ZPA NL 36/735, Bl. 204–213.
82 ZPA NL 36/695, Bl. 88–90 u. 101.
83 Deutschlands Stimme 3.6.1949.
84 Besprechung vom 18.5.1949, laut Aufzeichnung Piecks vom 23.5.1949, wie Anm. 77.
85 Laut Piecks Notizen Ende Juli zum Diskussionsverlauf seit Anfang Mai, ZPA NL 36/695, Bl. 86f. u. 100.
86 Wie Anm. 81. Auch Piecks Notizen zum Diskussionsverlauf (wie Anm. 85) verweisen auf die Notwendigkeit, sich gegenüber der SMAD rechtfertigen zu müssen.
87 Entschließung des Parteivorstands vom 24.8.1949, Dokumente der SED, Bd. II, S. 294.
88 So im Gespräch mit Tulpanow 28.6.1949, ZPA NL 36/735, Bl. 184–187.
89 Notizen für die Unterredung mit Molotow, wie Anm. 79.
90 Aufzeichnungen vom 23.5.1949, wie Anm. 82.
91 Pieck hielt das für völlig nutzlos: «Pariser Konferenz kein Grund zu dieser Eile», so ebda.
92 Wie Anm. 81.
93 Siegfried Suckut (Hrsg.), Blockpolitik in der SBZ/DDR 1945–1949. Die Sitzungsprotokolle des Zentralen Einheitsfront-Ausschusses, Köln 1986, S. 435.
94 ZPA NL 90/643, Bl. 94.
95 Archiv des sowjetischen Außenministeriums 82/36/182/4, Bl. 83–86, berichtet bei Jochen Laufer, Die SED und die Wahlen (1948–1950). Untersuchungen zu den politischen Entscheidungsprozessen, in: Elke Scherstjanoi (Hrsg.), «Provisorium für längstens ein Jahr». Die Gründung der

DDR, Berlin 1993, S. 101–124, hier S. 106.

96 ZPA NL 36/767, Bl. 103.

97 ZPA NL 36/768, Bl. 1., sowie 766, Bl. 134f.

98 Disposition Piecks «Zur Einleitung der Besprechung», ZPA NL 36/695, Bl. 108–116. Pieck hat diese Argumente nicht selbst vorgetragen, da er vom 18. bis 26. September das Bett hüten mußte. Infolgedessen ist auch das genaue Datum der Unterredung nicht übermittelt.

99 Ebda. Bl. 103.

100 Vorschläge des Politbüros an den PV (der SED) zur Bildung einer Provisorischen Regierung der Deutschen Demokratischen Republik (dem Parteivorstand am 4. 10. 1949 vorgelegt), ZPA NL 36/735, Bl. 339–342.

101 Tägliche Rundschau 8. 10. 1949.

102 ZPA IV 2/1/38, Bl. 76.

Kapitel 6

1 Neues Deutschland 14. 10. 1949.

2 Dokumente zur Deutschlandpolitik der Sowjetunion, Bd. 1, Berlin 1957, S. 237f.

3 G. M. Malenkow, Tovarishch Stalin – Vozhd' progressivnogo chelovechestva, in: Prawda 21. 12. 1949.

4 Zitiert bei Alexei M. Filitov, Soviet policy in Germany in 1950–1955, Papier zur Konferenz «New Evidence on the History of the Cold War», Moskau, Januar 1993.

5 Situationsbericht aus bürgerlichen Parteien 7. 6. 1949, vorgelegt von der Abteilung Massenorganisation beim SED-Parteivorstand, ZPA NL 36/720.

6 Vgl. Siegfried Suckut, Innenpolitische Aspekte der DDR-Gründung. Konzeptionelle Differenzen, Legitimations- und Akzeptanzprobleme, in: Elke Scherstjanoi (Hrsg.), «Provisorium für längstens ein Jahr». Die Gründung der DDR, Berlin 1993, S. 84–101.

7 Besprechung mit Semjonow 24. 6. 1948, ZPA NL 36/735, Bl. 109–111.

8 Ebda. 695, Bl. 42–47.

9 Archiv des sowjetischen Außenministeriums 82/36/182/3, Bl. 29–33, berichtet bei Jochen Laufer, Die SED und die Wahlen (1948–1950). Untersuchungen zu den politischen Entscheidungsprozessen, in: Scherstjanoi, Provisorium, S. 101–124, hier S. 105.

10 Ebda. 82/36/182/4, Bl. 83–86, berichtet bei Laufer, S. 106.

11 Rededisposition Piecks für die Besprechung mit Stalin, ZPA NL 36/695, Bl. 108–116.

12 Vorschläge des Politbüros an den Parteivorstand, ebda. 735, Bl. 339–342.

13 Wie Anm. 11.

14 Aktennotiz über «geführte Gespräche v. WP. zur Regierungsbildung», ZPA NL 36/715, Bl. 62ff.

15 So Otto Nuschke am 9. 10. 1949 vor den CDU-Kreisvorsitzenden, zitiert nach Siegfried Suckut

(Hrsg.), Blockpolitik in der SBZ/DDR 1945–1949. Die Sitzungsprotokolle des zentralen Einheitsfront-Ausschusses, Köln 1986, S. 522.

16 Protokoll der CDU-Hauptvorstandssitzung 5. 10. 1949, BAK NL Kaiser 8.

17 Sitzungsprotokoll zitiert bei Siegfried Suckut, Die Entscheidung zur Gründung der DDR, in: Vierteljahrshefte für Zeitgeschichte 39 (1991), S. 125–175, hier S. 131–133.

18 Ebda. S. 134 u. 144.

19 Besprechung bei Tschuikow 23. 1. 1950, ZPA NL 36/736, Bl. 35–41.

20 Besprechung bei Tschuikow 7. 3. 1950, ZPA NL 36/736, Bl. 65–68.

21 Mitteilung in der Besprechung vom 23. 1. 1950, wie Anm. 19.

22 Jedenfalls nach Piecks Gesprächsaufzeichnungen: ZPA NL 36/722, Bl. 247–249. In einem «Kurzen Bericht über die Besprechungen der Vorsitzenden der 5 Parteien...» vom 13. 4. 1950 (ebda. 719, Bl. 183–185) heißt es allerdings, Kastner habe sich noch nicht festlegen wollen.

23 Sitzung vom 6. 7. 1950, BAP Z 3/10, zitiert bei Suckut, Entscheidung, S. 136f.

24 «Richtlinien über die Fertigstellung von Vorlagen...» und «Richtlinien für die Arbeit und den Aufbau der Parteiorganisation im Regierungsapparat...», Protokoll Nr. 57 der Sitzung des Kleinen Sekretariats 17. 10. 1949, Bl. 26 bis 28 u. 23–24, ermittelt von Suckut, Innenpolitische Aspekte, S. 91 f.

25 Vgl. Jochen Laufer, Das Ministerium für Staatssicherheit und die Wahlfälschungen bei den ersten Wahlen in der DDR, in: Aus Politik und Zeitgeschichte B 5/91, 25. 1. 1991, S. 17–30.

26 ZPA IV/2/1/37, veröffentlicht bei Suckut, Entscheidung, S. 146–169, hier S. 161.

27 Undatierte Aufzeichnung Piecks (November 1949), ZPA NL 36/695, Bl. 104–107.

28 ZPA NL 36/736, Bl. 56–59.

29 Notizen zur Unterredung vom 4. 5. 1950, ZPA NL 36/696, Bl. 2–11.

30 Aufzeichnung Piecks November 1949, wie Anm. 27.

31 Neues Deutschland 23. 7. 1950.

32 Bericht Semjonows 24. 1. 1950, ZPA NL 36/736, Bl. 42–49.

33 Unterredung mit Pieck und Grotewohl 7. 3. 1950, wie Anm. 20.

34 Zum Zweck der Reise vom 2. bis 6. 5. 1950 vgl. Tschuikows Mitteilungen ebda.

35 Wie Anm. 29.

36 Interner Beschluß des Politbüros der SED 2. 6. 1950, ZPA NL 36/556, Bl. 174. – Eine Mitschrift der Unterredung hat Pieck diesmal nicht angefertigt, offensichtlich weil er wieder Gesundheitsprobleme hatte.

37 Ebda.

38 Dokumente der SED, Bd. III, Berlin 1952, S. 90f.

39 Parteivorstand 2./3. 6. 1950, ZPA IV 2/1/41, Bl. 212.

40 ZPA NL 36/736, Bl. 175–177.

41 So die Formulierungen im Neuen Deutschland 21. 7. 1950.

42 Stellungnahme 13. 3. 1951, ZPA IV 2/1/47, Bl. 9.

43 Text u. a. in: Neues Deutschland 22. 10. 1950.
44 Am 28. 11. 1950 übermittelte Ulbricht Grotewohl «den Brief, der heute vereinbart wurde» mit der Bemerkung «Es ist möglich, daß die Freunde noch Änderungen vorschlagen.» ZPA NL 182/378.
45 Neues Deutschland 16. 11. 1950.
46 Veröffentlicht in: Neues Deutschland 5. 12. 1950.
47 Neues Deutschland 9. 3. 1950.
48 Neues Deutschland 5. 8. 1950.
49 ZK-Tagung 26./27. 10. 1950, ZPA IV 2/1/45, Bl. 247, 44 u. 175.
50 Vgl. Europa-Archiv 5 (1950), S. 2931.
51 Neues Deutschland 31. 1. 1951.
52 Wie Anm. 49.
53 ZPA NL 36/736, Bl. 226–229.
54 Beide Zeugnisse aus Anlaß einer im Frühjahr 1970 geführten öffentlichen Diskussion über Stalins Versuch, Togliatti auf den Posten eines Kominform-Generalsekretärs abzuschieben; dokumentiert in: Osteuropa 20 (1970), S. A 703–318; zum Kontext Helmut König, Der Konflikt zwischen Stalin und Togliatti um die Jahreswende 1950/51, ebda. S. 699 bis 706.
55 Krushchev Remembers. The Glasnost Tapes, Boston 1990, S. 100f.; ähnlich ebda. S. 69.
56 Karel Kaplan, Dans les archives du Comité central, Paris 1978, S. 163.
57 ZPA NL 36/736, Bl. 233–236.
58 Stalin, Werke, Bd. 15, S. 134f.
59 Neues Deutschland 5. 5. 1951.
60 So seine Erklärung im Neuen Deutschland 16. 6. 1951.
61 Unterredung vom 4. 4. 1951, wie Anm. 57.
62 ZPA NL 36/736, Bl. 246–248. Es ist vielleicht kein Zufall, daß Ulbricht bei dieser nüchternen Bestandsaufnahme nicht zugegen war.
63 Besprechung in Karlshorst 30. 7. 1951, ZPA NL 36/736, Bl. 268–271.
64 Nach weiteren Sammlungsbemühungen gab der «Hauptausschuß für Volksbefragung» dann im April 1952 an, daß «etwa sechs Millionen» Westdeutsche an der Abstimmung teilgenommen hätten. – Neues Deutschland 10. 4. 1952.
65 Wie Anm. 63.
66 Dies geht aus einem Schreiben des Leiters der 3. Europäischen Abteilung des sowjetischen Außenministeriums, M. Gribanow, an Außenminister Wyschinski vom 15. 8. 1951 hervor, das Gerhard Wettig ermittelt hat: Die Deutschland-Note vom 10. März 1952 auf der Basis der diplomatischen Akten des russischen Außenministeriums, in: Deutschland-Archiv 26 (1993), S. 786–805, hier S. 792f.; Hinweise auf den Entscheidungsprozeß bis zur Zustimmung Stalins ebda. S. 796.
67 Europa-Archiv 6 (1951), S. 4398.
68 Ebda. S. 4404.
69 Neues Deutschland 11. 10. 1951.
70 Besprechung vom 1. 11. 1951, ZPA NL 36/736. Bl. 283–286.
71 Neues Deutschland 4. 11. 1951.
72 So explizit Gribanow an Wyschinski 15. 8. 1951, wie Anm. 66.
73 Wie Anm. 70.
74 Mitteilung Lemmers an den Berliner Repräsentanten der US-Hochkommission 29. 10. 1951, ermittelt

von Hermann Graml, Die Legende von der verpaßten Gelegenheit, in: Vierteljahrshefte für Zeitgeschichte 29 (1981), S. 307–341. Vgl. auch Hans-Peter Schwarz, Adenauer. Der Aufstieg 1875–1952, Stuttgart 1986, S. 882.

75 Wie Anm. 73.

76 Entwurf in: Neues Deutschland 3. 1. 1952.

77 Vgl. Wettig, wie Anm. 66, S. 796 f.

78 Text der Note vom 10. 3. 1952 u. a. in Europa-Archiv 7 (1952), S. 4805.

79 Daniil Melnikow, Illusionen oder eine verpaßte Chance? Zur sowjetischen Deutschlandpolitik 1945–1952, in: Osteuropa 41 (1991), S. 593–601, hier S. 599.

80 Referiert bei Wettig, wie Anm. 66, S. 793–795.

81 ZPA NL 36/736, Bl. 298–300.

82 Text u. a. in Europa-Archiv 7 (1952), S. 4866 f.

83 Vgl. Martin Jänicke, Der dritte Weg. Die antistalinistische Opposition gegen Ulbricht seit 1953, Köln 1964, S. 228.

84 Zit. n. Wettig, wie Anm. 66, S. 798 f.

85 Vgl. unten S. 185 f.

86 Wettig, wie Anm. 66, S. 800.

87 «Plan der Besprechung am 1. 4. 1952», ZPA NL 36/696, Bl. 12–15.

88 So das Zeugnis des italienischen Botschafters in Moskau, Mario di Stefano, den Nenni unmittelbar nach dem Gespräch mit Stalin aufsuchte; ermittelt von Rolf Steininger, Deutsche Geschichte 1945 bis 1961, Frankfurt/M. 1983, S. 410. Zweifel an der Authentizität der Äußerung, die sich aus einem Bericht von George F. Kennan über ein anschließendes Gespräch mit di Stefano ergeben, in dem sie fehlt (veröffentlicht bei Hermann-Josef Rupieper, Zu den sowjetischen Deutschlandnoten 1952. Das Gespräch Stalin – Nenni, in: Vierteljahrshefte für Zeitgeschichte 33 [1985], S. 547–557), lassen sich durch ein Interview ausräumen, das Nenni wenige Wochen später dem britischen Labour-Abgeordneten Richard Crossman gab: Danach hatte «Nenni den festen Eindruck gewonnen, daß die erste russische Note ein ernstes Angebot gewesen sei». Veröffentlicht in The New Statesman and Nation 20. 9. 1952. Das Datum der Unterredung laut Pietro Nenni, Tempo di guerra fredda. Diari 1923–1956, Milano 1981, S. 534.

89 Wie Anm. 79.

90 So Kennan über den Bericht di Stefanos 25. 7. 1952 (wie Anm. 88); bestätigt bei Harrison E. Salisbury, Moscow Journal, Chicago 1962, S. 272 f.; in einem Interview Nennis in der New York Times 16. 3. 1963; sowie in seinem Tagebuch, aus dem auch der Zeitpunkt der Gespräche mit Grotewohl und Pieck hervorgeht: Nenni, Tempo, S. 531.

91 ZPA J IV 2/202/4; zusammen mit weiteren gleichlautenden Zeugnissen zitiert bei Michael Lemke, Die DDR und die deutsche Frage 1949–1955, in: Wilfried Loth (Hrsg.), Die deutsche Frage in der Nachkriegszeit, Berlin 1994. Vgl. auch ein gleichlautendes Dokument aus dem MfS-Bestand,

veröffentlicht in: Neue Zeit 23.4.1993.

92 Neues Deutschland 10.6.1960.

93 ZPA J IV 2/2-204.

94 Plan der Besprechung 1.4.1952, wie Anm. 87.

95 Wie Anm. 74.

96 Wie Anm. 35.

97 Wie Anm. 91.

98 Neue Welt, Heft 8/1952, S. 4.

99 Notizen des Sekretariats des ZK der SED über Gedanken Ulbrichts, Januar 1952, ZPA NL 182/870, Bl. 39.

100 Konferenz der SED-Kreissekretäre 21./22.11.1951, Neue Welt, Heft 1/1952, S. 6.

101 So die Formulierungen im Kommentar des Neuen Deutschland zur sowjetischen Note am 12.3.1952.

102 Bericht des Dertinger-Mitarbeiters Gerold Rummler nach seiner Flucht Mitte April 1952, auf der Grundlage eines Gesprächs mit dem Außenminister im Anschluß an den Besuch Puschkins, HICOG-Berlin an Secretary of State 26.4.1952, veröffentlicht bei Rupieper, wie Anm. 88, S. 556f.

103 Wie Anm. 87.

104 ZPA NL 36/696, Bl. 26–29.

105 Neues Deutschland 28.3.1952.

106 So das Neue Deutschland 17.4.1952.

107 Wie Anm. 88; 1. Zitat aus dem Bericht di Stefanos, 2. Zitat aus dem Bericht Crossmans.

108 ZPA NL 36/654, Bl. 1–6.

109 Wie Anm. 87 u. 104.

110 Bericht de Stefanos, wie Anm. 88.

111 Wie Anm. 87 u. 104.

112 Notizen zur Vorbereitung der 2. Parteikonferenz, o. D., ZPA NL 36/696, Bl. 32–37.

113 Plan zur weiteren Vorbereitung der 2. Parteikonferenz 11.4.1952, ZPA NL 90/699, Bl. 11–19.

114 Besprechung bei Tschuikow 7.5.1952, ZPA NL 36/736, Bl. 312–314.

115 Beschluß der 8. Tagung des Zentralkomitees am 22.2.1952, Protokollband S. 10f.

116 ZPA J IV 2/3/294.

117 ZPA J IV 2/2/217.

118 ZPA J IV 2/2/218.

119 Ebda. Bl. 36ff., veröffentlicht bei Dietrich Staritz, Die SED, Stalin und der «Aufbau des Sozialismus», in: Deutschland-Archiv 24 (1991), S. 686–700, hier S. 698f.

120 Wie Anm. 104.

121 Im Rahmen der Skizze «Ökonomische Probleme des Sozialismus», zit. n. Stalin, Werke, Bd. 15, S. 285f.

122 Bericht di Stefanos, wie Anm. 88.

123 Stalin, Werke, Bd. 15, S. 167.

124 So die Angabe in einem Beschluß des Präsidiums des sowjetischen Ministerrats vom 27.5.1953, ZPA NL 90/699, Bl. 27–33; vgl. unten Kapitel 7, Anm. 27.

125 ZPA IV 2/1/55, Bl. 1–10.

126 Protokoll der Verhandlungen der II. Parteikonferenz der Sozialistischen Einheitspartei Deutschlands. 9.–12. Juli 1952, Berlin 1952, S. 58.

127 Ebda. S. 7f.

128 Tägliche Rundschau 7.10.1952.

129 Akten des Ostbüros der SPD, Nr. 0347, referiert bei Dietrich Staritz, Geschichte der DDR 1949–1985, Frankfurt/M. 1985, S. 75f.

130 Bericht Kennans, wie Anm. 88.
131 Bericht di Stefanos (1. und 3. Zitat) sowie Bericht Crossmans (2. Zitat), wie Anm. 88.
132 Protokoll der Verhandlungen der II. Parteikonferenz, S. 490; Dokumente der SED, Bd. 4, Berlin 1954, S. 190.
133 Unterredung vom 20. 10. 1952, ZPA NL 36/736, Bl. 327–329.
134 So seine Ausführungen im Politbüro 6. 6. 1953, ZPA J IV 2/2/287, Bl. 31.
135 Stalin, Werke, Bd. 15, S. 189f.

Kapitel 7

1 Neues Deutschland 10. 7. 1952.
2 ZPA NL 36/696, Bl. 27–29.
3 Protokoll S. 160.
4 Neues Deutschland 14. 1. 1953.
5 Vgl. Helmut Müller-Enbergs, Der Fall Rudolf Herrnstadt. Tauwetterpolitik vor dem 17. Juni, Berlin 1991, S. 164.
6 Heinz Brandt, Die sowjetische Deutschlandpolitik im Frühsommer 1953 aus der Sicht fortschrittlicher Kräfte in der SED, in: Osteuropa 15 (1965), S. 369–377, hier S. 371.
7 Heinz Lippmann, Der 17. Juni im Zentralkomitee der SED, in: Aus Politik und Zeitgeschichte 13. 6. 1956, S. 374; Rolf Stöckigt, Ein forcierter stalinistischer Kurs führte 1953 in die Krise, in: Berliner Zeitung 8. 3. 1990.
8 ZPA NL 36/736, Bl. 342–348.
9 ZPA IV 2/1/247, veröffentlicht bei Otto Grotewohl, Im Kampf um die einige Deutsche Demokratische Republik, Bd. 3, Berlin 1959, S. 362.
10 Bruno Leuschner, der Leiter der Kommission für Wirtschaftsplanung, war daraufhin ganz verstört; vgl. das Zeugnis seines Mitarbeiters Fritz Schenk, Im Vorzimmer der Diktatur. Zwölf Jahre Pankow, Köln/Berlin 1962, S. 182f.
11 Nach Arnulf Baring, Der 17. Juni 1953, Köln/Berlin 1965, S. 37.
12 Schenk, Vorzimmer, S. 185.
13 Dokumente der Sozialistischen Einheitspartei Deutschlands, Bd. IV, Berlin 1954, S. 410ff.; Gesetzblatt der DDR 1953, S. 781.
14 Walter Ulbricht, Karl Marx – der größte Sohn der deutschen Nation, in: Neues Deutschland 7. 5. 1953.
15 Folgt man Erich Honecker, so war dies eine Präventivmaßnahme, um möglichen Druck von Ulbricht selbst abzuwenden: «Es ging, wie in Ungarn und in der CSSR, um den Slansky-Prozeß. Es ging dabei praktisch um die Person Walter Ulbrichts. Es bestand die Gefahr, daß, wie die anderen Generalsekretäre, auch Walter Ulbricht in diesen Prozeß einbezogen werden sollte. Wir haben das zum Glück abgewehrt.» Reinhold Andert/Wolfgang Herzberg, Der Sturz. Erich Honecker im Kreuzverhör, Berlin 1990, S. 231.
16 Vgl. James Richter, Reexamining Soviet Policy Towards Germany during the Beria Interregnum,

CWIHP Working Paper No. 3 (Fall 1992).

17 Zitiert bei Lew Besymenski, 1953 – Berija will die DDR beseitigen, in: Die Zeit 15. 10. 1993, S. 81–83.

18 Die beiden Antworten des Informationskomitees erfolgten am 21. Mai bzw. 5. Juni 1953; mitgeteilt bei Vladislav M. Zubok, Soviet Intelligence and the Cold War: The «Small» Committee for Information, CWIHP Working Paper No. 4 (December 1992). Vgl. auch Falin, Erinnerungen, S. 314f.

19 Wie Anm. 17.

20 Chruschtschow vor dem ZK-Plenum der KPdSU am 31. 1. 1955; Molotow in einem Gespräch mit dem Schriftsteller Felix Tschujew nach 1969: Sto sorok besed s Molotowym: Iz dnewnika F. Tschujewa, Moskau 1991, S. 332–336.

21 Das ergibt sich aus der Aktendurchsicht von James Richter (wie Anm. 16) und dem Zeugnis von Pawel Sudoplatow (wie Anm. 17).

22 Nach Andrej Gromyko, Memories, London 1989, S. 315.

23 Der Fall Berija. Protokoll einer Abrechnung. Das Plenum des ZK der KPdSU Juli 1953, Stenographischer Bericht, Berlin 1993, S. 78 bzw. 66. Angesichts der Vorgeschichte und des Zeugnisses von Pawel Sudoplatow (Anm. 17) sind die Ausführungen Molotows und Chruschtschows in dieser Hinsicht durchaus glaubwürdig.

24 Eine erste, offensichtlich noch in Moskau gefertigte Übersetzung des Beschlußtextes findet sich im Nachlaß Grotewohl, ZPA NL 90/699, Bl. 27–33, veröffentlicht in: Beiträge zur Geschichte der Arbeiterbewegung 32 (1990), S. 651 bis 654. Eine stilistisch überarbeitete Fassung, die vermutlich von Fred Oelßner angefertigt wurde (Herrnstadt zitiert am 3. 6. 1953 daraus), wurde ohne Quellenangabe von Peter Przybylski veröffentlicht: Tatort Politbüro. Die Akte Honecker, Berlin 1991, S. 241 bis 248. Vgl. die quellenkritischen Bemerkungen bei Elke Scherstjanoi, «Wollen wir den Sozialismus?» Dokumente aus der Sitzung des Politbüros des ZK der SED am 6. Juni 1953, in: Beiträge zur Geschichte der Arbeiterbewegung 33 (1991), S. 658–680.

25 Fall Berija S. 66, 77, 79, 257f.; Gromyko, Memories, S. 316.

26 Bulganin berichtet von einer Unterredung mit Berija am Tag nach der Präsidiumssitzung (Fall Berija, S. 101); Molotow erwähnt in den 70er Jahren die Einsetzung einer Kommission, die dann nach weiteren informellen Gesprächen aber gar nicht mehr zusammengetreten sei (Sto sorek, S. 334).

27 Nach seiner Angabe vor dem ZK-Plenum, die insofern glaubwürdig ist, als die Präsidiumskollegen zugegen waren; Fall Berija, S. 79.

28 So die Formulierung von Bulganin, Fall Berija, S. 101; ähnlich Gromyko, Memories, S. 316. Molotow macht in seinem Erinnerungsbericht der 70er Jahre (wie Anm. 20) aus der Beschlußvorlage Berijas eine eigene Vorlage und behauptet, es sei ihm mit Hilfe Chruschtschows gelungen, die von Berija verlangte Streichung des Wortes «Forcierung» abzuwehren.

29 In der BzG-Veröffentlichung (wie Anm. 27) heißt es irrtümlich: «Verteidigung» (S. 654).
30 Sto sorek (wie Anm. 20), S. 332.
31 ZPA NL 90/699, Bl. 33 ff.
32 So Oelßners Bericht vor der Sitzung des SED-Politbüros am 6.6.1953, nach der Erinnerung von Herrnstadt 1956: Rudolf Herrnstadt, Das Herrnstadt-Dokument. Das Politbüro der SED und die Geschichte des 17. Juni 1953, Reinbek 1990, S. 58 f. Grotewohl notierte als Berijas Äußerung: «Das Dokument könnt ihr wieder mitnehmen» und dazu eine Begründung durch Kaganowitsch: «Unser Dokument ist Wendung, euer ist Reform»; ZPA NL 90/699. Chruschtschow, der an den Beratungen teilnahm, berichtete im Juli vor dem ZK-Plenum, daß «Berija den Genossen Ulbricht und andere deutsche Genossen derart anschrie, daß es schon peinlich war»; Fall Berija, S. 67.
33 ZPA NL 90/699.
34 Herrnstadt-Dokument, S. 59.
35 Handschriftliche Notiz Grotewohls, Anlage zum Protokoll 33/35, ZPA NL 90/699.
36 Tägliche Rundschau 13.6.1953.
37 Gegenüber Lew Besymenski (wie Anm. 17).
38 ZPA NL 90/699.
39 Vgl. die Mitschrift Grotewohls ebda. Die Zitate aus dem Nachlaß Oelßner (ZPA NL 215/111) und den Aufzeichnungen Herrnstadts (Herrnstadt-Dokument S. 64).
40 Mitschrift Grotewohls ebda. Nach Heinz Brandt erklärte Semjonow maliziös: «Wir möchten dem Genossen Ulbricht raten, seinen 60. Geburtstag so zu feiern wie der Genosse Lenin seinen 50.» – das heißt im kleinen Kreis; Heinz Brandt, Ein Traum, der nicht entführbar ist. Ein Weg zwischen Ost und West, München 1967, S. 214 f.
41 Nach einer Information im SBZ-Archiv 4 (1953), S. 200.
42 ZPA NL 90/699.
43 Herrnstadt-Dokument, S. 65.
44 Beschlußprotokoll in ZPA J IV 2/2-287.
45 Herrnstadt-Dokument, S. 78 f.
46 Hermann Zolling/Heinz Höhne, Pullach intern. General Gehlen und die Geschichte des Bundesnachrichtendienstes, Hamburg 1971, S. 134.
47 Nach Der Spiegel 7 (1953), Nr. 26, S. 7.
48 Vgl. Hermann Osten, Die Deutschlandpolitik der Sowjetunion in den Jahren 1952/53, in: Osteuropa 14 (1964), S. 1–13, hier S. 6 f.
49 Zitiert wird nach der Fassung in ZPA IV 2/4/391. Nach Herrnstadts Ausführungen auf der ZK-Tagung vom 24. bis 26. Juli 1953 (ZPA IV/2/1/247) ist dies wohl bereits die redaktionell überarbeitete Fassung, die er nach der Sitzung auftragsgemäß für die nächste Zusammenkunft des Politbüros anfertigte. Zu dieser vgl. unten Anm. 75.
50 Heinz Lippmann, Honecker. Porträt eines Nachfolgers. Köln 1971, S. 161.
51 Vgl. das von Herrnstadt formulierte Kommuniqué des Politbüros im Neuen Deutschland vom 11.6.1953.
52 Herrnstadt-Dokument S. 83. Nach

Molotows späteren Angaben war «Berija der erste, der rief: ‹Sofort handeln, rücksichtslos, ohne Verzug!›» (wie Anm. 17).

53 Zum Ausmaß der Unruhen und Verhaftungen vgl. Armin Mitter, Die Ereignisse im Juni und Juli 1953 in der DDR, in: Aus Politik und Zeitgeschichte B 5/91, 25. 1. 1991, S. 31–41; ders./Stefan Wolle, Untergang auf Raten. Unbekannte Kapitel der DDR-Geschichte, München 1993.

54 Zeugnis Sudoplatows (wie Anm. 17). Vgl. a. Falin, S. 316.

55 Neues Deutschland 18. u. 19. 6. 1953.

56 ZPA IV 2/1/246.

57 Von Else Zaisser gefertigte Abschrift einer Rededisposition Wilhelm Zaissers in ZPA J IV 2/202/4, veröffentlicht bei Wilfriede Otto, Dokumente zur Auseinandersetzung in der SED 1953, in: Beiträge zur Geschichte der Arbeiterbewegung 32 (1990), S. 655–672, hier S. 669 f.

58 Herrnstadt-Dokument S. 105; zu den Anträgen Zaissers auch die Ausführungen Zaissers und Herrnstadts auf der ZK-Tagung vom 24.–26. 7. 1953, ZPA IV 2/1/247.

59 Herrnstadt-Dokument ebda.

60 ZPA IV 2/4/391, veröffentlicht bei Otto (wie Anm. 56), S. 658 f.

61 So informierten ihn Grotewohl, Ulbricht und Oelßner im Anschluß an ihre Unterredungen mit der KPdSU-Führung am 4. Juni; Przybylski, Tatort Politbüro, S. 240.

62 Neues Deutschland 28. 6., 2. u. 3. 7. 1953.

63 Krushchev Remembers. The Glasnost Tapes, S. 165; zu Stalins Verhalten gegenüber Politbüromitgliedern generell, ebda. S. 72 f.

64 Vgl. seine Ausführungen ebda. S. 99 u. 162; dazu passend sein Verratsvorwurf an die Adresse Berijas, Fall Berija, S. 66.

65 Berija in der Präsidiumssitzung vom 27. Mai laut Molotow, Sto sorek, S. 334.

66 So die Formulierung im Beschluß des ZK-Plenums der KPdSU vom 7. Juli 1953 «Über die verbrecherische partei- und staatsfeindliche Tätigkeit Berijas», Fall Berija, S. 335.

67 Ebda. S. 36.

68 Ebda. S. 80.

69 Ebda. S. 323.

70 Bericht Zaissers auf der ZK-Tagung 24.–26. 7. 1953, ZPA IV 2/1/247.

71 Belegt durch eine Äußerung Miroschnitschenkos gegen Schluß der Sitzung, vgl. unten Anm. 74.

72 Herrnstadt vermutete im nachhinein, daß es Ulbricht gelungen sei, sich bei Semjonow Rückendekkung zu verschaffen (Herrnstadt-Dokument S. 113). In dieser Eindeutigkeit dürfte das aber bei der Kombination von Vorsicht und Demokratie-Orientierung, die Semjonow sonst auszeichnete, nicht zutreffen.

73 Bericht Zaissers, wie Anm. 70.

74 Herrnstadt-Dokument S. 114 ff.

75 Ebda. S. 122.

76 Herrnstadt-Dokument S. 124; diverse Zeugnisse auf der ZK-Sitzung vom 24.–26. 7. 1953, ZPA IV 2/1/247.

77 Herrnstadt-Dokument S. 128.

78 Ebda. S. 133 ff.; Zeugnis von Else Zaisser (wie Anm. 57), S. 671.

79 Zit. n. Müller-Enbergs, Fall Herrnstadt, S. 249. Ebda. S. 249–258 ausführliche Zitate aus Oelßners Sitzungsmitschriften in ZPA NL 215/111.
80 Ebda. S. 253.
81 Neues Deutschland 30.6.1953; die Mitteilung über seine Verhaftung ebda. 15.7.1953.
82 Protokoll in ZPA IV 2/1/247 ausführlich referiert bei Müller-Enbergs, Fall Herrnstadt, S. 262 bis 309.
83 Herrnstadt-Dokument, S. 157, 181 u. 274.
84 Herrnstadt-Dokument, S. 163.
85 Dokumente der Sozialistischen Einheitspartei Deutschlands, Bd. IV, Berlin 1954, S. 467.
86 Ebda. S. 453 f.
87 Neues Deutschland 22.6.1953.
88 Mitter, Ereignisse, S. 40.
89 Nach Joachim Schultz, Der Funktionär in der Einheitspartei, Stuttgart/Düsseldorf 1956, S. 251.
90 Beispiele bei Mitter, ebda.
91 Europa-Archiv 8 (1953), S. 5951–5953.
92 Teilprotokoll der Verhandlungen in ZPA NL 90/471, Zitat Bl. 106.
93 Kommuniqué und Protokoll in Europa-Archiv 8 (1953), S. 5973 ff.
94 Unterredung mit Eden am Abend des 2.2.1954, dokumentiert in einem Bericht Dulles' vom 3.2.1954, veröffentlicht bei Hermann-Josef Rupieper, Die Berliner Außenministerkonferenz von 1954, in: Vierteljahrshefte für Zeitgeschichte 34 (1986), S. 427 bis 453, hier S. 449.
95 Unterredung mit Dulles am Abend des 5.2.1954, amerikanisches Protokoll, ebda. S. 450.
96 Unterredung mit Eden am Abend des 27.1.1954 laut Bericht Dulles' 28.1.1954, ebda. S. 448.
97 Unterredung mit Dulles 5.2.1954 (wie Anm. 95), S. 452.
98 Es straft damit einmal mehr Molotows spätere Behauptung Lügen, er habe 1953 nur den «richtigen» Weg der DDR zum Sozialismus im Auge gehabt; vgl. Anm. 28.
99 Europa-Archiv 9 (1954), S. 7209.
100 Bei der Eröffnung der Moskauer Sicherheitskonferenz am 29.11.1954, zit. n. Neues Deutschland 1.12.1954.
101 Europa-Archiv 9 (1954), S. 7257.
102 Europa-Archiv 10 (1955), S. 7345 f.
103 Vgl. dazu Hans Wassmund, Kontinuität im Wandel. Bestimmungsfaktoren sowjetischer Deutschlandpolitik in der Nach-Stalin-Zeit, Köln/Wien 1974, S. 67–97.
104 PRO Cabinet Papers (55) 99. 27.7.1955, CAB 129/76, referiert bei Rolf Steininger, Deutsche Frage und Berliner Konferenz 1954, in: Wolfgang Venohr (Hrsg.), Ein Deutschland wird es sein, Erlangen 1990, S. 37–88, hier S. 87.
105 Europa-Archiv 10 (1955), S. 8061.
106 Ebda. S. 8121.
107 Ebda. S. 8313.

Bilanz

1 Stalin nannte es «bürgerlich-demokratisch»: Erstmals in der Unterredung mit den KPD-Führern am 4.6.1945, ZPA NL 36/629, Bl. 62–66.
2 Krushchev Remembers. The Glasnost Tapes, S. 69 f.
3 Vgl. Wolfgang Leonhard, Spurensuche. Vierzig Jahre nach Die Revolution entläßt ihre Kinder, Köln 1992, S. 162.
4 Gniffke, Jahre mit Ulbricht, S. 351.
5 Vgl. Kapitel 2, Anm. 1.

Nachwort

1 Besonders: Heinrich August Winkler, «Im Zickzackkurs zum Sozialismus», Die Zeit 17. 6. 1994; Peter Zolling, «Mut ist oft sehr dumm», Der Spiegel 20. 6. 1994; Henning Köhler, «Stalin: ein deutscher Demokrat», Frankfurter Allgemeine Zeitung 2. 8. 1994.
2 Für eine Auseinandersetzung mit der Kritik vgl. Wilfried Loth, Stalin, die deutsche Frage und die DDR. Eine Antwort an meine Kritiker, in: Deutschland-Archiv 28 (1995), S. 290–298.
3 Alexei M. Filitov, Die UdSSR und das Potsdamer Abkommen: ein langer und leidvoller Weg. Papier zur Konferenz «Vor 50 Jahren: Die Potsdamer Konferenz», 22.–26. Mai 1995 in Otzenhausen. Weitere Einzelheiten zur Entstehung der Zoneneinteilung bietet Jochen Laufer, Die UdSSR und die Zoneneinteilung Deutschlands (1943/44), in: Zeitschrift für Geschichtswissenschaft 43 (1995), S. 309–331.
4 Alexei M. Filitov, Die sowjetische Deutschlandplanung zwischen Parteiräson, Staatsinteresse und taktischem Kalkül, in: Hans-Erich Volkmann (Hrsg.), Ende des Dritten Reiches – Ende des Zweiten Weltkriegs. Eine perspektivische Rückschau, München 1995, S. 117–139, hier S. 130.
5 Alexei M. Filitov, Europe in Soviet Plans for Postwar System. Papier zur Konferenz «The History of European Integration 1945–1994», 21.–23. Juni 1995 in Moskau.
6 Peter Erler/Horst Laude/Manfred Wilke (Hrsg.), «Nach Hitler kommen wir». Dokumente zur Programmatik der Moskauer KPD-Führung 1944/45 für Nachkriegsdeutschland, Berlin 1994, hier S. 169.
7 Ermittelt von Wolfgang Zank, «Als Stalin Demokratie befahl», Die Zeit 16. 6. 1995.
8 Vgl. oben S. 24 u. 28 f.
9 Wladimir S. Semjonow, Von Stalin bis Gorbatschow. Ein halbes Jahrhundert in diplomatischer Mission 1939–1991, Berlin 1995, Zitate S. 217, 260, 200 f.
10 Ebda. S. 248 u. 265.
11 Ebda. S. 261 f.
12 Ebda. S. 262 u. 273 f.
13 Norman M. Naimark, The Russians in Germany. A History of the Soviet Zone of Occupation 1945–

1949, Manuskript S. 563 f. u. 572–577 (erscheint demnächst bei Harvard University Press).

14 Für einen ersten Überblick über einzelne Befunde zur Besatzungspraxis vgl. auch Norman M. Naimark, Die Sowjetische Militäradministration in Deutschland und die Frage des Stalinismus, in: Zeitschrift für Geschichtswissenschaft 43 (1995), S. 293–307.

15 Unterredung mit dem Verfasser am 1. 12. 1994.

16 Georg Dertinger, Erinnerungen und Gedanken, erzählt in einem Freundeskreis November 1967 in Leipzig, Manuskript S. 23. – Ich danke Frau Dertinger sehr herzlich für die Gelegenheit zur Einsichtnahme in die Niederschrift und für ein faszinierendes Gespräch.

17 Archiv des Präsidenten der Russischen Föderation, Fonds 45, Abt. 1, Bd. 303, Teil 179. Für die Übermittlung dieses Dokuments danke ich Herrn Kollegen Narinski.

18 Vgl. oben S. 185 f.

19 Wie Anm. 17. Zur Interpretation vgl. auch Wilfried Loth, Spaltung wider Willen. Die sowjetische Deutschlandpolitik nach dem Zweiten Weltkrieg, in: Tel Aviver Jahrbuch für deutsche Geschichte 24 (1995), S. 3–17.

20 Vgl. zu letzterem auch meinen Essay: Die Deutschen und die deutsche Frage. Überlegungen zur Dekomposition der deutschen Nation, in: Wilfried Loth (Hrsg.), Die deutsche Frage in der Nachkriegszeit, Berlin 1994, S. 214–228.

Abkürzungen

BA	Bundesarchiv Koblenz
BAP	Bundesarchiv Potsdam
BRD	Bundesrepublik Deutschland
BzG	Beiträge zur Geschichte der Arbeiterbewegung
CAB	Cabinet Papers
CDU	Christlich-Demokratische Union
CSU	Christlich-Soziale Union
CWIHP	Cold War International History Project
DBD	Demokratische Bauernpartei Deutschlands
DDR	Deutsche Demokratische Republik
DPD	Demokratische Partei Deutschlands
DWK	Deutsche Wirtschaftskommission
EAC	European Advisory Commission
EVG	Europäische Verteidigungsgemeinschaft
FDGB	Freier Deutscher Gewerkschaftsbund
FDJ	Freie Deutsche Jugend
FO	Foreign Office
FRUS	Foreign Relations of the United States
HICOG	High Commission for Germany
HO	Handelsorganisation
KPD	Kommunistische Partei Deutschlands
KPdSU	Kommunistische Partei der Sowjetunion
LDPD	Liberal-Demokratische Partei Deutschlands
LPG	Landwirtschaftliche Produktionsgenossenschaft
MfS	Ministerium für Staatssicherheit
MGB	Ministerstwo Gossudarskwennoj Besopasnosti (Ministerium für Staatssicherheit)
NATO	North Atlantic Treaty Organization
NDPD	National-Demokratische Partei Deutschlands
NKGB	Narodnyj Komissariat Gossudarstwennoj Besopasnosti (Volkskommissariat für Staatssicherheit)
NKWD	Narodny Komissariat Wnutrennich Del
NL	Nachlaß
PRO	Public Record Office
PV	Parteivorstand
SAG	Sowjetische Aktiengesellschaft
SBZ	Sowjetische Besatzungszone
SED	Sozialistische Einheitspartei Deutschlands
SKK	Sowjetische Kontrollkommission

SMAD	Sowjetische Militäradministration in Deutschland
SPD	Sozialdemokratische Partei Deutschlands
UdSSR	Union der Sozialistischen Sowjetrepubliken
UNO	United Nations Organization
UNRRA	United Nations Relief and Rehabilitation Administration
USA	United States of America
ZA	Zentralausschuß
ZK	Zentralkomitee
ZPA	Zentrales Parteiarchiv
ZS	Zentralsekretariat

Quellen und Literatur

Archive

Stiftung Archiv der Parteien und Massenorganisationen der DDR im Bundesarchiv: Zentrales Parteiarchiv der SED

Nachlaß 36	Wilhelm Pieck
Nachlaß 90	Otto Grotewohl
Nachlaß 182	Walter Ulbricht
Nachlaß 215	Fred Oelßner
IV 2/1/1 ff.	Protokolle des Parteivorstands und des Zentralkomitees
J IV 2/2-84 ff.	Protokolle des Politbüros

Bundesarchiv Koblenz

Nachlaß Jakob Kaiser

Public Record Office London

FO	Foreign Office
CAB	Cabinet Papers

Zeitgenössische Schriften, Editionen, Memoiren

Andert, Reinhold/Wolfgang Herzberg: Der Sturz. Erich Honecker im Kreuzverhör, Berlin 1990

Badstübner, Rolf: «Beratungen» bei J. W. Stalin. Neue Dokumente, in: Utopie kreativ, Heft 7, März 1991, S. 99–116

Badstübner, Rolf/Wilfried Loth (Hrsg.): Wilhelm Pieck. Aufzeichnungen zur Deutschlandpolitik 1945–1953, Berlin 1994

Berlin. Quellen und Dokumente 1945–1951, Berlin 1964

Bokow, Fjodor J.: Frühjahr des Sieges und der Befreiung, Berlin 1979

Bouvier, Beatrix W./Horst-Peter Schulz (Hrsg.): «...die SPD aber aufgehört hat, zu existieren». Sozialdemokraten unter sowjetischer Besatzung, Bonn 1991

Brandt, Heinz: Die sowjetische Deutschlandpolitik im Frühsommer 1953 aus der Sicht fortschrittlicher Kräfte in der SED, in: Osteuropa 15 (1965), S. 369–377

Brandt, Heinz: Ein Traum, der nicht entführbar ist. Mein Weg zwischen Ost und West, München 1967, 2. Auflage Berlin 1977

Braun, Günter: «Regierungsangelegenheiten» in Thüringen im Spannungsfeld von sowjetischer Deutschlandpolitik und SED-Kalkülen 1947. Die Sekretariatssitzung des SED-Landesvorstands Thüringen vom 30. April 1947, in: Beiträge zur Geschichte der Arbeiterbewegung 34 (1992), S. 67–91

Clay, Lucius D.: Decisions in Germany, Garden City 1950

Djilas, Milovan: Gespräche mit Stalin, Frankfurt/M. 1962

Dokumente der Sozialistischen Einheitspartei Deutschlands, Band I–IV, Berlin 1952–54

Dokumente zur Deutschlandpolitik der Sowjetunion. Herausgegeben vom Deutschen Institut für Zeitgeschichte, Bd. 1, Berlin 1957

Falin, Valentin: Politische Erinnerungen, München 1993

Der Fall Berija. Protokoll einer Abrechnung. Das Plenum des ZK der KPdSU Juli 1953. Stenographischer Bericht, Berlin 1993

Foitzik, Jan: Fragen der Sowjetischen Außenpolitik nach dem Zweiten Weltkrieg, in: Zeitschrift für Geschichtswissenschaft 41 (1993), S. 329–335

Foreign Relations of the United States. Diplomatic Papers, Washington 1955 ff.

Glaser, Günther: Sicherheits- und militärpolitisches Konzept der SED in der SBZ von 1948, in: Beiträge zur Geschichte der Arbeiterbewegung 34 (1992), S. 56–74

Gniffke, Erich W.: Jahre mit Ulbricht, Köln 1966, 2. Aufl. 1990

Gromyko, Andrej: Memories, London 1989

Grotewohl, Otto: Im Kampf um Deutschland. Bd. II, Berlin 1948

Grotewohl, Otto: Im Kampf um die einige Deutsche Demokratische Republik. Bd. III, Berlin 1959

Herrnstadt, Rudolf: Das Herrnstadt-Dokument. Das Politbüro der SED und die Geschichte des 17. Juni 1953, Reinbek 1990

Jäckel, Eberhard (Hrsg.): Die deutsche Frage 1952–1956. Notenwechsel und Konferenzdokumente der vier Mächte, Frankfurt/Berlin 1957

Kaplan, Karel: Dans les archives du Comité central, Paris 1978

Keiderling, Gerhard (Hrsg.): «Gruppe Ulbricht» in Berlin. April bis Juni 1945, Berlin 1993

Klimow, Gregory: Berliner Kreml, Köln 1952

Krushchev Remembers. The Glasnost Tapes, Boston 1990

Külz, Wilhelm: Ein Liberaler zwischen Ost und West. Aufzeichnungen 1947–1948, München 1989

Leonhard, Wolfgang: Die Revolution entläßt ihre Kinder, Köln 1955, Taschenbuchausgabe München 1979

Leonhard, Wolfgang: Spurensuche. 40 Jahre nach Die Revolution entläßt ihre Kinder, Köln 1992

Lippmann, Heinz: Honecker. Porträt eines Nachfolgers, Köln 1971

Meissner, Boris (Hrsg.): Das Ostpakt-System, Frankfurt/Berlin 1955

Melnikow, Daniil: Illusionen oder verpaßte Chance? Zur sowjetischen Deutschlandpolitik 1945–1952, in: Osteuropa 41 (1991), S. 593–601

Molotow, Wjatscheslaw M.: Fragen der Außenpolitik. Reden und Erklärungen April 1944–Juni 1948, Moskau 1949

Nadolny, Rudolph: Mein Beitrag, Wiesbaden 1955
Nenni, Pietro: Tempo di guerra fredda. Diari 1923–1956, Milano 1981
Otto, Wilfriede: Dokumente zur Auseinandersetzung in der SED 1953, in: Beiträge zur Geschichte der Arbeiterbewegung 32 (1990), S. 655–672
Otto, Wilfriede: Sowjetische Deutschlandnote 1952. Stalin und die DDR. Bisher unveröffentlichte handschriftliche Notizen Wilhelm Piecks, in: Beiträge zur Geschichte der Arbeiterbewegung 33 (1991), S. 374–389
Pieck, Wilhelm: Reden und Aufsätze, Berlin 1948
Pieck, Wilhelm: Reden und Aufsätze, 4 Bde., Berlin 1954–56
Pommerin, Reiner: Die Zwangsvereinigung von KPD und SPD zur SED. Eine britische Analyse vom April 1946, in: Vierteljahrshefte für Zeitgeschichte 36 (1988), S. 318–338
Protokoll der 1. Parteikonferenz der Sozialistischen Einheitspartei Deutschlands, 25. bis 28. Januar 1949, Berlin 1949
Protokoll der Verhandlungen der II. Parteikonferenz der Sozialistischen Einheitspartei Deutschlands, 9.–12. Juli 1952, Berlin 1952
Protokoll der Verhandlungen des II. Parteitages der Sozialistischen Einheitspartei Deutschlands, 20. bis 24. September 1947, Berlin 1947
Reale, Eugenio: Avec Jacques Duclos au banc des accusés, Paris 1958
Rudolph, Vladimir: The Administrative Organization of Soviet Control. 1945–1948, in: Robert Slusser (Hrsg.): Soviet Economic Policy in Postwar Germany. A Collection of Papers by Former Soviet Officials, New York 1953, S. 18–86
Rupieper, Hermann-Josef: Zu den sowjetischen Deutschlandnoten 1952. Das Gespräch Stalin–Nenni, in: Vierteljahrshefte für Zeitgeschichte 33 (1985). S. 547–557
Rupieper, Hermann-Josef: Die Berliner Außenministerkonferenz von 1954, in: Vierteljahrshefte für Zeitgeschichte 34 (1986), S. 427–453
Salisbury, Harrison E.: Moscow Journal, Chicago 1962
Schenk, Fritz: Im Vorzimmer der Diktatur. Zwölf Jahre Pankow, Köln/Berlin 1962
Scherstjanoi, Elke: «Wollen wir den Sozialismus?» Dokumente aus der Sitzung des Politbüros des ZK der SED am 6. Juni 1953, in: Beiträge zur Geschichte der Arbeiterbewegung 33 (1991), S. 658–680
Schollwer, Wolfgang: Potsdamer Tagebuch 1948–50, München 1988
Smith, Walter Bedell: My Three Years in Moscow, Philadelphia 1952
Stalin, Joseph W.: Über den großen Vaterländischen Krieg der Sowjetunion, Moskau 1946
Stalin, Joseph W.: Werke. Bd. 15: Mai 1945–Oktober 1952, Dortmund 1976
Steininger, Rolf: Dieser Vorfall bedeutet die Spaltung Deutschlands. Neue Dokumente zur Münchener Ministerpräsidentenkonferenz im Juni 1947, in: Geschichte im Westen 7 (1992), S. 213–230
Stöckigt, Rolf: Ein Dokument von großer historischer Bedeutung vom Mai 1953, in: Beiträge zur Geschichte der Arbeiterbewegung 32 (1990), S. 648–654

Suckut, Siegfried (Hrsg.): Blockpolitik in der SBZ/DDR 1945–1949. Die Sitzungsprotokolle des Zentralen Einheitsfront-Ausschusses, Köln 1986

Suckut, Siegfried: Die Entscheidung zur Gründung der DDR, in: Vierteljahrshefte für Zeitgeschichte 39 (1991), S. 125–175

Tjulpanow, Sergej: Deutschland nach dem Kriege (1945–1949). Erinnerungen eines Offiziers der Sowjetarmee, Berlin 1986

Truman, Harry S.: Years of Trial and Hope, Garden City 1956

Tschujew, Felix: Sto sorok besed s Molotowym: Iz dnewnika F. Tschujewa, Moskau 1991

Ulbricht, Walter: Zur Geschichte der deutschen Arbeiterbewegung. Aus Reden und Aufsätzen, Bd. II/III: 1933–1950, Berlin 1963

Ulbricht, Walter: Zur Geschichte der deutschen Arbeiterbewegung. Aus Reden und Aufsätzen, Bd. II: 1933–1946, 1. Zusatzband, Berlin 1966

Ulbricht, Walter: Zur Geschichte der deutschen Arbeiterbewegung. Aus Reden und Aufsätzen, Bd. II: 1933–1946, 2. Zusatzband, Berlin 1968

Ulbricht, Walter: Zur Geschichte der deutschen Arbeiterbewegung. Aus Reden und Aufsätzen, Bd. III: 1946–1950. Zusatzband, Berlin 1971

Varga, Eugen: Veränderungen in der kapitalistischen Wirtschaft im Gefolge des Zweiten Weltkrieges, Moskau 1946, Übersetzung von Manfred Kerner, Berlin 1975

Voznesenskii, Nikolai, The Economy of the USSR During World War II, Washington 1948

Weber, Hermann (Hrsg.): Parteiensystem zwischen Demokratie und Volksdemokratie. Dokumente und Materialien zum Funktionswandel der Parteien und Massenorganisationen in der SBZ/DDR, Köln 1982

Weber, Hermann (Hrsg.): DDR. Dokumente zur Geschichte der Deutschen Demokratischen Republik 1945–1985, München 1986, 3. Aufl. 1987

Darstellungen

Badstübner, Rolf/Heinz Heitzer (Hrsg.): Die DDR in der Übergangsperiode. Studien zur Vorgeschichte und Geschichte der DDR 1945 bis 1961, Berlin 1979

Badstübner, Rolf u. a. (Autorenkollektiv): Deutsche Geschichte Bd. 9: Die antifaschistisch-demokratische Umwälzung. Der Kampf gegen die Spaltung Deutschlands und die Entstehung der DDR von 1945 bis 1949, Berlin 1989

Badstübner, Rolf: Friedenssicherung und deutsche Frage. Vom Untergang des «Reiches» bis zur deutschen Zweistaatlichkeit (1943 bis 1949), Berlin 1990

Badstübner, Rolf: Zum Problem der historischen Alternativen im ersten Nachkriegsjahrzehnt. Neue Quellen zur Deutschlandpolitik von KPdSU und SED, in: Beiträge zur Geschichte der Arbeiterbewegung 33 (1991), S. 579–592

Baring, Arnulf: Der 17. Juni 1953, Köln/Berlin 1965, 2. Auflage Stuttgart 1983

Belezki, Viktor N.: Die Politik der Sowjetunion in den deutschen Angelegenheiten in der Nachkriegszeit 1945–1976, Berlin 1977

Bender, Klaus: Deutschland, einig Vaterland? Die Volkskongreßbewegung für deutsche Einheit und einen gerechten Frieden in der Deutschlandpolitik der Sozialistischen Einheitspartei Deutschlands, Frankfurt/M. 1992
Benser, Günter: Die KPD im Jahr der Befreiung. Vorbereitung und Aufbau der legalen kommunistischen Massenpartei (Jahreswende 1944/45 bis Herbst 1945), Berlin 1985
Benser, Günter: Quellenveröffentlichungen ja, doch so präzis wie möglich, in: Utopie kreativ, Heft 11, Juli 1991, S. 101–107
Besymenski, Lew: 1953 – Berija will die DDR beseitigen, in: Die Zeit 15.10.1993, S. 81–83
Bleek, Wilhelm: Einheitspartei und nationale Frage 1945–1955, in: Der X. Parteitag der SED, Deutschland-Archiv, Sonderheft 1981, S. 87–99
Bonwetsch, Bernd: Deutschlandpolitische Alternativen der Sowjetunion, 1949 bis 1955, in: Deutsche Studien 24 (1986), S. 320–340
Broszat, Martin/Hermann Weber (Hrsg.): SBZ-Handbuch, München 1990
Buffet, Cyrill: Mourir pour Berlin. La France et l'Allemagne 1945–1949, Paris 1991
Bullock, Alan: Hitler und Stalin. Parallele Leben, Berlin 1991
Buttlar, Walrab von: Ziele und Zielkonflikte der sowjetischen Deutschlandpolitik 1945–1947, Stuttgart 1980
Cairncross, Alec: The price of war. British policy on German reparations 1941–1949, Oxford 1986
Caracciolo, Lucio: Der Untergang der Sozialdemokratie in der sowjetischen Besatzungszone. Otto Grotewohl und die «Einheit der Arbeiterklasse» 1945/46, in: Vierteljahrshefte für Zeitgeschichte 36 (1988), S. 280–318
Conquest, Robert: Stalin. Der totale Wille zur Macht, München/Leipzig 1991
Conze, Werner: Jakob Kaiser. Politiker zwischen Ost und West 1945–1949, Stuttgart 1969
Dedijer, Vladimir: Novi prilozi za biografiju Josipa Broza Tita, Belgrad 1984
Diedrich, Torsten: Der 17. Juni 1953 in der DDR. Zu militärhistorischen Aspekten bei Ursachen und Verlauf der Unruhen, in: Militärgeschichtliche Mitteilungen 51 (1992), S. 357–384
Duhnke, Horst: Die KPD von 1933 bis 1945, Köln 1972
Fisch, Jörg: Reparationen nach dem Zweiten Weltkrieg, München 1992
Fischer, Alexander: Sowjetische Deutschlandpolitik im Zweiten Weltkrieg 1941–1945, Stuttgart 1975
Fischer, Alexander: Die Sowjetunion und die «deutsche Frage» 1945–1949, in: Die Deutschlandfrage und die Anfänge des Ost-West-Konflikts 1945–1949, Berlin 1984, S. 41–57
Flechtheim, Ossip K.: Die KPD in der Weimarer Republik, Frankfurt/M. 1969
Foitzik, Jan: Die Sowjetische Militäradministration in Deutschland, in: Martin Broszat/Hermann Weber (Hrsg.): SBZ-Handbuch, München 1990, S. 9–69
Foitzik, Jan: Die Bildung des Kominform-Büros 1947 im Lichte neuer Quellen, in: Zeitschrift für Geschichtswissenschaft 40 (1992), S. 1109–1126

Fricke, Karl Wilhelm: Opposition und Widerstand in der DDR. Ein politischer Report, Köln 1984

Geschichte der Sozialistischen Einheitspartei Deutschlands. Abriß, Berlin 1978

Geyer, Dietrich: Deutschland als Problem der sowjetischen Europapolitik am Ende des Zweiten Weltkriegs, in: Josef Foschepoth (Hrsg.), Kalter Krieg und Deutsche Frage. Deutschland im Widerstreit der Mächte 1945–1952, Göttingen/Zürich 1985, S. 50–65

Graml, Hermann: Die Legende von der verpaßten Gelegenheit, in: Vierteljahrshefte für Zeitgeschichte 29 (1981), S. 307–341

Graml, Hermann: Die Alliierten und die Teilung Deutschlands. Konflikte und Entscheidungen 1941–1948, Frankfurt/M. 1984

Hahn, Werner G.: Postwar Soviet Politics. The fall of Zhdanov and the defeat of moderation, 1946–1953, Ithaca/London 1982

Heitzer, Heinz: DDR. Geschichtlicher Überblick, Berlin 1979

Heitzer, Heinz: Entscheidungen im Vorfeld der 2. Parteikonferenz der SED (Februar bis Juli 1952), in: Beiträge zur Geschichte der Arbeiterbewegung 34 (1992), S. 18–32

Hermes, Peter: Die Christlich-Demokratische Union und die Bodenreform in der Sowjetischen Besatzungszone Deutschlands im Jahre 1946, Saarbrücken 1963

Hough, Jerry F.: Debates About the Postwar World, in: Susan J. Linz (Hrsg.), The Impact of World War II on the Soviet Union, Totowa 1985, S. 253–281

Jänicke, Martin: Der dritte Weg. Die antistalinistische Opposition gegen Ulbricht seit 1953, Köln 1964

Kaplan, Karel: Der kurze Marsch. Kommunistische Machtübernahme in der Tschechoslowakei 1945–1948, München/Wien 1981

Kessel, Martina: Westeuropa und die deutsche Teilung. Englische und französische Deutschlandpolitik auf den Außenministerkonferenzen von 1945 bis 1947, München 1989

Klonovsky, Michael/Jan von Flocken: Stalins Lager in Deutschland 1945–1950, Berlin/Frankfurt 1991

Koch, Manfred/Werner Müller/Dietrich Staritz/Siegfried Suckut: Versuch und Scheitern gesamtdeutscher Parteibildungen 1945–1948, in: Die beiden deutschen Staaten im Ost-West-Verhältnis, Köln 1982, S. 90–107

König, Helmut: Der Konflikt zwischen Stalin und Togliatti um die Jahreswende 1950/51, in: Osteuropa 20 (1970), S. 699–706

Kraus, Elisabeth: Ministerien für ganz Deutschland? Der Alliierte Kontrollrat und die Frage gesamtdeutscher Zentralverwaltungen, München 1990

Laufer, Jochen: Das Ministerium für Staatssicherheit und die Wahlfälschungen bei den ersten Jahren in der DDR, in: Aus Politik und Zeitgeschichte B 5/91, 25. 1. 1991, S. 17–30

Laufer, Jochen: Die SED und die Wahlen (1948–1950). Untersuchungen zu den politischen Entscheidungsprozessen, in: Elke Scherstjanoi (Hrsg.): «Provisorium für längstens ein Jahr». Die Gründung der DDR, Berlin 1993, S. 101–124

Lemke, Michael: «Doppelte Alleinvertretung». Die nationalen Wiedervereini-

gungskonzepte der beiden deutschen Regierungen und die Grundzüge ihrer politischen Realisierung in der DDR (1949–1952/53), in: Zeitschrift für Geschichtswissenschaft 40 (1992), S. 531–543
Lemke, Michael: Die DDR und die deutsche Frage 1949–1955, in: Wilfried Loth (Hrsg.), Die deutsche Frage in der Nachkriegszeit, Berlin 1994
Linz, Susan J.: Measuring the Carryover Cost of World War II to the Soviet People: 1945–1953, in: Explorations in Economic History 20 (1983), S. 375–386
Linz, Susan J. (Hrsg.): The Impact of World War II on the Soviet Union, Totowa 1985
Loth, Wilfried: Frankreichs Kommunisten und der Beginn des Kalten Krieges, in: Vierteljahrshefte für Zeitgeschichte 26 (1978), S. 9–65
Loth, Wilfried: Die Teilung der Welt. Geschichte des Kalten Krieges 1941–1955, München 1980, 8. Aufl. 1990
Loth, Wilfried: Ost-West-Konflikt und die deutsche Frage. Historische Ortsbestimmungen, München 1989
Loth, Wilfried: Die Historiker und die Deutsche Frage. Ein Rückblick nach dem Ende des Kalten Krieges, in: Historisches Jahrbuch 112 (1992), S. 366–382
Loth, Wilfried: Das ungeliebte Kind. Stalin und die Gründung der DDR, in: Elke Scherstjanoi (Hrsg.), «Provisorium für längstens ein Jahr». Die Gründung der DDR, Berlin 1993, S. 31–38
Loth, Wilfried: Ziele sowjetischer Deutschlandpolitik nach dem Zweiten Weltkrieg, in: Klaus Schönhoven/Dietrich Staritz (Hrsg.), Sozialismus und Kommunismus im Wandel. Hermann Weber zum 65. Geburtstag, Köln 1993, S. 303–323
Loth, Wilfried (Hrsg.): Die deutsche Frage in der Nachkriegszeit, Berlin 1994
Mastny, Vojtech: Moskaus Weg zum Kalten Krieg, München/Wien 1981
McCagg, William O., Jr.: Stalin Embattled 1943–1948, Detroit 1978
Meiners, Jochen: Die doppelte Deutschlandpolitik. Zur nationalen Politik der SED im Spiegel ihres Zentralorgans «Neues Deutschland» 1945 bis 1952, Frankfurt/M. 1987
Meissner, Boris: Rußland, die Westmächte und Deutschland. Die sowjetische Deutschlandpolitik 1943–1953, Hamburg 1953, 2. Aufl. 1954
Mitter, Armin: Die Ereignisse im Juni und Juli 1953 in der DDR, in: Aus Politik und Zeitgeschichte B 5/91, 25. 1. 1991, S. 31–41
Mitter, Armin/Stefan Wolle: Untergang auf Raten. Unbekannte Kapitel der DDR-Geschichte, München 1993
Müller, Werner: Die KPD und die «Einheit der Arbeiterklasse», Frankfurt/M. 1979
Müller-Enbergs, Helmut: Der Fall Rudolf Herrnstadt. Tauwetterpolitik vor dem 17. Juni, Berlin 1991
Osten, Hermann: Die Deutschlandpolitik der Sowjetunion in den Jahren 1952/53, in: Osteuropa 14 (1964), S. 1–13
Przybylski, Peter: Tatort Politbüro. Die Akte Honecker, Berlin 1991
Raack, R. C.: Stalin Plans his Post-War Germany, in: Journal of Contemporary History 28 (1993), S. 53–73

Ra'anan, Gavriel D.: International Policy Formation in the USSR. Factional «Debates» during the Zhdanovschina, Hamden/Conn. 1983

Resis, Albert: Stalin, the Politburo, and the Onset of the Cold War, Pittsburgh 1988

Richter, Michael: Die Ost-CDU 1948–1952, Düsseldorf 1990

Rollet, Henri: Un nouveau serpent de mer. La note soviétique du 10 mars 1952 et la visite de Pietro Nenni à Staline, in: Revue d'histoire diplomatique 102 (1988), S. 297–317

Scherstjanoi, Elke (Hrsg.): «Provisorium für längstens ein Jahr». Die Gründung der DDR, Berlin 1993

Schröder, Lothar: Zwischen Wirklichkeit und Klischee. Bedrohungsvorstellungen in der DDR-Führung in den 50er Jahren, in: Beiträge zur Geschichte der Arbeiterbewegung 34 (1992), S. 3–13

Schwarz, Hans-Peter: Vom Reich zur Bundesrepublik. Deutschland im Widerstreit der außenpolitischen Konzeptionen in den Jahren der Besatzungsherrschaft 1945–1949, Berlin/Neuwied 1966, 2. Aufl. Stuttgart 1980

Schwarz, Hans-Peter: Adenauer. Der Aufstieg 1875–1952, Stuttgart 1986

Smith, Jean Edward: The View from UFSET: General Clay's and Washington's Interpretation of Soviet Intentions in Germany, 1945–1948, in: Hans A. Schmitt (Hrsg.), U.S. Occupation in Europe after World War II, Lawrence 1978, S. 64 bis 85

Staritz, Dietrich: Sozialismus in einem halben Land. Zur Problematik und Politik der SED in der Phase der antifaschistisch-demokratischen Umwälzung in der DDR, Berlin 1976

Staritz, Dietrich: Ein «besonderer deutscher Weg» zum Sozialismus? in: Aus Politik und Zeitgeschichte, B 51–52/82, 25.12.1982, S. 15–31

Staritz, Dietrich: Parteien für ganz Deutschland? Zu den Kontroversen über ein Parteiengesetz im Alliierten Kontrollrat 1946/47, in: Vierteljahrshefte für Zeitgeschichte 32 (1984), S. 240–268

Staritz, Dietrich: Die Gründung der DDR. Von der sowjetischen Besatzungsherrschaft zum sozialistischen Staat, München 1984, 2. Auflage 1987

Staritz, Dietrich: Geschichte der DDR 1949–1985, Frankfurt/M. 1985

Staritz, Dietrich: Zwischen Ostintegration und nationaler Verpflichtung. Zur Ost- und Deutschlandpolitik der SED 1948–1952, in: Ludolf Herbst (Hrsg.), Westdeutschland 1945–1955. Unterwerfung, Kontrolle, Integration, München 1986, S. 278–289

Staritz, Dietrich/Hermann Weber (Hrsg.): Einheitsfront – Einheitspartei. Kommunisten und Sozialdemokraten in Ost- und Westeuropa 1944–1948, Köln 1989

Staritz, Dietrich: Die SED, Stalin und die Gründung der DDR, in: Aus Politik und Zeitgeschichte B 5/91, 25.1.1991, S. 3–16

Staritz, Dietrich: Die SED, Stalin und der «Aufbau des Sozialismus» in der DDR, in: Deutschland-Archiv 24 (1991), S. 686–700

Staritz, Dietrich: The SED, Stalin, and the German Question: Interests and Decision-Making in the Light of New Sources, in: German History 10 (1992), S. 274–289

Staritz, Dietrich: Einheits- und Machtkalküle der SED (1946–1948), in: Elke

Scherstjanoi (Hrsg.), «Provisorium für längstens ein Jahr». Die Gründung der DDR, Berlin 1993, S. 15–31

Steininger, Rolf: Deutsche Geschichte 1945–1961, Frankfurt/M. 1983

Steininger, Rolf: Wie die Teilung Deutschlands verhindert werden sollte. Der Robertson-Plan aus dem Jahre 1948, in: Militärgeschichtliche Mitteilungen 33 (1983), S. 49–89

Steininger, Rolf: Deutsche Frage und Berliner Konferenz 1954, in: Wolfgang Venohr (Hrsg.), Ein Deutschland wird es sein, Erlangen 1990, S. 37–88

Stößel, Frank Thomas: Positionen und Strömungen in der KPD/SED 1945–1954, Köln 1985

Strunk, Peter: Die Sowjetische Militäradministration in Deutschland (SMAD), in: Hans Lemberg (Hrsg.), Sowjetisches Modell und nationale Prägung, Marburg 1991, S. 143–176

Suckut, Siegfried: Die Betriebsrätebewegung in der Sowjetisch besetzen Zone Deutschlands (1945–1948), Frankfurt/M. 1982

Suckut, Siegfried: Der Konflikt um die Bodenreformpolitik in der Ost-CDU 1945, in: Deutschland-Archiv 15 (1983), S. 1080ff.

Suckut, Siegfried: Die CDU in der sowjetisch besetzten Zone und die Gründung der SED. Parteiinterne Wertungen und Reaktionen, in: Dietrich Staritz/Hermann Weber (Hrsg.), Einheitsfront – Einheitspartei, Köln 1989, S. 167–190

Suckut, Siegfried: Innenpolitische Aspekte der DDR-Gründung. Konzeptionelle Differenzen, Legitimations- und Akzeptanzprobleme, in: Elke Scherstjanoi (Hrsg.), «Provisorium für längstens ein Jahr». Die Gründung der DDR, Berlin 1993, S. 84–101

Sühl, Klaus: Kurt Schumacher und die Westzonen-SPD im Vereinigungsprozeß, in: Dietrich Staritz/Hermann Weber (Hrsg.), Einheitsfront – Einheitspartei, Köln 1989, S. 108–128

Tikos, Laszlo: E. Vargas Tätigkeit als Wirtschaftsanalytiker und Publizist, Tübingen 1965

Tschubarjan, Alexander O.: Auf dem Weg nach Europa aus Moskauer Sicht, in: Wolfgang J. Mommsen (Hrsg.), Der lange Weg nach Europa, Berlin 1992, S. 267–302

Voßke, Heinz/Gerhard Nitzsche: Wilhelm Pieck. Biographischer Abriß, Berlin 1975, 3. Aufl. 1979

Voßke, Heinz: Otto Grotewohl. Biographischer Abriß, Berlin 1979

Voßke, Heinz: Walter Ulbricht. Biographischer Abriß, Berlin 1983

Wassmund, Hans: Kontinuität im Wandel. Bestimmungsfaktoren sowjetischer Deutschlandpolitik in der Nach-Stalin-Zeit, Köln/Wien 1974

Weber, Hermann: Geschichte der DDR, München 1985, 3. Aufl. 1989

Wendler, Jürgen: Die Deutschlandpolitik der SED 1952–1958. Publizistisches Erscheinungsbild und Hintergründe der Wiedervereinigungsrhetorik, Köln 1991

Wettig, Gerhard: Zum Stand der Forschung über Berijas Deutschland-Politik im Frühjahr 1953, in: Deutschland-Archiv 26 (1993), S. 674–682

Wettig, Gerhard: Die Deutschland-Note vom 10. März 1952 auf der Basis der diplo-

matischen Akten des russischen Außenministeriums, in: Deutschland-Archiv 26 (1993), S. 786–805
Wolkogonow, Dimitri: Stalin. Triumph und Tragödie, Düsseldorf 1989
Wolkogonow, Dimitri: Stalin, Bd. 2, Moskau 1992
Zölling, Hermann/Heinz Höhne: Pullach intern. General Gehlen und die Geschichte des Bundesnachrichtendienstes, Hamburg 1971

Zeittafel

Ereignisse in der SBZ/DDR sind *kursiv* gesetzt, zentrale Wendepunkte in **Fettdruck**. Die Moskau-Reisen der KPD/SED-Führung sind unterstrichen.

1945

4.–11.2.	Konferenz der «Großen Drei» in Jalta
7./9.5.	Bedingungslose Kapitulation des Deutsches Reiches
9.5.	Stalin spricht sich gegen «Zerstückelung» aus
4.–10.6.	KPD-Führung in Moskau
4.6.	**Stalin billigt Programm für «bürgerlich-demokratische Regierung»**
10.6.	*Zulassung «antifaschistisch-demokratischer» Parteien und Gewerkschaften in der sowjetischen Zone*
11.6.	*KPD-Aufruf zur «demokratischen Erneuerung Deutschlands»*
14.7.	*«Einheitsfront» der «antifaschistischen-demokratischen» Parteien in der sowjetischen Zone*
17.7.–2.8.	Konferenz der «Großen Drei» in Potsdam
27.7.	*SMAD-Befehl zur Errichtung «Deutscher Zentralverwaltungen»*
7.8.	Frankreich meldet Vorbehalte gegen Potsdamer Abkommen an
11.9.–2.10.	Londoner Außenministerratstagung
3.–11.9.	*Verordnungen zur Durchführung der «Bodenreform»*
19.9.	*Pieck fordert «baldige Vereinigung» der Arbeiterparteien*
1.10.	Französisches Veto gegen Zentralverwaltungen
23.11.	Sokolowski lehnt Clays Dreizonen-Vorschlag ab
19.12.	*Tulpanow befiehlt Rücktritt von Andreas Hermes und Walther Schreiber*
20./21.12.	*«Sechziger-Konferenz» von KPD und SPD bereitet Vereinigung vor*

1946

28.1.–6.2.	Ulbricht in Moskau
11.2.	**SPD-Zentralausschuß beugt sich sowjetischem Druck in der Vereinigungsfrage**
21./22.4.	*Gründungsparteitag der SED*
25.4.–16.5.	Pariser Außenministerratstagung, 1. Sitzungsperiode

3.5.	Clay stoppt Reparationslieferungen
21.5.	*Sokolowski kündigt Einstellung der Demontagen an*
15.6.–12.7.	Pariser Außenministerratstagung, 2. Sitzungsperiode
12.7.	**Molotow verpaßt Verhinderung der Bizone**
24.7.–16.8.	*Verordnungen über die «Enteignung von Kriegsverbrechern und Naziaktivisten»*
1.9.	*Gemeindewahlen in Sachsen*
8.9.	*Gemeindewahlen in Sachsen-Anhalt und Thüringen*
15.9.	*Gemeindewahlen in Brandenburg und Mecklenburg-Vorpommern*
20.9.	*Kommunalwahlen in Berlin, Kreis- und Landtagswahlen in der sowjetischen Zone*
Oktober	**Sokolowski bietet Einheit gegen Reparationen**
3.11.–12.12.	New Yorker Außenministerratstagung
15.11.	*SED-Verfassungsentwurf für eine «Deutsche Demokratische Republik»*
2.12.	Unterzeichnung des Bizonen-Abkommens

1947

30.1.–7.2.	SED-Führung in Moskau
1.3.	*Aufruf der SED für einen «Volksentscheid für die Einheit Deutschlands»*
10.3.–24.4.	Moskauer Außenministerratstagung
12.3.	Truman-Doktrin
3.4.	**Marshall lehnt zusätzliche Reparationsleistungen ab**
5.6.	Ankündigung des Marshall-Plans
5.–8.6.	Münchener Ministerpräsidentenkonferenz
2.7.	**Molotow lehnt sowjetische Beteiligung am Marshall-Plan ab**
20.–24.9.	*2. Parteitag der SED*
22.–27.9.	Kominform-Gründungskonferenz in Szklarska Poreba
5.10.	Veröffentlichung der Kominform-Deklaration
25.11.–15.12.	Londoner Außenministerratstagung
6./7.12.	*1. Deutscher Volkskongreß*
19.12.	*Jakob Kaiser und Ernst Lemmer als CDU-Vorsitzende abgesetzt*

1948

12. 2.	*DWK erhält Anordnungskompetenz*
23. 2.–6. 3.	Londoner Sechs-Mächte-Konferenz, 1. Phase
17. 3.	Unterzeichnung des Brüsseler Pakts
17./18. 3.	*2. Deutscher Volkskongreß, Bildung des Volksrats*
20. 3.	Sowjets verlassen Sitzung des Alliierten Kontrollrats
20. 3.–2. 6.	Londoner Sechs-Mächte-Konferenz, 2. Phase
25. 3.–1. 4.	SED-Führung in Moskau
27. 3.–5. 4.	«Mini»-Blockade
20. 6.	Währungsreform in den Westzonen
24. 6.	Beginn der Berliner Blockade
30. 6.	**Grotewohl kapituliert vor «Ostorientierung»**
Ende August	**Versorgung West-Berlins gesichert**
1. 9.	Zusammentreten des Parlamentarischen Rats in Bonn
16. 9.	*Ackermann widerruft «besonderen Weg zum Sozialismus»*
24. 10.	*Volksrat nimmt Verfassungsentwurf zustimmend zur Kenntnis*
30. 11.	*«Provisorischer demokratischer Magistrat» in Ost-Berlin*
12.–21. 12.	SED-Führung in Moskau
18. 12.	**Stalin stoppt «sozialistischen Aufbau»**

1949

25.–28. 1.	*1. Parteikonferenz der SED*
4. 4.	Unterzeichnung des Atlantikpakts
8. 5.	Verabschiedung des Grundgesetzes der Bundesrepublik Deutschland
12. 5.	Ende der Berliner Blockade
23. 5.–2. 6.	Pariser Außenministerratstagung
15./16. 5.	*Wahlen zum 3. Deutschen Volkskongreß*
29./30. 5.	*3. Deutscher Volkskongreß*
14. 8.	Wahlen zum ersten Deutschen Bundestag
15. 9.	Adenauer zum Bundeskanzler gewählt
16.–28. 9.	SED-Führung in Moskau
	Stalin genehmigt Bildung einer «Provisorischen Regierung der DDR»
4. 10.	*Proklamation der «Nationalen Front des demokratischen Deutschland»*
5. 10.	*Bürgerliche Parteien akzeptieren Wahlverschiebung*
7. 10.	*Konstituierung der DDR*

1950

8. 2.	*Bildung des Ministeriums für Staatssicherheit*
15.–28. 3.	**Bürgerliche Parteien akzeptieren Einheitslisten**
3.–6. 5.	SED-Führung in Moskau
4. 5.	Stalin mahnt «gesamtdeutsche» Politik der SED an
25. 6.	Beginn des Korea-Krieges
20.–24. 7.	3. Parteitag der SED
15. 10.	*Wahlen zu Volkskammer, Landtagen, Kreistagen. Gemeindevertretungen nach Einheitslisten*
20./21. 10.	Prager Außenministerkonferenz schlägt paritätischen Gesamtdeutschen Konstituierenden Rat vor
18./19. 12.	Brüsseler Beschlüsse: Integrierte NATO-Streitmacht unter Einschluß deutscher Truppen

1951

15. 9.	**Grotewohl schlägt gesamtdeutsche «Beratung» zur Vorbereitung von Wahlen vor**

1952

10. 3.	1. Sowjetische Deutschlandnote (Friedensvertrags-Entwurf)
23. 3.–10. 4.	SED-Führung in Moskau
1. 4.	**Stalin orientiert auf Verteidigung der DDR um**
9. 4.	2. Sowjetische Deutschlandnote («Freie Wahlen»)
26. 5.	Unterzeichnung des Generalvertrags in Bonn
27. 5.	Unterzeichnung des EVG-Vertrags in Paris
8. 7.	Stalin billigt Ankündigung des «Übergangs zum Sozialismus»
9.-12. 7.	**2. Parteikonferenz der SED beschließt «Aufbau des Sozialismus»**
5.–14. 10.	19. Parteitag der KPdSU

1953

5. 3.	Tod Stalins
27. 5.	**Berija verlangt Verzicht auf «Aufbau des Sozialismus»**
2.–4. 6.	SED-Führung in Moskau
9. 6.	*SED-Politbüro kündigt «Neuen Kurs» an*
17. 6.	*Aufstand in der DDR*
26. 6.	**Organisationskommission beschließt Ulbrichts Entmachtung** Verhaftung Berijas

2.–7.7.	Plenum des ZK der KPdSU verurteilt Berija
8./9.7.	Grotewohl und Ulbricht in Moskau
14.7.	**Ulbricht greift die «Fraktion Herrnstadt/Zaisser» an**
16.7.	*Justizminister Max Fechner verhaftet*
24.–26.6.	*ZK-Plenum der SED bestätigt Ulbricht*
15.8.	Sowjetunion schlägt Bildung einer «Provisorischen Gesamtdeutschen Regierung» vor
20.–22.8.	DDR-Regierungsdelegation in Moskau
22.8.	Vereinbarungen DDR–UdSSR: Botschafteraustausch, Erlaß der Reparationen
6.9.	Wahlen zum zweiten Deutschen Bundestag bestätigen Adenauer

1954

25.1.–18.2.	Berliner Außenministerkonferenz
30.3.–6.4.	*4. Parteitag der SED*
23.10.	Pariser Verträge unterzeichnet
23.10.	Sowjetregierung will Eden-Plan zu freien Wahlen in Deutschland «erörtern»

1955

15.1.	Sowjetregierung erklärt, daß Einigung über internationale Kontrolle der Wahlen möglich sei
14.5.	Gründung des Warschauer Pakts unter Einschluß der DDR
18.–23.7.	Genfer Gipfelkonferenz
26.7.	**Chruschtschow garantiert «Errungenschaften» der DDR**
17.–20.9.	DDR-Regierungsdelegation in Moskau
20.9.	Abkommen über «volle Souveränität» der DDR

Personenregister

Sachregister